KB274806

한국의
국가권력구조의
개혁방향

—미국, 독일, 스위스 사례를 중심으로

한국의 국가권력구조의 개혁방향

—미국, 독일, 스위스 사례를 중심으로

전득주

지식과교양

이 책을 내면서

신생 대한민국이 탄생한지도 어언 65년이 지나 필자는 65년이 되는 대한민국의 권력구조. 즉 정치권력, 경제적인 부와 사회적인 명예가 사회구조들에 민주적으로 공정하게 배분되어 있는지를 돌아보고 그들 구조들을 근본부터 검토하여 이에 대한 개혁의 방향을 제시해 보고자 이 졸저를 집필하였다.

이승만 정부부터 전두환 정부까지 한국의 헌정사를 돌이켜 보면 대통령들은 그들이 만든 헌법을 무시하고 제대로 지키지 않았을 뿐만 아니라 그들은 정권의 연장이나 쟁취를 목적으로 헌법을 가정하였다. 그리고 제6공화국을 탄생시킨 현행 헌법의 개정의 시도도 그 당시 헌법을 개정한 자들의 의도가 주로 정권의 획득을 위한 '정략적 편의주의'에 바탕을 둔 것이었다.

대한민국은 미국, 독일 그리고 스위스의 권력구조와는 달리 지역적·수직적으로 국가권력을 지방정부보다 중앙정부에 과도하게 집중시키는 국가형태인 단일국가제도를 채택하고 있다. 또한 설상가상으로 대한민국은 삼권분립의 원칙에 따라 권력을 분산시키고 있지만 기능적·수직적으로 국가권력을 대통령 한 사람에게 너무나 집중시키는 약간의 내각적인 요소를 가미한 소위 "제왕적 대통령중심제"를 취하고 있다.

돌이켜 보면 대한민국은 65년 동안 한국전쟁과 많은 정치변동을 겪으면서도 엄청난 사회·경제적인 발전을 성취하였다는 것은 주지의 사실이다. 그러나 한국은 독일이나 미국 그리고 스위스와는 달리 한국의 압축적인 사회·경제성장으로부터 초래된 부정적인 결과들을 사전에 방지하기 위하여 전 국민을 대상으로 하는 성숙된 민주시민의식을 함양시키는 훈련 프로그램을 운영하지 못한 결과, 그러한 압축 성장은 많은 사회·정치·경제적인 위기를 조장시키고 국가공동체의식마저 약화시키는데 기여하였다.

권력의 나눔 대신에 권력독식을 조장하는 단일국가제와 대통령중심제 그리고 사회·정치지도자의 민주시민의식을 바탕으로 한 리더십의 결여 등이 오늘 우리 사회의 만성적인 정치·사회·경제위기를 조장해 왔다고 본다.

세계에서 미국합중국, 독일연방공화국과 스위스 연방공화국은 권력독식보다 권력의 나눔을 핵심으로 한 국가형태와 정부형태를 취하고 시민에게 민주시민의식을 함양시키기 위한 민주시민교육을 제대로 실시하여 법과 제도를 민주적으로 잘 운영하고 있는 나라들이다. 그러므로 필자는 미래한국의 개혁을 위한 선택에 있어 이들 나라들이 한국에게 많은 시사점을 줄 수 있다고 믿어 이 책에서 이들 나라들을 한국의 모델로 삼아 보았다.

이 저서는 한국의 만성적인 정치·사회·경제위기를 극복하기 위하여 선진 3개국의 권력구조와 민주시민교육의 실태를 비교하고 한국의 권력구조의 개혁에 있어 이들의 권력구조의 한국에의 수용가능성과 한계를 논의하는 계기를 마련하고자 한다. 또한 이 책은 독자들, 특히 정치인과 지식인을 비롯한 깨어 있는 국민들에게 한국의 정치·사회·

경제·교육의 개혁가능성과 대북정책과 중·장기 한국의 통일정책의 준비에 대해서도 서로 생각하고 논의할 수 있는 계기를 주고자 한다.

끝으로 본 졸저의 원고를 읽고 여러모로 지적해 주시고 책명에 대한 아이디어를 제안해 주신 김성주 성균관대학교의 교수와 인하대학교의 홍득표 교수에게 진심으로 감사를 드린다.

또한 이 책의 교정을 맡아 준 숭실대학교 영어영문학과 정호영 군과 정치외교학과의 신지혜 양에게도 고마움을 전달한다.

마지막으로 이 책의 인쇄를 맡아주신 지식과 교양 출판사의 윤석원 사장께도 심심한 사의를 표하는 바이다.

2013년 5월

숭실대학교 조만식기념관 명예교수실에서

전득주

목차

이 책을 내면서 5

제1장 서론 /15

제2장 국가권력의 배분에 관한 제이론 /23
제1절 지역적 권력배분에 따른 이론: 국가형태 25
　　1. 연방제의 연원과 역사 25
　　2. 단일국가, 연방제, 국가연합제에 대한 개념정의 29
　　3. 연방국가와 국가연합의 특성 32

제2절 기능적 권력분배에 따른 제이론: 정부의 형태 35
　　1. 미국 형 대통령중심제presidential government system 35
　　2. 독일 형 수상중심 의원내각제chancellor system 37
　　3. 영국 형 의원내각제(내각책임제)cabinet government system 39
　　4. 프랑스 형 혼합형 정부형태hybrid form(이원집정부제도) 45
　　5. 스위스 형 협의제 정부형태collegial system 47

제3장 미래한국의 모델: 미국, 독일 그리고 스위스 /49
제1절 미국합중국United States of America 51
　　1. 개관 51
　　2. 국가연합에서 연방국가로의 형성과정 57
　　3. 연방과 주의 권한 배분 82

4. 미합중국의 정치체제   92

5. 미국의 민주시민교육   144

제2절 독일연방공화국 The Federal Republic of Germany **145**

1. 개관   145

2. 국가연합에서 연방국가로의 형성과정   155

3. 연방과 주의 권한 배분   159

4. 독일연방공화국의 정치체제   170

5. 독일의 민주시민교육(정치교육)   212

제3절 스위스 연방제 Swiss Confederation **214**

1. 개관   214

2. 국가연합제에서 국가연방제로의 형성과정   219

3. 연방과 칸톤 간의 권한배분   224

4. 스위스연방국의 정치체제   231

제4절 미국, 독일과 스위스 연방에 대한 비교평가   264

1. 3국의 연방헌법의 기본원리에 대한 비교   264

2. 3국의 연방과 주간의 권력배분에 관한 비교   265

3. 3국의 정치체제에 대한 비교   268

4. 3국의 민주시민교육 비교   271

제4장 한국의 국가권력구조의 배분:
무엇을 어떻게 개혁해야 하나 /273

제1절 한국사회의 진단 275

1. 사회·정치지도자들의 민주시민의식의 결여와

   각종 부정과 비리   275

2. 민주시민의식의 결여로 인한 각종 제도 운영의 미숙   277

제2절 헌법 개정을 통한 국가기본구조 개혁의 구상 280

1. 민주적인 개헌논의체제 구축의 필요성 280

2. 개헌논의와 그 시기 283

3. 국가권력구조의 개혁의 정의와 원칙 286

4. 한국의 권력구조개편에 대한 대안들 288

제3절 한국의 경제개혁:

사회적·생태적 시장경제체제로의 전환 306

1. 한국의 경제 질서의 모순 306

2. 한국의 경제개혁:

사회적·생태적 시장경제체제로의 전환 308

제4절 기타 헌법 개정사항 314

1. 헌법 제 3조 영토조항의 폐기와

외국영토 편입조항의 삽입 314

2. 대통령 직속 감사원을 국회로 이전 315

3. 국회의원의 불 체포특권과 면책특권의 폐기 315

제5절 기타 정치 개혁 315

1. 정치인의 정치개혁은

NATO(No Action, Talk Only)이었나 315

2. 공직자의 부정과 비리의 척결을 위한 법의 제정 317

3. (가칭)국정쇄신정책회의의 운영 319

4. 5년마다 정부조직의 개편 이대로 좋은가? 320

5. 정당의 개혁 321

6. 국회의 개혁 330

7. 정치자금법의 개정 340

8. 인사청문회제도의 개선과 정부출범 준비기간의 연장 340

제6절 사회복지정책의 개혁: 스위스모델 적용은? 342

제7절 교육 개혁 346
1. 유아원과 유치원의 교육개혁 346
2. 초·중·고등학교의 교육개혁 347
3. 대학과 대학원의 교육개혁 350

제8절 대북정책, 어떻게 해야 하나? 353
1. 북한 핵보유와 전쟁위협의 의도 353
2. 대한민국의 대응전략 356

제9절 중·장기 통일정책의 준비 359

제10절 사법부의 개혁 366

제5장 초당적인 선진민주시민교육을 통한 의식개혁 /371

제1절 한국의 시민의식, 무엇이 문제인가 473
1. 시민과 시민의식 373
2. 한국의 시민의식, 무엇이 문제인가? 375

제2절 선진시민교육과 통일교육의 문제점 378

제3절 한국의 선진시민교육 381
1. 선진화를 위한 민주시민교육의 필요성 381
2. 한국의 선진시민교육의 이념, 목표와 내용 383
3. 선진시민교육의 대상 388
4. 교육 방법의 원칙과 교수법 390

제4절 선진시민교육지원법의 제정 392
  1. 제정 배경 392
  2. 「한국 시민교육원」의 조직과 운영 394

제5절 소결론 397

제6장 결론 및 전망 /399

참고문헌 405

도표목차

〈도표: 1〉 미국 연방정부와 주정부의 권한 비교 ·································84

〈도표: 2〉 미국 연방정부의 각 기관(삼권분립구조) ·····················101

〈도표: 3〉 미국 50개 연방주의 선거인단의 수(2012년 현재) ·············104

〈도표: 4〉 미국 대통령이 하는 업무 ·······································111

〈도표: 5〉 미국연방의회의 입법과정의 기본형식 ·························126

〈도표: 6〉 독일 연방과 주의 권한 배분 ···································162

〈도표: 7〉 독일 연방의회 입법과정 ···194

〈도표: 8〉 독일 연방 의회의 권력에 대한 견제기능의 구조 ··············200

〈도표: 9〉 스위스 연방과 칸톤, 코뮌의 주요권한 배분 ···················229

〈도표: 10〉 스위스 칸톤과 준칸톤에 배정된 200명의 의원의 수 ··········236

〈도표: 11〉 스위스 연방내각의 각료명단 및 소속정당

(2012년 현재) ···251

〈도표: 12〉 스위스연방의 7개 부처별 소관사무 ··························256

〈도표: 13〉 3개국 연방정부와 주정부의 권력배분의 비교 ················266

〈도표: 14〉 3국의 정치체제의 비교 ·······································268

〈도표: 15〉 산업화·민주화·선진화의 변증법적 발전 ······················382

〈도표: 16〉 교육 이념, 목표와 덕목 ·······································385

〈도표: 17〉 민주시민교육원의 기구표 ·····································395

제1장
서론

한국의 국가권력구조의 개혁방향

2013년 초 대한민국은 대외적으로 유럽연합의 재정위기로 인한 세계경제의 둔화, 미국과 중국의 아시아에서의 패권적 경쟁, 독도와 위안부문제 그리고 일본의 정치지도자들의 야스쿠니신사참배 문제로 인한 한·일관계의 악화, 김정일 사후 그의 후계자인 김정은 정권에 의한 장거리미사일의 실험과 제 3차 핵실험의 성공으로 인한 핵도발의 위협에 직면해 언제 북한 리스크가 현실화 될지 모르는 상황에 처해 있다.

국내적으로 한국은 2012년 한 해 대한민국의 무역사상 처음으로 무역량이 1조 달러 이상을 넘어섰으나 그 혜택이 고루 분배되지 못한 결과, 있는 자는 더 부유해지고 없는 자는 더욱 가난해지는 양극화현상만이 심화되었다. 2013년에 들어서면서 한국의 경제는 일본의 엔저현상의 악영향을 받아 수출량이 급감하는 현상을 보이고 성장 동력이 저하되었을 뿐만 아니라 내수시장도 취약하여 구직포기자의 수를 포함한 실질 실업자 수는 무려 300만 명을 넘고 있다. 이러한 이유로 2013년도 한국경제는 2%내외로 성장이 저하될 것이며 경기는 위축되고 실업자의 수는 더욱 증가하는 저 성장시대가 장기화될 조짐을 보이고 있다.

또한 2012년 대선에서 나타난 좌·우 이념과 세대 간의 갈등으로 인한 사회분열 현상은 여전한 가운데 각종 집단이기주의도 팽배해 있다. 이러한 현상들은 한국의 안보·정치·사회적 위기를 조장하고 국민통합을 저해하고 있다.

이러한 위기상황에도 불구하고 정치인들의 흑백 논리적이고 당리당파적인 행태와 위기대처능력의 부족은 한국사회의 분열현상을 더욱 심화시키고 국민들의 정치 불신을 가중시키고 있다.

원래 정당이나 정치인들은 국리민복을 위해 한국이 처한 이러한 대내·외적인 난국을 극복하고 사회·경제발전과 사회통합에 기여해야 할 임무와 과제를 갖고 있음에도 불구하고 그들은 민주시민의식의 결여로 상대방을 배려하고 관용하는 자세가 아니라 자기들의 의사를 관철하기 위해서는 어떠한 수단방법도, 심지어 폭력까지도 가리지 않는 정치행태를 보여주었다.

16대나 17대 그리고 18대 국회의 활동패턴을 요약한다면 여당의 강행처리와 이에 대해 야당의 폭력저지 혹은 등원거부라는 반민주적인 대결공식이 국회의 전형적인 행동패턴이 되어 왔다. 여·야의 이러한 대결공식은 민생을 위한 법안을 방치하고 예산안을 법정 기일 안에 통과시키지 못함으로써 여·야당 공히 국민의 신뢰를 잃게 되었다.[1]

지금까지 한국의 정당들은 이러한 정치 불신 내지 정당정치의 위기를 극복한다는 명분하에 노무현 정권 때나 마찬가지로 이번 이명박 정권하에서 실시된 2012년 4.11 총선에서도 '쇄신', '개혁', '정당의 통합' 등 말만 무성하고 실천이 부족한 과거와 유사한 정치행태만을 반복하였다. 그러나 대부분의 국민들은 당의 쇄신이나 정당의 통합이 민주정치와 생활정치의 실현을 위한 진정한 정치·사회의 개혁인지 의문을 품고 있다.

오늘의 만성적인 정치위기는 사회·경제·교육위기를 부추기었고 서로 얽히고설키어 전 분야에서 만성적인 위기로 전파되었다. 이러한 만성적인 위기의 주요 요인들은 한편으로 국가권력인 정치권력과 경제적인 부와 사회적인 명예가 중앙정부와 대통령 일인에 너무나 집중되어 있는 한국의 헌법, 법과 제도의 비민주적인 관리와 운영, 한국이

---

1 작년에도 여당에 의한 한·미 F.T.A.의 강행처리에 대한 야당의 수류탄 투척과 등원거부 등 여·야당의 대결공식이 반복되었다. 2012년 4월 24일 현재 18대 국회는 총선기간 중 여·야당 공히 민생을 챙기겠다고 다짐해 놓고 정작 민생과 직결된 6600건의 법안이 자동 폐기되었다. 중앙일보, 2012년 4월 24일자 34면 사설: "18대국회 마지막까지 이럴건가" 참조, 작년에도 국회는 예산안통과 법정기일을 지키지 못하고 2011년 12월 21일에야 2012년도 예산안을 2011년 12월 말까지 통과시키기로 여·야가 합의하였다. 조선일보, 2011년 12월 21일자 참조.

지금까지 보이지 않는 손(invisible hand)이 시장을 지배한다는 왜곡된 경제관을 갖고 자유시장 경제질서를 있는 자 중심으로 운영한 결과에 있다고 본다. 또한 그 위기는 다른 한편으로 근본적으로는 이러한 제도와 법을 운영하는 정치인을 비롯한 국민의 민주시민의식의 결여에 있다고 해도 과언이 아니다.

그러므로 한국의 정치·사회적인 위기의 원인을 보다 객관적으로 진단하려면 다음과 같은 질문을 제기하고 그에 대한 해법을 모색해야 할 것이다.

첫째, 선진국인 미국, 독일 그리고 스위스는 왜 연방제를 채택하고 있는가? 그 연방제에 숨어있는 헌법정신과 그 원리는 무엇인가? 그리고 이들은 미래한국의 모델이 될 수 있는가?

둘째, 한국에는 국가권력이 중앙정부에 너무나 집중되어 있는 반면에 17개 시·도는 행정권과 재정권의 부족으로 자치권을 제대로 행사할 수 없는 상태에서 중앙정부와 17개 시·도에게 국가권력을 균형 있게 배분할 수 있는 바람직한 국가형태는 무엇인가?

셋째, 국가권력이 한 개인에게 너무나 집중되어 있는 현 대통령 중심제를 기능적·수평적인 권력의 분산을 위해 어떠한 정부형태로 바꿀 것인가?

넷째, 왜곡된 자유시장경제체제가 2012 현재까지 한국의 경제성장에는 커다란 기여를 하였다는 것은 부인하지 않으나 다른 한편으로 금융과 대기업은 더욱 부를 축적한 반면에 경제적·사회적인 약자는 더욱 많아지고 더욱 가난해져 사회의 양극화현상을 심화시킨 제도라면 이를 교체할 경제적인 대안은 무엇인가?

다섯째, 헌법 개정을 통한 국가권력구조의 개혁을 이끌 시대정신은 무엇이며 이 시대정신을 바탕으로 한 정치개혁, 즉 국회개혁, 정당개혁, 선거개혁 그리고 정치자금법의 개혁 등은 무엇을 어떻게 해야 할 것인가?

여섯째, 기타 사회복지 개혁, 교육개혁 그리고 북한 핵의 위협에 한국의 대응전략과 통일을 위한 중·장기 통일정책과 사법개혁은 무엇을 어떻게 할 것인가?

일곱째, 성숙된 민주주의의 정착과 따뜻한 자본주의를 대변하는 새로운 시장경제체제를 유지하고 발전시키기 위하여 한국의 교육이념인 홍익인간의 이념을 구현하기 위한 민주시민교육의 목표와 내용은 무엇이어야 하고 이를 어떻게 실시해야 하나?

본 저서는 이러한 기본적인 질문들에 대한 올바른 해답을 시도하려고 하며 이러한 해답이 대한민국의 생존과 번영 그리고 민족의 통일을 위한 올바른 길잡이가 될 것임을 확신한다.

본 저서는 한국의 정치권력과 경제적 부 그리고 사회적인 명예의 배분질서의 왜곡으로 초래된 한국의 만성적인 정치위기상황, 경제사회적인 양극화 현상과 북한 핵 위기를 극복하고 한국의 선진민주복지 사회를 건설하여 조국의 통일기반을 조성하기 위하여 한편으로는 헌법 개정을 비롯한 법과 제도개혁을 통한 정치·경제·사회·교육·사법의 개혁방안 그리고 올바른 대북정책과 중·장기 통일정책방향과 다른 한편으로는 대통령을 비롯한 국민의 선진시민의식개혁에 대한 방안을 제시하는데 그 주된 목표가 있다.

이러한 목표를 달성하기 위하여 제 2장에서는 국가권력의 배분에 대한 제반이론을 소개하고 국가권력의 지역적·수직적인 배분형태로서의 국가형태와 국가권력의 기능적·수평적인 배분형태인 정부형태의 유형에 대해 설명을 하고자 한다.

제 3장에서는 연방 국가이지만 정부형태가 다 상이한 미국, 독일 그리고 스위스 등을 한국의 미래모델로 상정하고 그들이 화해, 소통, 타협, 나눔(권력의 분립), 정의, 평화 그리고 사회통합이라는 시대정신을

실현하기 위해 어떠한 국가형태와 정부형태를 취하고 있고 그 형태의 구조들을 상술하고자 한다.

제 4장 한국의 국가권력구조의 배분: 무엇을 어떻게 개혁할 것인가라는 주제를 논함에 있어 제 1절에서는 우선 필자 나름대로 헌법 개정의 민주적인 절차를 설명하고 필자가 이해하는 정치개혁을 정의하며 그 원칙을 설정하고, 제 2절에서는 헌법 개정을 통한 권력구조의 개편에 관해 논의를 하며, 제 3절에서는 자유 시장경제체제에서 사회적·생태적 시장경제체제에로의 전환을 제시하고, 제 4절에서는 헌법 제3조의 폐기와 외국영토 편입조항의 신설, 감사원의 국회이전과 국회의원의 특권인 불 체포특권과 면책특권의 폐기 등을 다룬다. 제 5절 헌법 개정에 따른 기타 정치개혁에서는 1)정치개혁전반에 대한 필요성 2)공무원의 부정·부패를 방지하는 법의 제정 3)국정쇄신위원회의 설치운영 4)정부조직법의 개정의 필요성의 여하 5)정당의 개혁 6)국회의 개혁 7)정치자금법의 개정 8)국회 상임위원장의 법적 임명과 다른 위원회의 개혁 그리고 9)새 정부출범 준비기간의 연장 등에 대해 논의하고자 한다. 제 6절에서는 한국의 사회복지의 개혁의 문제와 스위스모델의 적용가능성에 대해, 제 7절에서는 교육개혁에 대해, 제 8절에서는 한반도 핵상황하에서 대북정책의 새로운 방향에 대해, 그리고 제 9절에서는 중장기 통일정책의 준비에 대해, 제 10절에서는 사법부의 개혁에 대해 논의하고자 한다.

또한 제 5장에서는 초당적인 민주시민교육을 통한 의식개혁의 방안을 제시하고자 한다. 그리고 제 6장 결론에서는 이를 요약정리하고 이러한 개혁이 이루어졌을 때 한국의 미래상을 제시하고자 한다.

본 저서에서는 국가권력이란 개념을 정치권력, 경제적인 부와 사회적인 명예 등으로 이해하고 이 개념을 사용하고 있음을 밝혀두는 바이다.

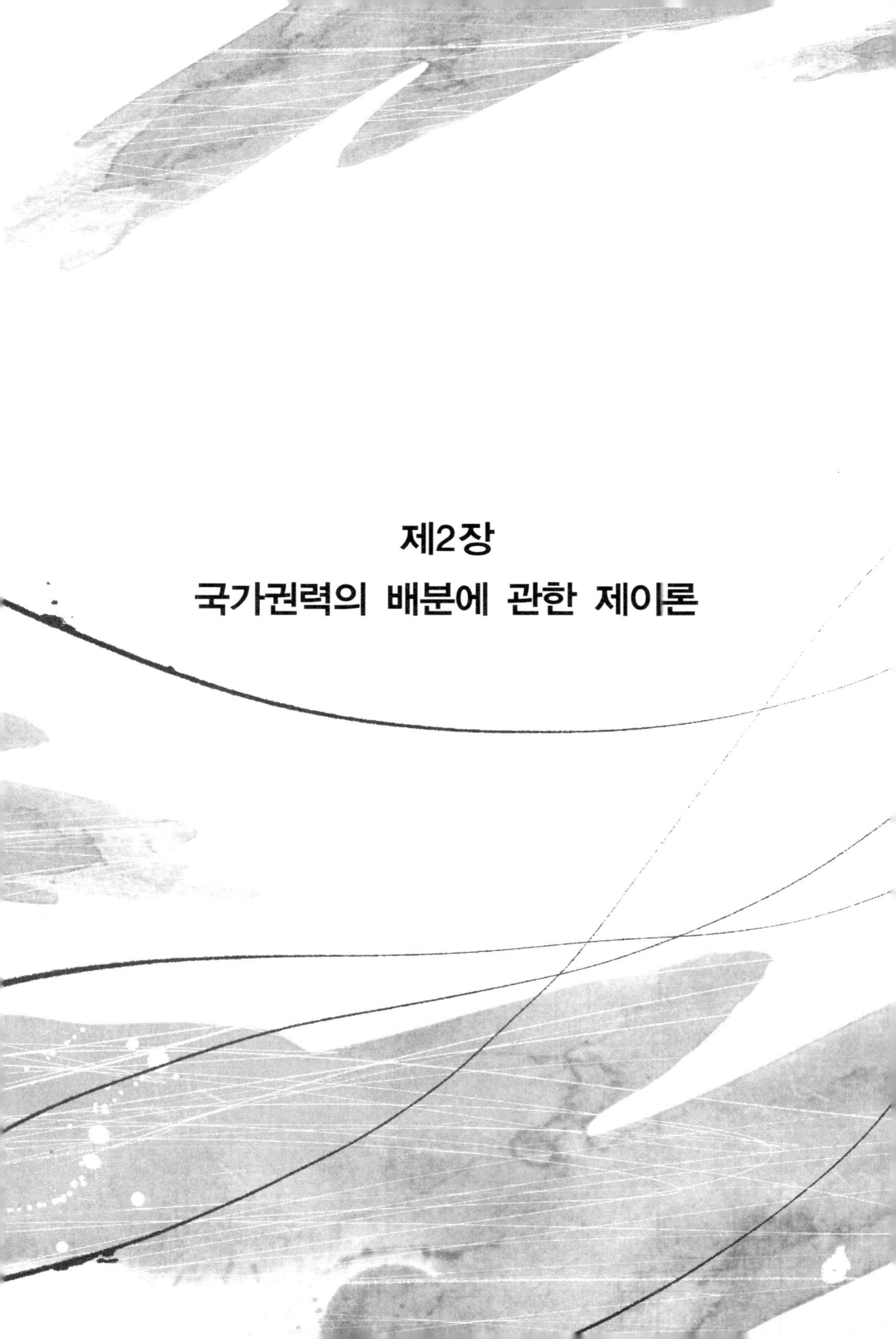

제2장
국가권력의 배분에 관한 제이론

한국의 국가권력구조의 개혁방향

제1절 지역적 권력배분에 따른 이론: 국가형태

1. 연방제의 연원과 역사

정치학에서는 세 가지 방법, 즉 1) 무력에 의한 정복, 2) 유기적 발전, 3) 계약(선택) 등에 의해서 국가 내지 정치체제가 형성되었다고 본다. 무력에 의한 정복(conquest by force)은 절대군주제나 전체주의나 파시즘의 정치체제를 만들었으며, 유기적 발전은 그 조직이 가족, 씨족, 부족 순으로 시작하여 점점 보다 큰 정치체제로의 발전을 포함하고 있다. 정치의 유기적 발전론은 정치질서에 있어 자연법의 개념과 밀접한 관련이 있다. 정치철학자들은 유기적인 발전론을 사물의 자연적인 질서를 가장 잘 반영하는 것으로 간주하였기 때문에 이는 정치철학자들에게 가장 매력적인 방법이다. 그러나 정복이 권의주의적인 방법으로 지배되고 위계적으로 조직된 정치체제들을 양산하는 경향을 보이고 있는 것과 같이 유기적인 발전도 귀족정치의 특성을 갖고 있어 소수에 의한 다수의 지배라는 가장 비민주적인 상태의 과두 정치체제를 만드는 경향이 있다. 이에 반해서 계약에 의한 국가 성립은 인간들이 그들의 기본권을 보장 받을 수 있는 정치체제를 수립하기 위하여 인간들은 다 평등하고 자유를 갖고 있다는 입장을 그 전제조건으로 내세우고 있다. 계약에 의해서 형성된 정치체제는 헌법적 선택과 헌법 디자인에 기반을 두고 있다. 다시 말해서 계약에 의해 만들어진 정치체제는 그의 헌법에서 잘 반영되어 있고 그 성격상 기본적으로 연방적인 성격을 갖고 있다.[1] 즉 모든 정치체제들은 연합에 동등하게 참여하는 자(나라)들로 만들어진 매트릭스이다. 이 참여자들은

---

1 Elazar, Daniel J.. 1987, Exploring Federalism, Tuscaloosa: University of Alabama Press. pp. 2~3

자유롭게 모이고 그들이 하나의 공통의 전체 속에 구속되어 있음에도 그들 각자는 각자의 정체성을 간직하고 있다. 이러한 정치체제들은 공화적인 성격을 갖고 있으며 정치체제들의 안에 있는 권력은 매트릭스 내에 있는 많은 중심들 혹은 여러 세포들 사이에 분산되어 있다.

계약모델이나 혹은 연방모델에 대한 표현들은 역사적으로 고대 이스라엘에서 자주 발견되고 있다. 이스라엘 국민은 이집트의 파라오 군주의 억압에 대항하는 반란으로써 연방이나 계약모델을 사용했다. 즉 고대연방제도의 기원은 BC 13세기 이스라엘의 부족들의 결합에 의해 출발하여 BC 5세기경 그리스 도시국가들 간의 아케아 연맹(Archean League)으로 제도화 되었다. 고대국가들은 그 구성국들이 주변강대국의 위험에 공동대처하고 상호협력을 통하여 공동이익을 추구하고자 연방을 구성하였다. 고대연방국가의 권력배분은 연방정부가 외교권 및 군대를 보유하고 기타 권한은 구성국에 위임하였다. 그러나 고대 연방제도는 교통, 통신의 미발달로 인한 강력한 통합기구의 부재와 주변 강대국의 침략으로 붕괴되었다.

중세에는 국가연합(confederation)이 있었으며, 그 대표적인 예가 북부 이태리 도시국가들이 외적에 대항하여 구성했던 롬바르드 동맹과 북 독일에서 형성된 한자동맹과 독일연합(German confederation: 1815~1866년)이 있었고 스페인 팽창세력에 대항했던 네덜란드연합 등이 있다.

국가를 수립하는데 사용되는 연방장치로는 당시 유럽에서는 국가연합제가 존재하였고 미국에서는 초창기에는 국가연합제를 채택하다가 그 다음에는 국가연방제를 취하였다.

1776년 미국의 13개 식민지국가가 영국에 투쟁하여 독립을 쟁취한 후 이들 13개 국가들은 새로운 국가결합의 형태로 스위스 국가연합(swiss confederation)모델을 취하게 되었다.

18C 후반까지만 해도 주권국가간의 결합으로 형성되는 국가를 일반적으로 국가연합 혹은 연합국가(confederal state)라고 불렀다. 그러나 그 후 1789년 미국이 국가연합제를 폐지하고 연방제를 채택한 이후부터 연방제와 연합제의 차이가 분명히 구별되기 시작하였다.

연방이라는 용어는 원래 라틴어인 'foedus'로부터 유래되었다. 이는 히브리어인 'brit'와 같이 계약을 의미한다. 본질적으로 연방장치는 계약에 의해서 수립되고 규제되는 동반자 관계의 장치인 것이다. 계약자의 다른 내적인 관계들은 동반자들 사이에 필히 나타나는 하나의 특별한 유형의 나눔을 반영하고 있다. 그리고 그 관계들은 각 파트너의 정체성을 상호인정하고 그들 간의 하나의 특별한 통일을 촉진하려는 시도에 근거하고 있다. 의미심장하게도 히브리어로 shalom(평화)이란 진정한 평화를 의미하는 계약 전체의 창조와 관계가 있는 히브리어인 'brit'의 다른 말인 것이다.[2]

연방 원칙들이란 자치와 나누어진 자치의 결합과 관련이 있다. 광의의 의미에서 연방주의란 지속적이지만 제한된 연맹 내에서 개인들, 집단들, 정치체제들 간의 연결을 포함하고 있다. 그리고 이는 그러한 방법으로 모든 당사자들의 정체성을 유지하면서 공동의 목적을 추구하는 것을 의미한다. 하나의 정치적인 원칙으로서 연방주의는 정치권력의 헌법적인 분산과 관련을 갖고 있다. 그래서 하나의 연방국가 내의 구성 국가들은 공동의 정책결정과 법에 의한 행정의 절차를 서로 공유하고 있다. 그 반면에 중앙정부의 활동들은 각 구성국가의 정체성을 해치지 않는 선에서 수행되고 있다. 연방체제는 모든 구성 국가들의 생존과 권한을 보호하기 위하여 기획된 방법에 의해서 중앙정부와 구성국들 사이에 헌법에 의거 권력을 배분하는 기능을 수행한다.

---

[2] ibid. p. 3~4.

하나의 연방체제 안에서 모든 구성 국가들이 그 체제의 정책결정과 집행과정에서 협상을 통하여 기본 정책이 결정되고 집행되고 있다.

결과적으로 연방주의는 정치적 권한과 권력의 조직을 위한 여러 대안들을 마련하는 하나의 현상이다. 고유한 관계들이 창조되는 동안 정치구조들의 다양성이 발전될 수 있다. 그리고 이러한 연방정치제도들은 연방주의 원칙들과 일치한다. 연방주의의 정의를 다시 내린다면 간단히 말해서 나눔과 자치의 지배이다. 연방주의란 궁극적으로 정치적 갈등을 해소하고 정치통합을 이루는 한 모델로 이해 될 수 있다.

여기서 연방주의와 연방제를 구분할 필요가 있다고 본다. 연방주의란 정치이데올로기나 정치이념으로 이해한다면 연방제란 연방제도전반을 의미한다고 하겠다.[3] 킹(King)은 연방주의란 19세기에서 하나의 원칙이 되었고 연방주의를 원칙이라고 말한 첫 번째 학자는 푸르동(proudhon)이라고 언급했다. 그에 의하면 연방제란 연방 중심에서 주변적 영토단위체(지방이나 주 정부들)의 대표성에 의해서 분명하게 특징지어진다는 것이다. 이러한 유형의 정부는 핵심적으로 헌법적이고 사법적인 특성을 갖고 있다. 그리고 이러한 제도는 권력의 분산에 의해서 이루어지고 있다.[4]

미국, 캐나다, 스위스, 호주에서와 같이 연방의 원래 목적이란 권력분산을 통하여 정치권력을 견제하고 면적이 크거나 인종적·문화적인 다양성이 있는 나라에서 권력분산에 대한 통제와 더 큰 통합을 위한 토대를 마련하는 데에 있었다.

하나의 연방제는 1789년 미국 헌법 하에 수립되었던 때의 미국의 경우와 같이 동일한 지역에 전에 존재했던 것 보다 더 큰 중앙 집권화

---

3 King, Preston, 1982, Federalism and federation, Baltimore: Johns Hopkins University press, p. 20.
4 ibid. p. 21-22.

를 만들 수도 있고, 그 반대로 1949년 현재의 독일 헌법 하에서 수립된 서독공화국의 경우에서처럼 동일한 영토 내에 사전에 존재했던 것보다 더 큰 지방분권화를 만들 수도 있다. 연방제가 생성될 때에는 그 연방제는 중앙집권적 혹은 지방분권적이 될 수도 있다. 더 나아가 연방제는 20세기 미국의 제국주의적 대통령제 하에서와 같이 보다 중앙집권적으로 될 수도 있고, 캐나다 퀘벡의 분리주의에 반응함에 있어 1970년대와 1980년대 캐나다에서처럼 보다 지방분권화 된 연방제가 될 수도 있다. 연방제가 비 연방제보다도 정치적으로 권력집중이 덜 되었음에도 불구하고(예를 들어서 케냐와 비교했을 때 호주) 연방제들은 비 연방제보다 정치적으로 중앙집권화가 더 많이 될 가능성도 배제할 수 없다. 연방제도란 다양성을 가진 일종의 헌법체계로서 지방분권화(decentralization)의 상이한 정도들, 즉 강력한 분권화 내지 느슨한 분권화 등을 나타내고 있다.

2. 단일국가, 연방제, 국가연합제에 대한 개념정의

1961년 한스 켈젠(Hans Kelsen)은 지방자치를 하고 있는 단일국가와 여러 나라들로 구성된 국가연합과 연방제를 구분하는 것은 권력의 집중화의 정도에 있다고 주장하였다. 그는 지방분권화의 잣대 위에서 연방 국가는 한편으로 단일국가와 다른 한편으로 여러 단일국가로 구성된 국가연합 사이에 존재한다고 설명하고 있다.

켈젠은 중앙집권화 된 국가란 그가 가지고 있는 전 영토를 통하여 단일국가의 법이 유효한 국가를 의미하며 하나의 지방분권화 된 국가란 어떤 법들만 전 영토에 유효하게 되고 다른 법들은 그 국가의 다른 지역에서만 유효한 국가를 의미한다. 켈젠은 연방 국가를 국가연합 혹은 연맹과 같이 지방 분권화된 나라로 간주했다. 단지 연방국가에서는 만장일치제에 의거 입법과 사법적으로 운영이 되는 기능을 제외하고 연방국가나 국가연합국을 동일하게 보았다. 그는 연방이나 국가연합제를 지방분권화 된 국가라는 의미에서 동일한 것이라고 주장하고 둘째로 지방분권화의 정도에 따라 그들 간의 차이가 있다고 보았다. 그러나 켈젠은 연방제와 국가연합제 간에 차이가 어디에 있는지는 구체적으로 설명하지 않고 있다. 켈젠은 연방제와 단일국가간의 관련된 차이도 생략하고 있다.[5]

국가연방제에 있어서 지방분권화의 정도로 연방제를 정의하려는 학자들 중에 한 분이 라이카(Riker)이다. 그는 모든 정부를 중앙집권화의 정도를 측정할 수 있는 척도위에 올려놓아야 한다고 주장하고 있다. 그는 켈젠과 마찬가지로 국가연합제와 단일국가 간을 구분하는데 있어 국가연합제를 동맹이라고 부르고 단일국가를 완전히 중앙집권화 된 정부로 부르며 그 중간에 연방제가 있다고 주장한다.

라이카에 의하면 국가연합제에서는 중앙정부가 그 구성국의 정부들과 사전에 협의 없이 어떠한 정책결정도 할 수 없다고 보고 있다. 다시 말해서 동맹체 혹은 국가연합제란 중앙정부가 국가정책을 결정하기 전에 그 구성국정부들의 지지를 요청하는 국가형태를 말한다. 만약 하나의 단위구성국정부라도 이를 반대할 경우는 그 정책은 결정되거나 실행될 수 없다. 이에 반해서 연방국가란 중앙정부가 정책결정을 한 후 단위 구성국정부들의 지지를 요청하는 국가형태를 의미한다. 연방제는 연방 구성 국가들의 승인 없이도 단지 제약된 범주 내에서 결정을 할 수 있거나 혹은 연방 구성 국가들의 승인 없이 어떤 분야만을 제외하고 다른 모든 분야에서 정책 결정을 할 수 있는 국가형태

---

5 Kelsen, Hans, 1961, General Theory of Law and State, trans. A. Wedberg, New York. p. 12.

를 의미한다.[6]

단일국가란 통치권한을 배분함에 있어서 통치권을 중앙에 집중·통일시키는 집권주의(centralization)에 입각한 국가를 의미한다면 연방국가란 통치권을 각 구성국가들 혹은 지분국가(Gliedstaaten)들에 분산시키는 분권주의에 입각하여 분할된 각 구성 국가들을 결합한 국가를 말한다.

세계의 국가들 중 연방제를 취하는 국가가 다수 존재하는데 이들 중 대표적인 국가는 미국합중국, 독일연방공화국, 캐나다 연방공화국, 호주연방공화국, 스위스연합국, 말레이시아 연방공화국, 나이지리아 연방공화국, 베네수엘라 연방공화국, 멕시코연방공화국, 브라질연방공화국 등이 있다.

각 연방국들이 연방제를 취하는 동기와 목적은 엄밀히 따져 상이하고 법적인 구조도 차이가 있다. 따라서 현재 지구상에 존재하는 연방의 존재형태는 그 내용면에서 다양한 모습을 보이고 있다.

연방 국가는 다수의 국가가 대등한 관계에서 통합하여 형성된 단일국가이다. 따라서 구성국은 국가가 아니며, 연방이 통일국가가 되며, 국민은 연방의 공통된 국적을 갖는다. 구성국은 고도의 자치권을 가지나 외교권이나 군사는 연방이 독점하는 것이 보통이므로 구성국은 예외적인 경우가 아니면 국제법상의 주권을 갖지 않는다.

국가연합제란 복수의 국가가 공통의 이익을 보호하기 위하여 조약에 의해 결합하고 일정한 범위의 국가기능(특히 외교와 국방력)을 공동으로 행사하는 복합국가를 의미한다. 국가연합은 완전한 국가가 아니며 그 구성국은 국가연합에 위임한 것을 제외하고는 대내·외적으로 독립성을 갖는 것이 원칙이다. 현재 지구상에 국가연합제를 실시하고

---

6 Riker, W. H. 1975, 'Federalism', in: F. I. Greenstein and N.W. Polsby, Handbook of Political Science, 5, pp. 93~172.

있는 나라는 유럽연합 등이 있다. 스위스 정부는 그들의 국가형태는 연방이 아니고 연합제라고 주장하지만 엄밀히 따져 스위스는 그 구성국들 간의 조약이 아니고 헌법에 의해서 성립된 나라로서 미국연방이나 독일연방보다 더 지방 분권화된 연방제라고 말할 수 있다.

3. 연방국가와 국가연합의 특성

1) 연방국가의 특성

연방 국가는 복수의 구성(지분)국가들로 구성된 국가이며 그 국가의 중앙정부조직은 국제법상 완전한 주권을 갖고 있다. 구성(지분)국의 정부조직은 극히 제한된 부문에서만 국제법상의 주권을 갖고 있다. 연방국가의 기본구조는 대외나 안보문제에 대한 권한은 연방정부에 의해 보유되나 기타 대내문제에 관한 권한은 헌법의 규정에 의거 연방정부와 연방구성국에 각각 분산·보유되는 것이 일반적이다.

연방국가의 특성은 대략 다음과 같다.

첫째, 연방 국가는 연방정부와 지분국간의 권력의 분배를 성문으로 규정함으로 성문헌법과 경성헌법을 갖는 것이 일반적이다. 따라서 특별한 절차에 의해서만 헌법이나 연방 제도를 개정할 수 있다.

둘째, 연방 국가는 양원제 의회를 갖고 있다. 연방 국가는 구성(지분)국의 이익을 대표하기 위하여 지분국의 대표로 구성된 상원과 연방의 이익을 대변하는 하원으로 구성되는 양원제를 택하고 있다.

셋째, 연방 국가는 국가권력이 중앙정부와 구성(지분)국정부에 분산되어 있음으로 단일국가와는 달리 지방분권화가 균형 있게 이루어져 있다. 연방정부는 제한된 범위 안에서 국가권력을 행사한다.

넷째, 연방 국가는 권력의 지역적·수평적 분배를 특징으로 한다. 미국사람은 권력의 지역적 배분을 '영토적인 민주주의'라고 부른다. 이는 권력과 권한을 지역을 기초로 하여 분배하는 것은 각기 상이한 집단의 이해관계에 대해 중립과 평등(neutrality and equality)을 확보하고 지방자치를 보장하기 위해서다.

다섯째, 연방 국가는 헌법의 해석기관으로 최고법원을 두고 있다.

연방제의 장점은 단일국가제의 단점이 될 수 있으며 단점은 반대로 단일국가제의 장점이 될 수 있다.

연방제의 장점은 다양한 이익을 대변하면서 단일성과 다양성을 동시에 보장해 준다. 다양한 이익을 얻을 수 있고 중앙정부의 권력남용을 견제하고 일인지배정치를 방지할 수 있다. 단점으로는 조직의 이원화로 경비의 중복성과 중앙과 지방간의 갈등의 발생가능성 등을 들 수 있다.

2) 국가연합의 특성

국가연합은 복수의 국가가 조약에 의해서 수개의 국가가 대외적으로 동일한 인격자로 행동하기 위하여 결합한 국가형태이다. 국제법상 대외적인 권한은 국가연합의 구성국이 보유하고 있으며 중앙정부는 다만 예외적으로 조약으로 인정한 범위 안에서 대외권한을 가질 뿐이다.

연방 국가는 그 성립의 근거가 헌법이므로 구성국을 모두 규율하는 단일의 성문헌법을 갖고 있는데 반해 국가연합의 성립근거는 구성국간의 조약이므로 국가연합자체는 구성국을 규율하는 법은 조약밖에 없다. 구성국은 각각 독립된 헌법을 갖고 있다.

국가연합이 중앙조직으로 갖고 있는 기구는 통상 국가연합의회이다. 이는 그 구성국의 대표로 구성된다. 국가연합의 대외정책은 연합의회에서 만장일치로 가결된 경우에만 결정되고 집행될 수 있다. 왜냐하면 연합의회를 대표하는 각 구성국의 의원들은 비토권을 갖고 있기 때문이다. 또한 국가연합의회는 연방의회와는 달리 입법권이나 재정권을 갖지 못하며 연합의회의 다수결에 의한 의결은 구성국을 법적으로 구속하지 못한다.

국가연합은 연방국가와 달리 중앙기구로 연합의회가 있을 뿐이고 연합헌법이 없으며 연합헌법을 해석하기 위한 최고연방재판소도 없다.

그러나 오늘날 유럽연합의 구조를 보면 유럽연합의 권력구조는 국가연합과 연방국간의 중간정도의 권한을 갖고 있어 과거의 연합국들보다 더 많은 권한을 유럽연합의 중앙기구들이 갖고 있다. 유럽연합은 유럽연합의회 뿐만 아니라 연합행정부인 유럽위원회와 유럽사법재판소까지 갖고 있다.

지역적·수직적인 권력배분의 원칙과 기능적·수평적인 권력배분의 원칙은 상호간의 관련성은 없으나 지역적·수직적인 권력배분은 국가형태를, 기능적·수평적인 권력배분은 정부형태를 결정한다. 오늘날 세계의 모든 국가는 국가형태와 정부형태를 혼합적용하고 있는바 슈만트(Schmandt)는 어느 나라나 다음의 4가지 유형중 하나를 채택하고 있다고 설명하고 있다.[7] 그러나 필자는 여기에서는 스위스 정부형태를 더 첨가하고자 한다.

1) 단일제와 의원내각제: 영국, 일본(의회가 지역적·기능적 권력배분권한 소유)
2) 연방제와 대통령중심제: 미국(헌법에 명시)
3) 연방제와 의원내각제: 캐나다, 독일(헌법에 연방제 명시, 캐나다

---

7 Schmandt, H.J. and P.G. Steinbicker, 1954, Fundamentals of Government, Milwaukee: The Bruce Publishing Co. p. 335.

　　기타 정치권력 의회 소유, 독일 수상이 소유)

　4) 단일제와 대통령중심제: 아르헨티나 공화국을 비롯한 남미 제국

　　(3권 분립이 헌법에 명시)

　5) 연방제와 협의제 정부형태: 스위스(헌법에 명시)

제2절 기능적 권력분배에 따른 제이론: 정부의 형태

1. 미국 형 대통령중심제 presidential government system

　대통령중심제는 대통령과 의회가 국민으로부터 개별적으로 권력을 위임받아 행사하며 양자는 국민에 대해 개별적으로 책임을 지는 정부형태를 말한다. 의원내각책임제의 모형이 영국의 정부형태라면 대통령중심제의 모형은 미국의 정부형태이다. 대통령중심제는 현재 중남미의 거의 모든 국가와 아시아와 중동의 일부국가들에 의해서 채택되고 있다.

　대통령중심제의 특징은 대략 다음 4가지로 구분하여 설명될 수 있다.

　첫째, 대통령은 대외적으로 국가원수의 지위와 대내적으로 행정수반으로 실질적인 권한을 동시에 갖고 있다.

　둘째, 행정부와 입법부는 분리되어 있으며 장관과 의원은 상호간에 겸직할 수 없다. 대통령은 미국에서처럼 선거인단 회의에 의해 선출되었다고 하더라도 의회에 책임을 지지 않고 국민에게 책임을 진다. 양자의 엄격한 분리로 인하여 행정부는 소정의 안정된 임기를 갖고 있는 대통령 밑에서 국가정책의 전문성과 지속성을 유지할 수 있다.

입법부도 행정부에 의한 의회해산의 권한은 없어도 행정부를 견제할 수 있다. 그러나 대통령중심제에 있어서도 3부(행정부, 입법부, 사법부)의 권력의 중복(overlaps of powers)현상이 발견된다. 미국의 대통령은 의회가 통과시킨 법안을 거부할 수 있는 거부권을 갖고 있다. 미국 부통령은 상원의장을 겸한다. 또한 미국 상원은 행정부 고위공무원의 임명에 대한 인준권과 조약의 비준권을 가지며 양원은 대통령과 법관을 포함한 고급공무원에 대한 탄핵권을 갖는다. 미국의 사법부는 위헌심사권을 비롯한 사법심사권을 갖고 있다. 이러한 권력의 중복현상은 견제와 균형이라는 민주주의의 원칙에서 비롯되었다.

셋째, 각료들이나 내각은 연대책임을 지지 않고 오로지 대통령에게만 책임을 진다. 미국의회는 장관들의 의회출석을 요구할 수 있고 국정에 관한 질문을 할 수 있으나 장관이나 내각에 대해 불신임 권한을 갖고 있지 않다.

넷째, 행정부의 수반인 대통령은 4년의 임기를 보장받으며 중임이다. 그는 자기 당이 소수파가 되어도 그 직을 상실하지 않는다. 그는 중죄나 중대한 비행, 중대한 신체적·정신적 질병의 경우가 아닌 이상, 임기 동안에 해임되지 않는다.[8]

대통령중심제는 대략 다음과 같은 장점을 갖고 있다:

1) 대통령이 중장기적인 정책을 수립하고 지속적으로 집행할 수 있으며,

2) 소정의 임기동안에 강력한 리더십을 발휘할 수 있어 국가위기를 극복하는데 유리하며,

3) 임기 중 사회의 안정을 비교적 유지할 수 있고,

4) 의회의 다수당의 횡포를 방지할 수 있다.

---

[8] 미국의 대통령제에 대해, 최 명, 미국정치론, 서울: 일조각과 김준호, 2005, 미국의 이해, 서울: 한국문화사, 165~215쪽 참조.

그러나 대통령중심제는 동시에 다음과 같은 단점도 갖고 있다:

1) 행정부와 입법부와의 갈등 시 갈등이 첨예화될 경우 원만한 해결을 할 수 있는 제도적 장치가 없다. 그 결과, 대통령이 소속된 정당이 의회의 소수파가 되었을 경우 입법과정에서 대 의회 설득작업의 필요성과 장시간의 토론과정이 모든 정책수행을 지연시킬 수 있다. 의회가 행정부로부터 독립될 수 있는 근거는 대통령이 양원의 의원후보자 공천권을 갖고 있지 않고 의회의 선거절차가 대통령과 무관하기 때문이다. 헌법상 양원의원들은 각 주법에 의하여 주 단위 정당의 공천을 받게 되어 있어 그들의 정치 생명은 대통령과 무관하다.[9]

2) 대통령권한의 집중화로 독재를 할 위험성이 있다. 그러나 미국은 약 200년 동안의 경험에 비추어 대통령의 권한의 집중화로 인한 독재정치는 아직은 볼 수 없었으나 한국과 같은 대통령 중심제에서는 독재화를 충분히 경험하였다.

3) 대통령의 일정한 임기 때문에 보다 유능한 지도자를 요구하는 상황 변화가 와도 지도자를 교체할 수 없는 경직된 제도를 갖고 있다.

4) 책임을 지는 정당제도가 없다.

5) 권력분립으로 인한 국가기능의 통일적인 수행이 곤란하다.

2. 독일 형 수상중심 의원내각제 chancellor system

독일연방공화국 기본법은 영국이나 프랑스의 정부형태와는 성격이 다른 의회정치 제도를 확립시켰는데, 영국과 같이 의원내각제를 갖고

---

9 Richard E. Neustadt, "Presidential Government", *International encyclopedia of social science*, vol. 12, op. cit. p. 453.

있지만 수상의 권한이 영국수상이나 프랑스수상보다 막강하다 하여 수상중심의원내각제 또는 독일인들은 이를 수상민주주의(Kanzlerde mokratie)라 부른다. 이 제도는 표면상으로는 다른 의회정치제와의 차이점이 별로 없다.

연방대통령은 연방의회(Bundestag)의원과 동수의 16개 주 의회 대표로 구성된 연방회의(Bundesversammlung)에서 다수결로 선출되지만 대통령은 형식적인 권한만을 갖고 있으며 실질적인 권한은 하원인 연방의회에서 선출되는 수상이 독점하고 있다. 연방수상은 일단 선출되면 4년이라는 의회 임기 안에서는 퇴임하는 예가 극히 드물다.

독일정부가 의원내각제 또는 의회정치제이면서도 빈번한 정권교체 없이 임기동안에 미국대통령과 같이 정치적 안정을 유지할 수 있는 것은 수상의 의회 해산권과 의회의 수상 불신임결의권 행사절차의 특성 때문이다. 현행 독일연방 기본법은 빈번한 선거로 히틀러에게 집권의 길을 열어주었던 1930년대 바이마르 공화국의 전철을 밟지 않기 위해서 수상이 의회로부터 불신임을 받을 경우에만 총선거를 앞당겨 실시할 수 있도록 규정하고 있다. 그러나 의회는 후임수상을 선출하기 전에는 현 수상을 불신임할 수 없다는 조항을 독일연방기본법 제 67조에 규정하고 있기 때문에 수상에 의한 의회해산권 발동은 현실적으로 불가능하다. 바로 이 조항 때문에 의회 임기 안에 수상이 사퇴한 예는 뒤에 독일을 다루는 절에서 언급하겠지만 한번 있었다.

독일 연방 수상은 그 이외에도 특수한 지위를 갖고 있다. 연방기본법 제 62-68조에는 연방수상은 장관(각료)의 임면을 연방대통령에게 건의할 권한을 갖고 있다. 이러한 권한에 따라 의회의 불신임 결의 대상도 내각이 아니라 바로 수상이다. 무엇보다도 연방기본법 제 65조는 연방수상이 국가정책의 기조를 결정하고 그에 대한 책임도 진다고 명시하고 있다. 이에 따라 국가의 전반적인 정책에 있어 의회에 대한

책임도 내각이 아니라 수상이 진다.[10]

강력한 행정부 권한에 의한 정치적 안정을 구축할 수 있다는 점은 영국의 내각책임제와 흡사하다고 할 수 있으나 영국과는 달리 모든 권력이 수상개인에게 집중되어있기 때문에 독일의 의회 정치제도를 일명 '민주적 권위주의' 정부형태라고 부르기도 한다.[11]

수상중심 의원내각제의 정부형태에 대한 통제방법은 4년마다 실시되는 선거뿐이다. 이와 같은 수상중심 제에서의 수상은 조형적인 의회정치제도 상황과는 달리 타 정당과 연립정부를 구성하고 그의 수반이 될 수도 있으며 연립정부수반이라도 미국대통령과 같이 막강한 권한을 행사할 수 있다.[12]

3. 영국 형 의원내각제(내각책임제)cabinet government system

의원내각제의 원형은 영국의 정부형태이다. 사실상 모든 서유럽 국가와 영국의 식민지였다가 독립된 아시아, 아프리카 및 북미, 호주 및 뉴질랜드의 거의 모든 신생국가가 영국의 모델을 따라 내각책임제를 채택하고 있다. 일본은 1889년 독일 프로시아의 모델에 따라 명치유신 헌법에서 이미 내각책임제를 채택한 바 있으며 2차 세계 대전이 끝난 후 1946년 소위 맥아더 헌법에서는 영국모델에 따라 내각책임제를 채택하였다. 또한, 중국과 소련을 비롯한 모든 공산주의 국가와 북한 정

---

10 Sontheimer, Kurt, Bleek, Wilhelm, 1999, Gruendzuege des politischen Systems der Bundesrepublik Deutschland, Muenchen: Piper Verlag, pp. 306~308.

11 Loewenstein, Karl, 1965, Political Power and the Governmental Process, Chicago University of Press, p. 98.

12 Neumann, R. G., 1955, European and Comparative Politics, New York: McGraw Hill, pp. 680~687.

부도 헌법만 가지고 보면 내각책임제를 채택하고 있다고 볼 수 있다. 내각책임제 정부의 특징으로는 대략 다음 5가지를 지적할 수 있다.

첫째, 내각은 입법부에 의해 구성되며 입법부에 대해 책임을 진다. 그러므로 내각은 일정한 임기를 갖고 있지 않다. 의원의 다수가 내각의 정책결정에 반대할 때 의회는 내각이 요청한 신임투표를 부결시키거나 의원이 제안한 불신임안을 가결시킴으로써 내각을 사임하게 할 수 있다. 내각이 제출한 법안이 부결되는 경우 그 법안의 통과여부와 직접 관련된 것이라고 특별히 명시되었다면 내각에 대한 불신임으로 간주되나 그렇게 양해된 경우가 아니라면 내각에 대한 불신임으로 간주되지는 않는다. 따라서 내각은 내각의 정책 수행 상 반드시 필요하다고 느끼는 법안을 통과시키고자 할 때, 오히려 그 법안의 통과여부와 내각의 신임여부를 결부시켜 의회에 제출한다. 왜냐하면 그 법안이 통과되지 않아 내각이 결국 사퇴해야 하는 경우 내각은 의회를 해산, 새로운 선거를 실시할 수 있다. 따라서 반대당이 새로운 선거가 자기 당에 불리하다고 판단할 경우 그 법안에 동의할 수도 있기 때문이다.

오늘의 의원내각제 헌법들은 대개, 의회의 내각불신임으로 정권교체가 잦아 정치위기를 초래했던 프랑스의 제 3과 4공화국이 붕괴된 이후 서유럽이나 아프리카 등의 나라들에 의해서 채택되었다. 그 헌법상의 규정으로는 1) 불신임동의안의 발의에서 표결까지 냉각기를 두는 방법(프랑스와 터기는 5일, 이탈리아와 모로코는 3일, 우간다는 14일), 2) 불신임동의안의 가결에 필요한 의원의 수를 단순과반수 이상으로 높이는 방법(우간다는 2/3 이상, 프랑스는 기권을 불신임안에 대한 반대로 간주함), 3) 불신임동의안이 가결되었다고 해도 신임수상을 선출하지 못하는 경우에는 불신임 당한 내각의 수상은 그 직을 유지하는 방법(독일)등이 있다.

둘째, 내각은 의회에 대해 연대책임을 진다. 이를 연대책임의 원칙이라고 부른다. 일본과 인도(1946년)의 헌법에서는 내각의 연대책임을 아예 헌법에 명시하고 있고 비록 헌법상의 명문규정이 없다고 해도 내각은 의회에 대해 하나의 실체로서 존재함으로 연다 책임을 진다. 수상은 언제나 내각의 장관을 경질할 권한을 갖고 있다.

셋째, 내각은 의회의 임기가 만료되기 전에도 의회를 해산할 권한을 갖는다. 일반적으로 내각에 대한 불신임안이 통과되었다고 해도 의회 내의 뚜렷한 다수파가 형성되지 않는 경우 내각은 의회해산권을 발동한다. 내각은 새로운 선거에서 다수파의 의회 의석이 증가하리라는 기대를 가질 경우에도 의회를 해산할 수 있다. 그 한 예로, 1964년 총선에서 신승한 영국의 노동당은 자기당의 입장이 훨씬 유리해진 1966년에 의회를 해산하고 새로운 선거를 실시하여 원내에서 안정세를 구축할 수 있었다. 그러나 노동당은 1970년도에도 동일한 정세판단에 따라 의회를 해산하고 총선을 실시하였으나 보수당에게 패배함으로써 정권을 보수당에게 내놓고 말았다.

내각의 무책임한 의회해산으로부터 의회와 정부를 보호하기 위해 헌법은 의회해산권의 발동 수와 발동 시기에 제한을 두고 있다. 해산권의 발동횟수에 관해서는 1년에 1회 내지 2회로 제한하며 시기에 관해서는 총선직후의 수개월과 의회의 임기만료 수개월 전의 기간에는 의회를 해산할 수 없다.

넷째, 일반적으로 내각의 구성원은 의회의원에 한정된다. 영국의 제도를 모방한 국가에서는 의원가운데에서 내각구성원을 선출하는 것이 불문율로 되어있다. 인도와 호주의 헌법은 의원선거에서 낙선한 사람은 그 의회가 구성하는 내각의 구성원이 될 수 없다고 명시하고 있다. 이러한 내각의 구성원과 의원의 겸직은 필연적으로 입법부와 행정부의 융합, 곧 권력의 융합을 가져온다.

다섯째, 수상은 국민에 의해서 직접 선출되지 않고 어디까지나 의회의 의원들에 의해서 선출된다.

여섯째, 국가원수직과 정부수반 직은 내각책임제에서 분명하게 구분된다. 이러한 구분 때문에 내각책임제를 '쌍두적인 집행부'라고 부른다. 물론, 실질적인 권력은 정부수반인 수상이 갖고 있다. 영국의 경우 제 2차 세계대전 당시의 전시내각을 고비로 수상의 권한이 크게 늘어나고 의회의 권한이 상대적으로 줄어들었다. 의회의 정부는 내각의 정부로 바뀌어 정치권력의 중심이 의회로부터 내각으로 옮겨지고 오늘날에는 수상정부(Prime ministerial government)라는 개념이 생길 정도로 수상의 권한이 강화되었다. 이에 비해 국가 원수는 형식적이며 상징적인 존재이다. 수상과는 달리 국가 원수는 대부분의 민주공화국에서는 양원합동회의에 의해 선출되며 보통 4년-6년의 임기를 보장받는다. 영국이나 일본과 같은 입헌군주제에서는, 물론 군주가 국가원수 직을 세습한다. 그러나 말레이시아연방의 경우 연방을 구성하는 여러 지역적 단위의 추장이 왕 또는 부왕 또는 추장들로 구성된 선거인단에 의해 그들 가운데에서 국가원수가 선출되며 임기는 5년이다.

영국의 내각책임제의 장점들은 다음과 같다.

1) 책임정치를 실현할 수 있다. 내각은 책임전가가 불가능하며 국민의 정치지도자 선택도 분명하다.

2) 주권재민의 원칙이 정치제도화 되었다. 정부(내각)가 국민의 대표기관인 의회의 신임을 받지 못할 때 총사퇴해야 한다. 내각은 국회해산 권을 발동하여 다시 국민의 신임을 물어 새 정권을 구성하는 정부형태이기 때문에 정치인들은 항상 국민의 의사를 반영하는 여론에 민감하다.

3) 국민의 정치의식이 민주화된 경우 정치적 안정성이 가능하다. 이 제도는 양당제도가 확립된 국가에만 적용되는 것이 아니라

정치적으로 성숙된 북유럽 제국에서도 복수정당 제도이지만 정치적 안정성을 유지하고 있다. 내각은 국가와 의회지도자로써 정책을 제시하고 야당은 내각에 대한 견제기능을 수행하면서도 여당의 지도적 지위를 인정하는 것을 기본으로 하여 주기적으로 평화적 정권교체가 가능하기 때문에 정치적 안정성을 유지할 수 있다.

4) 효율적인 정부형태라고 말할 수 있다. 내각책임제는 전쟁과 같은 국가적 위기에 봉착할 때 유연하게 대처할 수 있는 제도적 장치이기 때문이다. 임기가 고정된 대통령중심제에서는 국가적 위기에 처했을 때도 임기 안에 다른 유능한 지도자로 경질할 수 있다. 2차 대전 당시, 영국국민은 챔벌린(Chamberlain) 수상에서 처칠(Churchill) 수상으로 교체하였고, 제2차 세계대전이 끝난 후에는 애틀리(Atlee)수상으로 지도자를 바꾼 것이 그 좋은 사례이다.

그러나 내각책임제의 단점들은 다음과 같다.

1) 권력 집중은 권력의 남용을 초래한다는 전제하에 행정부와 입법부의 권력이 분립이 아닌 융합관계에 있다. 그러나 행정부에 대한 입법부의 불신임 결의안과 행정부의 의회의 해산권은 양부의 권한의 독자성을 어느 정도 시사해주고 있다. 정치적 자유를 보장하기 위한 권력분립 원칙이 영국에서는 의회 내에서 작용하고 있어 집권당에 대한 야당의 감독과 견제기능, 그리고 주기적 정권교체로 권력남용의 폐단을 최소화한다지만 이는 의문이다.

2) 지배정당의 독재화의 경향을 들 수 있는바 의원내각제는 정당 정치를 그 기반으로 하고 있어 야당에 대한 다수당의 횡포의 가능성이 클 뿐만 아니라 당 간부의 독재화 가능성이 있는 것도 문제이다. 그러나 영국정치에서는 그러한 현상이 아직 문제가 되지

않았으며 복수정당 제도를 채택하고 있는 유럽국가에서는 한 정당의 절대다수 의석획득이 불가능하여 오히려 연립정부를 구성하는 상태에서는 정당의 독재화는 문제가 되지 않는다.

3) 행정 관료의 독주현상을 들 수 있다. 이론적으로 의회권한의 최고성이 보장되어 있으나 실제 운영과정에서는 입법기능도 의회가 아닌 내각이 그 주도권을 행사하고 있다. 또한 내각은 그 기능을 관료에 위임하고 있기 때문에 행정 관료의 독주현상을 지적할 수 있다.

내각책임제의 성공적 조건은 나라마다 다를 수 있으나 일반적으로 의회민주제의 성공적 운영조건으로 다음 세 가지 요인을 지적할 수 있다.

첫째, 양당제도의 확립이다. 복수정당제보다는 양당제도라야 의회 내 안정 세력의 구축이 용이하며 정치적 안정성을 이룰 수 있다. 물론, 복수정당 제도를 가진 스칸디나비아 제국도 정당 블록(Block)이 형성되어 연립내각이면서도 의회 내에서 어느 정도의 정당 블록 별 안정 세력을 구축하고 있어 정치적 안정을 기하고 있다.

둘째, 한 나라의 정당간의 동질성을 들 수 있다. 정당간의 이념의 이질성이 심하면 심할수록 한 나라의 정치적 안정을 이룩할 수 없다. 예를 들어서 야당이 정치게임의 룰을 무시하고 폭력을 사용하거나 반대로 집권당이 다른 정당의 존립과 자유에 위협이 되는 정당이 되면 그들의 관계는 평화적 정권교체를 불가능하게 하며 폭력이 동원되어 정치적 혼란을 야기 시키게 되기 때문이다.

마지막으로 국민의 정치의식 수준을 들 수 있는 바, 특히 내각책임제를 운영하기 위해서는 정치인을 비롯한 국민의 정치의식이나 한 나라의 정치문화가 성숙되지 않으면 안 된다.

4. 프랑스 형 혼합형 정부형태hybrid form, 이원집정부제도

　내각책임제와 대통령중심제의 혼합형으로는 프랑스의 제 5공화국의 정부형태를 그 전형적 예로 들 수 있다.13 이러한 프랑스 형 정부형태를 일명 이원집정부제도 혹은 분권 형 대통령제라고도 부른다.

　프랑스의 제 3, 4 공화국의 정부형태는 앞서 의원내각제에서 언급했듯이 양원이 선출한 대통령의 권한은 형식적이었다. 그리고 의회 내 복수정당 가운데에서 의석비율에 따라 연립내각을 구성하는 수상 역시 의회의 빈번한 불신임 결의권의 행사로 의회의 횡포를 면할 길이 없어 프랑스는 정치적 불안정을 벗어나지 못하였다. 이러한 정치적 불안정을 탈피하기 위하여 프랑스는 1958년 드골에 의해 제 5공화국을 출범시키었다. 그리고 제 5공화국의 헌법은 그 정부형태를 의원내각제보다는 수상과 대통령이 권력을 분점 하는 이원집정부제도 혹은 혼합형 정부형태로 바꾸었다.

　혼합형 정부형태인 이원집정부제의 특징은 대략 다음과 같다.

　첫째, 국가원수와 행정수반이 구분되어 있고 대통령과 수상(총리)이 권한을 나누어 갖고 있는데 대외정책, 안보정책, 국방정책에 관한 사안들, 즉 국가의 안위와 관련된 중대 사안에 대한 권한은 대통령이 갖고 기타 내정에 관한 권한은 수상이 갖는다.

　둘째, 대통령은 국민이 직접 선출하며 의회가 선출한 수상을 임명하고 의회 해산권을 행사할 수 있다. 내각의 각료는 수상의 재청에 의해서 대통령이 임명한다. 대통령의 중요한 정책은 국민투표를 통해 국민에게 직접 호소할 수 있으며 법령으로 의회를 거치지 않고 입법이 가능하다.

---

13 그 이외에도 알제리, 우간다, 모로코도 혼합형 정부형태를 갖고 있다.

셋째, 각료는 의원출신이 아니라도 수상에 의해 제청되고 임명될 수 있으며 의원은 입각하면 의원직을 포기하여야 한다.

넷째, 의회는 수상인준 권과 행정부에 대한 불신임 결의권을 행사할 수 있으나 그 불신임 결의권을 행사할 수 있는 요건은 의회의 절대 다수결을 요하며 한 회기 안에 1회만이 허용된다. 프랑스 제5공화국 헌법의 목적은 의회의 권한을 대폭 축소하고 대통령의 권한을 강화시켜 빈번한 정권교체로 인한 정치 불안을 해소하는데 있다. 그 결과 드골 대통령 이래 오늘날까지 54년간에 불과 7명의 대통령 즉 7개의 정권을 배출하였다는 사실은 과거에 비해 정국이 훨씬 안정되었음을 보여 준다.[14]

프랑스가 복수정당 제도를 갖고 있었음에도 불구하고 그와 같은 정치적 안정을 유지할 수 있는 이유는 입법권보다 행정권을 더욱 강화시키었던 결과라고 본다.

다섯째, 프랑스 제5공화국 정부형태는 대통령중심제와 같이 강력한 대통령의 권한을 인정하면서도 정부 불신임 결의권과 의회예산권이 허용되는 정치체제, 즉 대통령을 정점으로 하되 행정부가 의회에 대해 책임을 지는 내각책임제의 특징을 동시에 갖춘 제도이기 때문에 의원내각제와 대통령중심제의 혼합형이라고 부른다. 그 뿐만 아니라 과거 의회에 집중되어 있는 권한을 대통령과 수상에게 분산시켜 주는 분권제도를 실시하고 있기 때문에 이러한 정부형태를 이원집정부제라고도 부른다.

---

14 1958~1969년의 시기 드골, 1969~74년의 시기 퐁피두, 1974-1980년의 시기 히스카 데스탕, 1980~2002년의 시기 미테랑, 2002~2008년의 시기 시라크 대통령, 2008~2012년의 시기 사르코치 대통령, 2012~현재 올랑드 대통령.

5. 스위스 형 협의제 정부형태collegial system

의원내각책임제도 아니고 대통령중심제도 아니며 독일 형 수상중심제도 아니고 프랑스 형 이원집정부제도 아닌 정부형태로서 스위스 형 정부형태를 통상 협의제 정부형태라고 부른다. 스위스는 1848년 미국의 연방제를 모방하였으나 미국의 삼권분립제와 대통령중심제는 채택하지 않고 그들 특유의 전통적인 협의 민주주의에 의한 정부형태를 고수하였다.

스위스 헌법은 국가 최고 권력을 입법부인 연방의회(Federal Assembly)에 귀속시켰고(헌법 제71조) 행정부인 연방협의회(Federal Council)는 영국의 내각과 같이 원내 정당지도자들로 구성되어 의회의 한 위원회와 같은 지위를 차지한다(헌법 제9조). 그러나 스위스 정부형태는 결코 의회정치제도나 의원내각책임제는 아니다.

스위스의 협의제 정부형태의 특징은 다음과 같다.

첫째, 연방협의회(내각)는 인구비례로 선출하는 국민의회인 하원과, 26개 연방주(Canton)에서 선발된 주 대표들로 구성된 상원, 즉 이들 양원 합동회의에서 선출하는 7명의 각료로 구성된다. 또한 이들은 의회의 신임을 얻는 기간이 임기로 되는 내각책임제와는 갈리 4년의 임기가 보장되어 있다.

둘째, 양원합동회의가 7명의 각료 가운데에서 연방대통령을 고참 순위에 따라 윤번제로 선출하며 대통령의 임기는 1년이며 재임은 없다.

셋째, 그와 같이 선출된 대통령의 지위는 다른 각료와 조금도 다를 바가 없으며 다만 연방협의회(내각)의 회의를 주관하며 공식행사에서 국가 원수로서의 형식적 기능을 수행할 뿐이다. 이처럼 등등한 권한을 가진 자의 '협의에 의한 정치'를 가리켜 협의제 또는 동료정치제도(collegial system)라고 부른다.

넷째, 연방협의회의 7명의 각료들의 임기동안에는 의회가 연방협의회(내각)를 불신임할 수 없으며 연방협의회도 의회해산권이 없다. 이는 미국의 대통령중심제와 유사하다.

따라서 스위스의 정부형태는 이론적으로는 첫째, 의회가 입법권, 행정부 감독권, 각료의 의회출석 요구권을 행사하며, 둘째, 행정부는 법안에 대한 거부권이 없으며, 셋째, 사법부도 위헌심사권이 없다는 점에서 의회가 최고 권력기관이며 행정부는 의회의 종속기구와 같이 되어 있다. 그러나 실제 운영 면에서 행정부인 연방협의회(연방내각)가 상당한 영향력을 행사하고 있다. 내각이 원내 정당대표로 구성되어 있지만 일단 입각하면 내각의 각료는 소속정당의 정책에 구속되지 않으며 내각은 법안에 따라 해당 각료의 의견을 존중한다. 의회와 내각과의 의견대립 시에는 표결로 최종결정을 내리므로 대통령중심제에서와 같은 의회와 행정부와의 갈등현상이 드물다. 특히 각기 다른 정당 대표로 구성된 내각이지만 각료의 4년 임기제로 빈번한 정권교체의 양상도 볼 수 없다. 스위스의 이와 같은 강력한 행정권과 능률적이고 안정된 정치제도는 높이 평가되고 있지만 미국이나 소련과 같이 영토나 인구가 방대한 국가에 이 제도의 적용성은 적다고 보는 학자들이 있다. 또한 고도로 민주적인 정치문화가 발달된 나라에 맞는 정치제도이다. 정치문화의 수준이 낮은 대한민국은 아직은 이 정치제도의 적용은 시기상조이다. 그 좋은 예로 우루과이가 1918년에서 1934년에 그리고 1950년 한때 이 제도를 시도한 바 있었지만 민주적인 정치문화의 수준이 낮은 탓으로 실패하였다. 그러나 대한민국도 국민을 주인으로 아는 진정한 민주주의를 원한다면 스위스연방의 협의민주주의를 한국에 적용하는 날도 멀지 않았다고 본다.

제3장
미래한국의 모델
: 미국, 독일 그리고 스위스

한국의 국가권력구조의 개혁방향

제1절 미국합중국United States of America

1. 개관

미국은 영국에 이어 20세기 초에서 오늘에 이르기까지 아직은 세계 최대강국이다. 미국은 정치적으로 영국, 러시아, 중국 그리고 프랑스와 함께 유엔 안전보장이사회의 상임이사국으로서 국제문저의 중요한 사안에 대해 거부권을 행사할 수 있으며 실제에 있어서도 세계의 경찰국의 역할을 담당하고 있다. 둘째로 군사적으로 미국은 핵무기를 러시아와 함께 최다보유하고 있을 뿐만 아니라 기타 최신형 전정무기를 최다 보유한 군사대국이다. 미국의 국방비는 중국보다도 많은 6,920억 US\$로서 세계 1위이다. 셋째 경제적으로 미국은 중국의 추적에도 불구하고 2012년도 현재 아직은 세계에서 가장 큰 경제대국이다. 미국의 2012년도 국민총생산은 15조 6,096억 US\$로서 일인당 국민소득은 한국(2만3,679US\$)보다 약 두 배가 더 넘는 4만 9,601US\$이다.[1]

그러나 미국도 2008년 세계금융위기이래 경제활동이 둔화되어 실업률은 2011년도 현재 독일(6%)과 스위스(3.8%)보다 훨씬 많아 무려 9%에 이르렀다.[2] 인구는 전 세계의 5% 수준이지만 석탄·구리·원유 생산량은 전 세계의 거의 1/5를 차지한다. 농업 부문을 보면, 옥수수는 세계 총생산량의 1/2, 쇠고기·돼지고기·양고기는 1/5, 밀은 1/10 이상을 차지한다. 그러나 미국은 천연자원이나 농업생산물보다는 고도로 발달된 공업에 더 많이 의존하고 있다.

미국은 수출액은 전 세계 총량의 10% 이상을 차지하는 무역 강대국으로서 뿐만 아니라 투자자본의 원천으로서 세계 경제에 침투하고 있

---

1 International Monetary Fund 2012 참조.
2 OECD 통계자료(http://stats.oecd.org) 2011년도 참조.

다. 미국 기업에 의한 해외 직접투자는 캐나다와 라틴아메리카 국가들에서 경제를 좌우하는 요인이 되며 유럽과 아시아에서도 매우 중요한 역할을 하고 있다.

또한 미국은 학문과 과학 그리고 예술 등에서도 세계를 선도하고 있으며 스포츠에서도 세계 최강국이다.

미국은 50개주만 해도 약 963만㎢로서 러시아면적의 약 절반이 되며 중국보다는 약간 더 크다.

미국은 독립 당시만 해도 애팔래치아 산맥 동쪽에 13개 주로 구성된 연합국가 이었다. 북쪽의 뉴햄프셔 주에서부터 남쪽으로는 조지아 주에 이르기까지 대서양 해변에 늘어서 있는 인구 250만 정도의 작은 나라였던 것이 몇 차례의 영토 확장을 통해서 오늘의 광활한 영토를 갖게 되었다.[3]

미국은 북아메리카 대륙의 48개주와 알래스카·하와이의 외부 2개 주로 구성되어 있으며 공식 명칭은 미합중국(United States of America)이며, 약칭은 U. S. 또는 U. S. A. 또는 아메리카(America)라는 명칭으로 불리기도 한다. 연방주 가운데 가장 큰 알래스카 주는 북아메리카 대륙의 북서쪽 끝에 있으며 하와이 주는 태평양 한가운데에 있다. 수도는 워싱턴으로 1790년 제정된 연방수도권 지역인 컬럼비아 특별구와 동일한 지역이다. 본토에 속한 영토는 북쪽으로 캐나다, 서쪽으로 태평양, 남쪽으로 멕시코·멕시코 만·플로리다 해협, 동쪽으로 대서양과 접해 있다. 알래스카 주는 남쪽으로 태평양, 동쪽으로 캐나다, 북쪽으로 북극해, 서쪽으로 베링 해와 경계를 이룬다. 인구는 2011년 현재 313,847,465명이다.[4]

국민들은 유럽계와 중동계의 후손들, 아프리카계 미국인, 히스패닉

---

3 이경원, 2003, 미국, 우리에게 무엇인가, 서울: 합동, 21~22쪽 참조.
4 CIA, 2011, The World Factbook 참조.

계, 아시아계, 태평양 섬의 원주민, 아메리카 인디언(아메리카 원주민), 알래스카 원주민으로 구성된다. 국민의 대부분이 영어를 사용하지만, 히스패닉 계는 스페인어를 사용한다. 미국 사회의 특성은 종종 거대한 '인종의 도가니'(melting pot)로 묘사되어 왔다. 즉, 많은 나라와 문화를 배경으로 하는 사람들이 '미국인'이라는 하나의 이름 아래 한데 섞여있는 것이다.

종교는 그리스도교가 대다수를 차지하는데 여기에는 개신교, 로마 가톨릭, 동방정교회 및 다양한 그리스도교 종파가 포함된다. 또한 소수이지만 유대교·이슬람교·불교 및 힌두교를 믿는 국민들도 있다.

종교에 관한 한 미국 정부는 완전히 중립적인 입장을 취해왔다. 인구구성의 다양성은 종교의 통일을 위한 어떠한 시도도 용납하지 않았다. 현재 1,200개 이상의 종교단체가 미국에서 활동하고 있다. 미국에서 성립된 단체도 있는데, 그중 사도교회(19세기 초 설립), 말일성도예수그리스도 교회(모르몬교, 1830년 설립), 제 7일 안식일예수재림교회(공식적으로 1863년에 설립)가 유명하다. 또 여호와의 증인(1872년 설립), 크리스천 사이언스(1879년 설립), 토착 아메리카 교회(Native American Church:1885년 경 설립) 등도 널리 알려져 있다. 최근에는 원주민이든 이주민이든 상당수의 미국인들이 이슬람교와 불교 그리고 힌두교에 귀의하고 있다.[5]

미국은 세계에서 주요한 천연자원 생산국가 중 하나이다. 생산되는 자원들로는 구리, 은, 아연, 금, 석탄, 원유, 천연가스가 있다. 또한 세계의 주요 식량 수출국이기도 하다. 철강 산업, 화학 산업, 전기 장비, 섬유산업 등의 제조업이 발달했다. 그 외 주요산업은 관광업, 낙농업, 축산업, 어업, 임업 등이다.

---

5 브리태니커(http://home.ewha.ac.kr/~german/Materialien/Grundgesetz.htm).

현재 미국 영토에는 아시아에서 이주해왔을 것으로 추정되는 수많은 아메리카 인디언이 수천 년 동안 살았다. 하지만 인디언들은 16세기부터 유럽인들의 탐험과 정착이 이어지면서 그들의 땅에서 쫓겨나기 시작했다. 1656년 스페인 사람들은 플로리다 주의 세인트오거스틴에 최초의 유럽인 영구 정착지를 건설했다. 영국인들은 1607년에 버지니아 주의 제임스타운, 1620년에 매사추세츠 주의 플리머스, 1634년에 메릴랜드, 1681년에 펜실베이니아에 정착했다. 영국의 귀족들이 캘롤라이나를 식민지화하고 1년 후인 1664년에, 영국은 네덜란드로부터 뉴욕, 뉴저지, 델라웨어 지역을 빼앗았다. 1763년 영국은 프랑스를 물리침으로써 13개 식민지에 대한 대영제국의 정치적 지배권을 장악했다.

대영제국의 식민정책에 대한 식민지 미국인들의 불만에서 초래된 정치적 불안은 독립전쟁(1775~83)의 발발과 독립선언(1776)의 발표로 절정에 달했다. 1781년 미연방이 연합헌장에 따라 처음 조직되었고, 그 후 1787년 연방공화국의 새 헌법이 제정되었다.

미합중국은 19세기말까지 외국과의 무역을 더욱 확대하고 오늘의 영토 확장을 완수하였다.

미국은 1917~18년에 벌어진 제 1차 세계대전에 참전했다. 그 전쟁으로 인해 1920년에 여성들에게 참정권이 주어졌고, 1924년에 아메리카 인디언에게는 시민권이 부여되었다. 1929년 주식시장의 붕괴는 대공황으로 이어졌고, 뉴딜 입법을 통해 경제 영역에서의 연방정부의 역할을 높임으로써 대공황을 극복하고자 했다.

1941년 12월 7일 일본이 진주만에 폭탄을 투하하자 미국은 제 2차 세계대전에 참전했다. 미국은 유럽과 태평양에서 독일과 이태리 그리고 일본과 싸웠다. 미국은 일본의 1945년 8월 6일 히로시마와 8월 9일 나가사키에 원자폭탄을 떨어뜨렸고, 이로 인해 일본의 무조건항복을 이끌어냈다.

그리고 미국은 한반도를 38도선에서 소련과 분할 점령할 것을 제안하였고 그 이후 분단을 방치한 장본인이라는 것을 한국인은 잘 알고 있다.[6]

제 2차 세계대전 이후 미국은 정치적·군사적·경제적으로 서방세계의 지도국이 되었다. 미국은 전쟁 후 10년 동안 유럽과 일본의 재건을 도왔고, 소비에트 연방과의 냉전으로 인하여 정치이념과 체제경쟁에 휩쓸리게 되었다.

미국은 1950~53년에 한국전쟁에 참전하여 무너져갔던 대한민국을 구원했다. 1952년에는 푸에르토리코에 자치권을 갖는 연방국 지위를 부여했다. 미국정부는 1954년에 학교에서의 인종 차별이 위헌임을 공표했다.

1959년 알래스카와 하와이를 연방주에 포함시켰다. 1964년 의회는 인권법을 통과시켰고, 미국의 베트남 전쟁 개입을 승인했다. 1960년대 중반에서 후반에 걸쳐 광범위한 시민불복종운동이 전개되었다. 여성해방운동, 흑인인권운동과 반전시위가 그 좋은 예이다. 미국은 1969년에 최초로 인간의 달 착륙을 성공시켰다. 1973년에는 베트남에 주둔한 모든 미국 군대가 철수했다.

1991년 소련연방의 붕괴와 함께, 미국은 세계 최강국이 되었다. 미국은 페르시아 만 전쟁에서 이라크에 대항하여 동맹군을 이끌었다. 1999년에 미국은 파나마 운하의 통제권을 파나마 공화국에 넘겼다. 미국은 2001년 9월 11일에 감행된 알카에다에 의한 테러 공격으로 뉴욕에 있는 세계무역센터 건물과 워싱턴에 있는 국방부 청사인 펜타곤의 일부가 파괴되는 피해를 입었다. 그 후 미국은 테러리즘의 주범인

---

6 전득주, 2004, 세계의 분단사례 비교연구, 서울: 푸른길, 31~131쪽 참조.

오사마 빈 라덴에게 은닉처를 제공하고 그의 송환을 거부한 아프가니스탄의 텔레반 정부를 공격하고 그 후 미군과 유럽연합군을 아프가니스탄에 주둔시키고 있으며. 2003년 미국은 영국의 지원을 얻어 이라크를 공격했고 사담 후세인 정부를 무너뜨린 후 그곳에도 미군을 주둔시키고 있다. 그러나 미국은 오바마 정부가 탄생한 후 2008년에 이라크에서 미군의 철수를 결정하였고 아프가니스탄에서도 미군의 철군이 머지않아 이루어질 것으로 본다. 2011년에 미국은 드디어 오사마 빈 라덴을 파키스탄에서 사살함으로서 9.11세계무역센터의 파괴 주범에 대한 보복을 하였다.

알 렉시스 드 토크빌(Alexis de Tocqueville)은 미국이 단일국가 제를 선택하였다면 독재국가가 되어 국민을 실망시키었을 것이라고 말함으로서 미국의 연방주의를 찬양한바 있다. 독일의 히틀러는 바이마르 공화국의 연방제를 없애고 제 3제국이란 단일국가를 만들어 독재정치를 한 역사적인 사실은 토크빌의 지적을 뒷받침하고 있다.

미국이 세계에서 최강의 힘을 갖고 있는 이유는 지도자의 리더십, 국력(National Power), 무엇보다도 국민의 몸에 밴 그리스도교를 믿는 신앙과 철저한 민주시민의식에 있다고 본다. 신앙은 어려운 여건에서도 꿈을 갖게 하는 명약이고 민주시민의식은 민주주의의 유지와 발전의 바로메타이기 때문이다. 미국인은 사람에 대한 이웃 사랑이 다른 나라 사람들보다 강한 것도, 남을 돕는다는 것도, 남을 인정하고 존경하는 습성도, 정직한 생활태도도 이러한 기독교적 신앙과 민주시민교육에서 비롯되었다. 봉사와 헌신이라는 기독교정신이 미국인으로 하여금 그들 소득의 1/10, 시간의 1/10 그리고 능력의 1/10을 남을 위해 사용하게 만들고 있다. 대한민국 국민은 미국의 대통령이나 의회의원들의 행동도 "우리가 믿는 주님 안에서"(in God we trust) 이루어지고 있다는 것을 유념할 필요가 있다.[7]

2. 국가연합에서 연방국가로의 형성과정

1) 식민지시대

오늘날의 미합중국이 연방국가로 발전하는 과정에는 최소한 네 가지 역사적 발전 단계를 거쳤다고 본다. 미합중국의 네 가지 단계는 첫째가 식민지 시대, 둘째는 독립을 위한 혁명의 시대, 셋째는 대륙의회를 비롯한 국가연합의 시대, 넷째는 연방제의 시대를 걸쳐 발전하였다.[8]

영국보다 먼저 스페인, 프랑스와 네덜란드가 북미대륙에 정착을 시도했으나 그들의 경영전략이 실패한데 반해 영국은 북미대륙에 성공적으로 정착을 하게 되었다.

1606년 영국의 두 회사(The Virginia Company of London과 The Plymouth Company)가 버지니아 지역에 진출하고 이 중 런던회사가 현재의 제임스타운(James Town)이라는 곳에 도착하여 미 대륙정착을 시도하였다. 역사가들은 이곳을 영국 최초의 식민지 타운이라고 부르고 있다.[9] 영국정부의 자유로운 식민지정책의 덕분으로 미국 대륙 내 영국식민지에는 프랑스나 스페인의 북남미주 식민지들에 비해 비교적 다양한 민족과 종교집단이 이주하여 정착하였다. 영국정부는 미대륙 내 영국식민지를 대영제국의 일부로 간주하였기 때문에 자치제를 허용하였고 그에 따라 13개 식민지 자치정부가 수립되었다. 각 식민지는 다양하고 독자적인 정치조직을 갖추고 영국 법에 저촉되지 않는 범위 내에서 법률을 제정하고 정부를 조직하고 식민지인들을 통치하였다.

---

7 박선규, 2003, 미국, 왜 강한가, 서울: 미다스 북스, 319~323쪽 참조.
8 김유남, 미국과 소련의 연방제도, 단국대학교, 미소연구, 1991. 12.
9 이경원, 2003, 미국, 우리에게 무엇인가, 서울: 도서출판 합동, 51쪽.

13개 식민지는 영국에 풍부한 자연자원과 원료를 공급하고 영국의 공산품을 수입하는 등 모국과의 무역을 활발히 전개하였다. 영국의 식민지가 점점 영토적으로 확대되어감에 따라 영토를 지키고자하는 인디언과의 충돌이 빈번하여 식민지인들의 생명과 재산에 대한 생존적인 문제가 대두되었다.

인디언의 공격으로부터 그들의 생존권을 지키기 위하여 그들은 식민지연합의 필요성을 인식하기 시작하였다. 뉴잉글랜드 지역의 청교도들은 1643년 인디언과의 무력적인 충돌이 잦아지자 매사추세츠, 플리머스, 코네티컷, 뉴헤이븐 식민지들이 단합하여 뉴잉글랜드 주민을 보호하기 위하여 뉴잉글랜드 식민지연합(Colonial Confederation)을 창설하고 공동으로 군대를 조직하여 인디언들의 변방공격에 대처하였다. 그러나 이러한 연합주의(Confederalism)는 연합을 구성한 식민지 미국인들 간의 이해관계로 겨우 명맥을 이어오다가 1684년에 뉴잉글랜드 식민지연합은 해체되었다.[10]

식민지 시대인 1700년까지는 식민지 미국인의 인구는 대략 25만 명밖에 안 되었다. 그러나 독립을 위한 혁명의 시대까지는 13개 주에 식민지 인구가 증가하여 무려 275만 명이나 되었다. 이러한 인구의 증가와 더불어 산업이 발달함에 따라 식민지산업이 영국경제에 미치는 영향이 증가하게 되자 영국정부는 이를 효과적으로 관리하기 위하여 식민지통합정책의 실시를 시도하였다.

2) 독립을 위한 혁명의 시대

1763년 영국은 프랑스와 인디언 연합군을 완전 패배시킴으로서 약

---

[10] 신정현 외, 2004, 국가연합사례와 남북한 통일과정, 서울: 한울아카데미, 46~47쪽.

7 년간의 북미식민지전쟁(1756-1763년)을 종료시키고 북미의 프랑스 식민지 영토를 장악하였다. 이에 영국정부는 광대한 식민지를 효과적으로 통치하기 위하여 식민지조세정책을 강화하였다. 이러한 강화된 조세정책은 식민지 미국인들로 하여금 영국정부에 불만을 품고 그에 투쟁하는 계기를 만들어 주었다.[11]

영국정부는 재정의 안정공급과 인플레이션 방지를 위하여 설탕 세법(Sugar Act)과 동시에 통화 세법을 통과시킴으로서 모든 식민지정부가 지폐를 발행하지 못하도록 하고 1763년까지 전쟁 중에 발행한 모든 지폐를 점진적으로 폐기처분하도록 조치하였다. 그리고 영국정부는 식민지정부에 대해 세금, 은행부채상환과 무역거래대금은 경화로 결재하도록 요구하였다. 이에 대해 식민지미국인들의 대부분이 채무자인 농민들과 상인들은 영국의 강경한 통화정책을 그들을 착취하는 수단으로 간주하고 이에 강력히 반발하였다.

1765년 영국국회가 식민지 조세정책의 일환으로 인지 세법(Stamp Act)을 통과시키자 지금까지 직접세를 전혀 내지 않던 식민지인들은 패트릭 헨리(Patrick Henry)가 제안한 버지니아 결의문(Virginia Resolves)에 자극받아 강력하고 조직적인 조세저항운동을 시작하였다. 영국과의 과세논쟁에서 식민지 미국인들은 영국인과 동등한 권리를 요구하였다. 이 결의문은 1765년 버지니아 하원과 다른 식민지 지역에서 그리고 그 후 성립된 대륙의회에서도 채택되었다.

9개의 식민지 미국인들은 1765년 10월 인지세법 회의를 소집, 그들의 의사가 관철될 때까지 영국 상품의 불매운동을 전개하기로 결의, 영국경제에 큰 타격을 주었다. 이에 영국 상인들이 영국의회에 압력

---

11 Patterson, Samuel C. Roger H, Davidson, Randall B. Ripley, 1979, A More Perfect Union, Introduction to American Government, Georgetown: the Dorsey Press, p. 30.

을 행사하여 1766년 영국의회가 인지세법을 폐지함으로서 인지세법 회의는 자동 해산되었다.[12]

1770년 3월 5일 영국군과 식민지인들 사이에 일어난 보스턴(Boston) 학살사건은 식민지인들의 반영사상을 고취하는 계기를 주었다. 영국군과 식민지인들이 충돌하였을 때 위협을 느낀 영국군이 군중을 향해 발사하여 5명의 사상자를 냈다. 설상가상으로 영국정부가 인디언의 공격으로부터 식민지인들의 생명과 재산을 보호한다는 명분으로 영국정규군을 식민지에 주둔시키고 그 주둔 비용을 식민지인들이 부담하도록 하였던 조치는 식민지인들을 더욱 분노하게 하였다.

1772년 6월 로드아일랜드(Rhode Island) 이주 주민들이 영국의 밀수감시선 개스피(Gaspee)호를 추격하여 이 선박을 방화시키는 사건이 발생하자 영국정부는 모든 혐의자를 영국법정에서 재판을 받도록 조치함과 동시에 식민지의회에서 지급하던 매사추세츠 식민지총독과 재판관들의 봉급을 영국정부가 직접 지급하고 감독하겠다고 선언함으로서 식민지 내정에 간섭하고자 하였다.

이에 동 주의 식민지지도자인 사무엘 애덤스(Samuel Adams)가 주도하여 반영회의의 하나인 보스턴 특별마을회의(Town Meeting)를 소집하였다. 이 회의에서 제임스 오티스(James Otis)를 위원장으로 하는 21명으로 구성되는 식민지 최초의 반영 정치기구인 통신위원회를 발족시켜 영국의 내정간섭에 대응하였다. 통신위원회는 매사추세츠에서 일어나는 모든 사건들을 미 대륙 식민지들과 세계 각지에 알리기 위하여 만든 기구인데 다른 식민지들도 이에 동조해 통신위원회를 만들게 되었다. 결과적으로 이 위원회들은 미 대륙 내에 영국식민지들 간의 상호연락기구로서 대륙의회가 소집될 때까지 그들 간의 상

---

12 신정현 외, 2004, 국가연합사례와 남북한 통일과정, 서울: 한울아카데미, 53~54쪽.

호유대를 돈독히 하는 역할을 하였다. 통신위원회는 제한적인 입법, 사법, 행정권을 행사하였으며 대륙의회의 전신이라고 말할 수 있다.

1773년 영국의회가 영국 동인도회사를 보호하기 위하여 새로운 차법(Tea Act)을 통과시키자 이에 항거하기 위하여 동년 12월 16일 인디언으로 가장한 〈자유의 아들들(Sons of Liberty)〉 회원들이 보스턴 항구에 정박 중인 동 회사 소속 화물선에 올라가서 실려 있던 홍차를 바다로 모두 던져버린 보스턴 홍차사건이 발생하였다.

이에 영국정부는 지속되는 식민지인들의 반항을 더 이상 묵과할 수 없다고 판단하고 그 조치의 일환으로 보스턴항구의 폐쇄, 매사추세츠 식민지 자치제도의 폐지, 영국 관리들의 재판권의 보호, 영국정규군의 영구주둔, 등 4개항의 강압적인 법령들을 통과시키었다. 그러나 대부분의 식민지인들은 이를 받아들일 수 없는 악법으로 보고 이에 강력히 저항하였다.

이러한 저항의식은 점증하는 식민지미국인들의 독립의식과 영국과 그들 간의 경제적·문화적·정치적인 이질성으로 인해 더욱 강화되었다.[13]

3) 대륙의회(Continental Congress)를 비롯한 국가연합의 시대

(1) 개관

대영제국에 대한 뉴욕식민지 급진주의자들은 영국의 강압적인 통제정책들에 항거하는 일환으로 그들의 주민들을 영국 상품 불매운동에 참여시켜야 한다는 문제를 제기하였다. 그러나 13개 식민지미국인 지도자들은 이에 대해 찬·반 양론으로 갈라져 있었기 때문에 이들이

---

13 신정현 외, 상기 책, 50~51쪽.

하나의 통일된 의견을 수렴하기 위한 기구로 대륙의회의 소집을 요구하였다.

그 결과, 1774년 9월 5일에 조지아식민지를 제외한 12개 식민지미국인 지도자 55명의 대표가 모여 필라델피아 카펜터스 홀(Carpenters' Hall)에서 제 1차 대륙의회가 소집되었는데 이 대륙의회에 매사추세츠의 존과 사무엘 애덤스(John & Samuel Adams), 버지니아의 패트릭 헨리(Patrick Henry), 조지 워싱턴(George Washington), 리처드 헨리 리(Richard Henry Lee) 등 저명한 미국독립투쟁지도자들도 참석했다.[14]

대륙의회 대표들은 대표의 수에 관계없이 각 식민지가 1표씩 투표권을 행사하도록 합의하였다. 따라서 13개 주가 각각 주권을 갖는 주 평등주의의 원칙이 수립되었다.

제 1차 대륙의회는 1774년 10월 26일까지 7주 동안 회의를 계속하였다. 회의를 진행하는 과정에서 급진주의자들은 영국군의 보스턴에서 완전 철수, 영국의 강압적인 법령들의 무효화 등 영국에 대해 초 강경한 결의를 촉구하는 서포크 결의안(Suffolk Resolves)을 의회에 제출하였다. 반면에 보수주의자들은 영국정부와 타협 가능한 식민지의 정치제도개혁을 내용으로 하는 소위 갤러웨이 연합계획(Galloway's Plan of Union)을 의회에 상정하였다. 그러나 대륙의회는 갤러웨이 연합계획안을 부결시키고 서포크 결의안을 수정·보완하여 만장일치로 통과시키었다. 그 결과, 급진주의자들이 의회 내에서 더 큰 영향력을 갖게 되었다.

동 결의안의 주요골자는 다음과 같다:

첫째, 13개 주 입법부들은 자유롭고 배타적인 입법권을 가질 자격이 있다.

---

14 Patterson, 상기 책, 32~33쪽.

둘째, 식민지미국인들에게 영국의 악법들을 무시하도록 권고한다.

셋째, 만약 영국이 악법을 폐지하지 않을 경우 1774년 12월 1일부터 영국 상품수입을 금지한다.

넷째, 만약 영국이 악법을 계속 고수할 경우 1775년 9월 10일부터 식민지 상품의 영국 수출을 금지한다.[15]

결의안에는 포함되지 않은 사항이지만 의회는 만약의 사태에 대비, 자체 군사훈련을 강화하도록 13개 식민지에 요청하였지만 영국과의 전쟁준비는 반대하였다.

그 후 대륙의회는 1774년 10월 14일 온건 보수주의자들의 제의에 따라 인권과 고충선언(Declaration of Rights and Grievances)을 채택하였다. 동 선언문에서 대륙의회는 영국 국왕에게는 복종하나 1763년 이후 영국의회에서 통과된 조세법령들을 전면폐지해 줄 것을 영국정부에 요청하였다. 또한 그들은 그들의 요구사항이 관철될 때까지 영국 상품 불매운동을 전개하기로 결의하였다. 이 불매운동을 제대로 감독하기 위한 감독기관으로 대륙협회(Continental Association)를 설립하였다. 마지막으로 대륙의회는 영국정부가 그들의 요구에 응하지 않을 경우 1775년 5월 10일 다시 만나 제 2차 대륙의회를 개최하기로 합의하고 제 1차 대륙의회의 회기를 마치었다.[16]

1775년 4월 18일 렉싱턴에서 영국군과 식민지 미국인들 간의 무력충돌로 인하여 초래된 미국독립전쟁이 시작되자 13개 식긴지지도자들은 동년 5월 10일 필라델피아에서 제 2차 대륙의회의 회의를 개최하였다. 동 의회의 회기는 1775년 5월 10일에서 1781년 3월까지 약 6년 동안 지속되었으며 1775년 5월에 제 2차 대륙의회가 소집될 때까

---

15 신정현 외, 상기 책, 61쪽.
16 Patterson, etc. ibid. pp. 32~33.

지 영국정부에 대항하는 미국독립혁명 운동도 계속되어 매사추세츠나 뉴햄프셔 등에서는 전투가 계속되고 있었다.

이 대륙의회는 영국국왕에게 보내는 진정서(Olive Branch Petition)를 제출하기로 결의하였다. 동 진정서에서 식민지인들은 영국으로부터 독립을 원하지 않으며 오직 가혹한 법령들만 시정해줄 것을 건의하였다. 그러나 영국 국왕 조지(George) 3세는 식민지인들의 이러한 행위를 반란으로 간주하고 이를 무력으로 진압하기 위하여 영국군을 북미식민지에 증파하였다. 영국정부에 의해서 반란집단으로 선언된 대륙의회는 혁명적인 상항 하에서 13개 식민지들로부터 일부 권한을 위임받아 국가연합이 수립될 때까지 약 6년 동안 중앙정부의 기능을 수행하고 1775년 7월 6일 "싸워야 하는 동기와 필요에 대한 선언서"(Declaration of the Causes and Necessity of Taking up Arms)를 선포하였다. 그리고 동년 10월 14일 미국의 독립선언서의 내용과 흡사한 10개항의 권리 선언서(Declaration of Rights)를 채택하였다.

영국과의 전쟁의 와중에 제 2차 대륙의회는 의회 내에 전쟁, 외무, 해사와 우편업무에 대한 4개의 위원회를 설립하여 행정부의 기능을 수행토록 하고 대륙 군대를 창설하여 조지 워싱턴(George Washington)을 그 군의 총사령관에 임명하였다.

1776년 7월 4일 대륙의회는 미국의 독립선언문을 채택하여 영국으로부터 독립을 선언하고 독립을 위하여 영국과 혁명적인 무력투쟁을 지속할 것을 결정하였다. 독립선언문은 5개 부문으로 구성되어 있다. 그 첫째가 대륙의회가 독립을 선언한 이유, 둘째가 당시 식민지미국인들의 정치철학에 대한 설명, 셋째가 영국국왕의 학정을 고발하고 넷째 1776년 7월 2일에 채택된 독립 결의안을 첨부하고 마지막으로 서명을 한 문서를 포함시키었다.[17]

독립선언문은 연합한 식민지들이 자유롭고 독립된 국가들임을 강조하고 인간의 평등과 기본권 그리고 인민의 동의에 기초한 정부의 조직 권한과 혁명권을 갖고 있음을 선언하였다.

그 후 미국은 실제로 영국과의 전쟁이 끝난 해는 1781년이었으나 1776년 7월 4일 독립선언문을 낭독한 날을 미국의 독립기념일로 정하였다.[18]

대륙의회는 각주로부터 외교, 국방 등의 권한을 위임받아 대륙군대를 창설하고 영국과의 전쟁을 수행하였으나 이는 혁명적인 상황 하에서 초법적인 조치이었다.[19]

영국의 대식민지 강압법령들에 공동대처하는 과정에서 설립된 대륙의회는 대영국 정책을 결정하는 과정에서 급진주의자와 보수주의자들 간의 심한 의견대립을 노정하였다. 그러나 대륙의회는 대륙협회(Continental Association)를 수립하고 독립을 선포하는 등 혁명적인 상항 하에서 식민지미국인들의 단합과 성숙한 정치역량과 리더십을 대내외에 과시하였다.

따라서 13개 주의 영속적인 단합과 효율적인 대외정책의 집행을 위하여 합법적인 중앙정부를 수립할 필요성에 따라 대륙의회 의원들은 연합헌장(Articles of Confederation)을 제정하여 국가연합을 수립하였다.

1777년 10월 미국 대륙군대가 사라토가 전투(Saratoga Battle)에서 영국군에 승리함으로서 미국이 오래 동안 원했던 프랑스와의 동맹이 가능해짐에 따라 대륙의회는 자기 자신 보다 더 합법적인 국가연합의 수립이 더욱 필요하다고 판단, 연합헌장을 통과시키어 1777년 11월 17일 각 주에 송부하고 1778년 3월 10일까지 각 주의 비준을 요청하

---

17 미국 독립선언문은 토마스 제퍼슨에 의해 기초된 것임. 이에 대해 Patterson, 상기 책, 33쪽.
18 이경원, 상기 책, 65~68쪽.
19 신정현 외, 상기 책, 64쪽.

였다.

대륙의회의 요청에 따라 12개 주가 비준을 하였으나 메릴랜드 주는 13개 주가 공동의 이익을 위해 영국과 전쟁을 하고 있기 때문에 당시 영국소유의 애파라치아(Appalachians)산맥 서부지역 토지는 국가연합에 귀속시켜야 한다고 주장하면서 버지니아 주가 서부지역 토지소유권을 포기하지 않는 한 연합규약을 비준할 수 없다는 입장을 고수하였다. 마침내 버지니아 주가 이를 받아들여 메릴랜드 주가 1781년 3월 1일 연합규약을 비준함으로서 미국의 국가연합이 정식으로 수립되었다.

대륙의회가 1777년 11월 채택한 미국헌법의 최종안인 연합헌장(Articles of Confederation: 1781~1789)이 1781년 3월 식민지주 정부들의 동의를 얻음으로써 최초의 국가연합을 위한 헌법이 이루어 졌다.

그들이 창립한 국가연합은 중앙정부의 집행부인 행정부나 사법부가 없고 다만 연합의회가 존재할 뿐이었다. 또한 국가연합은 말 그대로 13개 식민지 정부 간의 연합일 뿐 국민들의 발의와 동의로 이루어진 것도 아니었다. 이 첫 번째 미국헌법인 연합헌장은 대륙의회가 그동안 해온 일을 합법화시키는 것보다 약간 더 많은 사업을 규정하고 있을 뿐이다. 대륙의회는 영국과의 전쟁에서 승리하기 위해서는 집행부서를 만들 수 있는 권한을 13개 주의 대표들로부터 위임받아서 대외, 재정, 전쟁, 우편, 수송과 통신 부서를 설립하였다.[20]

이러한 의미에서 본 연합은 〈우정의 동맹〉(League of Friendship)이라고도 불러지고 있다.[21]

---

20 Patterson, 상기 책, p. 40.
21 이화사학연구소, 1983, "이춘란, 미국의 연방제도연구, 1789~1837", 이화사학연구 제 13, 14합집, 139쪽 참조.

(2) 국가연합의 권력구조

가. 연합의회의 구성과 권한

미국 대륙의 국가연합의 권력구조는 성문법인 연합헌장(Articles of Confederation)에 그 근거를 두고 있다. 국가연합헌장은 전문과 총 13조로 구성되어 있으며 제 1조는 국가연합의 명칭을 '미합중국(United States of America)'으로 규정하고 있다. 제 3조는 각 주는 각 주간의 공동방위와 자유의 확보, 상호간 및 전체의 복지를 위해 연합한다고 명시하고 있으나 제 2조에서 각 주가 각각 주권을 갖고 독립성을 유지한다는 규정을 두고 있다.

중앙정부는 독립된 행정부와 사법부가 없고 연합의회에서 행정 및 사법업무를 대행하고 연합의회가 필요에 따라 일반 국무를 관장할 위원회를 구성할 권한을 가졌다. 따라서 행정부의 권한은 위원회에 의해서 제한적으로 행사되었다.

연합의회는 양원제가 아니고 단원제이며 각 연방주 의회가 선출한 1년 임기의 2명 이상 7명 이하의 의원들로 구성되었다. 이들은 6년의 임기 중 3년 이상의 임기를 누릴 수 없었다. 연합의회의 의사결정은 주의 크기나 인구에 관계없이 각 주에 한 표 씩 투표권을 주고, 13개 주 중 9개 주 이상의 동의를 얻어야 법을 제정할 수 있었으며 일단 통과된 법을 개정하기 위해서는 13개 주의 만장일치의 동의가 필요하였다. 연합의회는 의장이 있었으나 실질적인 권한은 없었고 의회는 법을 제정하였으나 이를 집행할 중앙기구가 없어 중앙정부의 기능은 극히 제한되었다.[22]

---

22 McLaughlin, Andrew C., The Confederation and the Constitution 1783~1789, New York: Harper & Brothers, 1905, pp.48-50.

나. 연합의회(국가연합)의 집행기능과 사법기능

연합의회가 휴회 중일 때에는 주연합위원회(Committee of the States)에서 의회의 업무를 대행하고 동 위원회는 13개 주 의회가 임명한 각각 1명씩, 도합 13명의 의원으로 구성되며 임기 1년의 의장이 주관하였다. 단 의장은 3년 이내에 1번 이상 선출될 수 없었고, 동 기구가 연합 정부 내에서 행정부에 가장 가까운 기구였다. 연합의회는 외교, 해사, 재정, 군사위원회 등을 설치했으며 이들 위원회들이 연합의회의 집행권을 행사하였다.

중앙정부소속 사법부는 없었고, 연합 주들 간의 분쟁이 발생 시 연합의회 내에 해당 각 주에서 합의 지명된 재판관들로 임시법원을 구성하여 재판을 하였다. 그러나 만약 합의가 이루어지지 않을 경우, 연합의회가 임의로 모든 주로부터 각각 2명씩의 배심원을 지명하면 분쟁관련 주는 연합의회가 지명한 배심원 중 각각 13명씩을 배제하고 남은 13명 중 연합의회가 7명~9명 이하로(그 중 5명은 법조인이어야 함) 임시법원(ad hoc court)을 설치하여 분쟁을 중재하도록 하였다.

연합의회는 과세권이 없었음으로 각 주가 조성한 공동기금에 의해 필요한 비용을 충당하였다. 그러나 주는 연합의회의 공동기금을 조성하는데 충실하지 못하여 국가연합의 운영에 많은 어려움을 주었다. 국가연합의 시대에도 연합의회가 전쟁의 수행과 신병의 모집, 인디언의 공격에 대한 방어, 무역의 보호 등에 필요한 비용을 충당하기 위하여 독립혁명의 시대에 이용했던 〈구 할당금 제도(Old Levy System)〉에 의존하였다. 그러나 이 제도는 주들이 부담금을 제때에 지불하지 않음으로서 실패하였다.

연합헌장에 의하면 평시에는 각 주는 연합의회가 인정한 범위 내에서 병력을 보유하였으며 특별한 경우가 아니면 서로 교전하지 못하도록 하였고 국가연합이나 다른 주에 대한 외부의 공격에 대해 공동으로 대처하도록 했으며 공동방위를 위해 병력을 모집할 경우 주 의회가 그에 대한 절차를 규정하도록 하였다. 각 주는 자체가 필요한 병력을 보유한 반면에 국가연합은 자체 병력을 보유하지 못하였다. 따라서 국가연합의 전쟁수행은 각 주들이 공동대처해야 하였지만 실제로는 전적으로 주 의회에 의존하게 되었다.[23]

(3) 중앙정부와 지방정부간의 권한관계

중앙정부 즉 연합의회의 권한들은 대략 다음과 같다:
1) 전쟁을 선포하고 평화조약을 체결할 권한;
2) 외국과의 조약을 체결하고 대사를 임명하는 외교권;
3) 전시에 대륙 군 및 해군의 조직 권 및 동 병력에 대한 통솔권;
4) 육군과 해군 간부를 임명하는(육군의 경우 대령이하는 군대를 보낸 주에서 계급을 미리 결정하여 대륙군대에 보냄) 국방에 관한 권한;
5) 각 주에 필요한 병력과 병참 지원을 요청할 권한(연방주만이 징병 권한을 가짐);
6) 평화 시 대륙군대의 보유불가, 그러나 1784년 6월 평화 시에도 1개 연대 규모의 상설 대륙군대의 창설과 보유;
7) 조폐권과 신용증권의 발행권한;
8) 외국과의 통상조약을 통해서 각 주의 무역, 관세 등에 관한 간접 규제 권을 보유하였으나 전국적인 통상증진이나 조절을 위한 통상규제 권은 부재;
9) 중앙정부는 재정을 확보할 수 있는 징세권은 없었으나 각 주에 중앙정부 운영에 필요한 기금을 요청할 수 있는 권한 보유;

---

23 신정현 외, 상기 책, 73~75쪽.

10) 인디언과 무역을 규제하는 권한과 영토분쟁을 조정하는 권한 보유, 이와 관련 13개 주에 속하지 않는 서부지역도 중앙정부의 관할;

11) 그 외에 도량형 규정 결정, 우편업무 관장, 각 주의 분쟁을 중재하는 권한 등이다.

13개 주는 주권, 자유, 독립, 사법, 입법, 행정의 모든 권한을 가졌고, 각 주는 징세, 조폐, 무역, 관세 등 상업에 관한 모든 업무를 관장하고 각 주 의회는 전시에 연합정부의 요청이 있을 경우 징집과 병참 지원을 하였다.

각 주는 전투 시 사상자로 인한 결원이 발생할 경우 처음 할당된 병력 규모를 유지하도록 결원을 보충할 의무도 지고 있었다.

각 주는 평화 시 육군과 해군을 보유하지 못하나 지역방위와 치안을 확보하기 위하여 민병대(militia) 유지가능. 주 경계를 침범하지 않는 한 의회의 동의 없이 전쟁에 가담할 권리가 없었다. 다만 인디언이 침공한 경우 등 긴급한 위기발생 시 연합의회와 상의할 시간적인 여유가 없을 경우에는 예외로 하였다. 또한 각 주는 상호 동맹을 맺거나 외국과 어떠한 조약이나 동맹을 체결할 수 없었다.

(4) 미국의 국가연합제의 특징

미국 국가연합제는 다음과 같은 특징을 갖고 있다고 본다.

첫째, 각 주는 완전하고도 손상되지 않는 주권을 갖고 있는데 반해 국가연합은 주권을 갖고 있는 주들로 구성된 느슨한 연합체일 뿐이다.

둘째, 운영방식에 있어 국가연합은 국민들과 직접적인 관계를 갖지 못한 반면에 각 주는 국민과 직접적인 관계를 가졌다.

셋째, 국가연합은 입법의회만을 가졌을 뿐 별도로 집행기구나 사법기구를 갖고 있지 못했던 반면에 각 주는 3권을 다 갖고 있었다. 이러한 의미에서 미국의 국가연합은 잠정적이고 임시적인 불완전한 정부 형태이다.

넷째, 권한 행사 면에 있어 국가연합은 엄격한 제한을 받았다. 중요한 사항들에 대해 결정권을 행사하려면 9개 이상의 주들의 동의가 필요하였다.

다섯째, 국가연합은 과세권을 갖지 못하였다. 연합의회는 재정지출을 위해 필요한 경우 차관 및 지폐를 발행하거나 각 주에 요구할 수 있었을 뿐이었다.

상기 특징들을 보아 미국의 국가연합이 정부라고 볼 수 있을지는 의문이나 느슨한 국가연합이라고 볼 수 있는 근거는 대략 다음과 같다.

첫째, 각 주가 국가연합의 구성원이었으며 연합기구는 주에 그 기초를 두고 있었다.

둘째, 각 주는 연합기구(연합의회)에 위임된 외교 및 몇 가지 사항들을 제외한 완전한 주권을 갖고 있었다.

셋째, 연합의회는 진정한 의미의 정부가 아니었으며 주정부를 통해서만 대내적으로 통치권을 행사할 수 있었다.

넷째, 국가연합헌장은 정부의 기초를 제공하는 헌법이라기보다 각 주가 체결한 조약에 가깝다. 다시 말해서 당시의 미합중국은 아직 하나의 정부를 가진 국가가 아니라 다른 나라에 대항하기 위하여 결합한 13개 주로 구성된 느슨한 연합국이었다.[24]

---

[24] 신정현 외, 상기 책, 75~76쪽.

4) 연방제를 채택한 미합중국의 시기

(1) 개관

13개 식민지가 독립전쟁에서 승리하고 그 후 1783년 영국과 강화조약을 체결함으로서 13개 식민지는 드디어 자유와 주권을 쟁취한 결과, 이를 추인하는 국가연합제를 수립하는데 성공하였다. 그러나 독립을 쟁취하고 국력이 성장하여 팽창하는 과정에서 미국가연합의 13개 구성국 정부들은 대외정책적인 상황에 보다 강력히 대처하고 주들 간의 서로 상충하는 이해관계를 중재 또는 제도적으로 해소시킬 수 있는 국가연합보다 다 강력한 중앙정부가 절대적으로 필요하였다. 그 결과, 연방국가가 탄생하게 되었다.

독립 후 로드아일랜드 주를 제외한 12개 식민지 국가가 선정한 대표 55명이 1787년 5월 필라델피아 제헌총회에 모여 연방제 하의 의회의 구성 비율, 중앙정부 형태와 권한, 주 간 통상문제, 관세 및 노예 문제 등을 협의하였다. 약 4개월간 개최된 제헌총회는 버지니아 안과 뉴저지 안을 심의한 후 이에 대한 타협안으로 코네티컷 절충안을 받아들임으로써 연방주에 의한 새로운 중앙정부를 탄생시켰다.

미국은 독립 후 유럽열강의 세력투쟁에 끼어들지 않는 한편, 내부 힘의 축적을 위해 중립주의를 표방하고, 먼로주의를 표방함으로서 미국에 대한 유럽세력의 간섭을 배제하려고 했다. 1846년 멕시코와의 전쟁에서 승리해 캘리포니아 주와 뉴멕시코를 할양받았으며 1867년 3월, 제정 러시아에게 720만 달러를 주고 알래스카를 매입하였다.

미국은 1898년 4월, 스페인과의 전쟁의 결과 하와이를 병합함으로써 현재와 같은 영토 범위의 골간을 형성하였으며, 1959년 알래스카와 하와이가 주로 승격해 현재 50개 주로 구성된 연방국가가 완성 되었다.

(2) 국가연합에서 국가연방제로의 이행과정

가. 국가연합의 실패와 연방제의 필요성

국가연합헌장은 이론적으로 결함이 있었을 뿐만 아니라 실제에 있어서도 운영상 실패할 수밖에 없는 요소들을 갖고 있었다.

무엇보다도 가장 큰 실패요소 중의 하나는 각 주가 국가연합의 승인 없이 인디언과 전쟁을 하거나 국가연합의회의 명령을 어길 경우 국가연합은 이에 대해 제재수단이 없었기 때문에 미국의 국가연합은 존폐의 위기에 처하였다. 또한 미국의 국가연합은 관세권과 통상권을 13개 연방주로부터 받지를 못하여 다른 나라에 관세를 부과하는데 많은 문제점을 야기 시키었다.

스페인은 미국 서부개척자들의 중요한 상업통로인 미시시피 강과 강어귀 뉴올리언스 항구를 통치하면서 서부농민들에게 막대한 피해를 주었기 때문에 서부지역 주민들은 연합의회가 이에 대해 강력히 대응하여 그들의 생존권을 보호해 줄 것을 호소하였으나 연합의회는 몇몇 주들의 반대로 미시시피 강의 자유 항해권을 얻기 위하여 스페인과의 통상조약을 체결할 수도 없었다.

프랑스는 미국독립 전쟁 시 유럽에서의 힘의 균형을 고려, 영국과 싸우는 미 대륙군대의 무기의 90%이상을 지원하였다. 그러나 프랑스는 미국이 그가 독립한 후 계속 영국과 무역거래를 하는데 불만을 품고 미시시피 강 항해권에 관해 미국과 스페인이 분쟁을 하였을 때 미국연합국의 입장보다 스페인의 입장을 지지하였다.[25]

이처럼 미국은 국가연합이 대외관계에 있어서 대외정책의 목표달성을 위한 대외정책수단인 적절한 권한과 자금의 결핍으로 대외정책

---

[25] 신정현 외, 상기 책, 79~80쪽 참조.

목표를 달성할 수 없었던 것을 인식하고 보다 강력한 수단을 갖는 연방제 국가를 모색하게 되었다.

국가연합제도하에서 13개주는 정치·사회·경제적으로 자주적인 정책결정을 함으로써 각기 분리된 독립국가로 행동하였으며 그러한 과정에서 각 주는 주로 영토소유권을 쟁취하기 위한 분쟁을 일삼았다. 그럼에도 불구하고 중앙 정부는 이러한 분쟁을 해결할 상설행정기구가 없고 연합의회에서 필요에 따라 위원회를 조직하여 국무를 관장함에 따라 합의된 책임행정이 결여되었고 공동의 정책을 결정하고 집행할 수 있는 지도력도 부족하였다.

1786년 6월에는 연합의회에 불만을 품은 펜실베이니아 주 소속의 대륙군대의 소수부대가 필라델피아에 있는 연합의회 의사당을 포위, 농성을 벌인 사건이 발생하였다. 이에 연합의회는 펜실베이니아 주 의회에 민병대를 동원해 사태를 수습해 줄 것을 요청하였으나 주 의회가 이를 거절함으로써 연합의회 의원들이 프린스턴으로 피신한 사건이 발생하였다. 그 이후 연합의회는 1년 반 동안 뉴욕을 비롯한 여러 도시를 전전하면서 중앙정부 업무를 수행하는 등 국가연합의 무력함을 대외에 노출시키었다.

연합의회는 비현실적이고 비능률적인 정책결정제도로 인하여 중요한 안건을 처리할 능력이 없었으며 제 법령의 정비도 불가능하였다. 연합헌장에 의하면 중요한 안건을 결정하기 위해 최소 9개주의 동의를 얻어야 하나 연합의회의 회의 때마다 대략 10개주 혹은 11개주 대표들만 참석하였으므로 참석대표 중 두 개의 주 대표만 반대해도 중요한 안건을 가결시킬 수 없었다. 연합헌장의 개정은 13개주의 전원일치에 의해서만 가능하였다.

또한 국가연합의 실패요인들 중 다른 요인은 연합의회가 재정적 수단의 부족과 관련이 있다. 연합의회는 영국과의 전쟁으로 많은 부채

를 지게 되었으나 각 주들이 분담금 지급에 극히 소극적이었고 연합
의회가 조세나 관세징수 등 수입원이 전혀 없었기 때문에 만성적인
예산 부족으로 조직의 기능을 제대로 발휘할 수 없었다.

일부 주들은 국가 연합 내의 다른 주에서 들어오는 상품도 수입품
으로 취급하여 관세를 부과함으로써 주민들의 원성을 샀으나 연합의
회가 이에 대한 해결책을 강구할 수 있는 권한도 없었다. 그 결과 각
주마다 타방 주의 상품에 대해 수입관세를 적용하면 그 반대급부로
써 보복관세를 적용하곤 하였다.

대륙의회가 독립전쟁기간 금과 은의 보증 없이 너무 많은 지폐를
발행함으로써 화폐가치가 절하되었다. 그리고 각 주마다 지폐발행량
에 대한 입장이 달랐으므로 대륙의회는 이를 조정하는 법률을 제정하
려고 하였으나 모든 주정부의 동의를 얻기가 매우 어려워 인플레이션
으로 인한 경제적 혼란이 가중되었다. 그러나 연합의회는 이를 관리
하고 통제할 수 있는 권한이 없었다.

연합국 내 각 주의 경제적 이해관계 때문에 초래된 지역갈등이 심
화되었으며 이로 인하여 미국사회는 분열될 위기에 직면하였다. 상업
과 공업중심지인 뉴잉글랜드 지역은 선진유럽공산품 수입으로부터
그들의 사업을 보호하기 위하여 보호무역 정책을 선호한 반면 쌀, 담
배, 술 등 농산물 및 공산품원료를 유럽에 수출하는 남부지역은 자유
무역을 선호하였다. 이러한 상이한 경제적인 이해관계로 남과 북은
관세문제로 심한 갈등을 초래하였다. 또한 연합의회의 외교관인 존
제이(John Jay)가 교섭한 영국과의 통상조약 내용이 뉴잉글랜드 상공
인들에게 유리하고 남부 농민들에게 불리함이 판명됨에 따라 남과 북
의 갈등은 더욱 심화되었다. 또한 미시시피 강 항해권과 스페인과의
통상우호조약 체결과 관련하여 상업을 중시하는 동부해안지역과 서
부개척에 필수적인 미시시피 강 항해권을 중시하는 서부내륙지역간

의 갈등도 심각하였다. 이러한 대내·외적인 갈등들을 해결할 수 있는 권한을 연합의회가 갖고 있지 못하였기 때문에 연합의회는 정치·경제·사회적인 대립과 분쟁을 극복할 힘이 없었다.

연합헌장의 개정은 13개 주의 전원일치제에 의해서만 가능함으로 현실적으로 불가능하였기 때문에 이를 타개하고 변화하는 국내·외적인 상황에 효율적으로 대처할 수 있는 보다 강력한 연방제를 갖는 헌법의 개정이 절실히 요구되었다. 결과적으로 13개 주의 지도자들은 연합헌장 하에서는 미국국가연합이 하나의 국가로 유지될 수 없다는 것을 인식하게 되어 보다 강력한 정치제도를 만들기 위한 논의를 시작하게 되었다.[26]

나. 헌법제정회의(Constitutional Convention)의 구성

연합헌장(Articles of Confederation)에 명시된 연합의회는 그 전의 대륙의회보다 더 큰 권한을 보유하였지만 이해관계가 상충되는 13개 주를 효과적으로 통치할 정도의 권한을 갖지는 못하였다. 따라서 많은 주민들은 미국 독립 후에 발생한 일련의 정치·경제·사회적인 갈등 문제들을 해결하기 위하여 좀 더 강력한 권한을 중앙정부에 부여하도록 연합헌장을 개정할 것을 요구하였지만 이러한 요구들이 중앙정부가 강해지는 것을 반대하는 주들에 의해서 번번이 묵살 되었다.

그러던 중 1785년 매사추세츠 주 의회는 연합헌장이 집행 면에서 미국연합의 국익보호에 부적절함으로 이를 개정하기 위하여 각주 대표들의 회의를 소집해야 한다는 결의문을 채택하였다. 또한 버지니아 주 의회도 유사한 결의문을 채택하고 모든 주간의 상업 활동과 아울러 연합헌장의 수정도 논의 할 것을 제안하였다. 이러한 제의에 호응

---

26 Patterson, ibid, p. 40.

하여 13개 주 중 9개 주가 각주 대표회의에 참가 할 대표를 선임했으나 대표회의에 참석한 주들은 단지 버지니아 주를 비롯한 5개주 대표들이었기 때문에 정족수 미달로 공식적인 합의에는 이르지 못하였다. 그러나 그들은 대표회의에 참가한 5개주들 간의 상업 활동을 활성화하자는 계획안에 대해 원칙적인 합의를 함과 아울러 다음 해 5월 국가연합이 당면한 제 문제들을 토의하기 위하여 필라델피아에서 다시 회의를 소집할 것을 만장일치로 결의하고 해산하였다.

이러한 결의의 결과로 연합의회의 요청에 따라 로드아일랜드를 제외한 12개 주가 65명의 대표를 선임하였으며 그 중 55명이 헌법제정회의(Constitutional Convention)에 참석하였다. 대부분 주는 주 의회가 대표를 선임하였으나 일부 주는 주 의회가 주지사에게 대표선임을 의뢰하여 주지사가 선임한 대표를 주 의회가 승인하는 형식을 취했었다. 이들 55명의 대표들 중 8명이 미국독립선언문에 서명한 인사였으며 대부분의 대표들이 독립 전쟁 때 직·간접적으로 독립을 위해 투쟁하였던 자들로써 그들은 애국심이 강했으며 따라서 강력한 미국을 건설한다는 확고한 신념을 가지고 있었다.

헌법제정회의는 1787년 5월 25일 미국 독립선언문을 서명했던 장소인 필라델피아 카펜터스 홀(Carpenter's Hall)에서 개최되었으며 미국 독립전쟁의 영웅인 조지 워싱턴을 만장일치로 의장으로 선출하였다. 대표들은 회의의 성공적인 운영을 위하여 회의 결과가 확정될 때까지 그 회의 과정을 일체 외부에 보도하거나 누설하지 않기로 합의하고 회의를 개최하였다. 헌법제정회의의 주요 의제는 연방제 하에서 연방의원의 각주 구성 비율, 중앙정부의 형태와 권한, 각 주간의 통상, 무역관세, 노예문제 등 이였으며 각 주 대표들은 자기 자신의 주의 이익을 확보하기 위하여 약 4 개월 동안 지속된 회의에서 치열한 논쟁을 벌였다.[27]

다. 미국연방제의 성립과 비준과정

가) 연방제 안의 합의과정

헌법제정회의는 5월 19일부터 버지니아 연방 안(Virginia Plan), 뉴저지 연방 안(New Jersey Plan) 등에 대하여 본격적인 논의를 하였으나 두 안을 제시한 자들 간의 견해 차이 때문에 헌법제정회의가 공전을 거듭하고 어떤 연방안도 통과시킬 가능성이 없게 되자 코네티컷 주의 대표가 버지니아 안과 뉴저지 안의 절충안인 코네티컷 안(Connecticut Compromise)을 제안하였다. 동 안에 의하면 연방의회는 양원으로 구성하고 하원은 인구 비례에 따라서 의원수를 결정하며 상원은 각 주의 인구에 관계없이 동수 의원을 각 주 의회에서 선출하도록 하였으며 정부의 세입 및 세출에 관한 권한은 하원만의 고유한 권한으로 규정하였다. 코네티컷 타협안이 상정되자 벤저민 프랭클린(Benjamin Franklin) 등 원로대표들은 전폭적인 지지를 보냈으며 거의 모든 주의 대표들도 연합헌장 하의 약체 중앙정부를 더 이상 유지할 수 없다는 점에서 이에 동의 하였다. 따라서 그들은 강력한 중앙정부를 수립하기 위해서 코네티컷 타협안을 수용하기로 합의하였다. 그 결과 연합의회 구성을 둘러싼 헌법제정회의의 한 동안의 교착 상태는 일단 해결되었고 다른 문제를 해결하기 위하여 회의는 지속 되었다.[28]

이번에는 노예문제로 남부와 북부 주들이 격론을 벌임으로써 헌법제정회의가 다시 교착상태에 빠지게 되었다. 남부 주 대표들은 연방하원의 의원수를 결정할 때 노예들도 인구수에 포함시켜야 하며 노예들은 사고 팔리는 재산이기 때문에 연방주가 인두세를 각 주에 부과할 때는 제외되어야 한다고 주장하는 반면, 북부 주 대표들은 노예들은 투표권이 없기 때문에 연방하원의 의원수를 결정할 때 제외되어야

---

27 최 명, 1976, 미국의 정치론, 서울: 일신사, 41~42쪽.
28 최 명, 상기 책, 45쪽.

하며 인두세를 부과할 때는 노예도 생산 활동에 참여하는 경제 주체이기 때문에 노예를 포함하여야 한다고 상반된 주장을 내세웠다. 이에 조지 워싱턴과 벤저민 프랭클린 등 원로지도자들의 중재로 남부 주들과 북부 주들의 대표들이 조금씩 양보하여 인두세와 하원의 의원 수의 결정 시 5명의 노예를 3명의 자유인과 같이 취급한다는 〈5 대 3 합의〉를 도출하고 노예 매매는 연방제 헌법이 통과되는 날부터 20년 후 즉, 1808년 이후에는 연방의회가 이를 금지시키는 권한을 가진다는 조건을 전제로 대합의를 이루게 되었다.[29]

다른 한편으로 남부 주 대표들은 하원이 인구가 많은 북부 주 대표 중심으로 운영될 경우 북부 산업을 보호하기 위하여 남부 농업경제를 해치는 보호관세 등의 법률을 통과시킬 가능성이 많다고 우려를 표명, 조약체결 등 중요 안건은 상원의 3분의 1이상의 찬성을 필요로 한다는 규정을 요구하여 이를 채택하고 연방의회는 수입에 대한 관세만 관장하고 수출화물에 대한 세금은 부과하지 못하도록 요구하여 이를 관철하였다. 그 이외의 대통령 선출 방법 및 임기, 연방법원 설치 방법, 상하 양원의 의원 수 및 임기 등에 대하여 약간의 의견에 차이가 있었으나 모두 합의를 보았다.

헌법 제정회의 초기에는 대통령을 연방의회에서 선출하자는 안이 지배적이었으나 삼권분립의 원칙에 위배된다고 하는 반대 안이 더 설득력을 갖게 되어 결국 국민이 직접 뽑는 선거인단(Electoral College)에 의해서 대통령이 선출되도록 결정하였다. 대통령 임기는 7년 단임이 유력하게 제기되었으나 4년 연임으로 최종합의를 보았으며 법원 설립 문제는 헌법에 연방최고법원의 설치를 규정하고 하급법원의 설치는 연방의회에 위임하도록 합의하였다. 이상 합의된 헌법안들은 연

---

29 상기 책, 46쪽.

방헌법 초안으로 결정되고 55명의 대표 중 39명이 서명함으로써 헌법 제정회의의 공식 일정이 마무리 되었다.

헌법제정회의에 참여한 각주의 대표들은 과연 어떠한 동기로 연방헌법을 만들었을까? 이에 대한 대답은 19세기 말까지 헌법제정회의에 참가한 〈헌법의 아버지들〉은 미국의 역사학자나 정치학자들에 의하면 오로지 헌법제정을 나라를 위한 애국적 행위로 간주하고 이를 무비판적으로 받아들이거나 존경해 왔다는 것이다. 그러나 20세기에 들어와서 이러한 행위를 '헌법이 다수결의 지배에 대한 반민주적 반동의 결과'라고 주장하는 알렌 스미스(Allen Smith)와 같은 비판적 학자도 있고 연방헌법의 제정이 경제적인 동기로 이루어졌다는 찰스 비어드(Charles Beard)의 주장도 있다. 그러나 많은 학자들은 주로 헌법제정이 단순 동기구조라기 보다 오히려 여러 복합적인 동기구조들에 의해서 이루어졌다는 견해를 갖고 있다. 헌법제정자들은 자기들의 이익과 경제적인 동기뿐만 아니라 미국의 미래에 대한 커다란 관심을 갖고 미국을 외부적인 침략과 내부적인 갈등과 분열로부터 구출하고 민주주의의 운영을 위하여 필수적인 단결과 질서를 확보하기 위하여 연방헌법을 제정하였다.[30]

나) 헌법비준과정

헌법제정회의에서 강력한 중앙정부를 수립할 수 있는 연방헌법을 통과시키는데 성공한 연방주의자들은 국가연합규약 제 8조에 따라 동 헌법안을 각 주 의회에게 비준을 요청하는 경우 새 헌법안이 주 의회의 권한을 축소시키는 안이기 때문에 대다수 주 의회 의원들이 반대할 것으로 판단하였다. 그러므로 그들은 현실적으로 연방헌법의 주

---

[30] 상기 책, 46~48쪽.

의회 통과가 불가능하다고 보고 이를 타계하기 위하여 초법적인 헌법 비준방안을 고안하였다.

연방주의자들은 제임스 메디슨의 제의에 따라 연방헌법은 각 주 법보다 상위의 법이기 때문에 주권재민(Popular Sovereignty)의 이론에 따라 국민들이 직접 비준해야 효력이 있다고 주장하였다. 그리고 연방주의자들은 각 주가 연방헌법안을 비준할 주 비준추진위원회(Conventions in the separate state for Ratification)를 만들 것을 헌법제정회의에 제안하였는데 이는 초법적이며 정치적 결단을 요구하는 제안이었다. 그러나 헌법제정회의 대표들은 연방헌법 비준을 위한 다른 대안이 없음을 인지하고 연방주의자들의 제안을 수용하여 연방헌법안을 각 주 의회가 아닌 주 비준추진위원회에 제출할 것과 9개주가 승인하면 효력을 발생한다고 결의함으로써 연방주의자들의 의도대로 연방헌법을 비준할 수 있는 계기를 마련하였다.[31] 그러나 헌법제정회의가 연방헌법을 채택하고 새로운 비준방안을 결의한 것은 어디까지나 법적 행위라기보다 정치적 행위이었다. 연방주의자들은 이러한 정치적 행위가 주권재민의 원칙에 타당하다고 보았다.

그러나 연방헌법안을 통보받은 각 주의 주민들은 연방주의자(federalists)와 반연방주의자(anti-federalists)로 양분되어 헌법비준에 대한 찬반대립이 심각한 지경에까지 이르렀다. 주로 상인, 대지주, 도시 중산층 등으로 구성된 연방주의자들은 국가연합의 결점은 단순히 연합규약을 고쳐서 해결할 수 없으며 새 연방헌법 비준만이 유일한 해결책이라고 주장하고 만약 반연방주의자들의 방해로 사 연방헌법이 비준되지 않는다면 미국의 국가연합은 해산되고 각 주들은 분리독립하게 될 것이라고 주장하였다. 이에 반해 소 농민들이 중심이 된

---

[31] 상기 책, 48쪽.

반연방주의자들은 연방주의자들이 주장하는 것처럼 국가연합의 상태가 그렇게 나쁜 상태가 아니며 만약 연방헌법이 채택된다면 중앙정부의 권한이 너무 커서 개인의 자유뿐만 아니라 각주의 독립까지 훼손될 것이며 대통령과 상원의원을 간선제로 선출하기 때문에 투표권자들이 직접 민주주의를 할 수 없을 뿐만 아니라 권리장전이 새 연방헌법에 들어있지 않기 때문에 개인의 기본권 보장이 결여되어 있어 비준할 수 없다고 주장하였다.

그러나 연방헌법은 1788년 6월까지 9개 주가 비준함으로써 형식상 그 효력이 발생되었으나 연방주의자들은 뉴욕 주와 버지니아 주의 참여 없이 세 연방주가 사실상 선거하기가 어렵다고 판단하여 양 주가 비준할 때까지 연방헌법 선포를 보류하는 한편 양 주 주민들을 설득해 총력을 기울인 결과, 버지니아 주는 53%, 뉴욕 주는 55%의 근소한 표차로 연방헌법안을 비준함으로써 연방헌법이 정식 선포되었으며 동 헌법에 따라 1789년 4월 30일 미합중국 정부가 정식 발족되었다.

3. 연방과 주의 권한 배분

1) 개관

1787년에 제정된 연방헌법은 중앙정부에 상당한 권한을 부여하였으나 주에도 이에 상응하는 권한을 부여하였다.[32] 연방헌법에 의하면 연방정부에 부여된 권한 이외의 것은 연방구성국인 주의 권한에 속한다. 그러나 시간이 지나면서 연방정부의 중앙집권화가 진행됨에 따라

---

[32] 서원우, 안경환 역, 미국법 입문, 대한교과서주식회사, 1987, 160~178쪽.

미국의 연방정부의 권한은 더욱 강화되었으며 경제 및 사회현상에 대한 연방의 통제는 더 확대 되어 주의 권한은 중앙정부 권한의 확대에 비례하여 축소되는 과정을 밟아왔다.

연방헌법의 위임에 따라 미국의 연방정부는 대통령과 상·하 양원 그리고 연방대법원으로 구성되어 있다. 이들 3부는 견제와 균형을 통하여 상호간의 권력 남용을 방지함으로써 국민의 자유와 권리를 보장하는 장치로서 기능하고 있다. 미국 헌법의 제정자들이 영국의 의원내각제와는 달리 대통령중심제를 채택한 것은 공화제나 민주주의를 공고화시키기 위한 이유에서라기보다 당시 영국의 의원내각제가 미완성품이었고 미국이 연방주의를 존중하는 연합국가 이었다는 것과 그 당시의 상황이 강력한 집행부를 필요로 했다는 사실 등에 기인한다.

연방의회는 양원제로 상원과 하원으로 구성되고 연방국가의 특성을 잘 나타내는 것은 상원이다. 미국의 상원은 각 주에서 2명씩 선출되는 백 명의 의원으로 구성된다. 상원의원은 연방주의 대표로서의 성격을 강하게 띠고 있으며 주로 인사문제들, 즉 연방공무원들의 임명에 관한 문제들과 대외정책문제들에서 하원보다 어느 정도 우선권을 갖고 있다. 상원의원은 연방공무원의 임명에 관한 동의권, 조약 비준 동의권, 탄핵 심판권, 부통령 결정권을 독점적으로 보유함으로써 하원보다 강력한 권한을 갖고 있다. 하원은 각 주에서 인구비례로 선출되는 435명의 의원으로 구성되는데 전 국민의 대표로서의 성격을 띠고 있으며 주로 국내정치적인 문제에 우선권을 갖고 있다. 하원은 세출·입법안, 탄핵소추권, 대통령 선출권 등의 독자적 권한을 갖는다. 이와 같이 미국의 연방의회는 주를 대표하는 상원과 전체 국민을 대표하는 하원의 양원으로 이루어져 연방국가의 입법부 구성 원리를 잘 반영하고 있다. 연방의 사법권은 연방대법원을 정점으로 하여 의회가 수시로 창설할 수 있는 하급법원으로 이루어져 있다. 연방법원은 연방법을 둘러싸고 발생하는 제반문제에 대한 관할권을 보유한다.

연방정부 기능을 수행하기 위해서 기존의 3부에 속하지 않는 연방독립기관들이 많이 생겼다는 것도 미국정부제도의 특징 중의 하나이다.

〈도표: 1〉 미국 연방정부와 주정부의 권한 비교

A. 연방과 주의 권한 배분				
주요권한 및 기능	연방 고유입법권	주 고유입법권	연방/주 공유입법권	연방-법제정 주-집행
외교관계	●			
국방	●			
관세 · 통화 · 화폐제도	●			
우편 · 통신 — 대중매체	●			
철도 · 항공	●			
핵에너지	●			
수력	●			
도로				●
무역 · 산업 · 노동법				●
농업			●	
민법 · 형법			●	
경찰		●		
교회		●		
공립학교 · 교육		●		
조세, 직접세, 소비세	●			
사회보장			●	●
환경보호			●	●
B. 주의 권한				

- 지방도로 건설 및 관리   - 지방에서 공공교통
- 가스 · 전기 · 수도 · 쓰레기   - 지방개발
- 교사선출 · 학교건축   - 세금부과
- 복지제공

●출처: 필자가 연방헌법에 나타난 권한을 정리한 것임.

〈도표: 1〉에서 보듯 중앙정부 권한 중 가장 중요한 것은 외교와 국방에 관한 권한이다. 외교와 국방에 관한 권한은 원칙적으로 대통령에게 부여된 권한이나 의회의 관여를 받도록 되어있다. 이 밖에도 과세권, 화폐발행권 등의 권한을 가지고 있고, 연방 주 간의 통상에 관한 조정권을 가지고 있으며 교통, 통신, 보건, 복지, 노동 등 국가 사무 전반에 걸쳐서 그 권한을 행사한다.[33] 미국의 연방 국가는 시간이 흐름에 따라 중앙정부권한이 계속 확대되는 추세를 보이고 있다.

연방구성체인 주 정부의 조직은 여러 가지 면에서 연방정부의 복제품이다. 연방 주마다 주 헌법이 있고, 입법부와 행정부가 존재한다. 또한 주 대법원이 있다. 또한 주지사를 비롯한 내각과 각종의 행정위원회가 있는 것도 연방과 다르지 않다. 주 독립성이나 주 권한은 다소 제한적이나 외교와 국방을 제외한 내정에 관한 한 상당한 정도의 독자성을 가지고 자율적으로 정책을 결정하고 집행한다.

2) 연방정부의 권한

미국 헌법 제 1조 제 8절은 18개 항목에 걸쳐 연방의회의 권한을 명시하고 있다. 제 1항에 의하면 연방정부는 미국의 국방과 복지를 위하여 '조세, 관세, 공과금, 소비세의 부과와 징수하는 권한을 가진다. 그러나 모든 관세와 직접세, 소비세는 미합중국을 통하여 획일적이어야 한다.'[34] 이로서 미국 연방헌법은 연합규약에서는 갖지 못하였던 재정

---

33 연방헌법 제 1조 제 8절 1항~2항 참조.

34 헌법 제 1조 8절 1항은 다음과 같다: The Congress shall have Power to lay and collect Taxes, Duties, Imposts and Excises, to pay the Debts and provide for the common Defense and general Welfare of the United States; but all Duties, Imposts and Excises shall be uniform throughout the United States.

권을 연방정부에게 부여하였다. 또한 제 1조 제 8절은 의회는 미합중국의 신용으로 금전을 차입하고(동절 2항) 외국과의 또는 주간의 통상을 규제하며(동절 3항) 통화를 주조하고 미국화폐와 외국화폐의 가치를 규정하며, 도량형의 기준을 정한다(동절 5항)우체국과 우편도로를 건설하며 연방법원을 설치하고 전쟁을 선포하며 군대를 모집하고 해군을 창설하며 반란을 진압하고 각 주에 무장군인을 배치하며 어려운 일들을 효과적으로 수행함에 '필요하고도 적절한(necessary and proper)' 모든 일을 할 수 있는 권한을 갖고 있다.[35]

제 1조 제 8절에서 말하는 18개 항목은 당시 미국인들에게는 엄청난 권한이었지만 연방의회의 권한을 제한함으로써 주의 권리를 보호하였다는 점이 바로 연방주의적인 요소라고 말할 수 있다. 제 1조 제 8절이 명시된 권한 이외에, 명시된 권한으로부터 논리적으로 도출되는 암시된 권한을 연방의회의 권한으로 규정하고 있다.

연방헌법은 제 1조 제 8절 제 1항에서 제 17항까지 열거된 또는 위임된 권한과, 동절 제 18항에 의한, 즉 필요하고 적절한 조항에 의한 권한도 명시하고 있다.

또한 연방의회는 헌법 제 1조 제 8절 1항에서 17항까지 열거된 권한들과 이 헌법에 의하여 미합중국 정부나 그 부처 또는 그 관리에게 부여된 모든 권한을 행사함에 있어 필요하고 적절한 입법을 할 수 있도록 다른 부처의 책임과 권한을 공유하는 권한을 갖는다. 이를 함축적 권한 또는 내재적 권한이라고 한다.

---

35 연방헌법 제 1조 8절 2항~18항 참조.

3) 연방의회가 행사하는 권한의 제한

13개주의 주민들이 헌법을 비준하도록 하려면 연방의회에 부여된 이러한 강력한 권한을 견제할 장치를 두어 연방정부와 주정부간의 균형을 이룬다는 의미에서 헌법 제 1조 제 9절은 연방의회의 권한을 제한하고 있다.

연방의회가 해서는 안 되는 첫 번째 권한제한이란 연방의회는 1808년까지 흑인 노예의 수입을 금지해서는 안 된다는 것이다. 두 번째 제한은 연방의회는 배심절차 없이 특정인을 처벌할 수 있도록 하는 사건박탈 법(Bill of Attainder)을 제정할 수 없다는 것이다. 연방의회는 어떤 행위가 연방범죄가 되는지는 결정할 수 있으나 배심원의 판결 없이는 어떠한 처벌도 할 수 없다. 세 번째 제한은 영국 법에서 유래된 것으로 소급처벌법의 금지다. 헌법 제정자들은 소급입법금지조항을 재산권을 침해하는 소급법률에 적용하고자 하였으나 연방대법원은 이를 거절하고 형벌 법규에만 적용 하였다.

또한 헌법 제 1조 제 9절의 규정에 의하면 연방의회는 인구에 비례하지 않는 한 직접세를 징수하지 못하고 주의 수출품에 대해 조세를 부과할 수 없으며 어느 주의 항구에 대해 다른 주보다 특혜적인 대우를 할 수 없도록 그 권한을 제한하였다. 연방정부 관리는 의회의 승인을 받은 세출예산의 한도를 넘는 초과재정지출을 할 수 없다.

역시 제 1조 제 9절에 의하면 연방의회는 귀족의 칭호를 수여하지 못하며 연방관리는 연방의회의 승인 없이 외국정부로부터 선물, 관직, 기타 어떤 이익도 제공받을 수 없다.[36]

---

[36] 연방헌법, 제 1조, 9절 1항~8항 참조.

4) 주가 행사하는 권한의 제한

주 정부가 행사하는 권한의 제한도 헌법 제 1조 제 10절에 규정하고 있는 바 연방정부의 권한의 제한과 같이 헌법에 명시되어 있다.

주 정부가 행사하는 권한의 제한은 대략 다음과 같다.

어떤 주라도 외국과의 조약이나 동맹을 체결하거나 포획면허장을 수여하거나 화폐를 주조 또는 지폐를 발행하거나 연방정부의 화폐주조(통화발행)에 관한 독점권을 침해하거나 사건박탈 법 혹은 소급처벌 법을 제정한다던지 계약상의 의무에 간섭하거나 귀족의 칭호를 수여할 수 없다. 어떠한 주의 의회도 연방의회의 동의 없이는 수출품이나 수입품에 대하여 검사에 따르는 잡비를 제외하고는 세금을 부과하지 못하고 연방의회의 동의가 있었다 하여도 거두어들인 수입은 미합중국 금고에 납입되어야 한다. 어떤 주라도 연방의회에 동의 없이는 군대나 군함을 보유하지 못하고 다른 주나 외국과의 협정을 체결할 수 없으며 실제로 침공당하고 있고 지체할 수 없을 만큼 긴급한 위험에 처하지 않는 한 전쟁을 할 수 없다. 이러한 제한을 제외하고는 주 정부는 연방헌법에 위배되지 않는 한 무엇이든지 할 수 있다. 이러한 제한들은 연방주의를 유지하기 위해서 뿐만 아니라 개인의 자유를 보호하기 위해서 고안된 조치이다. [37]

5) 연방과 주의 권력의 배분

미국의 연방주의는 헌법 제 1조에 의거 중앙과 주간의 권력배분을 분명히 하고 있다. 헌법 제 1조는 새로 탄생되는 연방정부의 필요불가

---

[37] 연방헌법, 제 1조 10절 1항~2항 참조.

결한 권한을 부여하였고 연합규약시대 동맹자체를 위태롭게 했던 과거 주 정부들이 주장했던 권한들을 제한했다. 상호 독립적인 연방정부와 주 정부는 각기 공공정책의 다른 차원에서 활동함으로서 서로 충돌하지 않게 연방정부와 주 정부의 권력을 배분하였다.

연방의회나 연방정부에 위임되지 않는 다른 모든 권한들 즉 유보된 권한들은 주에 속하게 되어 있다. 수정 헌법 제 10조는 이를 확인하고 있는데 이는 연방정부의 권한을 제한하는 역할을 하였으나 시간의 흐름에 따라 연방정부에 보다 많은 권한이 전이되고 있다. 그러나 미국의 연방주의는 아직도 역기능보다 순기능을 더 많이 갖고 있다.

6) 연방의 우위성 조항

연방의 우위성, 즉 최고 법규성 조항은 주의 법보다 연방법의 우위성을 규정하고 있는바 미국 헌법 제 6조는 ' 이 헌법에 의하여 제정되는 합중국의 법률 그리고 합중국의 권한에 의하여 체결되었거나 체결될 모든 조약은 국가의 최고 법규이며 모든 주의 법과는 어느 주의 헌법 또는 법률 중에 이와 배치되는 규정이 있을 지라도 이에 구속된다.' 고 규정하고 있다. 이 규정은 모든 연방법률, 주 헌법 및 주의 법에 대한 연방헌법의 최고법규성을 확립하였고 연방 법률과 조약, 주 헌법, 주 법률이라는 법의 위계구조를 형성하였다. 또한 이 규정은 연방 정부 권한은 그 권한의 범위 내에서는 최고이며, 주 헌법은 이 최고 법규성에 구속됨을 의미한다.[38]

---

[38] 연방헌법 제 6조 2항 참조.

7) 주정부에 대한 연방정부의 의무

　주 정부에 대한 연방정부의 의무에 있어서 미 헌법 제 4조는 합중국에 대하여 연방 각 주의 공화정(Republican Form of Government)을 보장하고 외부 침략으로부터 주를 방어하며 주의 요청에 의하여 내부 폭동으로부터 주를 보호할 의무를 지고 있다.[39] 이 조항은 미국인들이 공화정체제를 버리고 다시 강력한 전제군주에 의하여 통치되기를 바랄지도 모른다는 헌법 제정자들의 우려가 반영된 것이다.

　주와 그 시민간의 시민적 자유에 관한 분쟁에 연방이 개입하기 시작한 것은 남북전쟁이 끝나고 수정헌법 제 13조, 14조, 15조가 채택되고 부터였다.

　그리고 헌법 제 4조 제 3절은 주의 주권을 보호하기 위하여 연방의회는 관련된 주 의회와 연방의회의 동의가 없는 한 어느 주로 부터나 주의 합병에 의하여 또는 주의 일부를 결합하여 새로운 주를 창설할 수 없다고 규정하였다. 이 규정은 연방의회가 모든 주를 동등하게 취급해야 한다는 원리를 강조하는 것이다. 새로 탄생되는 주도 미합중국의 원래 구성원이었던 주가 행사하는 모든 주 권한을 동일하게 행사 할 수 있으며 동등한 지위를 갖고 연방에 편입되어야 한다는 것이다. 이를 주들의 동등한 지위의 원칙이라고 부른다.

8) 연방정부에 대한 주의 의무와 주간의 의무

　주가 연방에 대한 의무를 지는 사항은 다음과 같다.

　주 정부는 연방의회의 선거를 실시하고 대통령선거에 참여할 의무

---

[39] 연방헌법 제 4조 제 4절 참조.

가 있다(제 1조 제 4절과 제 2조 제 1절). 이는 주의 연방정부에 관한 권한이기도 하다.

주 상호간의 의무는 헌법 제 4조 제 1절과 제 2절에 규정되어 있다. 각 주는 다른 각 주의 공적인 행위, 기록 및 재판절차에 대하여 충분한 성실과 신용(Faith and Credit)을 가져야하고 합중국 의회는 일반 법률에 의하여 이러한 공적행위, 기록 및 재판 절차의 진실을 증명하는 방법과 그 효과에 대하여 규정할 수 있다. 이상 제 1절은 주 법원의 재판에 관한 완전한 신임과 신뢰 조항이라고 부른다.

각주의 시민은 다른 어느 주에서도 그 주의 시민이 향유하는 모든 특권과 면책권을 가지며 어느 주에서 반역죄, 중죄, 기타의 범죄로 인하여 소환을 받은 자가 도피하여 재판을 피하고 타 주에서 발견될 때에는 해당 주의 행정관원의 요구가 있을 시 그 재판의 관할권이 있는 주에 이송하도록 인계되어야 한다. 또한 어느 주에서 그 주 법률에 의하여 사역 또는 노역의 의무를 진 자가 타주로 도피한 경우 타주의 법률에 의하여 사역이나 노역의 의무가 해제되지 아니하며 사역이나 노역을 청구하는 권리를 가진 자의 요구에 의거 인계되어야 한다. 그러나 이러한 도주한 노예에 관한 제 2절 제 3항은 수정헌법 제 13조에 의거 무효가 되었다.

9) 헌법개정과정에서의 주의 결정적인 역할

헌법 제 5조에 의하면 전체의 3분의 2 이상의 주 의회가 헌법 개정을 제안할 수 있고 어떠한 형태로든 제안된 개정안은 주의 동의 없이는 통과될 수 없다. 모든 주의 4분의 3이상의 주 의회의 비준이나 모든 주의 4분의 3 이상의 주에서 주 헌법회의에 의한 비준을 받아야 헌법개정안이 통과될 수 있다. 주는 주의 이익을 보호하고 연방정부를 견제하기 위하여 헌법 개정에 있어 최종결정권을 갖는다. 이는 국가 전체에 대한 주의 통치권 행사로 간주된다. 이처럼 국민은 주를 통하여 연방정부를 견제하며 주와 함께 주권을 공유하고 있다.

4. 미합중국의 정치체제

1) 미국연방 헌법상의 권력구조

(1) 미국 헌법의 기본원리(연방주의, 권력분립과 법의 지배)

미국헌법의 기본원리는 크게 연방주의, 권력분립과 법의 지배라고 말할 수 있다. 연방주의란 전국적인 중앙정부와 주정부가 정치적 권한을 나누어 가지고 각자 한편으로 일정한 활동분야에서 협력하면서 다른 한편으로 독립적이 되는 주의이다. 이러한 경우 주정부는 단순히 중앙정부의 하부 조직이 아니며 전국적인 중앙정부는 국가의 국방, 외교를 비롯한 기타 전국적인 사항을, 주 정부는 내무, 사회, 교육과 같이 그 구성원들에게 직접적으로 영향을 미치는 공공업무를 취급한다. 연방정부는 암시적 권한을 제외하고는 헌법이 위임한 권한만을 갖는다. 주정부는 헌법이 주에게 금지한 권한을 제외하고는 연방정부에 위임되지 아니한 모든 권한을 갖는다. 다만 그 운영에 있어 연방정부가 우위에 있다. 어떤 권한은 연방정부와 주정부에 모두 금지되어 있으며, 어떤 것은 주에게만, 또 어떤 것은 연방정부에게만 금지되어 있다.

제임스 메디슨(James Madison)은 〈연방주의자 51〉에서 공화주의의 원리와 권력분립의 필요성을 강조하고 있다.

모든 권력을 한 사람의 수중에 둔다는 것은 독재를 의미한다. 독재 예방을 위해서는 권력의 분립이 절대적으로 필요하다. 권력분립은 법의 지배라는 기본적인 원리의 지주이다. 권력분립이 없는 곳에 진정한 법의 지배는 있을 수 없기 때문이다.

미국의 권력분립주의는 (1) 분리되고 독립된 3부(입법, 행정, 사법)의 개념 (2) 정부가 여러 종류의 기능을 수행한다는 인식과 각 부에 적절하고 고유한 기능이 있다는 신념 (3) 각 부의 구성원은 서로 달라야 하며 누구도 동시에 두 부 이상의 구성원이 될 수 없다는 신념 (4) 입법부는 행정부나 사법부에 그 권한을 위임함으로서 권력의 분립은 변경할 수 없다는 신념을 구성요소로 하고 있다.

이러한 권력분립주의에 의거 미국헌법은 헌법에 의하여 부여되는 모든 입법권은 상·하 양원으로 구성되는 연방의회(제 1조 제1절)에, 행정권은 연방대통령에게(제2조 1절), 사법권은 하나의 연방최고법원과 연방의회가 수시로 제정, 설치하는 하급법원(제 3조 1절)에 부여함으로서 삼권분립을 확실히 하고 있다.

연방헌법의 제정자들은 권력분립 자체만으로 권력의 침해나 남용에 대한 안전장치가 되지 못하고 어느 한 부가 다른 부의 권한침해를 예방하기 위해서는 견제와 균형이 필요하다고 보았다.

초기 연방주의 헌법을 운영함에 있어 주의 입법부의 권한이 너무 강하여 3부 간의 견제와 균형의 필요성을 인식하였다. 매사추세츠헌법은 이러한 균제와 균형의 원리를 도입한 최초의 헌법이다.

3부가 서로 견제를 통하여 힘의 균형을 이루어 정의사회를 구현한다는 취지하에 3부는 그들의 고유한 권한이외에도 상대방을 견제한다는 의미에서 상대방의 권한의 일부를 갖도록 구조화하였다.

의회는 대통령의 상급공무원(법관 포함)의 임명과 조약처결에 있어 상원의 동의를 얻게 함으로서 행정권을, 법관 등 공직자에 대한 탄핵을 통하여 사법권을 행사할 수 있게 하였다.

대통령은 의회에서 통과된 법률안에 대한 거부권과 연두교서에 의한 입법의 권고권한을 갖는 입법적 권한을, 연방범죄자에 대한 사면권을 갖는 사법적 권한을 행사할 수 있게 하였다.

사법부는 사법심사권을 통하여 입법적 권한과 행정적 권한을, 서기 등 구성원의 임명권 등 내부사항을 처리할 권한을 통해서 행정적 권한을 행사할 수 있게 하였다.

의회에 대한 행정부의 견제장치로는 부통령(행정부)은 상원의 의장이며 가부 동수일 때 결정투표를 할 수 있고(제 1조 3절), 대통령은 의회특별회의를 소집할 권한과 양원이 휴회시기를 합의하지 못할 경우 양원을 휴회시킬 권한이 있고(제2조 3절), 의회에서 통과된 법률을 거부할 권한이 있다(제1조 7절).

대통령에 대한 견제로 의회는 범죄를 범한 이유로 대통령을 탄핵, 해임할 권한이 있으며(제2조 4절), 3분의 2의 다수로 대통령의 거부권을 무효화할 수 있다(제 1조 7절). 또한 의회는 육군과 해군을 유지할 재정을 승인(또는 유보)하는 권한, 군의 법규 등을 제정하는 권한, 주들이 민병대를 소집하는 권한, 반란을 진압하고 외적을 격퇴하는 권한과 선전포고권한을 통하여 군에 대한 민간통제를 확보할 수 있는 권한(제 1조 8절), 법률의 적절한 집행과 적절한 재정 지출과 관련하여 행정부의 행위를 조사할 고유 권한이 있으며(제 1조 8절) 행정부의 적절한 기능을 위한 재정을 승인할 권한이 있다(제 1조 8절). 상원은 조약을 승인하거나 거부할 권한이 있으며(제 2조 2절) 주요 공무원에 대한 대통령의 임명을 동의하거나 거부할 수 있다(제 2조 2절). 사법부는 행정부의 행위에 대하여 합헌성을 심사할 권한이 있다(제 3조로부터 추론된 명시되지 않는 권한).

사법부에 대한 견제로 의회는 합당한 이유가 있을 시 연방법관을 탄핵하고 해임할 권한을 가지며(제 1조 3절, 제 2조 4절, 제 3조 1절) 사법부의 기능을 위한 재정을 승인할 권한(제 1조 8절)과, 법관의 수와 연방 법원들의 규모를 결정할 권한이 있고(제 3조 1절), 하급연방법원의 1심 관할권과 모든 연방법원들의 상소심 관할권을 규정할 권한이 있다(제 3조 1절, 22절). 대통령은 연방법관을 임명할 권한이 있다(제 2조 2절). 3부 간의 극단적인 견제를 예방하고 타부의 방해와 위협으로부터 보호하기 위하여 여러 규정을 두고 있다.

의회의 독립을 위하여 의회는 매년 회의를 할 권한이 있고 대통령은 의회를 해산할 수 없고(제1조 4절), 의회 양원은 의원들의 선거, 당선, 자격을 심사할 권한이 있다(제 1조 5절). 또한 의회만이 의사절차에 관한 규칙을 정할 수 있고 질서를 어지럽히는 행위에 더해 의원을 처벌할 수 있고 제명할 수 있다(제 1조 5절). 의원들은 반역죄, 특별중죄, 평화교란 죄를 제외하고는 회기 중에 불 체포 특권을 갖는다(제 1조 6절). 의원은 그들의 발언이 중상적이거나 선동적이라도 의회나 위원회 내에서의 발언으로 체포, 소추당하거나 고소당하지 않는다(제 1조 6절).

대통령의 독립을 위하여 대통령은 선거인단에 의해 선출되며 의회에서 임명되지 아니한다(제 2조 1절). 의회는 대통령 재임 중 그 보수를 올리거나 내릴 수 없다(제 2조 1절). 대통령만이 외국정브와 외교행위를 행사할 수 있고 정부승인을 할 수 있다(제 2조 3절). 대통령은 모든 행정부 소속 공무원들을 해임할 수 있는 무제한적인 권한을 가지며 상원의 동의를 필요로 하지 않는다(제 2조 3절로부터 유래된 명시되지 않는 권한).

사법부의 독립을 위해서는 의회는 연방법관의 재직 중 그들의 보수를 삭감할 수 없고(제 3조 1절), 연방대법원의 1심 관할권을 줄일 수 없으며(제 3조 2절에서 유래된 명시되지 않는 권한), 연방대법원이나 연방대법원장의 직을 폐지할 수 없다(제 3조 1절, 제 1조 3절).

또한 입법, 행정, 사법 등 3부의 독립을 더욱 분명히 하기 위하여 3부의 구성원의 선임방법을 각각 달리한다는 의미에서 하원의원은 선거구의 선거인들에 의해서, 상원의원은 과거는 주 의회에 의해서 그러나 개정헌법 17조로 선임방법이 바뀐 이후부터는 주민의 직접선거에 의해서, 대통령은 선거인단에 의해서 선출되게 하였고, 연방법관은 대통령이 상원의 동의를 얻어 임명하되 종신직으로 하였다.

이러한 제도는 주 헌법들이 통상 주 행정관이나 법관을 임명하거나 해임하게 하여 행정부나 사법부로 하여금 입법부에 종속되게 했던 경험, 즉 입법부의 지나친 권한을 제한하고자 하는 견제와 균형의 의미를 갖고 있다.

이러한 견제와 균형의 원리에 따르면 대통령, 의회 그리고 사법부는 헌법적 권한을 수행함에 있어 상호의존적이지만 정치적이고 법적인 독립성도 동시에 갖고 있다고 하겠다.

〈야심은 야심을 좌절시키도록 만들어져야한다〉는 매디슨의 경구는 바로 이러한 견제와 균형의 원리적용의 이유를 잘 설명하고 있다.[40]

1787년의 미국은 중세의 영국으로부터 법의 지배(Rule of Law)라는 개념을 전수받았다. 1215년의 마그나 카르타(Magna Charta)에서 이 원리의 역사적 기원을 찾는 자도 있지만 중세 영국의 법학자들은 고대 로마법학에서 그들이 이해하는 법의 지배라는 원리를 도출하였다. 법이 왕보다 우위에 있기 때문에 모든 통치자는 법을 지켜야 한다는 교훈은 영국에서 지속적으로 전해져 왔으며[41] 미국에서는 법의 지배

---

40 Burns, James M. and J. W. Peltason, 1972, Government by the people, Prentice-Hall, pp. 43~44.
41 예를 들어 1260년 영국법의 아버지인 헨리 브랙턴(Henry Bacton)은 법이 왕보다 우위에 있기 때문에 왕도 법을 지켜야한다고 강조하였다.

라는 원리는 왕이라도 행정부를 넘어 입법부와 사법부에도 적용되어야 한다고 주장되었고 이는 어느 정도 정착되었다.

(2) 미국연방 헌법상의 권력구조

미국 연방헌법상의 정부형태는 대통령 중심제이다. 입법부(연방의회)는 양원제로 하고 인구비례에 의한 2년 임기의 하원(국민대표)과 6년 임기의 상원(주 지역 대표)으로 구성하였다. 행정부는 선거인단에 의해서 선출한 임기 4년의 행정수반인 대통령과 그의 각료들로 구성하고(부통령은 상원의장 직을 겸임하며 대통령 유고시 대통령직을 수행함), 사법부는 연방대법원(Federal Supreme Court)과 연방법원(Federal Court)으로 구성되었으며 헌법의 해석과 법률의 합헌성 여부를 심사하도록 하였다.

연방법은 주법에 우선한다. 그러므로 연방정부는 미합중국 어디에서나 그 권한을 완전히 행사할 수 있다. 연방정부는 명시된 권한(Expressed Power)인 입법권, 행정권, 사법권을 행사하고 외국과의 조약, 동맹 체결권, 대사 임명권, 신임장 증정 권 등 외교권을 행사하며 연방군의 조직 및 통솔권, 징병 권, 전쟁수행 권, 공해상에서 해적행위 감독권 등 국방 권을 행사하고, 외국과 주간의 통상규제 권, 징세권(세금, 관세 등), 화폐제조 권, 신용증권 발행권, 외환관리권, 파산에 따른 제 법률정비 권, 일반복지를 위한 지출 권, 도로건설권 등 경제권을 행사한다.

또한 연방정부는 표준도량형 결정권, 과학, 기술, 문화증진에 관한 관리권, 국토 및 수자원 관리권, 우편업무 관장 권을 가지며, 연방정부는 헌법 개정 제안권을 가지는데 이는 상·하양원의 2/3이상의 찬성으로 제의한다. 그 외에도 귀화(Naturalization)에 관한 법률제정권, 법원 설립 권, 주간의 분쟁 조정권을 가지는 한편 연방정부는 내란으로부터 주를 보호할 의무가 있다.

연방의회는 주정부의 정당한 요청이 있을 경우 반란진압을 위한 파병권을 대통령에게 위임하고 있다. 상기 권한 이외에도 고유한 권한(Inherent Powers)을 행사한다.

연방헌법은 주정부의 권한에 대해 언급하지 않고 주 정부가 행사해서는 안 되는 권한만 명시하고 있다. 그러나 주정부의 고유한 권한으로서 연방법에 저촉되지 않는 권한은 주정부가 행사할 수 있다. 그리고 제 10차 헌법개정안은 중앙정부에 주어지지 않고 동시에 중앙정부 권한 밖에 있는 모든 권한은 주정부와 국민에게 주어진다고 명시하고 있다. 각 주는 연방법을 침해하지 않는 범위 내에서 주권, 자유, 사법, 입법, 행정 등의 고유의 모든 권한을 보유한다. 주정부는 연방정부와 같이 징세권을 보유하나 주의 과세가 연방법과 연방조약 등을 위배하지 않아야 한다.

주정부는 연방의회의 허가 없이 수출입 화물에 대한 관세는 부과할 수 없고, 연방정부 기관에 세금을 부과할 수 없다. 주정부는 도로건설권, 법원설립 권, 헌법 개정 제안권을 가진다. 헌법개정제안을 위해서는 주정부가 모든 주들의 2/3이상의 요구에 의해서 연방의회에 헌법개정을 위한 전체회의(National Conventions)소집을 제안할 수 있다. 또한 연방의회에서 통과된 헌법개정안을 주 의회의 3/4이상의 찬성 혹은 비준회의의 3/4 이상 찬성으로 비준하고 각주는 비준을 반대하였다가 찬성할 수는 있으나 일단 찬성하면 번복할 수 없다.

주정부는 주간 통상규제권도 가지나 연방법의 규정에 명시되지 않고 전국적인 통일이 요구되지 아니하는 지방적인 주간의 통상에 관하여 각 주가 통상 규제권한을 가지며 주정부는 공공 이익을 보호하기 위하여 주의 법률을 주들 간의 통상에 적용할 수 있다. 다만 이러한 주법이 주들 간의 통상을 차별하거나 부당하게 방해해서는 간 된다.

각 주는 연방의회의 허가 없이 평화 시 군대를 보유하지 못하고, 허가에 의해서 주방위군(National Guard)을 유지하되 전시에는 연방정규군에 편입되고, 치안을 위한 경찰을 유지한다. 연방헌법은 주 상호간의 관계에 있어서 3가지 의무를 부과하고 있는데 각 주는 타 주의 공적인 행위, 기록 및 재판절차(Public Acts, Records, Judicial Proceedings)에 충분한 신뢰와 신용을 부여해야 하고, 시민이 갖는 특권과 면세권(Privileges and Immunities)을 타 주의 시민에게도 차별 없이 적용해야 하고, 범죄인 인도에 관한 의무가 있다.

연방헌법은 각 연방주가 연방정부의 권한들인 조약체결, 계약의 무손상, 화폐주조, 사건박탈 권(Bill of Attainder), 소급 법(Ex Post Facto Laws) 등의 제정을 하지 못하도록 규정하고 있다.

2) 미국의 정당제도

미국에는 민주당, 공화당, 녹색당, 공산당 등 많은 정당들이 있으나 미국연방의회의 의석을 갖고 있는 정당은 공화당과 민주당으로써 실제에 있어서는 양당제라고 해도 과언이 아니다.

미국에서는 건국초기에 연방주의자 대 반연방주의자의 구도가 형성되었다. 다시 말해서 해밀턴을 중심으로 한 연방주의자들과 제퍼슨을 중심으로 한 반연방주의자라는 정당이 아닌 파당이 새로운 국가의 건설에 대한 접근법의 차이로 생성되어 양자의 갈등은 1790어서 1828년까지 지속되었다.

그 후 1861년부터 1896년까지 미국은 한 당이 지배하게 되었는데 그 당은 반연방주의자들이 1812년에 창설한 "민주공화당"이었다. 이 시기는 연방주의 당(Federalist Party)은 몰락하고 민주공화당이 미국을 지배하는 일당지배의 시기라고 말할 수 있다.

그 후 민주공화당이 민주당과 휘그당(Whig Party)으로 나누어진 양당시기(1828~1861년)가 도래하였고 남북전쟁 이후 1861~1896년까지 휘그당의 대부분의 당원들이 휘그당을 탈당하여 조직하였던 공화당과 그에 대항한 민주당에 의한 양당정치가 시작되었다.

1896년부터 1932년까지 진보정당들이 전 세계적인 흐름을 타고 미국에서도 나타나 정치의 주도권을 잡았다. 인민당(Populist Party), 사회주의당(Socialist Party), 사회주의노동당(Socialist Labour Party), 공산당(Communist Party)과 같은 진보정당들이 탄생하여 활동하였다. 그러므로 이 시기를 '진보정당의 운동 시기'라고 부른다.

심지어 공화당 출신 테오도르 루즈벨트 대통령도 재임을 위한 대선에서 진보당(Progressive Party)의 후보로서 참가하였으나 민주당의 윌슨에게 패배하였다. 프랭클린 루즈벨트 대통령이 집권한 1932년부터 미국에서는 공화당과 민주당이라는 양당제가 실제로 정착되었다. 대통령은 지금까지 이 두 당에서 나오곤 하였다. 공화당은 보수적이고 민주당은 공화당에 비해 진보적이다.

3) 연방정부

미국의 연방정부란 행정부, 입법부, 사법부의 3 부를 의미한다.
연방정부의 기관은 〈도표: 2〉에서 같다.

〈도표: 2〉 미국 연방정부의 각 기관(삼권분립구조)

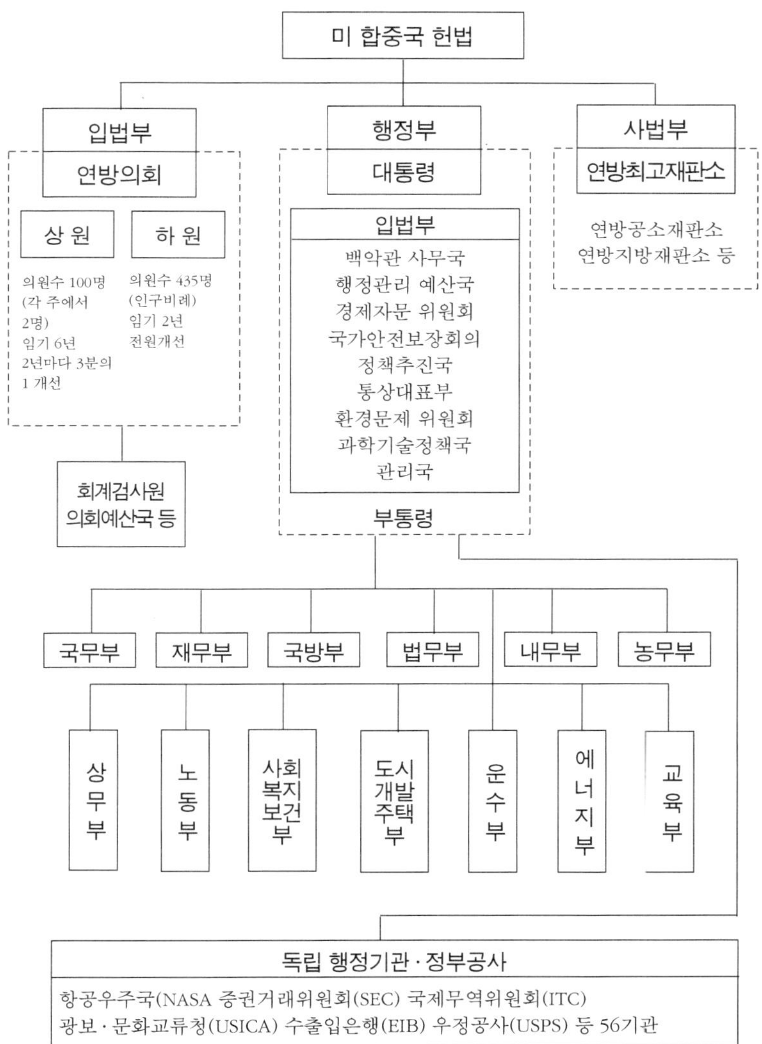

출처: 김준호, 2005, 미국의 이해, 175 면.

(1) 행정부와 대통령

행정부는 대통령과 부통령, 내각과 대통령부로 구성되어 있다. 대통령은 선거인단(Electoral College)에 의한 간접선거에 의해서 선거인단 538명 중 270명이라는 과반수의 투표를 획득한 자가 선출된다. 임기는 4년이며 3선은 금지되어 있다(수정헌법 제 22조).

가. 대통령 선거절차와 방법

가) 선거절차의 개관

1787년 필라델피아에서 개최된 헌법제정회의에 참석한 헌법제정자들은 새로 고안된 미국의 대통령직이 세습적 지위가 아니고 국민의 선거에 의해서 선출되어야 한다는데 합의하였다.

그러나 이는 지리적인 악조건과 통신기술의 미발달로 인한 정보유통의 결여와 미국국민의 교육수준의 저하 등 여러 상황을 고려할 때 거의 불가능한 것으로 판단하여 일반 국민이 우선 대통령 선거인단을 선출하고 선출된 선거인단이 대통령을 뽑는 방식을 택하게 되었다.

미국의 대통령 선거는 1788년 조지 워싱턴이 헌법제정회의 석상에서 호선으로 초대 대통령으로 당선되었던 해로부터 매 4년마다 올림픽이 개최되는 년도에 실시되며 그 과정은 2 단계로 나눠지는데 정당 안에서 대통령 후보를 뽑는 경선단계와 정당 대 정당간의 대통령후보들 중 대통령을 선출하는 결선단계이다.[42]

---

42 대통령 선거과정에 대해, 김준호, 2005, 미국의 이해, 서울: 한국문화사, 202~214쪽과 최혁순(편저), 2001, 이것이 미국이다, 서울: 합동국제문화 센터, 327~335쪽 참조.

나) 예비선거(Primary Election)와 주 지부 당원대회(Caucus)

예비선거는 공화·민주 양당의 전국 당 대회 참석대의원을 주마다 당원투표로 뽑는 제도로서 대통령 선거가 있는 년도 2월에서 6월까지 개최된다. 각 정당에서 대통령후보자들이 1년 반에서 2년 전부터 거명되고 각 당마다 10여명의 대선주자들이 TV나 신문지상 토론을 통해 각축전이 시작된다. 대부분의 정당대통령후보자들은 2년 전부터 공직을 사퇴하고 선거운동에 몰두한다. 선거운동기간이 별도로 없기 때문에 오래 전부터 4년 후 또는 8년 후를 미리 준비한다.

각 주의 대의원수는 주 인구와 지난번 선거에서 얻은 주의 득표율에 따라 각 정당의 본부가 결정하기 때문에 일반당원은 이를 참고하여 대의원을 선출한다. 주별로 예비선거는 50개 주에서 38개 주가 실시하고 기타 주는 정당 간부중심으로 대통령 후보 선출권을 가진 정당대의원을 뽑는 당원대회(Caucus)를 실시한다.

대통령선거인단의 수는 각주에서 선출되는 연방의회 상원의원과 하원의원의 총수로 구성된다. 그러나 현재는 상원의원 총수 100명과 하원의원 총수 435명 그리고 콜롬비아특구(Washington D. C.)를 대표하는 3명을 포함하면 대통령선거인단의 수는 538명이다.

다) 전당대회(National Convention)

전당대회는 예비 선거를 통해 이미 결정된 후보를 전 국민 앞에 등장시키는 대회로서 통상 7월에서 8월 사이에 5일 간 개최된다. 첫째 날은 기조연설이 행해지고 둘째 날은 당규위원회 보고가 있고 정당의 정강정책(platform)이 채택되고 셋째 날은 대통령 후보지명, 대의원들의 후보선거가 있다. 넷째 날은 부통령후보 지명과 인준을 하며 최종적으로 대통령과 부통령 후보의 연설이 있다. 마지막 날에는 대통령 지명 수락 연설이 있다. 통상 야당이 전당대회를 여당보다 더 빨리 개최한다. 통상 민주당은 7월에 공화당은 8월에 전당대회를 개최한다.

라) 선거인단 선거(Elector 선출)

대통령선거인단(Electoral College)을 선출하는 선거로 투표일로 정해진 11월의 첫째 월요일 다음의 첫 번째 화요일(Super Tuesday)에 실시한다. 19세 이상의 시민이면 선거인단을 선출하는 유권자가 될 수 있다. 선거인단의 수는 매 10년마다 실시하는 인구조사에 근거하여 주 인구수와 비례시키는데 각 주의 상원의원수와 하원의원수를 합한 수에다 워싱턴 시 3명을 합하여 도합 538명이다. 아무리 적은 주라도 최소 3명의 선인단의 수를 확보한다.

<u>〈도표: 3〉 미국 50개 연방주의 선거인단의 수(2012년 현재)</u>

연방주 이름	선거인단 수	연방주 이름	선거인단 수
캘리포니아	55	텍사스	38
플로리다	29	뉴욕	29
펜실베이니아	20	일리노이	20
매사추세츠	11	로드아일랜드	4
코네티컷	7	뉴저지	14
델라웨어	3	메릴랜드	10
워싱턴 디시	3	버지니아	13
노스캐롤라이나	15	사우스캐롤라이나	9
워싱턴	10	오리건	7
네바다	6	아이다호	4
몬테나	3	와이오밍	3
유타	6	애리조나	11
뉴멕시코	5	콜로라도	9

연방주 이름	선거인단 수	연방주 이름	선거인단 수
노스다코타	3	사우스다코타	3
네브래스카	5	캔자스	6
오클라호마	7	미네소타	10
아이오와	6	미주리	10
아칸소	6	미시시피	6
앨라배마	9	테네시	11
위스콘신	10	오하이오	18
미시간	16	켄터키	8
조지아	16	루이지애나	8
알래스카	3	하와이	4

출처: 조선일보, 2012, 10,27일자 A2, 50개 주에서 총 538명으로 구성

본 선거인단 선거는 주법에 의한 일반투표(popular votes)에서 한 표라도 많이 획득한 정당이 그 주에 할당된 선거인단의 수 전체를 독점하게 된다. 그러나 50개 주에서 유일하게 네브래스카 주만이 승자독식이 아닌 방식을 취하고 있는바, 즉 3개 하원의원 선거구에서 각각 승리한 후보가 1명씩 선거인단을 확보하고 주 전체에서 더 많은 표를 얻은 후보가 선거인단 2명을 추가로 받아 도합 5명의 선거인단을 구성한다.

마) 선거인단에 의한 투표

이렇게 선출된 선거인단은 12월의 두 번째 수요일 다음의 첫 번째 월요일에 각주의 수도에 모여 대통령후보자에 대한 투표를 한다. 선거인단들은 한 장소에 모이는 일없이 모두가 일정한 날에 동시에 따로 투표를 하게 되어 있다. 그 투표의 결과는 하원의장에 송부되어 익

년 1월 6일 연방의회에서 개표하여 대통령당선자를 결정하고 1월 20일 정식으로 대통령에 취임하게 된다. 선거인단투표(electoral votes)는 1796년 이래 주법에 의해 선거인단은 반드시 소속정당이 정하는 바에 따라야 한다고 되어 있다.

11월의 선거인단선거의 결과, 선거인단의 확정은 곧 대통령당선자의 확정을 의미하게 되며, 그 이후의 절차는 완전히 형식적인 절차에 불과하다. 즉 선거인단의 투표는 단지 요식행위에 불과하고 선거인단투표에서 총 선거인단 538명 중 과반수의 득표를 얻어야 대통령으로 당선되며 과반수를 얻지 못하고 양 후보가 각각 269표를 얻어 무승부를 하였을 경우에는 연방헌법은 대통령은 연방의회의 하원에서 그리고 부통령은 상원에서 각각 결선투표를 행한다고 규정하고 있다. 하원의 투표는 주마다 1표씩 주 단위로 행해진다. 모든 주(50주)의 3분의 2(34주)로써 정족수를 삼고, 과반수(25주) 표를 얻는 자가 대통령에 당선된다. 지금까지 대통령선거가 하원으로 넘어간 경우는 단 두 번으로 1800년 제퍼슨, 1824년 존 퀸시 애덤스를 대통령으로 선출한 때이다.[43]

미국의 대통령선거제도의 가장 큰 특징은 선거인단제도의 선택이라고 볼 수 있으나 선거과정에서는 대통령후보자의 지명을 위한 각 정당의 예비선거제도가 이색적이다.

대통령예선제도는 헌법이 규정하고 있는 대통령선출방법과는 직접적으로 법적관계를 갖고 있는 것이 아니며 그것은 단지 정당내부의 문제로서 정당이 대통령후보를 지명하는 경우에 그 지명을 위한 전국 당 대회에 참석하는 대의원선출의 방법과 관련되는 제도이다. 이러한 대통령후보자 결정을 위한 예선과정은 미국헌법상에 명문규정에 없

---

[43] 김준호, 상기 책, 176~177쪽.

는 것으로 단지 정치적 관행과 전통의 산물로 이해되고 있다.

미국의 대통령선거제도에 있어서는 선거과정의 제 1단계인 후보자 지명과정에의 대중적 참여라는 민주적 지명방법을 채택하고 있다는 것이 미국정당의 선거제도의 특징이다.

바) 대통령선거제도의 문제점

미국의 대통령선거제도의 가장 커다란 문제점은 선거인단제도이다. 소위 승자독식(winner takes all)의 원칙에 의거 네브라스카 주를 제외하고 각 주의 일반투표에서 최고로 득표한 후보가 그 주의 선거인단표의 전부를 가져가는 것이 문제이다. 이 경우에 선거인의 할당 수가 적은 주에서 큰 차이로 패하더라도 선거인의 수가 많은 캘리포니아와 같은 큰 주에서 적은 차이로 승리할 때에는 전국에 걸쳐 주민의 일반투표의 집계에서 최고로 득표한 후보가 선거인단득표수에서는 뒤지게 될 가능성이 있다. 따라서 국민의 일반투표에서 차점득표한 후보가 대통령으로 선출되는 경우가 있게 된다. 2000년 미국의 대통령선거에서 조지 부시 2세가 국민의 일반투표에서 차득점하여 앨고아 부통령에게 졌으나 선거인단표에서 더 많이 득점한 결과로 대통령에 당선되었다. 소위 소수파대통령이 당선되었던 것이다.

또한 대통령후보가 얻은 선거인단표의 수가 일반 국민으로부터 얻은 일반투표의 득표수와 비례하지 않는 것이 문제이다. 여로서 1984년의 선거에서 일반국민의 투표의 54%를 얻은 레이건(Reagan)은 선거인단표를 525표 얻었는데 반해 먼데일(Mondale)은 전국에 걸친 일반투표에서 41%를 얻었지만 선거인단표는 겨우 13표만 얻는데 불과했다.

또 다른 문제란 대통령후보 중 어느 후보도 선거인단표(538명)의 과반수를 얻지 못하고 두 후보가 296표씩을 획득해 무승부가 되는 경우

미 헌법에 의거 대통령은 하원에서, 부통령은 상원에서 뽑는다. 만약 공화당이 하원에서 다수당이라면 대통령은 공화당에서 나올 것이다. 만약 하원에서 대통령을 선출할 경우 각 주는 똑같이 1표씩을 행사하게 되어 있다. 따라서 극단적인 경우에 인구수가 적은 26개주가 단합하여 특정후보를 대통령으로 선출한다면 미국 전체인구의 20%도 안 되는 주들이 대통령을 선출하게 되는 결과를 초래하게 된다. 또한 하원에서 대통령이 공화당후보가 당선되었다면 부통령은 민주당에서 당선될 경우도 상정해 볼 수 있다.

그러한 이유로 선거인단 제도를 개혁하거나 폐지하려는 노력이 정치권에서 여러 번 시도되었으나 아직은 헌법 개정을 하지 못하고 있다.

현 선거인단제도는 미국의 양당 제도를 유지·발전시키는 결정적인 요인으로 작용하고 있어 제 3정당의 성장이나 소수당 대통령의 선출의 기회를 막아 왔다.

나. 대통령의 헌법상의 지위

미국 연방헌법 제 2조 1항은 "행정권은 미합중국의 대통령에 속한다."고 규정하여 미국의 권력분립제는 행정권을 대통령에게 속하게 함으로서 대통령은 행정권의 수반이라는 지위를 갖는다. 그 이외에도 미국의 대통령은 국가의 원수(head of state)의 지위를 갖는다. 그는 국가의 의례상 원수(ceremonial head of government)로서 대외적으로 국가를 대표하며 외국과의 조약을 체결·비준하고 외교사절을 신임·접수하는 권한을 갖는다. 대통령은 국내적으로 모든 국민의 대표자로서의 지위를 향유하고 국내적인 국가원수로서 행사하는 광범위한 의례행위를 통하여 국민적 지지를 획득하려고 노력한다.

미국 대통령의 국가원수로서의 지위는 직접적으로 국민의 지지기반위에 존재하여 범국민적인 사회를 대표하는 것이므로 대통령과 국민 사이에는 견고한 심리적 결속이 존재하고 있다. 즉 그는 미국국민의 심리적인 귀속감의 토대로서 미국국민의 통합의 상징이다.

대통령은 국가의 원수인 동시에 행정부의 수반(chief executive)으로서의 지위를 갖는다는 말은 행정부가 이원적이 아닌 일원적으로 구성되는 것을 의미한다.

대통령은 행정부의 최고책임자로서 행정에 관한 전반적인 임무가 부과되어 있으며 이러한 임무수행을 위하여 연방헌법은 제 2조 2항 2호에 대통령에게 연방공무원의 임명과 해임 권을 부여하고 있다. 따라서 대통령은 상원의 조언과 동의에 의해 연방정부의 고급공무원을 임명하고 해임할 수 있는 권한을 부여받고 있다. 이러한 대통령의 공무원임명권은 국가원수로서의 지위에서 행사되는 권한이면서 동시에 행정수반으로서의 지위에서 행사되는 권한으로 볼 수 있다.

미국의 대통령은 외교 분야에 있어서의 권한이 헌법상 대통령에 독점되어 있지 않고 연방의회와 거의 동등하게 분담되어 있으나, 실질적으로 대통령은 외교정책의 수립 및 집행에 있어서 주도적인 역할을 수행한다. 외국과의 조약을 체결하고 외교사절을 신임·접수하는 권한을 행사하며, 대통령은 새로운 국가나 정부의 승인에 관하여 완전한 자유를 갖는다.

대통령은 자기의 정책을 수행하기 위하여 또는 해외에서 미국의 권익을 보호하기 위하여 군의 통수권을 행사할 수 있다. 대통령의 이러한 권한은 연방의회가 가진 가장 중요한 권한인 선전포고 권을 상당한 정도 위축시키는 결과를 초래한다. 왜냐하면 대통령은 그가 갖는 대외문제처리권 및 군사사용권을 행사하여 연방의회로 하여금 선전을 포고할 수밖에 없는 상황으로 사태를 야기 시킬 수 있기 때문이다. 실제로 트루먼 대통령은 1950년 한국전쟁에 의회의 동의도 받지 않고 한국전에 미군을 투입하였다. 또한 1965년 이후 베트남에서 이미 경험한 바와 같이 존슨 대통령은 선전포고도 없이 베트남전에 수십만의 미군을 투입하였다.

미국 연방헌법 제 2조 2항은 〈대통령은 미합중국의 육군과 해군의 최고통수권자(Commander in Chief)〉라고 규정하여 대통령에게 미국 군대의 최고사령관으로서의 지위와 권한을 부여하고 있다. 미국의 대통령에 전시나 평화 시를 막론하고 군의 최고사령관의 지위를 부여한 헌법규정은 군권에 대한 민권의 우위(the supremacy of the civil over military authority)라는 미국적 신념이 살아있음을 나타내주고 있다.

다. 연방대통령의 권한

미국의 대통령은 입법과정에 있어서 결정적인 역할을 하는 최고의 입법자로서의 지위를 가진다. 미국연방헌법 제1조 1항은 〈입법권은 상원과 하원으로 구성된 연방의회에 속한다.〉고 규정하고 있다. 그러나 루즈벨트와 윌슨 대통령 시대에 접어들면서 의회의 입법과정의 문제점에 대한 행정부의 효과적인 통제와 강한 영향력의 행사결과로 대통령의 실질적인 입법권이 확대되었다. 대통령은 오늘날 1) 연방의회와의 공식적·비공식적 상호작용 2) 행정명령의 발동 3) 행정부의 법률해석 권한 4) 연방대법원 판사의 임명을 통하여 입법권을 행사하고 있다. 그 밖에 대통령의 법률안거부권(veto power) 행사는 입법과정에 중요한 역할을 하는 요인으로 작용하고 있다. 연방대통령이 실제 어떠한 직무를 수행하고 있는가를 알기 쉽게 설명하고 있는 토마스 크로닌(Thomas E. Cronin)[44]는 대통령의 업무를 1) 위기관리, 2) 상징적인 리더십, 3) 우선순위설정과 사업 계획의 수립, 4) 대 의회 활동,

---

44 Cronin, Thomas E., 1975, The State of Presidency, Boston: Little, Brown Company, pp. 250~251

5) 사업집행과 평가, 6) 정부업무의 감독 등 크게 6가지로 구분하고 대통령의 주요활동분야를 대외 및 안보정책분야, 전반적인 연방경제분야, 대내정책 및 사업 등 크게 5가지로 압축하여 대통령이 하는 일을 〈도표: 4〉에서 보듯이 요약·정리하고 있다.

〈도표: 4〉 미국 대통령이 하는 업무

구분 번호	활동종류	활동분야(대통령의 지위)		
		대외 및 안보정책	총체적 경제	대내정책 및 프로그램
1	위기관리	한국위기, 베트남위기 및 오일 위기, 이라크와 아프가니스탄 개입	통화위기 및 재정위기 개척	각종 시위와 파업대처
2	상징적 리더십	대통령 해외방문	에너지절약 정책	천재지변에 의한 피해 지역 방문
3	정책우선 순위설정 및 사업계획 수립	친이스라엘정책과 아랍오일간의 균형정책 실시	인플레이션과 실업을 극복할 수단의 선택	서로운 복지 프로그램의 개발
4	대 의회 전략 수립	파나마운하조약 문제 상원에 이관	에너지 입법 패키지를 위한 로비활동	고통규제 완화를 위한 극민의 지지 획득
5	사업집행과 평가	이스라엘, 이집트, P. L. O 사이의 협상 독려	감세 혹은 유류 배급의 시행	의료보험, 복지와 재교육 프로그램의 질 향상
6	정부업무의 감독	미군해외기지의 감독, 대외원조의 유지	연방적립금의 감독	극가과학 재단 혹은 교육성에 대한 감독

출처: Adapted from Thomas E. Cronin, The state of the Presidency (Boston: Little, Brown, 1975), p. 251의 재인용을 필자가 일부 보완 한 것임.

대통령은 포괄적인 권한으로서 행정권(executive power)을 갖는다는 것이 헌법에 명시되어 있다. 그 밖에도 구체적인 사항에 관한 각종의 권한이 대통령에게 부여되어 있다.

공화국 초기에는 대통령의 권한은 헌법에 구체적으로 명시된 사항에 한하여 엄격히 행사해야 한다는 입장을 여러 대통령이 가졌으나 오늘날의 일반적인 견해는 대통령의 권한은 구체적으로 열거된 사항에 한정되는 것이 아니고 대통령은 공공의 안녕, 복지의 주관자로서 헌법 내지 법률에 저촉되지 않는 범위 내에서 필요한 조치를 취할 수 있는 권한을 갖는다는 견해가 지배적이다.

따라서 대통령의 권한은 헌법과 법률의 명시적 규정을 근거로 하여 행사되는 것이지만 그 밖에 모호하게 규정되어 명확성이 결여된 일련의 권한에 의해 즉 대통령의 〈고유한 권한〉(inherent powers)에 의거 그 행사가 인정된다. 대통령의 권한은 통상 입법에 관한 권한, 사면권, 외교권, 군 통수권, 내정에 관한 권한 등 5가지로 구분하여 설명하면 다음과 같다.

가) 입법에 관한 권한

대통령의 입법상의 권한은 의회에 대한 대통령의 통제수단으로서 헌법상 인정된 것으로 이는 3가지 권한이 있다.

첫째는 대통령은 법률안 거부권(Veto Power)을 갖는다. 미국의 헌법에 의하면 상·하 양원을 통과한 법률안은 대통령의 서명을 얻어 비로소 법률로 확정된다. 대통령은 이의를 부쳐 법률안을 의회로 반송할 수 있는데 이를 거부권이라고 한다. 대통령이 거부권을 발동하여도 양원에서 각각 3분의 2이상이 법률안의 가결에 동의하면 법률은 성립된다. 양원을 통과한 법률안이 대통령에 송부되어 일요일을 제외하고 10일 이내에 서명하지 않는 경우에도 법률로 자동 확정된다. 다만 이 10일간은 의회가 개회중인 것을 전제로 하기 때문에 회기의 말 10일 이내에 통과된 경우에는 대통령은 그 법률안을 의회에 반송하지 않더라도 법률의 성립을 저지할 수 있다. 이를 보류 거부(pocket veto)라 하고 이를 절대적인 거부권이라고 한다면 정상적인 거부권은 조건부거부권이라고 말할 수 있다.

둘째는 대통령은 의회에 교서(message)를 통하여 필요하고 적절한 입법을 권고하는 권한을 갖는다. 교서에는 두 가지 종류가 있는데 하나는 일반 시정방침에 관한 연설에 해당하는 연두교서와 다른 하나는 특별한 문제에 대해 권고하는 특별교서가 있다. 특별교서는 주로 입법의 원천이 되는 경우가 많다. 왜냐하면 특별교서의 내용은 전문가와 참모진에 의해 작성된 고도의 기술적인 지식을 내포하고 있는 것도 많기 때문이다. 미국에서는 의회에 의해 제출되는 법안의 내용이 행정부 교서의 내용으로부터 얻어지는 경우가 상당수 있다.

셋째는 위임입법화 현상에 의한 입법권을 갖는다. 20세기 이후 정치가 복잡다단하게 됨에 따라 의회가 제정하는 법률은 추상적·일반적인 대강만을 정하고 세부적·전문적인 것은 대통령과 해당 각 부처에 위임하지 않을 수 없게 되었다. 미국의 대통령은 원래 행정권에 기초한 명령제정권(ordinance power)을 갖고 있으나 이것과 별도로 법률에 의해 입법부가 대통령에게 입법을 위임하는 것을 인정하고 있다. 이러한 경향이 더욱 진행되면 법률의 실질적 내용은 거의 모두 행정부의 판단에 맡기는 경우가 발생하게 된다. 이러한 위임입법은 오늘날 미국뿐만 아니라 세계 각국에 보편적인 현상이 되었다.

이러한 현상은 대통령의 권한을 더욱 확대하여 결국 의회에 대한 대통령의 우위를 보장하는 제도가 되었다.

또한 연방대법원은 1930년대에 행해진 위임입법은 위헌이라고 판단하였으나 그 후에는 오히려 그것을 인정하는 방향으로 입장을 바꾸었다.

나) 임명권과 해임권

행정부를 통제하기 위한 대통령의 권한은 주로 정책수립에 참여하는 모든 고급공무원을 임명하는 행위에 의해서 표현된다. 대통령의 임명권(The power of appointment)은 연방헌법 제 2조 2항에 규정되어 있으나, 다음과 같은 점에서 문제가 있다고 본다. 하급공무원을 제외한 모든 공무원의 임명에 있어서 상원의 동의를 얻어야 한다는 조건이다. 따라서 상원은 대통령의 임명에 대하여 거부권을 행사할 수 있는데, 이 거부권은 상원의 〈예양〉(senatorial courtesy) 관례에 의하여 더욱 효과적인 것이 되고 있다. 이는 대통령이 임명한 고급공무원에 대하여 그 공무원이 거주하는 주출신의 상원의원이나 여당상원의원이 찬성하여야만 비로소 상원이 그 임명을 동의한다는 관례에 의한 것이다.

공무원의 해임에 관하여는 탄핵이 헌법 상 규정하고 있는 유일한 방법인데, 헌법에는 대통령의 공무원 해임권에 관하여 상원의 동의를 얻어 임명한 공무원을 상원의 동의 없이 대통령이 해임할 수 있는가의 여부에 관한 규정은 없다. 그러나 대통령의 해임권(Powers of removal)을 단독으로 행사하는 일에 대하여는 남북전쟁이 끝날 때까지는 사실상 아무런 문제가 제기되지 아니하였다. 그러나 그 후에 의회와 앤드류 잭슨(Andrew Jackson) 대통령 사이의 강도 높은 갈등이 발생하자 의회는 공무원해임에 관한 권한의 일부를 대통령으로부터 쟁취하려고 노력하였다. 1867년에 재정된 공무원의 임기에 관한 법률(The Tenure of Officer Act)에 의하면 대통령은 상원의 조언과 동의를 얻지 아니하고는 행정부의 장차관을 해임하지 못하도록 규정하였는데 이에 대하여 잭슨 대통령은 이 법률이 위헌이라고 주장하였다. 그러나 잭슨 대통령이 이 법률을 위반하고 장관을 해임하였다는 사실이 그에 대한 탄핵소추의 이유가 되었다.

연방대법원은 이 법률의 합헌여부에 관하여 심판을 하지 않았으나 이 법률은 1887년 드디어 폐지되었다. 연방의회는 1876년에 우편국장의 해임에 관하여 상원이 관여할 수 있도록 규정한 법률을 제정하였다. 이 법률을 근거로 하여 제기된 마이어스(Myers) 사건은 오리건(Oregon)주의 우편국장인 마이어스가 4년의 임기를 만료하기 전에 대통령에 의해 상원의 동의 없이 해임된 것에 대하여 소송인 마이어스는 자기 임기의 잔여분의 봉급을 지급해 줄 것을 요구하는 소송을 제기한 사건이다. 이에 대해 연방대법원은 1876년에 제정된 이 법률은 위헌이라고 선언하고 마이어스의 소송을 기각하였다. 본 소송 건에서 태프트(William Taft) 대법원장은 역사적인 관행과 대통령에게 부여된 행정권과 법을 성실히 지켜야 할 책임을 규정한 헌법조항을 확대해석하면서 다음과 같은 논리로 대통령의 해임권을 인정하였다. 헌법에서 명문의 규정이 존재하지 않는 경우에도 대통령은 법률을 집행함에 있어서 자기의 행정권의 일부로서 대통령을 위하고 대통령의 지명 하에 공무에 종사할 공무원을 해임할 수 있는 것은 합리적이라는 견해를 발표하였다.

다) 외교권

대통령은 외교 관계에 있어서 유일한 국가기관으로서 다른 나라에 대해 미합중국을 대표한다. 대통령은 상원의 동의를 얻어 외국과 조약을 체결하고, 대사 등 외교관을 임명하여 외국으로부터의 외교사절단을 접수하는 권한을 가지고 있다. 이와 같이 대통령은 대외정책의 중추적인 존재로서 강력한 권한을 행사한다. 대통령의 대외문제에 관한 권한은 고유적 권한으로 이는 주권기관으로서의 연방정부에 자동적으로 귀속되나, 이 주권기관이 헌법에 의해 창설되는 것이므로 그 대통령의 외교상의 권한은 헌법에서 유래한 것이다. 헌법 제정자들은 본래 전쟁을 선포하는 권한을 행정부에 귀속시키려고 하였으나 타협의 소산으로서의 최종헌법은 전쟁선포 권(Power to declare war)을 의회에 부여하였다. 조약의 비준에 있어서는 헌법은 상원의 동의를, 그것도 2/3 이상의 다수의원의 동의를 얻어야 한다고 규정하고 있다. 대사나 공사의 임명에 있어서도 헌법은 상원의 조언과 동의를 그 조건으로 하고 있다. 이처럼 대외관계에 대한 권한은 대통령이 독점하고 있는 것은 아니고 의회와 대통령, 양측이 분담하고 있다. 그러나 실제에 있어서 대통령은 대외 정책의 결정과 집행에 있어서 주도적인 역할을 수행하고 있다. 즉, 대통령은 헌법 상 미국의 최고사령관으로서의 지위와 대외문제를 처리하는 독립된 국가기관으로서 강력한 권한을 행사한다.

이에 관하여 조약의 비준에 상원의원의 2/3 이상의 다수에 의한 동의가 필요하다는 것은 사실상 행정부의 정책위반에 대한 현실적인 제한이 되고 있다. 상원이 자기의 주장만을 내 세울 때는 때때로 미국의 대외정책을 일관성이 결여된 정책으로 만들어 버리기 때문에 많은 학자들은 조약의 비준에 대해서는 연방의회 하원의 과반수의 동의를 그 요건으로 하는 것이 오늘날의 상황에 비추어 보다 바람직하다는 주장을 하고 있다. 상원이 조약체계를 쉽게 비준하지 않는다는 위험성을 이유로 대통령은 상원의 동의를 필요로 하지 않는 행정협정(Executive Agreement)을 체결하는 방법을 지금까지 사용해오고 있다. 행정협정은 조약으로 규정하는 것이 적당하지 않는 사소한 문제에 관하여 체결하는 것이 보통이지만, 그러나 이 협정은 때때로 중요한 문제를 취급하는 경우도 있다. 만약에 이러한 협정이 연방의회가 제정한 법률에 그 기초를 두고 있지 않는 경우에 있어서 그 협정체결의 헌법상 근거는 대통령의 최고사령관으로서의 지위, 또는 대통령의 국제관계에 있어서는 독립기관으로서의 지위에서 그 근거를 찾을 수 있다.

라) 군 통수권

미국 헌법상 대통령은 미합중국의 최고통수권자로서의 지위를 갖는다. 대통령은 상원의 동의를 얻어 모든 군의 장교를 임명하고 또한 군 수뇌들을 해임할 수 있다. 평화 시에는 모병, 군사법률의 제정과 예산지출의 승인권을 의회가 갖고 있으나 실질적으로 의회가 군사적인 입법을 대통령에게 상당히 위임하고 있다. 전시에 있어서 대통령은 전쟁수행 권(War Power)을 갖는다. 헌법에 의하면 의회가 선전포고에 관한 권한을 갖는다고 규정되어 있으나 실제로 전쟁의 수행여부는 대통령이 결정하기 때문이다.

군 최고 지휘관으로서 전시에 전쟁을 수행하는데 필요한 권한이 대통령에 속한다는 것은 당연하지만 그 권한이 어느 정도까지 인정되느냐에 관하여는 헌법 상 명확하게 규정되어 있지 않다. 그러나 남북전쟁과 양차 세계대전으로부터 알 수 있는 것은 연방의회의 입법에 의해 긴급사태에 대한 일체의 권한을 대통령에게 위임하고 있다. 남북전쟁의 위기를 극복하기 위해 노력했던 링컨 대통령은 대통령의 준독재(Quasi-Dictatorship)라는 선례를 남겼으며, 2차 대전 당시 의회는 막강한 권한을 대통령에게 위임했었다. 1950년 한국전쟁이 발발한 직후, 트루먼 대통령은 의회의 승인 없이 미군의 파병을 명령하였으며 케네디 대통령은 1962년 쿠바의 해상봉쇄를 명령하였을 때도 의회의 사전 동의를 받지 않았다. 그 후에도 월남, 캄보디아, 라오스 등에도 미군을 파병하였으나 대통령은 사전에 의회의 승인을 받지 않았던 것이다. 군 통수권자의 지위에 있는 대통령은 위기 시 국토방위를 위한 임무로서 전쟁수행 권을 행사하며 의회는 대통령의 전쟁수행방법에 대해서는 일체 간섭하지 아니한다. 위기는 대통령의 능력과 권한을 증대시키기 때문에 의회는 대통령의 권한을 그대로 따르는 것이 통상이다. 이 점에서 오늘 날 미국의 대통령은 일종의 합헌적 독재자(Constitutional Dictator)가 될 수도 있다. 이를 우려하여 1970년대에 들어와서는 의회는 대통령의 군통수권자로서의 막강한 권한을 견제하기 위한 법적인 제약을 가하여 대통령이 군을 해외에 파병하려면 사전에 의회의 승인을 받도록 하고 있다.

마) 내정에 관한 권한

일반적으로 내정에 관한 대통령의 권한은 한정되어 있다. 내정에 관한 입법 내지 행정의 권한은 대부분이 각 주에 속하고 있을 뿐만 아니라 합중국의 권한에 속하는 것도 대개 입법에 의해 규율되며 자유재량의 여지가 거의 없다. 일반 내정에 관한 대통령의 권한으로서는 앞에서 언급한 입법 및 공무원임명에 관한 권한 이외에 다음과 같은 권한을 들 수 있다.

대통령은 행정 각 부의 관료들에 대한 지휘감독권을 가진다. 헌법에는 행정권은 대통령 고유의 권한이라고 규정하고 있고, 대통령은 법률이 성실하게 집행되도록 유의하지 않으면 안 되는 임무가 부여되어 있으므로 행정권의 사무분장을 위하여 대통령으로부터 그 직무를 위임받은 행정각부의 관료에 대하여 그 직무의 집행에 관한 포괄적인 지휘감독을 실시한다는 것은 당연하다. 대통령은 또한 법률을 집행하는데 필요한 세칙을 정하는 일반명령(Ordinance)을 발할 권한을 가지며, 죄수에 대한 형의 집행에 대해 사면권을 가진다.

라. 대통령 권한에 대한 제약

미국 대통령은 헌법상 광범위한 행정권을 부여받고 있으나 그 권한의 한계에 대해서는 헌법이 명확하게 규정하고 있지 않다. 대통령의 행정권의 한계에 대한 문제는 헌법상의 한계문제이기 보다는 오히려 정치적인 행사의 한계(The confines of political feasibility)의 문제이다. 그러나 미국 대통령의 권한은 연방헌법과 전통에 의한 제약의 테두리 내에서 행사되며 특히 연방헌법자체에 내재하고 있는 삼권분립의 원칙에 기초한 견제와 균형의 원리에 의해서 제약을 받고 있다. 앞에서 살펴본 바와 같이 대통령의 행정상의 권한행사에는 연방의회의 동의를 그 요건으로 하고 있어 이 점에서 대통령의 권한은 제약을 받게 되며 연방의회는 예산에 관한 권한을 행사하여 대통령의 행정권에 대하여 효과적으로 견제한다. 대통령의 법률안 거부권도 의회의 양원에서 법률안이 재 가결되면 그 효력을 잃게 된다. 이처럼 대통령의 권한은 연방의회에 의해 대폭 제한을 받게 되며 또한 헌법상 대통령은 반역죄, 뇌물 수수 죄(Bribery Case), 기타 중죄나 경죄의 경우에 하원에 의해 탄핵이 제소되고 상원에서 1/3 이상의 다수로 탄핵안이 통과되면 대통령은 그 직을 상실하게 된다. 미국 역사상 대통령에 대한 탄핵이 행해진 것은 1868년 존슨(Andrew Johnson)의 경우가 처음이었으나 그는 상원의 탄핵재판에서 1표 차이로 유죄를 면하였다. 그 후 1972년의 대통령 선거에 있어서 민주당 전국위원회 본부가 소재한 워터케이트 빌딩에 도청기를 설치하여 닉슨 대통령이 민주당의 지도부의 대화를 도청하여 왔다는 죄로 하원의 법사위원회는 닉슨에 대한 탄핵 제소를 결정하였고 그로 인하여 닉슨 대통령은 1974년 8월 사임하게 되었으며 상원에서의 탄핵 결정은 행해지지 않았다. 닉슨 대통령의 임기 중 사임은 미국 헌법사상 처음 있는 일이었다.

연방의회뿐만 아니라 연방사법부에 의하여도 대통령의 행정권은 제약을 받는다. 그러나 연방사법부는 행정권에 대한 견제 기능이라는 점에서는 연방의회의 견제기능에 비하여 그 중요성이 미미하다. 연방대법원은 대통령에게 명령을 내리는 것이 적당하지 않는 조치라는 태도를 미국의 건국초기부터 일관되게 견지하고 있다. 그러나 연방대법원은 대통령이 법률을 집행하기 위하여 발동한 명령에 대하여 위헌심사를 할 수 있으며 그 명령을 무효화할 수 있다.

1950년대에 와서 대통령의 권한에 대한 중요한 제약으로는 3선금지에 관한 규정을 들 수 있다. 헌법제정자들은 본래 대통령에게 무한정의 임기를 주었지만 초대 대통령 워싱턴은 두 번의 임기만을 봉사하였고 그것이 그 후 역대 대통령에게 정치적 전통으로 지속되어 왔다. 그러나 1940년 프랭클린 루즈벨트 대통령이 이 불문율을 깨뜨리고 세 번 당선됨으로서 이 전통은 무너지게 되었다. 루즈벨트 대통령은 1944년에 4선까지 당선되게 되자 1951년에 헌법 제 22조를 채택함으로써 대통령의 4년 중임제를 법문화하게 되었다. 이 헌법 개정 조항은 대통령의 권한, 특히 두 번째 임기 중에 있는 대통령의 권한을 크게 약화시키는 결과를 초래하였다.[45]

마. 행정부와 독립기관

행정부는 여러 부처와 독립기관으로 구성되어 있다. 국무부를 비롯한 13개의 각부의 장관(Secretary)들은 대통령의 내각(President's Cabinet)을 구성한다. 내각은 워싱턴 행정부 초기부터 존재하여 왔으나 헌법에는 이에 관한 명문규정이 없다. 내각회의에서 대통령은 각료들로부터 여러 가지 문제에 대한 자문을 구하지만 정책의 결정은 대통령의 책임 하에 한다.

---

45 미국대통령의 권한에 대해 Patterson, Samuel C., Davidson, Reply, 1979, A more perfect union, Introduction to American Government, Homewood: The Dorsey Press, pp. 411-441; Greenberg, Edward S., 1983, The American Political System, A Radical Approach, Boston: Little, Brown and Company, pp. 235-268. 그리고 최 명, 1983, 미국정치론, 서울: 일신사, 239~280쪽 참조.

각 부의 장관은 상원의 동의를 얻어 대통령이 임명하여 내각을 구성하지만 의회에 출석할 의무는 없다. 일반적으로 미국에서는 장관이 대통령보좌관보다도 격이 낮은 것으로 알려져 있다. 각료임면권도 대통령이 갖고 있고 백악관 안에서 처리할 수 있는 일은 보조관이 처리하게 하고 결과만 장관에게 통보하는 경우도 있다.

그러나 국무부, 국방부와 재무부의 장관은 정책대안을 개발하는 입안자로서 대통령이 일단 정책을 결정하면 그 결정의 집행도 책임져야 한다. 이 외에도 법무부, 내무부, 농무부, 상무부, 노동부, 보건·후생부, 주택·도시개발부, 교통부, 에너지부, 교육부, 보훈부 등 11개 부처가 있다. 보훈 부는 1989년 행정부의 한 부처로 추가되었다.

독립기관으로는 정부공사(Government Cooperations), 독립행정기관(Independent Administrative Agencies), 행정위원회의 세 유형이 있다. 이들은 대통령부에서 독립된 전문기관이나 그 우두머리는 대통령에 의해 임명되고 그 업무도 대통령의 감독 하에 있다. 그러나 행정위원회 소속 연방통신위원회, 연방 준비제도 이사회, 연방거래 위원회, 증권거래위원회, 국제무역위원회, 전국운수안전위원회, 소비자제품안전위원회, 고용기회균등위원회, 연방선거위원회, 전국노동관계위원회, 원자력규제위원회, 시민봉사조정위원회만은 대통령으로부터 완전 독립되어 있는 기관이다.[46]

바. 대통령부(Executive Office of the President)

대통령부에는 대통령, 부통령, 백악관 사무국, 행정사무국, 경제자문위원회, 중앙정보국, 행정관리 예산국, 미국통상대표부, 국가안전보장회의, 백악관 정책 추진국, 과학기술정책국, 환경문제위원회 등이

---

46 김준호, 상기 책, 176~177쪽.

있다. 이들은 대통령의 직접적인 지시를 받으면서도 내정과 외교의 조정기능을 맡고 있다. 이들 중 경제자문위원회, 중앙정보국, 행정관리 예산국, 미국 통상대표부의 장은 그들의 중요성에 비추어 각료회의에도 출석하고 대통령이 그들을 임명할 시는 상원의 승인을 받아야 한다. 부통령은 대통령과 같은 날에 선출되고 상원의장을 겸한다. 단 상원에서 의결권은 없지만 가부동수일 경우에만 결정의 향배를 좌우하는 투표권(Casting Vote)을 행사한다.[47]

(2) 입법부

가. 의회구성과 권능

미국 헌법은 〈일체의 입법권(All Legislative Powers)〉을 의회에 부여하고 있다. 이 외에도 의회는 헌법상으로만 보면 과세권, 경비의결권, 조약 승인권, 기타 행정부와 사법부에 대한 각종 통제권을 가짐으로써 의회가 대통령직보다 더 강력한 기관이라고 볼 수 있다. 그럼에도 불구하고 입법부의 독재가 되지 않는 것은 근본적으로 집행부에 비하여 양원제 의회제이고 또한 다수인에 의해 구성되어 있기 때문에 일치된 신속한 결정을 할 수 없는 정치역학적인 취약점이 있기 때문이다.

상·하 양원은 상원의 선심권한으로서 조약 승인권, 하원의 선심권한으로서 세입·세출 법안심사권 등을 제외하면 실질적으로 대등한 권한을 가지고 있다.

상원의원의 구성원은 100명인데 50개 주에서 각각 2명이 각 주에서 선출하고 상원의 임기는 6년이며, 매 2년마다 1/3 씩 개선한다. 의원의 자격은 30세 이상으로써 미국 시민이 된 후 9년 이상이 되어야

---

[47] 상기 책, 178~179쪽.

하며 선거 시 해당 주에 거주하고 있어야 한다. 하원은 1971년의 제 92회 회기에서 정한바와 같이 2년마다 50개 주에서 선출되는 435명 의 의원으로 구성한다. 그러나 제 87회기에서 알라스카와 하와이에서 각각 1명씩의 의원을 더 인정하였기 때문에 437명이 되어 있다. 하원 의원의 자격은 25세 이상이며 미국 시민이 된지 7년 이상이어야 하고 선거 시 해당 주에 거주하고 있어야 한다. 또한 하원은 헌법에 인구 3 만 명에 1명을 초과하지 못하도록 하고 있다. 그리하여 초창기에는 65 명으로 출발하였으나 1929년에는 435명으로 고정되었다. 그것은 1972년에는 인구 3만에 한 의원이었으나 1974년에는 약 48만 명에 한 의원이 되었다. 뿐만 아니라 어느 의원은 90만 이상의 선거인을 대 표하기도 하고 어느 의원은 불과 17만 5천명밖에 안 되는 지역 선거구 도 있었다. 그 후 미국 대법원은 선거구의 인구편차에 최대한 31%까 지 인정한 미주리 주 법률을 위헌이라고 판결했다. 의회는 입법권에 한하지 않고 헌법 개정의 발의권, 제정에 관한 권한, 조약처결에 관한 상원의 승인권, 행정과 사회에 관한 각종 통제권, 즉 탄핵권, 행정 각 부 조직에 관한 입법권, 상원의 고급공무원 임명동의권, 극정조사권, 상원의 대법원판사 임명동의권, 연방법원의 설치 및 관할의 확정권 등 중요한 권한을 갖고 있다. 탄핵 심판의 경우는 하원이 탄핵안을 제 출하여 상원이 법원의 역할을 심판한다.

헌법에 의하면 의회는 적어도 매년 1회 집회하는데 법틀에 특별한 규정이 없는 한 제 1차 회기가 〈1월 3일 정오에 개회한다.〉고 되어 있 다.[48] 의회의 활동기간을 회기(Session)라 하며 두 회기가 흩해져서 '제 o차 의회기'라 부른다. 예를 들어 선거 익년인 2012년의 1월 3일부터 다음 2014년의 1월 3일까지의 2년간이 제 1차 의회기를 형성하게 된

---

48 미합중국헌법 수정 제 20조 제 2절 참조.

다. 제 1차 의회기 중에는 회기가 새로 시작되어도 의사 진행은 계속된다. 하나의 회기는 365일 이내로 대략 1년 정도의 기간이다. 예컨대 제94차 의회기는 첫째 회기 1975년(1월 14일~12월 19일) 도합 340일 간이며, 둘째 회기 1976년(1월 19~10월 3일) 258일 간이다. 회기는 정규회기(Regular Session)외에 비상시에는 양원 또는 일원의 임시회기(Special Session)가 있고 임시회기의 소집권한은 대법원에 전속되어 있으나 헌법 수정20조에 의하면 그 필요성이 전혀 언급되어 있지 않다.

나. 양원의 내부구조

여기에서는 양원의 의장, 양원의 정당과의 관계 그리고 양원에 종사하는 입법보조자들에 대해서 간단히 설명하고자 한다.

상원의장(President)은 부통령이 되고 부통령이 결석하는 경우(실제는 출석하지 않음) 임시의장이 상원에서 선출된다. 그러나 이 임시의장 역시 실제 사회를 보는 일은 없고 상원의원 중에서 신인이 번갈아 사회를 보도록 되어 있다.

하원의장(Speaker)은 보통 다수당의 피지정자가 선임되는데 하원의장은 다수당의 지도자로서 그의 권한은 영국 하원의장과 달리 사회를 보는 동시에 특별위원회, 양원협의회의 위원회임명, 법안의 위원회회부, 의원사무국 관리 등의 권한을 갖고 있다. 1911년 개헌으로 의장은 상임위원회 위원과 위원장 선임권을 더 이상 갖지 못하기 때문에 의장의 권위는 떨어졌으나 최근 의장이 민주당원인 경우는 입법과정에 강력한 영향력을 발휘하게 되었다. 그것은 1973년 민주당이 당시 입법 전략을 위한 운영정책위원회(Steering and Policy Committee)를 설치하였는데 위원회의 전체위원 24명 중 의장과 의장이 임명한 9명의 의원이 있고 그 위원회는 1974년 12월 의원총회에서 민주당출신 상임위원회의 민주당의원과 위원장을 지명하는 권한을 부여받았기 때문이다. 또한 하원의장은 의사운영위원회의 민주당의원을 지명할 권한이 있기 때문에 그 영향력은 대단하다. 또 각 정당에는 정책위원회 등이 있고 원내총무(Floor Leader)가 있어서 입법과정에 일정한 역할을 하고 있으며 또한 상원의 다수당 원내 총무는 하원의장에 유사한 권한과 책임을 갖고 있다.

입법보조자 제도는 19세기 후반부터 정부시책이 복잡해짐에 따라 그에 부응코자 만들어진 제도로서 입법부에 입법보조자를 두었다. 이는 행정부에 과도한 의존을 회피하며 의회의 독자적 능력을 유지하고 발전시키는데 그 주된 목적이 있었고, 기타 이익집단, 유권자와 행정관료 등과의 정보교류확보, 위원회의 독립성 유지 등 부차적인 목적도 있다. 또한 입법보조자들은 각 분야의 전문가들을 채용하는 것을 원칙으로 삼고 있다. 이들은 연구조사를 하고 법안을 기초하는 등의 임무를 담당하고 어디에 속해있는가에 따라 의회참모, 위원회참모, 의원참모로 구분된다.

다. 양원의 입법과정

가) 의안의 제안 형식과 법안의 형태

의안의 주된 제안형식은 (1) 법(률)안(의안, Bill), (2) 양원의 결의안, (3) 단독결의안, (4) 양원합동결의안 등 네 가지가 있는데 이 중에서 제일 흔한 제안형식은 (1) 법안의 형식이다.

또한 실질적인 제안자에 따라 다음과 같이 분류되기도 한다.

(1) 정부법안(Administration or Government Bill) 즉 정부가 법안을 만들어 여당의원을 통하여 제출하는 것으로 가장 많이 사용하는 입법제안방식이다.

(2) 위원회법안(Committee Bill)은 다수의 동종 법안을 의회의 위원회가 종합하여 제출하는 것인데 이 경우는 압력단체가 법안을

기초하여 위원회에 제출한 것들이 많다.

(3) 특수이익법안(Special Interest Bill)은 철도업자, 농민, 주류업자, 노동자단체 등이 법률가에게 법안을 기초시켜 제출하며 이 경우는 의원과 연고가 있거나 사회단체의 이익을 위한 것이다.

(4) 지방법안(Local Bill)은 지방단체에 관한 법안 즉 의회에 대해 허가와 요구에 대한 것이 많다.

(5) 사적법안(Private Bill)은 정부에 대한 개인의 요구로서 수적으로 가장 많다. 따라서 의원법안제출은 타인의 요구에 의한 것이 많으나 이러한 경우 의원은 법안의 발의자(Originator)보다 중개자(Intermediaries)라고 볼 수 있다.

미국에서는 입법회기인 2년 동안 2만~3만의 법안·결의안이 제출된다고 하는데 그 중 의원이 발의한 법안은 시기제한이 없고, 공동발의자도 필요 없으며, 다만 상·하원의 사무총장의 책상 위에 있는 상자에 투입하면 된다. 입법과정의 기본적 형식을 도표로 그리면 다음과 같다.

〈도표: 5〉 미국연방의회의 입법과정의 기본형식

제 출	위 원 회	본 회 의	서명·공시
하 원 ↑ 의 회 ↓ 상 원	의원회회부_의사운영_ 심의·가결· 위 원 회 위원회 회부 심의·가결	심의 타협안 가결 가 결 양원협의회에 의한 타협 심의 타협안 가결 가 결	대 통 령 서 명 공 시

출처: Patterson, 1979, 상기 책, 491쪽의 도표의 번역물임.

〈도표: 5〉에서 보듯이 입법과정에서 의회 사무총장의 손자에 투입 된 법안은 여러 방면에서 연구·검토되어 의원 자신이 발의한다. 선거 시에 입법을 공약한 것, 개정하고 폐기할 법안들, 국민의 청원권행사로 들어 온 법안들 등을 중심으로 하여 발의하게 되는데 이 경우 의원은 정식 법률고문의 협조를 얻어 법률적인 언어와 형식을 갖추게 된다.

그리고 괄목할만한 점은 행정부의 서한(Executive Communication) 에 의한 제안이 있다. 이것은 보통 각료, 행정관청의 기관장 또는 대 통령 자신이 제안하는 경우가 있다. 대통령은 매년 1월 일반교서를 의 회에 제출하여 입법프로그램으로 권고하고 그 후 다시 교서로 제시한 다. 따라서 행정서한의 형식에 의한 일종의 제안은 헌법 제 2조 3항의 규정에 의하여 상·하원 의장에게 보내는 대통령 교서 뒤어 첨부하는 경우가 많다. 이 경우 그 서한은 그 해당문제를 취급할 상임위원회에 보내지게 되는데 그것은 직접 법안의 형식으로 제출할 수 있는 것은 의원에 한정되어 있기 때문이다. 서한을 받은 위원장은 원안그대로 제안할 수도 있고, 법안으로 바꾸어 제안할 수도 있다.

행정부서 중에서 가장 중요한 것은 예산에 관한 제안을 담은 대통 령의 연두교서이다. 이것은 정부의 각 기관이 하원과 상원의 세출위 원회에 제출하는 자료와 같이 하원의 세출위원회가 예산안의 원안을 작성하는 기초가 되기 때문이다. 이에 정부기관과 독립된 몇몇 공공 기관은 법률문제를 전문적으로 취급하는 전문위원을 둔다. 이러한 전 문위원은 법률안의 작성부터 의회제출, 발효까지의 전 과정에 참여한 다. 대통령이 임명한 위원이나 행정위원회, 혹은 정부관계자가 1년 또 는 그 이상 연구하여 하나의 법안 초안이 된다. 또한 의회 내의 위원 회가 1년 혹은 그 이상 연구하고 의견을 청취하여 그것을 기초로 법안 을 작성하기도 한다. 형사소송법, 재판절차, 군 관계 법안은 모두 몇 년의 준비기간이 필요한 경우가 많다. 그 이외에 사적이익단체가 법률가에 위촉하여 그 이해에 관한 법안을 작성, 관계의원에게 제출하게 하는 경우도 적지 않다.

나) 입법절차 개관

법률안은 통상 하원의 경우 의장에게 제출하고, 상원의 경우는 의장석의 동의를 얻어 법안을 제출한다는 의견을 전달하면 된다. 이때 법안의 제목을 읽어야 하는데 이것이 제 1독회가 된다. 법안은 번호를 붙여 위원회에 회부되는데 하원의 경우는 위원회에 회부 될 때 그 법안의 제 1독회의 종료를 의미한다.

의원이 제출하는 법안의 수에는 제한이 없으나 최근에는 제안자라는 이름을 붙여 선전효과를 노리는 경우도 있다. 여하튼 법안은 재정관계 법안을 제외하고는 상·하 양원 어디에서 먼저 심의하든 상관없고, 통상 동일한 시기에 동일하거나 유사한 법안을 양원에 제출하여 병행 심의한다.

미국의회에서는 상·하 양원에서 의원이 정부에 대해 질문하는 제도가 없다. 미국의 정치제도는 엄중한 3권 분립주의에 기초하고 있기 때문에 의회와 정부가 서로 무관하여 의원이 장관을 겸임하지 못한다. 또 각 부의 장관도 의회에 출석은 하되 발언권이 없다.

그러므로 상·하 양원이 정부에 대해 질문을 할 수 없고 정부는 질문에 답변할 의무도 없다. 다만 대통령이 교서로서 의회에 정보를 제공하고 필요에 따라 건설적인 법안심의를 권고할 수는 있다. 대통령은 일반국무와 외교관계에 대해 정부의 방침과 행정상의 상황을 보고하고 법률·예산안의 통과 등에 대한 의견을 개진한다. 그러나 상·하 양원의 각종 위원회에서는 많은 행정부의 관리들을 소환하고 위원이 그들에게 질문을 할 수 있다.

법안의 위원회 회부는 하원의장 감독 하에 있는 사무관 또는 상원의장에 의해 이루어지는데 법안의 제안자는 어느 위원회에 회부할 것인가에 대한 견해를 표명할 수는 있어도 위원회관할에 대한 세부적인 규칙이 있어 법안을 회부할 위원회를 지정할 수 있는 재량은 없다. 다만 사적법안의 제안자는 예외로서 본인이 희망하는 위원회에 회부할 수 있다.

위원회에서 심의 승인한 법안은 보고서(Report)를 붙여 본회의에 송부한다. 때때로 이를 반대하는 의원은 소수의견을 기입한 보고서를 제출하기도 한다. 하원의 경우는 위원회에서 가결한 법안이 의사운영위원회에 회부되어 거기에서 심의에 대한 방법과 본회의 제출시기가 결정된다. 따라서 이 위원회에서 법안의 운명이 좌우되며 이 위원회가 수석위원회이다. 이 위원회가 정하는 규정에는 개방적인 규정과 폐쇄적인 규정이 있는데 후자가 적용될 경우, 본회의에서 법안의 수정이 원칙적으로 허용되지 않는다.

법안이 본회의에 오면 바로 가부를 물어 통과를 시키되 양원결정의 내용이 상이한 때에는 그 상이점을 조정하고 타협안을 만들어 내는 것이 양원 협의회의 중요한 활동이다. 이 협의회에서 작성한 타협안은 다시 양원에 보내져 그곳에서 가결되면 대통령에게 보내진다.

법률은 대통령의 서명에 의해서 확정되고 확정된 법률은 국무성에 송부되어 국무장관이 법규에 의거 공시한다.

다) 위원회의 구성과 심의

미국의 양원의 위원회는 의회의 법안심의과정 중에서 가장 중요한 기관이다. 이곳에서 법안의 제안에 대한 충분한 심의가 이루어지고, 제안자의 제안이유와 이에 대한 위원의 의견이 심도 있게 논의될 수 있는 기회가 주어지기 때문이다. 상하 양원의 위원회는 소입법부로서 그 기능은 대략 다음과 같다.

① 위원회는 각자의 영역에서 전문적 지식과 기량을 가지고 고도의 입법능력을 개발하여 집행부에 맞선다.
② 고도의 조사기능을 개발하여 입법 자료를 수집하는 동시에 행정부에 대한 유효한 통제작용을 발휘한다.
③ 입법에 불가결한 매체와 정보유통의 네트워크를 형성한다.
④ 청문회를 열어, 기관, 개인·단체에 견해표명의 기회를 주어 필요한 정보를 수집하고 여론을 환기시킨다.[49]

위원회를 합리적인 기구로 만들자는 움직임은 1946년과 1970년의 「입법부 재 조직법」(Legislative Reorganization Act)이었다.

현재 상임위원회는 하원에 21개, 상원에 16개 있고, 이외에 약간의 특별위원회가 있다. 위원회의 종류를 크게 나누면 상임위원회(Standing Committee), 특별위원회(Special Committee), 합동위원회(Joint Committee), 양원협의회(Conference Committee), 전원위원회(Committee of the Whole) 등이 있다.

상임위원회의 중요도와 권위는 같지 않으나 그 순위가 하원에서는 의사운영, 세입, 세출의 3 위원회가 가장 중심적인 지위에 있다. 의사운영위원회에 관해서는 전술한 바와 같고, 세입위원회는 세제·사회보장·국채 등 광범한 문제를 다룬다. 그리고 이 위원회의 민주당원은 위원회에서의 할당권을 가지고 있었다. 그러나 1975년부터 할당권이 박탈되어 당 운영위원회에 넘어 갔고, 위원회도 종전의 25명에서 37명으로 증원되었다.

한편 상원에서는 세출위원회, 외교위원회(Foreign Relations Committee), 재정위원회(Finance Committee) 등이 있고, 상원에도 의사운영위원회

---

49 상기 책, 489~490쪽 참조.

(Rules and Administration Committee)가 있으나 하원과 같은 지위는 아니다.

1970년에 입법부 재조직법이 만들어졌는데 그 중요한 것은 「의회 활동에 관한 양원합동위원회」의 설치이다. 이는 다음과 같은 역할을 한다.

① 미합중국 연방의회의 조직과 활동에 대하여 계속적인 연구.
② 조직이나 활동의 개선에 관한 권고,
③ 의회를 강화하고 그 활동을 정리하여 연방정부의 다른 분야와의 관계개선을 도모하고 의회가 그 책무를 완수할 수 있도록 하고,
④ 재판절차와 재판활동은 헌법에 따라 확립된 연방정부의 여러 제도와 상반되는 방향으로 나가지 않도록 하며,
⑤ 그와 같은 절차와 활동이 특히 의회와의 관계를 가지게 될 때 양원에 주의를 환기하도록 한다.

동시에 이 위원회는 「입법부 재편성법」에 따라 의회를 위해 설치한 고용국 및 관리국에 대한 관리와 감독의 책임도 맡고 있다. 의원의 위원회 배치기준은 특별한 규정이 없으나 통상 선임순위, 개인의 희망, 지역, 자질, 이데올로기, 종교, 인종과 당에 대한 충성도 및 협력의 정도 등이 고려되고 있다. 그리고 선임순위에 대해서는 비판이 있으나 아직도 하원에서는 민주당·공화당의원의 선임자가 좋은 지위를 얻고 있다. 각 위원회의 위원은 2대 정당에 각각 소속하는 위원으로 분류되는데 그 비율은 양원이 각각 민주·공화 양당의원 수의 비율에 따른다.

최근에는 위원장의 선임의 방법과 그 권한도 바뀌었다. 과거에는 위원장이 다수당의 선임자 순위였고 위원장은 소위원회 의원장을 자기 재량껏 선임하고, 법안심의와 의사진행 등을 자기 마음대로 하였

다. 그러나 1970년대에 들어와서는 위원장의 선임방법과 권한이 신인 의원들에 의해서 바뀌었다. 위원장선임에 있어서 1971년 하원의 민주당과 공화당은 의원총회에서 선임 순위 제의 부당성을 주장하고 이의 시정을 요구하였다. 더욱이 하원의 공화당은 각 피지명자에 대하여 의원총회에서 비밀투표로 결정키로 하고, 하원의 민주당도 모든 위원장후보자(당 운영정책위원회가 지명)에게 의원총회에서 비밀투표로 결정하도록 하였다.

상원도 하원과 거의 같은 형식인데, 민주당은 운영위원회에서 지명한 후보자에 대하여 총회의 5분의 1의 요구가 있으면 비밀투표를 하도록 하고 공화당은 각 위원회의 위원장을 그 위원회의 공화당위원으로 하여금 선임하게 하였다.

위원장의 권한에 대해서는 1970년의 「입법부 재편성법」에 의하여 각 위원회는 의사절차규칙의 명문화로 위원장의 권한이 대폭 축소되었다.

1946년의 입법부 재편성법에 의하면 상임위원회 수는 줄고, 역비례로 소위원회 수가 증가되었다. 앞에서도 언급한 바와 같이 위원장의 권한은 절대적이었는데, 그 권한이란 소위원회의 창설, 그 규모, 소위원회위원의 배당, 재정적 뒷받침, 법안회부 등이었다.

그러나 1971년에는 민주당 의원총회에서 하원의원은 ① 2개 이상의 소위원회 위원장이 될 수 없도록 하였고, ② 의원은 입법관계의 관할을 갖는 3개 이상의 위원회에 소속될 수 없도록 하였다. 그러나 이러한 제한은 관할, 운영 등의 역할을 하는 위원회 및 합동위원회에서는 적용되지 아니하였다. 의원은 자기 자질, 능력, 관심에 따라 위원회위원으로 선출되기를 희망하였다. 예컨대 사법위원회는 변호사가 많았다. 그리고 대부분의 위원회는 산하에 2개의 소위원회가 있는데 이것은 법안 가운데 특정사항의 심의를 전문적으로 하기 위하여 둔 것이다. 또한 상임위원회에는 일시적 혹은 지속적으로 고문을 둘 수 있고, 전문가를 훈련하기 위하여 재정적 보조도 할 수 있도록 하였다. 특히 하원의 민주당에서는 유력의원이 소위원회 위원장을 독점하지 못하게 하기 위하여 1975년에 의사규칙을 개정하였고, 또 소위원회의 자율성 강화와 전문화 및 권력분립을 시도하였다. 그리고 1974년에는 위원회 위원에게 소위원회의 수를 결정하게 하고 20명을 초과하는 위원회는 적어도 4개의 소위원회를 두도록 하였으며, 위원장은 2주 이내에 법안을 소위원회에 회부하도록 하였다.

법안이 회부되어 오면 위원장 자신의 뜻, 혹은 제안자의 요구에 따라 그 법안을 위원회 또는 소위원회에 회부할 수 있다.

법안이 위원회 또는 소위원회에서 검토하기로 결정되면 이해관계자를 초청하여 공청회를 개최하는데, 공청회 개최 여부는 위원장 또는 소위원장에 달려있다. 만일 해당 법안에 대하여 관계단체에서 강력하게 반대하거나 위원다수가 반대 혹은 본회의에서 통과될 가능성이 없게 되면 공청회는 열지 않는다. 그러나 법안은 통상 공청회 없이 가결하는 경우는 드물다.

공청회가 끝나면 위원회 또는 소위원회는 법안을 수정하고 완성시킨다. 이 과정은 1970년대부터 원칙적으로 공개하도록 되었다. 세법 기타 기술적인 문제의 법안은 수주일 걸리는데 이 단계에서 전문스탭이 중요한 조언자적 역할을 한다. 이러한 작업의 결과, 부정적인 결론이 나오면 이 법안은 거의 채택이 불가능해 진다. 본회의에서 법의 제정을 권고하여도 위원회에서의 결정이 최종 결정내용으로 된다.

그러나 각 상임위원회는 본회의를 보좌하기 위하여 존재한다. ① 의회가 발효시킨 법률분석, 검토, 적용에 관한 평가운영 및 시행, ② 이들 법률 및 부차적으로 필요한 법령의 수정 혹은 개정에 관한 이론적인 논술·심의·발효, ③ 이와 같은 취지에 입각하여 각 상임위원회는 1973년 1월 1일부터 매 기수 년도의 1월 2일까지, 1월 3일에 폐회하는 연방의회의 기간 중에 각 상임위원회의 내용보고서를 의회에 제출하게 한다.

　각 상임위원회는 한 달에 한 번 이상 정기회의를 갖도록 되어 있으나 위원장은 수시 소집할 수 있다. 위원 과반수 요구가 있으면 특별회의도 소집할 수 있다. 또 위원회의 여러 회의에서는 호명투표(Rollcall Vote)를 하는데, 이 호명투표는 수정안, 동의, 이의, 기타 제안에 찬·반위원의 성명과 투표결과를 일반에게 열람케 할 수 있다. 한편 위원회의 심의·결정과정에서 일반적으로 당파성이 강한 것은 세입위원회·노동위원회라 할 수 있으나 상원의 경우는 세입, 교육, 노동, 공공사업, 농업 등 위원회가 당파성이 강하다.

라) 본회의에서 심의와 결정

　하원의 위원회에서 본회의에 보내진 법안은 5개 주요 법안 캘린더(Bill's Calendar)중의 하나에 게재한다. 재정관계의 법안은 유니온 캘린더(Union Calendar)에, 비 재정 법안은 하우스 캘린더(House Calendar)에, 사적인 법안은 사적인 캘린더(Private Calender)에, 비 논쟁 법안은 의원의 요청에 따라 유니온 캘린더 또는 하우스 캘린더에서 동의 캘린더(Consent Calendar)에 옮겨진다. 또 면제(Discharge) 청구로 위원회에서 빼서 올린 법안은 면제 캘린더에 옮겨져 게재된다. 면제 청구라 함은 위원회에 회부한 후 30일 간 혹은 의사운영위원회의 경우는 7일간 아무런 조치를 취하지 않았기 때문에 하원의원의 과반수의 서명으로 그 법안을 바로 본회의에 상정시키는 절차를 말한다. 이러한 캘린더를 '미국하원과 입법역사의 캘린더들'(Calenders of the United States House of Representatives and History of Legislation)이란 일간종합 캘린더에 수록한다. 따라서 위원들은 주로 이것을 통해서 법안의 동태를 알게 된다.

상원의 경우는 1개의 입법 캘린더와 조약 또는 임명문제에 관한 행정부 캘린더(Executive Calendar)가 있다.

동의 캘린더에 게재된 법안은 매월 제 1번째와 3번째 월요일에 제목만 읽고, 이의가 없으면 표결 없이 한 건, 한 건 통과시킨다. 한 명이라도 반대가 있으면 다음 회의에서 읽고, 그때 반대가 없으면 가결되고 3명이 반대하면 동의 캘린더에서 아주 제외시켜 버린다. 각 당은 자기 당 의원에게 동의(Consent) 캘린더의 법안을 심사하게 하고 필요한 경우에는 반대하도록 한다. 이와 같이 절차를 밟아 매년 통과되는 법안은 200개 내지 300개 정도가 된다고 한다.

우선 법안은 전원일치의 동의(Unanimous Consent)로 법안이 심의되어 결정되는데, 이 방법은 한 사람이라도 거부하면 통과가 불가능하지만 그런대로 많이 통과된다. 이 경우 토론시간이 제한되고 의결하는 기한이 설정되어 있어서 시간이 절약된다. 하원에서는 의사운영위원회가 법안심의를 위한 의사일정을 지배하고 있으나 상원에서는 다수당의 원내총무가 당 정책위원회와 의논하면서 법안심의 순서를 결정한다. 상원에서도 위원회에서 논쟁이 많아 결론이 안 나거나 위원회에서 유보하는 경우도 있어 면제(Discharge) 청구방법을 두고 있다. 따라서 의원은 누구든지 청구할 수 있으며 상원은 그 다음날에 표결하여 다수가 찬성하면 익일부터 심의에 착수한다.

입법기관으로서 토론은 가장 기본적이므로 일정한 규칙(Rule)이 필요하며 이러한 규칙이 없으면 입법기관은 마비될 수 있다. 그러므로 상원과 하원은 각각 독자적으로 토론하는 규칙이 있다. 따라서 하원의 규칙은 엄하고 다수파에 유리한데 반하여 상원의 규칙은 원만하여 소수파에게도 논의의 기회가 제공되고 있다. 그러나 상원의 경우 실제 토론에 있어서는 토론보다 일방적인 연설이 많은 경향을 보인다.

하원은 법안의 심의촉진을 위하여 여러 가지 규정이 있으나 그 중에서 중요한 것은 1811년에 채택한 선결 질문(Previous Question)인데 이것은 과반수투표로 토론을 종결하고 표결에 붙이는 규정으로 토론종결을 위한 가장 기본적인 규정이다. 이외에도 토론은 쟁점에 관련되어야 하고, 개개의원이 법안에 관한 일반토론(General Debate)을 하는데 토론은 1시간으로 한정한다든가, 수정제안자나 반대자는 각각 5분씩의 토론만을 인정한다든가 하는 등의 규정이 있다. 또한 중요한 법안은 대부분 토론시간이 제한되는데 의사운영위원회가 정한 특별한 규정에 의거 심의되기도 한다. 이 경우 법안의 4분의 3 이상은 토론시간이 1시간 내지 2시간이며 특히 중요한 소수법안은 4시간 이상 토론시간이 인정되고 있다. 이 토론시간은 찬성·반대자에게 동일하게 배당된다.

의사운영위원회의 결정에 따라 법안의 수정이 금지되나, 일정한 사항에 관한 수정 또는 그 법안을 보고한 위원회에 의한 수정만은 인정하고 있다. 대부분의 법안은 공개 하에 심의되는데 본회의는 의원의 수가 많으므로 정족수는 총의원의 과반수(218명)가 장시간 자유토론하게 되면 곤란하므로 이의 해결책으로 전원위원회라는 제도를 두고 있다. 이 위원회는 정족수 100명인데 의장으로 선임된 자가 사회를 본다. 따라서 이 위원회에서 수정안이 토론·표결되고, 그 결과를 본회의에 보고, 일괄 표결한다. 이때 의원은 개개수정안에 표결을 청구할 수 있으나 전원위원회에서 부결된 수정안은 본회의에서 재상정될 수 없다. 그리고 전원위원회의 표결에 대한 기록은 1973년부터 하원이 전자투표 장치를 채택함에 따라 이것을 이용하게 되었다.

상원은 의사의 효율성을 다소 희생시키더라도 무제한 토론을 할 수 있는 권리를 갖고 있는 것이 통상이다. 그러나 여기에도 의사방해(Filibuster)는 있을 수 있다. 그런데 토론종결청구를 하려면 상원의원

16명의 서명이 있어야 한다.

상원에서는 하원과 달리 법안에 직접적인 관계가 없는 것도 '적절치 않는 수정안'(Nongermane Amendment)을 제출할 수 있는데, 때에 따라서는 예산안 이외의 경우 어떠한 법안이든지 수정안을 낼 수 있다. 이러한 경우 표결에서 과반수가 반대하면 법안심의는 즉시 거브된다.

상·하양원의 표결방법에는 점호표결(Roll Call), 발성표결(Viva Voice, or Voice Vote) 및 기립표결(Standing Vote, or Division)이 있고, 하원에는 특히 표계산인 표결(Teller Vote)이란 것이 있다.

표결은 먼저 수정안에 대해서 하는데, 수정안에 대한 수정안, 즉 제3의 수정안은 인정되지 않는다. 다음으로 대안(Substitute)에 대한 수정안을 표결에 부치고, 그 다음에 대안을, 최후에 최초의 원안에 대하여 표결을 하는 순위이다. 이 외에 동의에 대한 표결이 있다. 법안(Bill)이 본회의를 통과하면 공식으로 법률(Act)이 되나 일반적으로는 여전히 법안이라 부른다.

마) 양원 협의회

법안통과에는 ① 하원에서 가결한 것을 상원에 보내져 상원에서 그대로 승인하면 된다. ② 그러나 상원이 하원의 원안대로 서부까지 동의하지 않는 경우가 있고, ③ 상원이 하원의 안을 그대로 두고 새로 동종의 법안을 만드는 경우도 있고, ④ 상원이 하원의 법안을 부결하는 경우도 있다. 이와 같은 경우 ①과 ④는 별 문제 없고, ②도 실제 하원이 동의할 것이므로 쉽게 결말이 날 것이다. 그러나 ③의 경우는 기본적으로 상이하므로 하원이 상원의 수정안을 정치적으로 받아들이기 전에는 결말이 나지 않게 된다. 그러므로 이러한 경우를 조정하기 위하여 양원협의회가 개최된다. 즉, 양원간의 타협을 제도화함으로써 양원간의 충돌을 회피하자는 데 있다. 따라서 협의회의 보고는 양원에 의해 받아들일 경우 입법과정에서 중요한 역할을 하게 된다.

양원협의회는 일종의 합동위원회로서 필요한 경우 설치되는 특별위원회(ad hoc Committee)이다. 협의회의 위원은 의장이 임명하나 실제는 그 법안을 취급할 위원회의 위원장의 의견을 따른다. 위원장은 보통 양당의 선임위원 중에서 선출된다. 이러한 협의회위원의 선출방법에 대하여는 비판이 많았으나 하원에서는 1974년 피임명자의 과반수가「일반적으로 하원의 입장을 지지하는 의원으로 할 것」을 규칙으로 채택하고 그 책임을 의장에게 부과하였다. 협의회 위원의 수는 법안의 복잡성에 따라 다르나 보통은 3명 내지 9명이다. 위원의 수는 상·하 양원이 다를 수 있다. 결정은 위원회전체의 과반수가 아니라 각원의 위원들의 과반수의 합의에 따른다. 그러므로 위원의 수로 불리한 것은 없다.

양원의 규칙에 의하면 협의회는 양원 간에 상이한 규정을 제외하고 규정자체를 심의대상으로 할 수 없으며, 양원이 합의한 규정을 변경할 수도 없다. 그러나 1원이 타원의 법안을 크게 변경하려고 하는 경우에는 양원협의회에서 본질적으로 새 안을 작성하지 않으면 안 된다. 협의회 심의과정에서는 위원회의 보좌진과 법안에 관계되는 부처의 전문가가 참여하며 경우에 따라서는 양원의 총무나 대통령 등이 개입하게 된다. 이렇게 되면 복잡한 안건도 정치적 타협이 이루어져 성안하게 되므로 이것을 입법정치의 축소라고도 한다. 이 협의회가 종전에는 비밀회의로 하였기 때문에 정치적 이익단체의 영향을 받기 쉬웠으나 1975년부터는 원칙적으로 공개회의로 하고 있다. 여하튼 이 협의회에서 성안이 되면 보고서가 작성되어 각원의 본회의에 부의하게 되는데 이 단계에서 이의가 있어도 수정은 할 수 없고, 오직 전체로서 찬성하느냐 반대하느냐 만을 결정한다. 대개의 경우 가결되고 있다.

바) 대통령(원수)의 서명

미국 헌법 제1조 7의 2에 법률제정에 관하여 의회와 대통령과의 관계를 다음과 같이 규정하고 있다. 1) 양원을 통과한 법안이 대통령에게 이송되어 대통령이 이를 승인(Approve)서명하면 법률이 되고, 2) 대통령이 이의(Objections)를 붙여 발안한 원에 회부하여 양원이 다시 3분의 2로 재가결하면 또한 법률이 되며, 3) 대통령이 법안을 이송 받은 후 10일 이내에 회부하지 않는 경우에도 서명한 것과 똑같이 법률이 된다. 다만, 의회의 폐회 시에는 그렇지 않다. 10일 이내에 이의를 붙여 의회에 회부하는 것을 거부권(Veto Power)이라고 하며 이 경우에는 재심청구권에 불과하므로 정지적인 거부권(Suspensive Veto Power)이라고 한다.

(3) 사법부

가. 개관

미국의 사법제도를 이해함에 있어서 가장 중요한 것은 연방체제로 인한 이원적 법체계를 인식하는 것이다. 일반적으로 말하면 계약, 불법행위, 가족법, 형사법 등 일반적인 법은 연방주의 법이다. 따라서 이러한 법들은 연방주의 법원의 관할에 속한다. 연방헌법 및 그에 근거하여 제정된 연방법률 및 해사법 등은 연방법원의 소관인데 이와 같은 이원적 법원 조직은 미국 사법제도의 기반을 이루고 있다. 그러므로 미국에는 연방의 사법조직 1개와 50개 연방주의 사법조직들을 합쳐 도합 51개의 사법조직이 있다고 할 수 있다.

판례법인 보통법이 주법인가 연방법인가 하는 흥미 있는 논쟁이 있었다. 1842년 연방대법원은 연방법원이 연방보통법을 적용하여야 한다고 판시하였으나 약 100년 후인 1983년의 유명한 판결에서 루이스

브랜들(Louis Brandeis) 판사는 이를 번복하여 '연방보통법이란 존재하지 않는다.'라고 판시하였다. 즉 연방법원이 다른 주에 거주하는 시민 사이의 소송을 취급할 때에 해당 주법을 적용하여야 한다는 것이다. 따라서 이 판결은 결국 미국에는 50개의 보통법이 있다고 할 것이며, 이는 극심한 법의 분열을 초래할 것으로 생각될 수 있다. 50개주의 보통법은 실질적으로는 거의 동일하기 때문에 오히려 동일한 유형의 사건이 주 법원 또는 연방법원에 의하여 다루어짐에 따라 다른 결과가 발생하는 불합리성을 방지함으로 법의 통일성의 유지에 이바지한다. 그러나 해사 법 분야에서 연방법원이 발전시켜 온 연방 일반해사법은 연방보통법이라 할 수 있다.

이와 같이 연방법과 주법은 각자 고유한 영역을 갖고 있으며 따라서 연방법원과 주법원도 각자의 관할권을 갖고 있다. 이러한 관할의 구분은 미합중국 헌법, 즉 연방헌법에 의하여 결정된다. 따라서 연방과 주의 소관사항에 대한 분쟁은 연방헌법의 해석을 통하여 해결하기 때문에 연방법원의 역할은 매우 중요하다.

나. 연방사법부

연방헌법 제 3조는 연방사법부가 1개의 대법원과 의회가 설치하는 하급법원으로 구성된다고 명시하고 있다. 이에 관한 최초의 의회 법은 1789년에 제정된 사법조직법이며, 이 법에 의거 연방사법부의 구조가 확립되었다.

헌법 제 3조와 그 후에 개정된 사법조직법에 의하여 현재는 1개의 연방대법원과 12개의 연방항소법원 및 95개의 연방지방법원이 존재하고 있다. 대법원은 9명의 판사로 구성되고, 연방항소법원은 도합 132명의 판사를, 그리고 연방지방법원은 도합 515명의 판사를 갖고 있다.[50]

연방지방법원은 미합중국에 대한 범죄, 합중국 헌법, 법률 또는 조약과 관련하여 발생한 민사사건으로 가액이 1만 불 이상인 경우, 다른 주의 시민 사이에, 또는 외국인과 미국시민 사이에서 발생한 사건으로 가액이 1만 불 이상인 경우, 해사 및 포획 사건, 연방정부 기관의 명령과 행위에 관한 집행재심, 기타 의회가 법률로 정하는 사항에 관하여 원심관할을 갖고 있다.

연방 항소법원은 연방 지방법원의 판결, 해외영토법원의 판결, 연방 독립규제위원회의 심판, 기타 법이 정하는 연방정부기관의 결정에 대하여 항소관할권을 갖고 있다.

연방대법원은 하급연방법원의 판결, 각주의 대법원의 판결로서 중요한 연방문제가 개입되어 있는 사건에 대한 최종적 항소관할권이 있다. 그러나 연방세무법원, 최고군사법원 및 해외영토법원의 판결에 대한 대법원에의 상소는 제한된다. 또한 연방대법원은 합중국과 주 사이의 분쟁, 주와 주 사이의 분쟁, 외국의 외교사절이 관련된 사건, 어느 주가 다른 주의 시민 또는 외국인 또는 외국정부를 상대로 제기한 소송에 대하여 원심관할권을 갖는다.

이외에도 특수법원이라고 할 수 있는 연방청구법원, 연방관세특허항소법원 및 연방관세법원이 있으며, 또한 헌법 제 1조 8항에 의하여 설치된 연방조세법원과 군사고등법원도 중요한 사법기능을 행사한다.

연방법원의 판사는 대통령이 지명하여 상원의 단순과반수의 찬성을 얻어 임명된다. 그 이외에 법적 조건은 존재하지 않으며, 법학학위가 사실상 요구되지만 이것도 단지 근래의 관습일 뿐이다. 따라서 대통령이 갖는 지명권이 실제로 가장 중요하고 대개의 경우 대통령은 지명후보자 선정 등 제반 문제를 법무장관의 견해에 맡기기도 한다.

---

50 상기 책, 528쪽 참조.

그러나 대법원 판사의 지명은 대통령 자신에게도 큰 관심사로서 대통령의 정치적 판단이 연방법원의 판사의 임명에 결정적으로 영향을 준다고 본 다. 연방법원 판사의 임기는 그들이 품위를 지키는 한 종신이며 따라서 의회의 탄핵에 의한 면직이라는 특별한 경우를 제외하고는 연방법원 판사는 사망 또는 자발적인 사임의 경우를 제외하고는 재직한다.

미국 판사직에는 대륙법식 승진이나 순회보직이란 존재하지 않고 대통령이 하급법원 판사를 대법원이나 항소법원 판사로 임명하기도 하지만 이는 새로운 임명이지 결코 승진은 아니다. 연방법원 판사는 가장 명예롭고 존경받는 공직이며, 특히 대법원 판사는 분명히 법률가로서의 최고의 명예일뿐더러, 아마도 세계에서 가장 강력한 법원의 구성원으로서 미국의 역사를 창조하는 주역을 담당하고 있는 것이다.

다. 주의 사법부

주법원이야 말로 대부분의 미국인의 일상적 법률문제가 취급되는 법원이다. 주의 법원은 각주의 헌법과 주법에 의하여 조직되며, 또한 지방정부의 입법에 의하여 결정된다. 따라서 주마다 법원의 명칭은 다를 수 있으며 조직도 많은 차이가 있다. 공통된 유형을 추출하여 보면 대략 다음과 같다.

첫째, 치안판사로 구성된 법원이다. 근대의 영국에서 비롯된 제도로 반드시 변호사 자격이 요구되지 않는 것이 상례이며, 2~6년의 임기로 선거를 통하여 선출되기도 하며 시장이나 군수에 의하여 지명되기도 한다. 치안판사는 주로 소송가액 200달러 이상의 민사소송과 사소한 경죄에 해당하는 형사사건을 담당한다.

뉴욕시의 치안판사는 법률학위를 갖고 있으며, 정규법원의 모습을 갖추고 있지만 대부분의 다른 주의 치안판사는 대략 80% 이상이 법학학위가 없는 일반인으로 구성되어 있다.

따라서 치안판사는 법에 의하여 재판을 한다기보다는 정의와 선이라는 평균인의 감정에 기초하여 재판을 한다고 볼 수 있다.

둘째는, 지방법원(Municipal Court)이다. 주에 따라서 시 치안 또는 경찰법원으로 흔히 명명되고 있는데, 500~1000 달러 이하의 민사사건 및 역시 약간 중요한 경죄 사건을 담당한다. 대개 법률교육을 이수한 자, 즉 정규의 변호사 자격이 있는 판사로 구성된다.

셋째는, 시군구의 법원(County Court)이다. 가장 일반적인 일심법원으로 일정한 가액 이상의 모든 민사소송, 일상적인 경죄사건을 제외한 모든 형사사건을 관할하고 시군구의 법원의 관할의 한계는 해당 시군구의 경계까지 이다.

넷째는, 항소법원으로 주의 사법체계에 있어서도 주의 최고법원에의 상고는 제한되어 있는 탓으로 대부분의 사건은 항소법원에서 종결된다.

다섯째는, 주의 대법원인데 대부분의 주의 대법원은 법률문제에 관한 상고심이다. 주대법원의 판결은 주 및 지방법에 관한 한 최종적이다. 주대법원의 판결이 연방법 또는 지방법상 문제점을 갖고 있을 때에 한하여 최종 법원에 상고될 수 있다.

주법원의 판사의 임명과 임기 등은 각주의 헌법과 법률에 의하여 결정된다. 대부분의 주에서는 판사를 아직도 선거에 의하여 임기제로 선출한다. 캘리포니아 주에서는 선거와 지명임명을 절충한 방식을 채택하고 있다. 캘리포니아 주의 대법원과 항소법원판사는 주지사가 지명하여 주 대법원장, 주 법무장관 및 수석 상소법원장으로 구성된 위원회의 동의를 거쳐 1년간 잠정적으로 임명된다. 1년 기한이 거의 다 될 무렵 일반선거에 의하여 과반수의 동의를 얻으면 그때부터 12년의 임기로 임명된다.

5. 미국의 민주시민교육

미국의 시민교육의 이념은 훌륭한 시민(a good Citizen)을 육성하는데 있다. 그의 목표는 ①사회·정치 현상에 대한 지식의 전달과 문화의 이해 ②비판적 사고와 효과적인 시민성에 절대적으로 필요한 사회·정치 참여 기술의 획득과 실질적인 사회·정치 참여 ③미국의 민족적 정체성, 헌법적 전통과 시민이 갖춰야 할 권리, 책임들의 이해를 포함한 민주적 제반 가치들을 습득하는 인간을 육성하는데 있다.

그의 시민교육의 핵심 내용은 학자들에 따라 상이하나 한 학자의 예를 든다면 미국 콜롬비아 대학 교수인 프리만 버츠(Freeman Butts)는 민주시민이 갖추어야 할 시민의 의무로서의 6가지 덕목들과 시민의 권리로서 6가지 가치들을 습득하고 실천하는데 있다는 것을 강조하고 있다. 6가지 의무로서의 덕목들이란 정의, 평등, 권위, 참여, 진실, 애국심이며 시민의 권리로서 다른 6개의 시민의 가치들이란 자유, 다양성, 개인의 사생활, 적법절차, 자산(Property), 그리고 인권 등이다.[51]

미국의 시민교육학자인 오초아 등은 민주주의의 가장 기본적인 가치로 ①'개인의 자신에 대한 존중'을 들고 이어서 ②'공동체사회 속에서 개인과 집단이 결정에 참여할 권리' 또 ③'모든 시민이 충분한 정보를 알아야 할 권리' ④'개방사회, 개방성 그리고 집단 내에서의 개인의 독립성' 등을 들면서 ⑤시민들의 능동적인 참여와 ⑥의사결정능력을 민주시민교육의 핵심내용으로 보고 있다.[52]

미국의 민주시민교육의 운영과 체계는 매우 복합적인 성격을 띠고

---

51 Butts, R. Freeman, 1988, The Morality of Democratic Citizenship, Calabasas, CA: Center for Civic Education. p. 136.

52 Engle, S. H. & Ochoa, A. S., 1988, Education for Democratic Citizenship, New York : Teachers College Press, Columbia University. pp. 9~10.

있어 연방 정부나 주 정부가 주도하는 시민교육기관은 존재하지 않는다. 미국의 시민교육의 주체는 주로 학교나 학교 밖의 민주시민교육센터, 미국변호사협회, 경제교육국가위원회, 기타 전국적 및 지역적 정치·사회단체 및 종교단체 그리고 대중매체들이다.

미국의 시민교육을 운영하는 데 필요한 비용은 시민단체가 모금하는 기금과 정부 예산으로 충당하고 있다. 미국 캘리포니아 주 소재 '시민교육센터'(Center for Civic Education)는 미국 연방의회와 주 교육부 등으로부터 예산 지원을 받아 미국의 학교 시민교육 프로그램과 제 3세계 및 1990년 이후 동구 민주화 프로그램, 미국과 세계의 시민교육 프로그램 등을 개발하고 이를 각 나라에 제공하고 있다.

본 시민교육센터는 정부 부처와 기관의 간섭 없이 독립적이고 중립적으로 연구와 교육을 실시하고 있다. 본 센터의 1년 예산은 예를 들어 2007년도에 2,600만 US$이고 이는 한국 돈으로 약 333억 원이며 이 중 약 65%가 목적사업비에 해당된다.[53]

제2절 독일연방공화국The Federal Republic of Germany

1. 개관

한국인은 독일인을 연상할 때 독일인은 근면하고 성실하며 약속을 잘 지키고 일을 처리하는데도 철두철미하다고 보고 경제적으로도 부

---

53 Center for Civic Education(edi.), 2007, Annual Report 2007, Calabasas, CA: Center for Civic Education.

유하며 학문을 어느 민족보다 숭상하고 음악과 예술 그리고 문학을 좋아 하는 민족이라고 생각한다. 특히 한국인의 기억에 남는 것은 독일은 제 2차 세계대전을 일으켰으나 패전국이 되어 미·영·불·소 등 4대 강대국에 의해서 분할·점령되어 도저히 통일을 이룰 수 없을 것으로 보았으나 강대국을 설득하여 마침내 통일을 완수한 저력을 가진 국가라는 것이다. 그러나 다른 한편으로 부정적인 측면에서 보면 독일인은 나치즘(Nazism)이라는 전체주의와 제국주의의 호전적인 포로가 되어 양 차 대전을 일으켰고 특히 제 2차 세계대전에서 수많은 죄 없는 사람들을 살상한 잔악무도한 국민이라는 인상도 주고 있다.

한 나라의 역사는 도전과 응전, 발전과 정체, 전쟁과 평화, 안정과 불안, 통합과 분열 등의 이중적인 면을 동시에 갖고 있음을 알고 있던 독일의 역사가인 바이트 발렌틴(Veit Valentin)은 제 2차 세계대전에서 참패하여 좌절에 빠진 독일인들에게 그들이 자성한다면 그들은 다시 희망을 가질 수 있는 민족이 될 수 있다며 다음과 같이 언급하고 있다:

"독일인이 시행착오를 통해 현명하게 될 수만 있다면 독일인은 짧은 기간 내에 세계에서 가장 현명한 민족이 될 것이다."[54]

제 2차 세계대전이 끝나고 67년이 지난 오늘에야 발렌틴의 예측과 통찰력이 타당하였다는 것이 드러나고 있다.

독일은 영국이나 프랑스보다 훨씬 늦게 민족국가를 형성하여 배타적 민족주의를 앞세워 세계 대전을 두 번이나 일으켰지만 그 후 그들의 혹독한 반성과 초당적이고 민주적인 정치교육을 통해 전체주의 식을 불식하고 민주주의적인 의식을 극대화시킨 결과, 민주주의를 서

---

54 Valentin, Veit, 1979, Geschichte der Deutschen, erweiterte Ausgabe, Koeln.

독에 정착시키고 민주적이고 평화적인 통일까지도 완성하였다.

오늘날 독일은 유럽연합의 핵심회원국으로서 재정위기에 처한 그리스, 스페인, 포르투갈, 이태리 등 여러 나라들을 경제적으로 지원하고 있어 원자탄은 보유하고 있지 않지만 유럽연합을 실질적으로 주도하는 강대국으로 성장하였다.

독일은 한국처럼 제2차 세계대전이후 분단된 국가이었으나 분단을 극복하고 1990년 10월 3일 통일을 하였다. 독일의 통일은 우선 당시 동독주민의 민주화혁명, 독일통일에 대한 강대국의 동의, 특히 소련의 동의와 미국의 적극적인 찬성과 지지 그리고 서독정부의 통일에 대한 의지와 실행능력 등에 의해서 이루어졌다.

1989년 11월 9일 동독주민에 의해서 베를린 장벽이 붕괴되었다. 베를린 장벽이 붕괴 된지 10개월 만인 1990년 9월 12일 2+4(동·서독 +미·소·영·프랑스 4개국)조약으로 독일통일의 법적인 근거가 확립되었다.

그리하여 1990년 10월 3일 5개의 동독의 연방주가 서독의 독일연방공화국의 기본법이 적용되는 영토로 편입됨으로서 독일통일은 완성되었다. 그러나 독일통일 이후 독일에 직면한 수많은 난제들은 그 누구도 통일 전에 예상하지 못했을 뿐만 아니라 독일통일이 매우 빠른 속도로 다가왔기 때문에 그 해결이 너무나 어려웠던 것으로 판명되었다.

동독 붕괴 이후 동독의 평균 생산성이 서독의 3분의 1 수준밖에 되지 않았다는 사실이 드러났고 기업의 민영화를 담당했던 신탁공사들은 처음 예상했던 6천억 독일마르크(약 3천억 유로)의 수입대신에 2천3백억 독일마르크의 적자가 생겼다고 발표하였다. 5개의 신연방주(동독의 주들)의 인프라 구축을 위해 투자자금을 소위 인민소유 하에 있었던 국영기업들의 민영화를 통해 충당할 수 있을 것이라는 계산은 수

포로 돌아갔다. 여하튼 독일의 통일비용은 서독정부가 예상했던 것보다 훨씬 더 많이 들었다. 통일에 따른 사회적 부담은 동독의 주민들이, 그리고 재정적 부담은 서독의 주민들이 감수해야만 했다.

독일정부에 의한 동독의 재건에 성공한 사례들을 열거한다면 그 동안 낙후되었던 드레스덴, 라이프치히, 켐니츠, 할레 등과 같은 도시의 도심 주거지의 재개발 등을 들 수 있다. 그 이외에도 유럽에서 가장 현대적인 통신설비를 구동독지역에 설치하였고 라이프치히 대학을 비롯한 구동독지역의 대학들의 경쟁력을 향상시켰을 뿐만 아니라 새롭게 정착한 태양열(Solar Energy System) 및 환경기술 관련기업들이 세계 선두자리를 선점케 하였다. 인프라, 환경 및 자연보호, 관광, 문화유산보호 분야에도 경쟁력 있는 개발을 집중시켰다. 동독지역은 많은 사람들이 서독지역으로나 기타 외국으로 떠나 인구가 감소되었지만 대신 2009년까지 총 1조 6천억 유로(동독 지역으로부터의 이전자금은 제외)에 달하는 이전자금을 서독으로부터 제공받았다. 동독재건을 위한 이러한 이전자금의 제공 등 독일인들이 들인 모든 노력은 동·서독 간의 민족적 연대감을 보여주는 좋은 예라고 할 수 있다.

독일은 유럽연합 내에서 인구가 가장 많고 현대적이며 개방적인 국가이다. 독일의 인구는 2010년 현재 8,200만 명에 달하며(그 중 여성인구 4,200만 명), 약 670만 명의 외국인이 독일에 살고 있다(전체인구의 8.2%). 평균수명은 남성은 77세이고 여성은 82세로 독일은 OECD 평균수명을 웃돌고 있다. 독일의 종교는 약 5,200만 명이 기독교 신자이고, 이슬람교도는 약 400만 명, 불교신자는 23만 5천명, 유대교신자는 10만 6천명으로 추정된다. 독일의 기본법은 종교의 자유를 보장하고 있으며 국교는 존재하지 않는다.

독일은 사회의 보장제도가 매우 잘 발달되어 있으며(연금보험, 의료보험, 요양보험 및 실업보험) 노사가 함께 사회 보장제를 분담하고 있다.

거의 모든 독일 국민들은 의료보험에 가입되어 있다. 독일의 모든 보험 분야 지출은 GDP의 10.4%에 달하며 OECD 국가 평균 8.9%를 크게 웃돌고 있다.

독일의 사회는 다양한 생활양식과 인종문화가 어우러져 있다. 더불어 사는 생활행태는 다양해지고 개인의 선택의 폭은 더욱 넓어졌다. 또한 전통적인 남성과 여성의 역할에 대한 고정관념도 더 이상 존재하지 않는다. 이와 같은 사회변화에도 불구하고 독일사회를 구성하는 가장 중요한 단위는 여전히 가정이며 청소년들은 부모와 일정한 관계를 맺고 있다.

독일은 유럽연합 내에서 최대의 경제대국이며 세계적으로는 4위의 경제대국이다. EU국가들 중 독일의 GDP가 가장 높고 인구가 가장 많은 독일은 유럽에서 가장 중요한 시장이다.

2012년도 현재 독일의 GDP는 3조 4,787억 US$에 달하며 개인당 GDP는 4만 2,625US$이다. 독일의 개인당 국민소득은 스위스의 7만 8,754 US$나 미국의 4만 9,601US$보다 적으나 유럽에서는 상위에 속하고 독일은 전 세계 100개 국가 중에서는 20위이다. 이는 대한민국이 2만 3,679US$로서 34위인 것을 고려한다면 한국의 개인당 국민소득보다 약 2배가 된다.[55]

독일의 경제를 이끄는 대기업들인 벤츠 자동차회사, BMW자동차회사, SAP, 지멘스, 폴크스바겐, 아디다스, 퓨마, 포르쉐 등은 전 세계에 명성을 누리는 브랜드이다. 폴크스바겐(Volkswagen)은 세계최대의 자동차회사로서 주식회사 폴크스바겐 산하에서 생산되는 수많은 자동차 브랜드 중의 하나이다. 폴크스바겐 그룹에 속하는 브랜드로는 아우디, 세이트, 스코다, 벤틀리, 스카니아, 람보르기니, 폴크스바겐상

---

[55] 출처: International Monetary Fund, 2012, 네이버, 검색어 '세계극가 명목기준 GDP 순위'(http://search.naver.com).

용차 등이 있으며, 최고급 명차 브랜드로 알려진 포르쉐는 2011년부터 폴크스바겐 그룹의 일원이 되었다.

산업부문에 최대의 노동자를 고용하고 있는 기업은 지멘스주식회사(Aktiengesellschaft)이며 전 세계에 약 42만 명의 종업원을 가지고 있다. 서비스부문에서는 독일 텔레콤(Deutsche Telekom.)과 독일우체국(Deutsche Post)이 가장 많은 매출을 내고 있으며 철도회사인 독일철도청(Deutsche Bahn)이 3위를 차지하고 있다. 여행사인 투이(TUI), 항공사인 루프트한자(Lufthansa)도 상위를 차지하는 대기업이다.

독일에서는 대기업이 독일의 경제를 견인한다면 중소기업은 독일 경제의 근간을 이루고 있다. 전체고용의 약 70%, 약 2,500만 명의 근로자를 중소기업이 고용하고 있다.

독일은 미래 산업 기술 부문에서도 수위를 달리고 있다. 여기에는 바이오, 나노기술, 정보통신기술, 생체인식, 환경기술(풍력, 태양력, 바이오메스), 항공우주기술, 전자기술, 물류와 같은 첨단기술 분야가 포함되어 있다.

독일은 대한민국처럼 수출의존도가 높기 때문에 그 어떤 국가보다도 세계경제와 밀접한 관계를 맺고 있으며 열린 시장을 지향한다. 주요무역대상국으로는 2009년 현재 프랑스(820억 유로), 네덜란드(540억 유로), 미국(540억 유로), 영국(530억 유로) 등이며 동구권 국가들로의 수출은 전체 수출의 약 10%를 차지하며 유럽연합 회원국들로의 수출은 63%에 달한다. 아시아지역으로의 수출은 2009년 현재 14%를 차지하였고 그 중 가장 중요한 무역 상대국은 중국이다.

한국이나 미국이 자유 시장경제체제를 갖고 있는데 반해 같은 자본주의국가에 속하는 독일은 사회적 시장경제체제라는 그들만의 독특한 시장경제체제를 갖고 있다. 즉, 국가는 자본주의를 근간으로 하되 모든 경제주체들의 자유로운 경제활동을 보장하면서 동시에 강자가 사회적 약자를 보호하기 위하여 국가가 시장에 개입하여 강자와 약자 간의 사회적 이해관계를 균형 있게 조정하는 시장경제체저를 지향하고 있다. 이러한 결과, 독일은 경제민주화의 핵심인 자본가와 노동자 간의 회사의 공동결정권(Mitbetimmungsrecht)을 실현시킨 나라이다. 독일에 노동쟁의가 적은 것도 바로 이 체제의 운용에서 비롯된다고 해도 과언이 아니다.

2008년 미국부동산 시장의 붕괴로 야기된 국제 경제 및 금융위기는 지금까지 안정적인 성장세를 보였던 독일경제에도 커다란 충격을 주었다. 독일의 국민총생산(GDP)은 2009년에 5% 감소했는데 특히 수출의존도가 높은 기계, 플랜트, 자동차 분야의 타격이 심했다. 당시 독일의 금융경제의 시스템적인 위기에 효율적으로 대처하고 금융시장의 안정을 도모하기 위하여 독일연방정부는 금융시장 안정화 법을 발효시켜 수십 억 유로를 투입해야하는 은행구제 금융정책을 의미하는 금융시장의 피해를 막을 프로그램을 마련하였으며 경기부양책을 통해 내수의 안정화를 모색하였다. 도로, 학교, 기타 공공건물의 개선을 위한 국가적인 고용창출 프로그램, 탄력적인 노동시간제의 도입, 사회 보험료와 세수로 창출된 단축근로제를 통해 2009년에 120만개의 일자리가 유지될 수 있었다. 2009년 말에 통과된 경기 부양 법은 추가적으로 세금부담을 경감시키고 국내수요를 진작시키었다.

독일은 환경보호, 기후변화에의 대처 및 에너지 정책에 있어 세계에서 선구자적인 역할을 하고 있다. 독일은 1990년 이후로 온실가스 배출을 23%이상 감축하여 교토의정서 기준을 이미 달성하였으며 독일의 차후목표는 에너지 및 기후프로그램을 통하여 2020년까지 1990년 대비 이산화탄소 배출량을 40% 감축한다는 것이다.

더욱 한국이 유념해야 할 것은 독일은 전기를 생산하는 원자로를 2018년까지 완전 폐기함으로서 핵 방사능으로부터 완전히 해방되어 안전한 삶을 영위하려고 노력하고 있다. 이러한 원자로정책은 한국의 그것과는 정반대 현상이라고 할 수 있다.

또한 독일은 교육, 학문 그리고 연구개발의 나라이다. 독일은 교육을 사람들에게 세계시장에서 열린 국경과 전 세계 지식네트워크를 활용할 수 있는 능력과 기회를 제공해주는 과정이라고 정의하고 있다. 독일에는 약 370개의 대학교가 있다. 그 중 140개는 종합대학이며 약 200개는 응용학문대학이다. 약 200만 명에 이르는 대학생 중 여학생의 비율은 약 절반이다. 과거에는 대학에 등록금이 없었으나 2000년대에 와서 대학에 등록금을 도입하였으나 연방주마다 등록금도입 현황이 다르다. 현재 5개 신연방주(구 동독지역)의 대학이 입학과 함께 대학등록금을 받고 있으며 학기 당 약 500유로 정도이다. 거의 대부분의 연방주가 장기간 대학을 다니는 학생이나 졸업 후 다시 대학을 다니는 학생에게 등록금을 받고 있다. 독일은 독일대학에 다니는 외국학생의 수는 약 240,000명으로 이는 미국과 영국 다음으로 많은 외국학생수를 보유하고 있음을 의미한다.

막스플랑크 협회(Max Frank Gesellschaft)는 1948년 설립이후 17명의 노벨상 수상자를 배출하였다. 독일은 세계 최첨단 연구를 이끄는 견인차이자 지속적으로 미국과 일본과 함께 특허를 개발하는 세계최대 특허 출원국가이다.

독일은 칸트, 헤겔, 칼 마르크스, 괴테, 쉴러, 베토벤, 바흐 등 사상가와 시인과 문학가 그리고 유명한 음악가를 배출한 나라이다.

독일은 제 2차 세계대전 이전에 독일민족문화의 과대망상증에 걸려 연합국인 미·소·영·프랑스 전승국이 독일나치에 의한 배타적 민족문화정책 내지 민족문화우위정책에 의해서 노출된 독일인의 과대망상증을 없애려는 염원에 따라 1949년 서독에 독일연방공화국이 수립되었을 때 연방주의 전통을 살려, 문화주권(Kulturelle Hoheitsrecht)을 연방에 주지 않고 연방주들에게 넘기었다. 그 결과 독일에서 문화는 개별 연방주의 관할이기 때문에 연방차원의 문화부는 존재하지 않다가 1999년에 비로소 연방총리실에 문화미디어 정무장관이 신설되어 문화와 미디어정책관련 활동은 문화미디어장관이 조정하게 되었다.

경제, 학문, 과학, 문화대국인 독일의 역사는 사실 길지 않다. 서기 800년 카를 대제는 엄격히 말해 독일인이라고 말할 수 없고 오히려 '유럽의 아버지'라고 부르고 있다. 그는 카롤링거왕조의 출신으로 교황 레오 3세에 의해 황제자리에 오른다. 그리고 그는 814년 오늘의 독일의 서부지역 도시인 아헨(Aachen)에서 죽었다. 962년 오토 1세가 신성로마제국의 초대 황제로 추대되었다. 그 후 살리에리 왕조(1024~1125)와 슈타우퍼 왕조(1138~1268)가 현 독일지역 슈파이어(Speyer)에 돔(Dom)을 건설하고 유럽의 역사에 큰 업적을 남기었다. 그 후 합스부르크가가 1493년 막시밀리안 1세의 통치와 함께 유럽에서 부상하여 수백 년 동안 신성로마제국의 대부분의 황제와 1504년부터 1700년까지 스페인국왕을 배출하였다.

그리고 마르틴 루터(Martin Luther)는 1517년 바덴베르크(Badenberg)에서 가톨릭교회의 면죄부에 대한 95개조의 반박문을 제시하면서부터 유럽은 가톨릭과 신교로 분열되게 되었다. 이러한 분열과 신·구교간의 분쟁은 마침내 가톨릭교의 국가들과 신교국가들 간의 30년(1618~1648)전쟁을 야기 시킴으로서 유럽의 전 지역은 폐허화되었으며 이 전쟁은 전쟁 참여 국가들의 웨스트파리아조약의 체결로 종지부를 찍었다.

1803년 신성로마제국 대표단의 마지막 회의에서 결의된 내용에 따라 유럽교회의 재산은 각 나라에 의해서 국유화되었으며 자유제국 도시들도 해체되었다. 이는 '신성로마제국'의 붕괴로 이어졌다.

독일민족의식은 나폴레옹에 대항해서 싸우는 해방전쟁에서 비롯되었다 해도 과언이 아니다. 다시 말해서 독일통일과 독일인의 자유에 대한 열망이 이 시기에 싹트기 시작하였다. 독불전쟁이 진행 중인 1871년 1월 18일 프러시아의 빌헬름 1세는 프랑스 파리의 베르사유 궁전에서 독일황제의 대관식을 하였다는 사실은 독일민족의식의 표현이라고 해석될 수 있다. 그러나 독일을 연방국가로 통일시키고 통일독일제국의 실질적인 설립자는 오토 폰 비스마르크(Otto von Bismarck, 1815~1898)재상이며 이 제국을 독일인들은 '제 2제국'이라고 부른다. 독일 제 2제국은 입헌군주제로 제국의 건립 직후에는 소위 '건국시대'라 불리는 경기호황이 일어났다.[56]

독일 제 2제국의 빌헬름 2세 황제는 제 1차 세계대전을 일으켰으나 패배하였다. 이 전쟁으로 약 1천 5백만 명이 사망하였고 전후처리를 위하여 베르사유조약이 1919년 6월에 전승국과 패전국사이에 체결되었다. 패망독일에서는 바이마르 공화국(1919~1933)이라는 민주공화국이 최초로 탄생하였으나 24년도 못되어 히틀러의 민족사회주의 독일노동당(Nationalsozialistische Deutsche Arbeiterpartei)은 1933년 1월 정권을 잡고 나치독재를 실시하였다. 히틀러는 1939년 제 2차 세계대전을 일으켰으나 연합국의 승리로 독일군이 1945년 5월 항복함으로서 제 2차 대전은 끝난다. 독일은 곧바로 미·영·불 그리고 소련에 의해 분할·점령되고 1949년 서독과 동독정권이 각각 탄생함으로서 정치적으로 분단되었다. 서독에는 1949년 5월 23일 독일연방공화국의 헌법이 공포되고 동독에서는 독일민주주의 인민공화국의 헌법이 동년 10월 7일에 발효됨으로서 동·서독 분단이 완성되었다.[57]

그러나 서독은 대내적으로는 민주주의의 공고화와 경제적 부를 창출하였고 대외적으로 서방에 편입하여 강대국으로부터 신뢰를 획득

---

[56] 전득주 외, 1995, 독일연방공화국, 서울: 대왕사, 23~35쪽 참조.
[57] 상기 책, 36~39쪽 참조.

함으로서 독일통일과정에 강대국의 저항을 덜 받고 동독과 통일을 이룩할 수 있었다. 독일통일은 평화적이고 민주적인 절차를 통해서 이루어진 통일유형으로 베트남이나 에멘 등의 무력통일유형과는 기본적으로 다르다.

2. 국가연합에서 연방국가로의 형성과정

독일은 역사적으로 신성로마제국(962~1806), 라인연맹(1306~1815), 독일연합(1815~1866), 비스마르크의 제 2제국(1871~1918)을 거치는 동안 국가연맹(Staatenbuendnis)이나 국가연합제와 연방제의 전통과 경험을 축적하였다.

신성로마제국이 망하기 전인 1806년에 결성된 라인연맹(Rheinbund)은 연합적인 기초위에서 독일을 위한 새로운 정치체제를 창설하려는 첫 시도이었다. 그러나 이는 독일인들의 기획이 아니라 어디까지나 당시의 프로이센을 견제하려는 나폴레옹의 전략에 비롯되었다.[58]

그 후 설립된 독일연합(Deutscher Staatenbund)은 비록 국가연합에 불과할지라도 51년간 지속되었다. 오스트리아와 프로이센을 비롯한 38개국이 1815년 6월 8일 독일연합규약(die Deutschen Bundesakte)에 서명함으로서 독일연합을 창설하게 되었다. 1814~1815년에 걸쳐 개최된 빈(Wien)회의에서 설치하기로 결의되었던 독일연합은 오스트리아와 프로이센 등 4개국의 왕국과 4개의 자유도시를 포함한 38개의 국가로 구성된 느슨한 형태의 국가연합이었다. 위 규약의 제 1조는 독

---

58 1806년 남부와 서부 독일의 16명의 제후들은 라인연맹헌장에 서명하고 나폴레옹을 연맹의 지도자로 수용하였다. 이민호, 1996, 독일사, 서울: 대한교과서주식회사, 101쪽.

일연합의 구성국의 독립성과 불가침성을 보장하고 독일의 대내·외적인 안전을 유지하기 위한 독일의 자주적인 국가와 자유도시들의 국제법적인 결사체라고 규정하고 있다. 1820년 5월 15일 독일연합에 대한 비인의 최종협약이 독일연합 내에 집행기관(Bundesexekution)을 설치함으로서 독일연합에 연방적인 성격을 부여하였다.

1848~49년 성 바오로성당에서 비스마르크의 주도로 개최된 국민회의가 1849년 3월 28일 프랑크프루트(Frankfurt) 제국헌법을 통과시켜 독일연합을 39개국으로 구성된 연방국가로 만들려고 노력하였으나 수포로 돌아갔다. 당시 독일연합의 지배적인 구성국인 오스트리아와 프로이센이 서로간의 적의의 권력정치투쟁으로 그들의 대외정책에 있어서 필요한 정도의 연대의식을 결여하였기 때문에 독일국가연합은 결과적으로 1866년에 붕괴되고 말았다. 이를 만회하기 위하여 프로이센의 재상인 비스마르크(Bismark)는 주로 북 독일에 위치한 나라들을 모아 1867년 4월 17일 연방헌법의 제정으로 22개국으로 구성된 북 독일연합(Der Norddeutsche Bund)을 수립하는데 성공하였다. 그리고 이 북 독일연합은 1870년에 확대된 형태로 〈헌법연합〉으로 발전하였고 이 헌법연합은 북 독일연합, 바이에른, 뷰텐베르크, 바덴, 헷센 등으로 구성되었다. 그 다음 해인 1871년 4월 16일에는 프로이센의 철혈재상인 비스마르크의 주도로 25개 지분국으로 구성된 연방국가인 소위 제 2 독일제국(Deutsches Reich)을 수립하는데 성공함으로서 최초로 통일독일연방국가를 건설하게 되었다. 독일제국을 구성하는 지분국가들은 연방권력에 복종하지만 그 연방정부의 정책형성에는 참여하였다. 입법과 행정을 위한 중심적이고 관할권이 있는 헌법기관은 연방참의원(Bundesrat)이었으며 이는 독일제국의 가장 독특한 제도라고 알려져 있다.

1871년 이후의 독일의 개별 국가들은 역사, 종족의식 및 세습왕가에 의해서 특징지어진 독자적인 개성을 가지면서 성장해 온 국가체제였다. 그러므로 그 당시 독일의 통일을 이룩하고 유지하는 데에는 이러한 독자적인 개성의 파괴와 평준화가 아니고 그 개성을 보존하고 그것이 전체 국가에 기여하도록 하는 것이 그 전제였다.

제 1차 세계대전 이후 타율에 의해 만들어진 바이마르 헌법상의 국민의회(Nationalversammlung)에서도 중앙집권적인 분위기가 지배적이었다. 그 후 나치의 제 3제국(1934~1945)시대에는 강력한 중앙집권적인 단일국가체제를 이루었다.

제 2차 세계대전이후 연합국들은 제 2차 세계대전의 전후처리를 위한 회담과정에서 독일이 다시는 전쟁을 하지 못하도록 독일을 분할 점령함과 동시에 서독지역에 지방 분권화된 연방국가의 수립을 계획하였다. 프로이센은 명시적으로 해체되었다. 1946/47년 소련 점령지역에서는 5개 주가 만들어졌는데 이들은 부분적으로 프로이센 지역을 근거로 하고 있었다. 그러나 이러한 주들은 단지 몇 년 밖에 지탱하지 못하였다. 왜냐하면 1949년에 수립된 동독은 5개 주를 1952년에 14개 행정구역(Bezirken)으로 분할하였기 때문이다. 동베를린은 동독의 수도로서 제 15 행정구역이 되었다.

영국, 프랑스와 미국이 점령한 서독지역도 약간의 변경을 거쳐 서독연방국가가 수립되었을 때는 도합 11개 연방주가 탄생되었다.

서독이 연방 국가를 택한 것은 대략 다음과 같은 이유에서 비롯되었다:

1) 나치의 국가사회주의 국가라는 중앙집권적인 정치체제인 단일국가 체제에 대한 반작용.

2) 미국이나 스위스에 도피한 독일이주민들의 출판물을 통한 연방주의의 지속적인 지지와 이념적인 정당성.

3) 프로이센의 분열과 중동부 독일의 프랑스에의 이양이후 가톨릭

교회의 사회론의 원칙59과 문화정치적인 요소의 작용.
4) 독일 중앙집권적인 국가체제에 대한 연합국의 혐오감으로 인해
조성된 기본조건으로서의 권력분산 등이다.

이러한 기본조건은 런던의 6개국 회의에서 통과된 소위 1948년 7월 1일자 프랑크푸르트 문서에서 드러나 있는데 그 내용은 다음과 같다 .

"헌법제정위원회(Parlamentarischer Rat)는 현재 분열된 독일을 결국 재통합하는 데에 가장 적합한 연방주의 정부형태에 참여하는 연방주들에게 재통합의 기회를 만들어주고, 참여하는 주들의 권리를 보호하며, 적절한 중앙관청을 창설하고, 개인의 권리와 자유를 보장하는 민주적 헌법을 작성할 것이다."60

이러한 연방국가설립이라는 기본조건은 1948~49년 사이에 독일연방공화국의 창설과정에서 연합국에 의해서 여러 번 제기되었다.

또한 대다수의 서부독일인들도 나치의 중앙집권적 단일국가를 혐오하였기 때문에 단일국가보다는 오히려 연방 국가를 더욱 선호하였다. 독일의 연방제는 기본법이 지금까지 적용되어온 과정에서도 국법의 원리로서 서독 내 어느 집단에 의해서도 의문이 제기되지는 않았다. 1949년 서독의 연방정부가 수립된 이래 연방주들은 견고한 정치체제가 되어 점차적으로 주에 대한 독자적인 의식과 애착을 갖게 되었다.

독일의 통일과정에서도 연방주에 대한 사상(das Laendergedanken)

---

59 상위단체는 하위단체를 소라 없이 지원해야한다는 사회정치적인 원칙이 가톨릭의 사회론의 원칙임.
60 대한민국 법무부, 2000, 독일과 미국의 연방제, 과천: 시에스 기획 인쇄, 47면 재인용.

이 주민의 의식에 뿌리를 내렸음이 드러났다. 브란덴부르크, 메클렌부르크-포어폼메른, 작센, 작센-안할트, 튀링엔 등 동독정부 수립 이전에 존재하였던 연방주들의 재건은 구동독이 독일연방공화국에 편입하기 이전에 이미 동독의 인민의회(Volkskammer)에서 1990년 7월 22일 통과된 법률에 근거하고 그 후 새로운 연방주 헌법들은 브란데부르크, 작센, 작센-안할트 주 등 3개 주와 1993년에는 메클렌부르크-포어폼메른과 튀링엔에 대해 그 효력을 발휘하였다.

그 결과 서독은 1949년 11개의 연방주가 결합한 연방국가로 출발하여 1990년에 동독의 5개 연방주가 독일연방에 편입되어 10월 3일 독일은 16개 연방주로 구성된 통일연방국가가 되었다. 독일은 통일되었으나 독일의 헌법은 그대로 서독이 갖고 있었던 기본법을 그대로 쓰기로 결의하였기 때문에 통일 후 변화된 독일의 국내·외적인 상황에 부응하는 기본법의 조별 개정을 시도하였고 드디어 1998년 7월 16일 제 39조 제 1항이 부분 개정되기까지 독일통일 후 무려 총 46회에 걸친 연방기본법의 조별 개정이 이루어 졌다.

3. 연방과 주의 권한 배분

1) 독일연방제의 특징

독일은 그의 기본법 제 20조에 민주적 및 사회적 연방국가라고 명시하고 있다. 독일의 연방제는 다음의 다섯 가지 특징을 갖고 있다.

(1) 연방국가의 구성은 세 가지 특성을 갖고 있다.
첫째, 이분적인 연방국가의 특성을 갖고 있다. 다양한 연방국가론에는 이분적인 연방제론, 삼분적인 연방제론, 부분국가론 등이 있는 바, 독일은 연방과 연방주로 나누는 이분적인 연방국가라는 것이다.

둘째, 연방이 연방주를 국가로 인정하는 것이 연방국가구성의 두 번째 특징이다. 이는 연방헌법과 주 헌법이 원칙적으로 독립적으로 병존한다는 것을 의미한다. 주들은 연방의 지분국가들(Gliedstaaten)로 고유한 고권 즉 연방에 의해 도출되지는 않았지만 연방에 의해 승인된, 대상에 따라 제한적이지만 그래도 국가적인 고권을 가진 국가이다. 독일 기본법 제 28조 제 1항에 의하면 연방과 주의 관계에서 주에 대한 연방의 제한을 오로지 민주적이고 법치주의적인 제 원칙을 지키는데 국한하여 다음과 같이 규정하고 있다.

> "각 주의 헌법질서는 이 기본법에서 의미하는 공화주의적·민주주의적 사회법치국가의 제 원칙에 부합되어야 한다. 주(Land), 군(Kreis) 및 읍·면(Gemeinde)의 주민은 보통, 직접, 자유, 평등 및 비밀선거로 선출된 대표기관을 가져야 한다."[61]

셋째, 동질성의 원리는 독일연방국가의 구성의 세 번째 특징이다. 연방헌법은 연방내부의 평화를 위협할 수 있는 대립과 갈등이 발생하지 않도록 원칙적으로 연방국가과 지분국가 사이에서 그리고 지분국가들 사이에서 정치적인 구성의 동질성을 보장하고 있다. 이러한 동질성의 원리가 연방헌법 제 28조 제 1항 제 1문과 제 2문에 명시되어 있고 동조 제 4항에서는 연방의 보호를 받고 있다.

(2) 독일은 연방의 입법과 행정에 참여하는 연방참의원을 갖고 있다. 각 지분국가인 연방주는 연방참의원을 통하여 연방의 입법

---

[61] 독일연방공화국 기본법 제 28조 1항 참조.

과정과 행정과정에 참여한다.**62**

(3) 독일의 기본법은 연방과 주의 권한획정의 원리를 갖고 있다. 연방기본법 제 30조와 31조가 이 원리를 뒷받침하고 있다. 제 30조는 연방주의 기능에 있어 "국가적 기능의 행사와 국가적 임무의 수행은 이 기본법이 다른 특별한 규정을 두지 아니하거나 허용하지 않는 한 연방주의 사항이라는 것을 규정하고 있다. 또한 제 31조에서는 연방법과 주법이 저촉되었을 경우 주법보다 연방법의 우위를 강조하고 있다.

(4) 연방과 주의 우호적 태도라는 원칙의 적용이다. 이러한 원칙은 행정공조와 사법공조 의무(기본법 제35조 제 1항)**63** 예산운용에 있어 전체 경제적 균형을 고려해야 할 의무(기본법 제 109조 제 2항) 등에 적용된다.

(5) 주들에 대한 연방의 구체적인 영향력의 행사와 그 반대의 영향력의 행사의 원칙이 특징이다. 다시 말해서 연방의 국가성은 연방의 주에 대한 영향력 행사와 주의 연방에 대한 영향력 행사를 특징으로 한다. 이러한 영향력을 명시적으로 표현하는 규정들 이외에도 기본법은 연방에게 구체적인 영향력을 미칠 권한도 인정하고 있다. 연방감독, 연방강제 및 연방개입 등은 이에 속한다.

2) 권한의 배분

독일연방공화국 기본법에 의하면 연방 국가는 단일국가나 국가연

---

62 독일연방공화국 기본법 제 84조 1항 참조.
63 기본법 제35조(법적 구조와 직무상의 지원) 제1항: 연방과 주의 모든 관청은 상호 간의 법적 지원과 직무상의 지원을 행하다.

합(der Staatenbund)과는 달리 다수의 국가조직이나 법질서, 즉 독자적인 권력을 갖춘 지분국가들(die Gliedstaaten)과 전체국가(der Gesamtstaat)의 국가조직이나 법질서의 통합체이다. 독일의 전체국가는 중앙정부와 구성 지분국가인 연방 주정부 사이에 〈도표: 6〉에서 보는 바와 같이 국가적인 업무가 배분된다.

〈도표: 6〉 독일 연방과 주의 권한 배분

A. 연방과 주의 권한 배분				
주요권한 및 기능	연방 고유입법권	주 고유입법권	연방/주 공유입법권	연방-법제정 주-집행
외교관계(유럽연합)	●			
국방, 여권제도, 이민	●			
관세·통화·화폐제도	●			
우편·장거리통신	●			
연방철도·항공교통	●			
국제적인 범죄수사	●			
연방용 통계	●			
민법,형법 및 행정, 재판절차,변호사, 공증인, 호적제도			●	
경제(광업, 공업, 동력산업, 수공업, 영업, 상업, 은행 및 주식제도, 보험제도의 입법			●	
핵에너지, 노동법, 사회 보장제, 직업룬련지원, 학술연구지원			●	

A. 연방과 주의 권한 배분				
주요권한 및 기능	연방 고유입법권	주 고유입법권	연방/주 공유입법권	연방-법제정 주-집행
식량, 생필품, 원양어업, 토지거래, 토지법, 수로, 도로교통, 인공수정, 유전자정보와연구, 장기이식 등			●	
경찰, 교회		●		
재산세, 상속세, 자동차세, 맥주세, 박람장의 공과금		●		
공립학교·교육		●		
조세의 경합적 입법권, 관세, 도로운송세, 자본거래세, 보험세 및 어음세, 소득세와 법인세에 대한 부가세, 유럽공동체내에서 과하는 공과금 등.	●			
사회보장			●	●
환경보호			●	●

B. 주의 권한

- 지방도로 건설 및 관리　　　- 지방에서 공공교통
- 가스·전기·수도·쓰레기　　　- 지방개발
- 교사선출·학교건축
- 재산세 상속세, 자동차 세, 토지세와 영업세 등
- 복지제공, 맥주세, 박람회장의 공과금

출처: 이는 독일기본법으로부터 도출한 것임.

독일의 연방정부는 여타의 연방국가와 마찬가지로 외교와 국방에 관한 권한을 가지고 있으며 그 밖에도 내정에 관한 광범위한 권한을 가지고 있다.

독일헌법은 연방 법률의 집행과 연방법의 문제에 관한 사법을 원칙적으로 연방주에 배정함으로써 행정권이나 사법권보다 광범위한 입법권을 연방에 설정하고 있다. 이 설정의 방식은 연방의 권한을 헌법에 명시하는 것이다. 그러므로 연방의 권한에 속하지 않는 권한은 원칙적으로 각 연방주의 권한에 속하게 된다. 각 연방주는 연방주마다 독자적인 헌법을 가지고 있으며 선출된 의회와 정부를 갖는다. 따라서 연방의 권한에 속하지 않는 영역에서는 연방주는 독자적으로 입법권과 행정권 그리고 사법권을 행사한다.

독일의 연방국가 질서는 국가과제를 연방과 주 정부에 분배할 뿐만 아니라 나아가 주가 연방에 일정한 영향력을 행사하고 연방이 주에 영향력을 행사하는 것을 인정함으로써 전체국가의 질서와 주 정부의 질서의 동질성이 형성되고 보장된다.[64]

연방주는 연방에 대하여 영향력을 행사할 수 있는 대표적인 권리의 매개체로 연방 참의원을 갖고 있다. 그러나 연방은 헌법이 보장하고 있는 보장의무 및 연방감독, 연방강제, 그리고 연방개입 등의 제도들에 의해서 연방주에 대한 영향력을 행사한다.

현재 독일을 비롯한 연방국가에서는 연방주 즉 연방구성국의 역사적인 독자성의 상실과 현대적 사회국가로의 발전으로 인하여 일반적으로 연방국가의 권력이 강화되는 추세이다. 사회복지국가로의 발전은 사실상 각 연방주에 국한되어 처리되는 국가과제의 범위를 확대시키는 추세에 있다. 과학 기술, 경제, 교통이 발달되고 독일연방국가의

---

[64] 계희열 역, 서독헌법원론, 삼영사, 1987, 166~167쪽.

경제와 사회생활의 복합성과 상호의존성이 높아짐에 따라 이에 대한 권한이 연방정부로 이양되고 연방정부의 규제와 관여가 확대되는 방향으로 나아가고 있다.

독일의 연방정부는 수상중심 의원내각제의 형태를 취하고 있다. 독일 기본법에 나타난 정부의 형태의 특징을 살펴보면 다음과 같다:

첫째, 정부는 연방하원의 다수당 지도자에 의해 구성되고 그 다수당의 지지를 잃지 않는 한 붕괴되지 아니하며

둘째, 정부수반으로서 연방수상은 특별한 지위를 가지고 있고

셋째, 정책결정 즉 국민의 정치적 의사형성은 정당을 마개로 하여 공동으로 결정하며

넷째, 정부는 의회 해산권을, 의회는 정부에 대한 불신임 권을 가지고 있어 상호견제와 균형을 유지하고 있다.

제 2차 대전 이후 제정된 독일 헌법은 바이마르(Weimar)치제에서 보았던 정국의 불안정을 해소하기 위한 제도적 장치로서 정부의 의회 해산권과 의회의 정부에 대한 불신임 권을 대폭 제한하여 정치 안정과 정책의 일관성을 담보하고 있다. 그리고 행정부의 안정을 위하여 수상의 불신임을 연방의회가 후임수상을 새로이 선출한 경우에만 가능하게 한 이른바 '건설적 불신임제도'(Konstruktives Misstrauenssystem)를 채택하고 있다.

(1) 연방입법권한의 배분

개인과 사회의 존재조건의 형성과 발전을 위한 입법의 중요성을 감안한다면 연방국가에서 입법권의 배분은 의미가 매우 크다. 기본법은 이러한 중요성을 고려, 입법의 영역에서 연방에 귀속된 사항을 개별

적으로 열거하고 있다. 이러한 열거에 포함되지 않는 사항에 대해서는 기본법 제 30조와 70조[65]에 의하여 연방주가 관할권을 갖는다.

(2) 행정권의 분할

기본법 제 8장에 포함된 규정들의 대상은 정부와 병존하는 법 집행권(die Exekutive)의 일부로서 행정이다. 행정이란 계획적이고, 그 목적과 목표에서 법규범에 의해 그리고 이러한 법 규범 내에서 정부의 정치적인 결단에 의해 결정되고 동시에 구획된, 구체적인 조치에 의해서 사회공동생활의 형성과 유지를 위한 공공조직의 활동이라고 정의될 수 있다. 연방기본법은 네 가지 조직형태(행정유형)를 구분하고 있는데, 이에 의하여 행정, 특히 법률의 집행이라는 영역에서 연방권한과 주의 권한이 구분된다.

첫째, 주 고유의 주 법률의 집행.

둘째, 주 고유의 연방 법률의 집행.

셋째, 연방의 위임을 받은 주들에 의한 연방 법률의 집행 이를 연방위임행정이라고 함.

넷째, 연방고유의 연방 법률의 집행.

이 처럼 연방주는 '기본법이 달리 규정하거나 허용하고 있지 않는한' 연방 법률을 원칙적으로 고유의 업무로 집행한다.

---

[65] 제 70조(연방과 주의 입법) (1) 주는 이 기본법이 연방에 입법권한을 부여하지 않는 경우에는 입법권을 갖는다. (2)연방과 주간의 관할의 획정은 전속적 입법과 경합적 입법에 관한 이 기본법의 조항에 따라 정해진다.

(3) 사법권의 분할

연방과 주간의 업무분장에 관한 기본법 제 30조, 제 70조, 제 83조
의 원칙을 승계하여 기본법 제 92조[66]는 연방국가의 재판기관에 대한
기본규범을 정해 놓고 있다. 사법권은 연방헌법재판소, 기본법에 규
정된 연방법원, 주법원에 의해서 행사된다. 기본법은 제 9장에서 사법
권을 단일체로서 취급하고 있다. 사법권은 독립적이며 오직 법률에만
순응하는 법관들에게만 있다. 단지 법관들의 조직적 기술적 대표성에
대해서만 사법권은 연방과 주로 분할되어 있다.

연방법원은 연방헌법재판소, 5개의 연방최고법원(연방법원), 연방노
동법원, 연방행정법원, 연방사회법원, 연방재정법원(기본법 제 96조 제
1항), 나아가 연방특허법원, 연방징계법원과 6개의 군사법원이 있다.
연방특허법원의 상급심은 연방법원이고, 연방징계법원 및 군사법원
의 상급심은 연방행정법원이다. 그 밖에 연방 법률의 테두리 내에서
수많은 하급심 및 중급심 법원에 대해 연방주가 책임을 지고 있다. 주
의 이러한 법원들에 대해 최고심(상급심)은 5개의 연방최고법원인데,
이들은 5개의 본질적인 법원영역으로 구분되어 있는 특징을 지니고
있다. 상소는 보통 주의 법원에서 연방의 법원으로 진행된다. 주의 법
원은 통상 연방법과 주법을 적용한다.

모든 주들은 독립적인 국가고권을 갖춘 국가로서 주 헌법재판소(부
분적으로는 국가법원이라고 부름)를 설치하고 있는데, 이는 그 관할영역
에서 재판을 종료하겠다는 것을 의미한다. 국가안보에 관한 한 제 1심
은 주법원이고 제 2심은 연방법원이다.

---

66 제92조(법원의 조직) 사법권은 법관에게 맡겨진다. 사법권은 연방헌법재판소, 기
본법에 규정된 연방법원 그리고 주법원에 의해서 행사된다.

(4) 외교 및 국제문제 담당

외국과의 관계를 취급하는 기본법 제 32조에 의하면 외국과의 관계를 담당하는 기관은 연방사항이라고 명시되어 있고 만약 어떤 주가 특별한 사정에 의해 외국과 조약을 체결할 경우에는 연방은 사전에 그 주의 의견을 듣도록 규정되어 있다. 또한 주는 연방정부의 동의를 얻을 경우 외국과의 조약을 체결할 수 있다는 것이다.

독일연방공화국의 유럽연합 회원자격은 처음부터 연방국가적 질서를 적용하였는데 그 이유는 연방의 통합권력이 연방국가적 권한배분을 우선하기 때문이다. 기본법 제 24조 제 1항은 연방이 연방주의 동의가 필요 없는 단순한 법률에 의하여 고권 즉 연방뿐만 아니라 주 권한, 예를 들면 건축, 문화, 구조적 경제개혁정책과 관련된 권한을 국제기구인 유럽연합에 이양할 수 있다고 규정하고 있다.

(5) 재정헌법

재정헌법, 즉 재정고권과 예산제도, 조세제도 그리고 수입과 지출의 조정에 대한 헌법적 규율은 모든 연방국가적 질서의 핵심부분이다. 그리고 이는 전체국가와 그 구성국가간의 권력과 영향력의 실제적 배분의 명백한 지표가 된다.

연방국가의 관점에서 재정헌법은 만약 전체국가와 같이 그 구성국들도 자치적이고 상호간에 독립적인 예산관리 범위 내에서 세수 중에 충분한 금액을 자유로이 처분할 수 있고, 그와 동시에 타방의(연방은 주의, 주는 연방의) 자금지불에 의존하지 않는 경우에만 연방과 주들의 국가적 성격이 발휘될 수 있다는 것이다. 조세의 대부분이 주의 재정관청에 의해 관리되고 있는 반면에 주들은 그 징수세액이 그들에게 독립적으로 귀속되는 조세에 있어서도 입법권을 단지 부분적으로만 갖는다는 점을 주목해야 한다. 따라서 주들은 주로 연방참의원을 통해 납세액으로부터 그들이 받을 몫의 범위에 대해 영향력을 행사한다. 이에 반해 토지세와 영업세에 관해 스스로 세율을 규정하는 권한은 지방자치단체에 있다.

(6) 협동적 연방주의

공공부문의 효과적인 수행을 위하여 연방과 주들은 상호협동을 한다는 정신이 강화되어 왔는데 이를 협동적 연방주의(Kooperativer Foederalismus)라고 한다. 오늘날 이 개념은 연방과 각 주 그리고 지방자치단체간의 보다 개선된 협력을 의미한다. 협동은 연방과 주간의 협동과 주들 간의 협동으로 나누어진다. 주들 간의 협동은 국가조약, 행정협정, 장관회의 및 공공시설의 설립 등을 통하여 실현된다. 그 예로서 제도화된 주지사회의나 주무장관회의를 들 수 있다.

주와 연방간의 협동은 연방수상과 주지사들 간의 회의, 그 밖에 주의 각부 장관회의(법무장관회의, 내무장관회의 등등)등에 해당 연방장관이 자문역으로 참석하는 것을 들 수 있다. 그리고 연방과 주들의 내각에 의해서 설립되는 각종 전문가위원회 등을 들 수 있다.

(7) 지방자치단체

지방자치단체나 지방자치단체조합은 독일의 연방국가적 질서에서 하나의 고유한 헌법적 분야를 구성하고 있지 않다. 연방국가적 질서라는 관점에서 보면 오히려 그것들은 전적으로 주에 귀속되어 있다. 그럼에도 불구하고 그들은 연방국가의 과제수행을 위해 매우 중요한 역할을 수행하고 있다.

4. 독일연방공화국의 정치체제

1) 독일기본법 상의 국가구조의 기본원칙

1949년 5월 24일 발효된 독일기본법 상 국가구조의 기본원칙은 자유민주주의, 사회법치주의, 연방주의와 수상중심의원내각제 등으로 특징지어 질 수 있다. 독일 기본법은 처음부터 나치즘과 공산주의라는 극우나 극좌이데올로기를 배제하고 인간의 가치를 극대화할 수 있는 자유민주주의를 수용하였다. 기본법의 핵심정신은 자유로운 민주질서로서 이는 자의에 의한 권력 장악이나 지배를 배제하고 국민의 자기결정에 따라 형성된 다수파의 의사를 존중하고 따르며 자유와 평등의 가치에 입각하여 법치국가적 질서를 형성하고 정착시켜 나아가는 것을 의미한다. 예를 들어 개인의 자유권이 배제된 나치시대의 반작용으로 기본권이 국가권력을 구속할 수 있도록 하였고(기본법 제 1조 3항), 국민의 기본권의 본질적인 내용을 어떠한 경우에도 침해할 수 없도록 한 것이나(제 19조 2항), 바이마르공화국의 헌법과는 달리 국민투표적인 요소를 제거하고 대통령의 지위는 국가의 상징적인 존재에 지나지 않으며, 대신 연방수상의 지위가 강화된 국가구조를 지향하고 있는 것을 볼 수 있다. 특히 권력구조상 모든 전체주의적 내지 독재적인 경향을 반대하기 때문에 기본법은 연방제, 권력분립의 원칙, 국가원수의 임기축소와 권력남용에 대한 방지, 수상지위의 강화, 의회 다수파의 자의성의 배제, 군소정당의 난립방지를 위한 "5% 진입제한규정" 등을 강조하고 있다.

2) 정당제도

(1) 헌법적인 지위

독일의 정치생활에서 국민의 정치참여를 통한 정치의사형성과정에 핵심적인 역할을 담당하고 있는 단체는 정당이다. 미국의 헌법과는 달리 독일의 기본법이 이러한 정당의 조직 원리와 임무를 부여하고 있다. 그리고 구체적인 정당관련 사항들은 정당법에 규정하고 있다. 독일 기본법 제 21조는 독일정당의 조직의 원리와 임무를 그리고 1967년 7월 24일에 제정된 정당법은 독일정당 관련사항들을 규정하고 있는데 독일의 저명한 정치학자인 존트하이머(Sontheimer)는 그 이유로 다음 두 가지를 들고 있다.[67]

첫째는 바이마르 공화국 당시 정당에 대한 국가의 등한시 경향이 민주질서유지를 불가능하게 하였으며 동시에 나치시대를 여는 계기가 된 점을 고려하여 민주적인 정당제도의 발전이야말로 정치발전의 핵심사항으로 이해하였기 때문이다. 둘째로 정당은 국민의 정치적인 의사형성의 중추적인 역할을 하고 있음을 고려, 헌법상 그 정당성을 부여하는 것이 합당하다고 판단하였기 때문이다. 이 또한 바이마르 공화국과 나치시대의 경험에서 나온 습득과정이라고 볼 수 있다.

이처럼 독일의 정당의 개념이 헌법에 명시될 정도로 정당의 중요성이 인정되고 있기 때문에 정당국가라는 말이 나올 정도로 독일의 정치는 정당중심으로 이루어지고 있다. 정당국가개념의 등장은 대형화되고 복잡화되는 현대국가에서 직접민주주의가 현실적으로 불가능하다는 점을 감안한다면 정당국가의 등장은 필연적인 경향으로 독일정

---

67 Sontheimer, Kurt, Wilhelm Bleek, 1999, Grundzuege des politischen Systems der Bundesrepublik Deutschland, Muenchen: Piper Verlag, p. 220.

치인들은 인정하였다.[68]

독일 연방헌법재판소도 이를 고려하여 정당에 대한 우선권을 인정하고 있다.[69] 독일헌법은 정당의 조직과 활동의 자유를 보장하고 있는 대신에 과거의 정당역사를 거울삼아 정당금지에 관한 사항도 엄격히 규정하고 있다. 특히 정당법은 처음부터 헌법정신에 맞지 않는 위헌적 정당을 금지시키고 있다. 그 판단은 기본법 제 21조 2항에 따라 공개적인 토론을 거쳐 위헌여부를 판정하는 기준을 만든다. 이러한 기준에 따라 연방헌법재판소는 연방정부의 요청으로 헌정질서에 정당이 합치되는지의 여부를 심사하여 정당의 활동을 금지시킨 적이 지금까지 두 번 있었다. 연방헌법재판소는 1952년 신나치적인 '사회주의 제국정당(SRP=Sozialisitische Reichspartei)'과 1956년 '독일의 공산당(KDP= Kommunitische Partei Deutschlands)'의 활동에 대한 금지 조치를 취하였다. 사회주의제국정당의 경우 정당 금지 조치는 과거 조직된 극우정당들의 세력 확산을 방지하는데 기여하였다. 그러나 독일의 공산당을 금지한 후 1956년부터 독일정치권에서는 정당금지 조치에 대한 강한 회의가 일어나게 되었다. 그 이유는 공산당의 금지조치 이후 공산당의 일부는 지하에서 활동을 계속하게 되어 정부의 통제가 더 어려워 졌을 뿐만 아니라 사민당이 처음에는 사회주의적인 노동자당에서 이제 중도좌파의 국민정당으로 변신하게 된 이상 극좌정당을 배후에서 지원할 어떠한 형제정당도 없었기 때문이다. 그 이외에도 독일의 공산당의 금지는 1966년 기민당과 사민당에 의한 대연정(Grosse Koalition) 이래 공산당의 지도하에 있는 동독과의 관계개선을

---

68 Leibholz, Gerhard, 1961, Strukturprobleme der modernen Demokratie, Stuttgart, p. 93.

69 Hesse, Konrad, 1991, Grundzuege des Verfassungsrechts der BRD, Heidelberg, p. 125.

위한 대연정의 노력을 더욱 어렵게 하였다. 독일정부는 상기의 3 가지 조건들을 고려, 마침내 1968년 서독에서 독일공산당(DKP=Deutsche Kommunitische Partei)[70]의 활동을 인정하였다. 독일정부는 독일공산 당이 소련공산당이나 동독의 사회주의통일당의 정책과 일치함으로 그의 합헌성이 의심스러웠지만 내부적으로는 독일공산당의 재창당을 환영하였다. 지금까지의 정당 금지조치는 서부독일의 정당체제에서 아마도 어떠한 정당금지 판결 없이는 어떠한 모범적인 역할도 할 수 없었던 정치조직들에만 내려졌던 것이다. 이러한 경험으로부터 서독 의 정치인들은 기본법에 규정된 위헌적인 정당을 금지시키는 것만이 민주정당의 유지를 위하여 신뢰할 수 있는 수단은 아니라는 것을 알 게 되었다. 독일정부가 정당 금지를 위해 연방헌법재판소에 신청한 정당들은 사회주의 제국 당이나 독일의 공산당의 경우처럼 민주주의 의 영속을 위해서는 어떠한 실질적인 위험도 아니라고 보았다. 그 결 과, 독일정부는 그 후 1960년대 중반에 생긴 신나치주의 정강인 '독일 민족민주정당(NPD=Nationaldemokratische Partei Deutschlands)'의 경 우처럼 잠재적으로 위험한 정당들에 대해 정당금지를 헌법재판소에 더 이상 신청하지 않았다. 독일정부는 기본법 제 21조 2항의 규정에 서 반민주주의적인 정당들의 금지를 서독안보를 위하여 취해야 할 어 떠한 안전한 방어적인 수단으로 보지 않았다. 만약 기존 정당제도 속 에서 거대 정당들이 대외적으로는 민주적이라고 말하면서 내부적으 로는 반민주적인 목표들을 달성하기 위하여 하나의 변화과정을 은밀 히 거친다면 이들 정당들의 금지 조치는 완전히 비효과적일 것이다. 정당 금지조치를 위한 정부의 신청가능성은 의심을 받는 급진적인 정 당들에 대한 민주주의적인 절차와 내용들에 외피적인 적응이라는 효

---

70 DKP는 KPD와 다름. 그럼으로 한국어로는 DKP는 '독일 공산당' 그리고 KPD는 '독일의 공산당'으로 번역하여 그 차이를 나타내고자 시도하였음.

과만을 줄 것이다. 민주적인 체제에 대한 숨어있는 적의는 적어도 공개된 적의만큼이나 위험하다. 그것은 하나의 법적인 추적을 훨씬 더 어렵게 만든다. 그러므로 독일 정당체제의 안정과 민주적인 질은 헌법상의 정당금지조문에 달려 있는 것이 아니라 무엇보다도 정치생활에서 지도적인 정당들이 민주적인 원칙의 한계점에 대한 확고한 합의를 갖고 이러한 합의를 국민에게 분명히 전달할 수 있느냐에 달려 있다는 것이다.[71]

(2) 정당제도

독일이 제 2차 세계대전이후 가장 모범적인 민주국가로 발전할 수 있었던 가장 중요한 이유들 중 하나는 정당제도의 안정성과 민주적인 정당구조 때문이다. 독일정당구조의 민주화와 개별정당들의 민주화를 위한 노력들은 독일의 급격한 산업 사회화 과정 속에서 안정된 민주적인 역학관계를 구축하는 원동력이 되었다. 오늘날 독일정당제도의 다양성은 그 동안의 지속적인 복잡한 갈등구조에서 비롯되었다. 지금까지 정당구조를 놓고 야기되었던 갈등구조들을 정리해 보면 다음과 같다.[72]

첫째, 신·구교간의 갈등

둘째, 민족주의와 지역주의적인 정당 집단 간의 갈등(지역정당으로 발전)

셋째, 노·사 간의 갈등

넷째, 농민을 비롯한 신분에 구속받는 그룹과 산업사회를 발전시키

---

71 Sontheimer, 상기책, p. 225.

72 von Beyme, Klaus, 1993, Das Politische System der Bundesrepublik Deutschlands nach der Vereinigung, Muenchen/Zuerich: Piper Verlag, p. 127.

　　는 그룹조직 간의 갈등

　　다섯째, 이민자와 토착내국인 간의 갈등

　　이러한 갈등구조에 따라 독일에서는 이미 1848년 3월 혁명 당시부터 정당의 다당제 경향을 보여주었다.[73] 독일정당사에서 또 하나의 특징은 이러한 다당제와 함께 헌법구조가 변경되는 혁명적 시기마다 정당구조가 양극화경향을 보였다는 점이다. 즉, 비스마르크에 의해서 독일제국으로의 통일을 이룩한 1871년을 기점으로 제국추종자와 반제국주의자 그룹으로 정치집단이 양극화되었다.

　　제 1차 세계대전이 종료된 1919년 바이마르 공화국에서는 공화주의자와 반공화주의자 그룹으로 양분화 경향을 보였고 제 2차 세계대전 이후 분단 상황에서는 연방공화국의 분단체제를 수용하는 정당들과 분단국체제를 반대하는 정당들로 나뉘어졌던 것이다.

　　독일의 정당사는 대략 다음의 세 가지 시기를 거치면서 발전해 왔다.[74]

　　제 1기는 19세기 독일정당제도의 초기단계로서 비스마르크의 입헌군주제 하에서 독일정당정치의 탄생기다. 그 당시에는 보수주의, 자유주의, 정치적 가톨릭주의, 정치적 급진주의, 사회주의 등 이데올로기적인 혼재 상태에 있었다.

　　제 2기는 바이마르 공화국(1919~1933) 시기로서 경쟁적인 정당체제를 갖춘 전형적인 정당국가적인 성격을 갖고 있었다. 이러한 경쟁적인 정당체제는 정치인과 국민의 올바른 민주의식의 부족으로 소당분립주의와 과도한 경쟁심을 야기 시킴으로서 정치위기와 국민의 정치

---

73 Allemann, Ulrich, 2003, Das Parteiensystem der BRD, Bonn: Bundeszentrale fuer Politische Bildung, pp. 13~17.

74 Stammen, Theo, 1979, Parteien in Europa, Muenchen: C.B. Beck, p. 128.

소외를 초래시키었다.

제 3기는 바이마르공화국의 혼란을 틈탄 나치에 의한 권력 독점기 (1933~1945)로서, 한마디로 정당제도의 종언으로 표현할 수 있다. 일당독재국가인 독일은 1939년 세계대전을 일으킨 전범국으로서 1945년 독일의 패전은 정치적 파국을 야기 시키었다.

제 4기는 전후 새로이 정당의 역사가 시작되는 시기로서 특히 1945년부터 서독에 독일연방공화국이 수립된 1949년까지가 오늘의 독일 정당체제를 구축하는 가장 중요한 시기였다. 1949년 독일연방공화국의 최초 총선에서 5%이상을 획득한 정당은 기민/기사당, 사민당, 자유당과 독일의 공산당(KPD) 등으로 다당제라는 오늘의 원형을 그대로 보여주고 있다. 2012년 현재 독일연방공화국에는 기민/기사당, 사민당, 자유민주당, 녹색당, 좌파당(동독의 사회주의통일당의 후신)등이 연방의회에 진출해 있다.

(3) 개별 정당들

가) 사회민주당

(사민당: SPD=Sozialdemokratische Partei Deutschlands)

독일정당들 중에서 회원 수로 볼 때 가장 크며 가장 오래된 정당이 독일사회민주당이다. 사회민주당은 1945년 이후 새로 창당된 기독교민주당과는 달리 과거 사회민주주의자들에 의한 사회민주당의 재건이라고 말할 수 있다. 이러한 관점에서 사회민주당의 뿌리는 독일 현대사의 초기로 올라가는데, 두 개의 조직으로부터 오늘의 사회민주당의 원류를 찾을 수 있다. 그 하나는 1863년 라이프치히에서 라쌀레 (Ferdinand Lassalle)에 의해서 주도된 '일반독일노동자동맹' (Allgemeiner Deutscher Arbeiterverein)이며, 다른 하나는 베벨(August Bebel)과 리브

크네히트(W. Liebknecht)의 주도로 아이제나하(Eisenach)에서 창당된 '사회민주주의 노동자당'(Sozialdemokratische Arbeiterpartei)이다. 이들 두 정당은 동일한 이념을 가지고 있었으나 독일민족통일문제에 대해 이견을 노정하였다. 라쌀레 등은 '소독일'을 지향한 반면 베벨과 리프크네히트는 대독일 통일을 주장하였다. 그러나 1871년 비스마르크에 의해 독일제국이 탄생하면서 두 당의 논쟁자체가 무의미하게 되었고 1875년에는 두 개의 사회민주계열 정당들이 불법이라고 판정되어 그 활동이 금지되었다. 그 후 1878년에는 비스마르크의 제국의회는 사회민주주의가 공동체 질서를 문란 시키고 사회를 분열시키는 장본인으로 보고 이들의 기도를 저지하기 위한 법안인 소위 '사회주의자 진압 법'(Sozialistengesetz)이 제정되어 독일에서 사회주의가 배제되었다. 제 1차 세계대전이 종료되면서 사회민주주의 세력은 '독립사민당"(USPD=Unabhaengige Sozialdemokratische Partei Deutschlands)을 중심으로 다시 활동을 재개하였다. 바이마르공화국에서는 사회민주당의 에버트(Friedrich Ebert)가 바이마르공화국 초대대통령이 됨으로서 사민당이 독일정당의 활동에 중심적인 역할을 하였다. 또한 이 시기에 사민당은 두 번에 걸쳐 제국수상을 배출하여 집권정당이 되기도 하였다. 나치시대에는 사민당도 다른 정당과 함께 해체되었다. 제 2차 세계대전 이후 사민당은 재건되어 슈마허(Kurt Schumacher)를 중심으로 독일정치의 핵심정당이 되었다. 사회민주당은 1959년 고데스베르크강령에서 마르크스주의적인 계급정당의 입장을 포기하고 국민정당으로 발 돋음 하는 커다란 변화를 시도하였다. 이때부터 사민당은 노동자와 화이트칼라의 이익을 대변하는 진보적 국민정당을 표방하였다. 사민당은 제 1야당에서 1966년 기민/기사당과 대 연정에 참여하고 68년에는 자민당과 연정을 수립하여 사민당의 당수인 빌리 브란트가 수상이 되었고 그 후 헬무트 슈미트(Helmut Schmidt)와 게르

하르트 슈뢰더(Gerhard Schroeder) 등 사민당수상을 배출하여 집권당이 되었다. 2012년 현재에는 사민당은 제 1야당으로 활약하고 있다.

나) 기독민주연맹
(기민련; CDU=Christliche Demokratische Union)

기독교민주연합은 하나의 정당이지만 '당'으로 표현하지 않고 하나의 연합체(Union)로 표현함으로서 일차적으로 기독교의 신교와 구교세력으로 양분되어 있는 독일의 종교구조를 통합시키려는 의지를 나타내고 있다. 이는 더 나아가 다원화된 현대사회의 수많은 이해관계 집단들을 통합시키려는 의지도 포함하고 있다. 그러므로 이러한 연합정당의 성격을 가진 기민연합은 사민당과 같은 강력한 조직체계라던가 확고한 정치이념을 갖지 못하는 경향을 보이고 있다. 만약 강력한 지도자이며 장기집권을 한 콘라트 아데나워(Konrad Adenauer) 초대수상이 없었다면 기민연합이 독일정치를 이끌 수 있는 저력은 약했을 것이다. 이러한 점에서 아데나워는 나치를 극복하고 이상적인 기독교적인 국가건설을 목표로 하는 기민연합을 사민당과 상대할 수 있는 대안세력으로 발전시킨 장본인이라고 말할 수 있다.

기민연합은 나치패망 후 1945년에 창당되었으나 그 이전의 중앙당(Zentrumpartei)의 전통을 이어받았다. 왜냐하면 기민연합은 가톨릭신자와 개신교적 자유주의자 및 보수주의자를 포함시키고 있기 때문이다. 이러한 의미에서 기민연합은 보수적인 국민정당이라고 볼 수 있다. 기민연합은 아데나워 수상, 에르하르트수상, 키징거 수상, 헬무트 콜 수상과 앙엘리카 메르켈(Angelika Merkel) 수상을 배출하였고 2012년 현재에도 집권당으로 자민당과 기사연합과 연정을 수립하여 집권하고 있다.

다) 기독교사회연합(기사연:CSU=Christlich-Soziale Union)

이 정당은 독일연방 16개 주 중에서 뮌헨이 수도인 바바리아 주(바이에른:Bayern)에만 존재하는 지역정당이다. 그러나 기독사회연합은 그 자체가 완전한 자율성을 갖고 있는 독립정당이지만 바이에른 지역에만 존재하고 있고 다른 15개 연방주들에는 오로지 기독민주연합(CDU)만이 활동하고 있다. 기독민주연합은 바이에른 주에만은 자기의 정당조직을 갖고 있지 않아 두 당은 서로 1945년부터 지금까지 자매정당으로 발전되어 왔다. 연방의회에서도 두 당은 완전한 독자성을 갖고 있으면서도 교섭단체공동체(Fraktionsgemeinschaft)를 구성하여 연방차원의 활동의 한계를 보완하고 있고 각종의 정책별로는 가급적 한 목소리를 내지만 필요시 독자적인 목소리를 내고 있다.

기독사회연합이 발전할 수 있었던 것은 1945년 전쟁 직후 지역주의를 강조하여 독립된 국가를 건설하겠다는 의지까지도 표현했던 바이에른의 특수성에 기인한다. 처음부터 독일연방공화국에의 참여보다도 독자노선을 지향하였던 바이에른 주에는 기사연이 활동하면서 1947~1949년 사이에 매우 유연한 업무상의 정책공동체를 형성하였다. 1949년 독일연방공화국 창설이후 1950년 기민연은 전국적인 연방조직을 구축하였을 때 이미 기사연은 바이에른에서 스스로 정당자율성을 구가하고 있었다. 바로 이 과정에서 기사연은 기민연과 연방의회를 위한 교섭단체공동체를 형성하여 자신들의 주의 정책에 관한 사안들은 물론 연방정치에 대해서도 일정한 영향력을 행사해 오고 있다.

라) 자유민주당(자민당:FDP= Freie Demokratische Partei)

자민당은 1948년 3개 서구연합국 점령지역과 베를린의 자유주의적인 결사체들이 연합하여 결성한 정당이다. 일찍이 1947년부터 서독지역과 동독지역에서 태동하기 시작한 자유주의자 연합은 바이마르공화국 시대에도 일정한 역할을 했던 나름대로의 뿌리를 갖고 있었다. 특이한 사실은 자민당은 제 3세력으로 연정파트너를 지향하였다는 것이다. 자민당은 지속적으로 기민/기사연합과 사민당이라는 양대 정당 구조사이에서 제 3당의 지위를 유지해 왔다. 자민당은 자유주의적인 공화주의자들이 조직한 당인 동시에 경제적 자유주의를 신봉하는 '우파시민의 당'이라는 이중성을 갖고 있다. 통일 후 연방 주의 선거에서 약세를 보이고 있지만 연방의회에는 계속 의원을 진출시키고 있으며 2012년 현재 기민/기사연과 함께 연정을 하고 있다.

마) 녹색당(Gruenen)과 동맹 90(Buendnis 90)

제 2차 대전 후 독일정치사에서 녹색당은 새로운 역사적 전기를 마련하였다는 점에서 큰 의미가 있다. 1970년대 이래 평화주의와 환경보호주의의 기치를 들고 지방자치단체차원에서 활동하다가 1980년대 들어 전후 처음으로 신생정당이 연방의회에 진출한 것은 처음이었다. 녹색당은 83년의 연방의회선거에서 반핵과 환경보호라는 슬로건을 내걸고 5.6%를 획득하여 연방의회에 진출함으로서 기존의 정당구도를 흔들어 놓았다.

녹색당과 연합하고 있는 정당은 동맹 90과 기타 시민기선, 실업자 당과 신 사회운동조직 등이 있다.

바) 민주사회당: 좌파당

사회주의 통일당(SED)은 동독의 정권이 존속하였을 때 집권당이었으나 동독정권이 붕괴된 이후 해체되었다. 그러나 독일통일 후 이 당의 당원들을 중심으로 동독에서 민주사회당이 창당되어 연방의회에까지 진출하여 있다.

이 정당의 지지자들은 대체로 과거 동독지역의 주민들이며 서독지역에는 지지자들이 거의 없다. 이념적으로 민사당은 모호한 입장을 취하고 있다. 기독교적 가치를 주장하는 것도 아니고 사민당과 같이 사회적 시장경제의 원칙을 추구하는 것도 아니다. 이러한 의미에서 이 정당은 기사연처럼 지역정당의 특성을 갖고 있다.

통독이후 1990년 구동독의 집권 공산당에서 발생한 정당이지만 공산주의 사상을 부정하고 동시에 스탈린주의에 대해서도 부정적인 입장을 취했다. 그러나 이 당의 역사가 매우 짧고 이념적으로도 매우 모호한 입장을 취해 그들이 비록 공산주의와 시장경제 체제에 대해 비판적인 입장을 견지하고 모든 사회주의적 지적 유산들을 비판적으로 계승한다고 주장하는데도 불구하고 구체적인 입장이 명확하지 않다.

민사당이 구동독 지역 주민들로부터 지지를 받는 것은 이 정당이 공산당의 전통을 이어 받았기 때문이라기보다는 이들 유권자들의 불만과 통일 이후의 상대적인 박탈감, 그리고 방향감각 상실과 미래에 대한 불확실성 등에 의한 불안과 불만에서 비롯되었다고 블 수 있다. 특히 동독지역의 기성세대들은 통일 후 자본주의 체제에 대한 적응력 부족과 지위상실, 축소된 사회보장 등에 대한 불만 때문에 현 체제보다도 과거 동독체제에 대한 향수가 더욱 강하고 그러한 불만이 민사당에 대한 지지를 통해 나타내고 있는 것 같다.

사) 기타 극우 정당들

극우정당들로는 독일민족민주당(NPD=Nationaldemokratische Partei Detuschlands)이 있으며 이는 1960년대 말에 나타난 신나치를 추종하는 극우정당이다. 또 다른 극우정당으로는 '공화주의자연맹'이 있다. 기타 극우 소수정당들이 있으나 이들은 매우 미미하다.

아) 기타 극좌 정당들

극좌정당으로는 독일의 공산당(KPD) 및 독일공산당(DKP)이 있으나 KPD는 1956년 연방헌법재판소에 의하여 비 합법화 되었으며, 1960년대 들어 독일공산당(DKP)으로 재출발한 후 득표율이 1%내외로 답보상태를 보이고 있다.

3) 연방의회(der Bundestag)

(1) 구조와 기능

가. 헌법적 지위

독일 기본법 제 20조에는 독일 연방공화국은 민주적 및 사회적 연방 국가이다. 모든 국가권력은 국민으로부터 나온다. 국가권력은 국민들의 선거와 투표, 그리고 입법, 행정, 사법기관을 통하여 행사된다고 규정하고 있다. 이 처럼 국가권력의 발생과 권력의 배분의 원칙으로 삼권분립에 의한 권력의 행사에 있어 연방의회는 최고의 민주적인 국민대표기관이며 국가권력의 행사를 위한 정치적인 의사형성에 있어서 핵심적인 역할을 담당하고 있다.

연방의회는 보통, 직접, 자유, 평등, 비밀 선거를 통하여 선출된 전체국가(der Gesamtstaat)의 대표들로 구성되며(기본법 제 38조) 선거를 통하여 그에게 위탁된 국민의사를 대변하고 실현하는 기관이다. 이러한 위탁은 바로 국민의 자결원칙을 충족시키는 최선의 가능성으로 인정하는 것을 의미하며 이를 대의제민주주의라고 한다.

연방의회는 예산법을 비롯한 연방법을 제정하고 연방수상을 선출(기본법 63조)하며 연방수상에 대한 〈건설적인 불신임투표권〉을 갖으며 연방대통령선거에 참여를 통한 대통령의 선출(기본법 제 54조)도 갖고 있다. 연방의회는 국민의 직선에 의하여 구성되는 국민의 대표기관으로서 국정의 중심기관이다. 또한 연방의회는 정당을 매개로 하여 만들어내고 보장해야할 여론형성이나 정치적 의사형성 또는 정치적 의사의 예비형성을 통하여 정치생활의 제도화된 형태와 제도화되어 있지 않은 형태를 결합해야 하는 과제를 갖고 있다. 또한 연방의회는 국민으로 하여금 그 생활의 기본문제를 의식하게 하고, 해결책과 대안을 개발하며, 제안된 정치적 전체방향이나 내려진 결정의 정당성에 대해 국민을 설득함으로서 국민의 정치적 참여, 동의 및 비판을 일깨우고 국민을 통합시키는 과제도 갖고 있다.

나. 연방의회의 조직

연방의회는 독립된 최고의 국가기관으로서 그 사무를 스스로 규율하며 다른 어떠한 국가기관으로부터의 감독도 받지 않고 어떠한 지시에도 구속되지 않는다.

연방의회는 의장과 4명의 부의장 그리고 서기(Schriftfuehrer)을 선출한다. 연방의회는 의사규칙에 의하여 스스로 그 조직과 절차를 제정한다. 의장은 전통적으로 제 1 원내교섭단체 소속 의원 중에서 선출하는 것이 통상이다. 연방의회의 의장은 국가원수인 연방대통령과 연방참의원(Bundesrat)의장 다음에 위치하는 의전서열 3위이다. 정치적으로 연방의회의장은 연방정부 및 연방참의원이 제출하는 모든 법률안의 수신인이며 이를 통하여 입법권이 행정권보다 우위임을 보여준다. 의장은 4명의 부의장과 함께 원칙적으로 4년의 임기가 보장되어 있다. 연방의회의 의장의 가장 기본적인 기능은 연방의회 본회를 주재하는 것이며 부의장이 이를 대신할 수 있다. 연방의회 관련 규정은 의장이 회의를 공정하고 균형 있게 주재하고 의회의 질서를 유지하는 것을 임무로 명시하고 있다. 그러므로 의장은 연방의회의 건물 내에서 가택수색권과 경찰권을 행사한다. 의장 허가 없이는 연방의회의 구내에서 수색이나 압수를 할 수 없다.[75] 또한 의장은 의장단과 함께 기본적인 인사권을 행사함으로써 연방의회 사무처의 최고 결정권자 이기도 하다.

원로참의원(Aeltestenrat)은 연방의회의 운영을 원활하게 하기 위하여 의장을 지원하는 기능을 하며 연방의회 의장단과 원내교섭단체에 비례하여 선임된 24명의 의회경험이 많은 의원으로 구성된다. 원로참 의원은 주로 세 가지 임무를 가지고 있다. 그 첫째가 의회의 업무계획 과 본회의의 의사일정을 확정하는 일이다. 이러한 의사일정의 확정은 24명 전원의 동의를 전제로 한다. 때때로 갈등이 있을 경우는 의사일 정의 최종결정권을 가진 본회의가 이를 결정한다. 둘째는 회기 초 원 내교섭단체나 그룹 사이에서 의회 내 의원 수의 비례에 따라 위원회 의 위원장과 부위원장의 배분에 관한 합의를 도출하는 것이다. 또한 원내교섭단체의 규모에 따라서 정해진 순서대로 위원회를 차지하도 록 하는 방법이 활용된다. 셋째는 의회의 권위와 권한이나 운영규정 에 관련된 쟁점을 설명하고 가능한 한 조정하는 것이다. 이러한 임무 들을 본다면, 원로참의원이란 본회의 결정을 원활히 하기 위해 일종 의 사전조정 수단인 동시에 원내교섭단체사이는 물론 원내교섭단체 와 의장단 사이의 의사소통을 위한 통로이다.[76]

상임위원회는 의회의 기관으로 그 구성은 원칙적으로 원내교섭단 체의 규모에 비례하여 이루어지며 몇 명의 의원이 어떤 전문 상임위 원회에 참여할 것인가를 서로 합의한다. 연방의회는 통상 22-23개의 상임위원회를 두고 있으며 분야별 비중에 따라 17명-41명에 이르는 정 위원과 같은 수의 부 위원으로 구성된다. 제 14대 의회(1988~2002

---

75 독일연방기본법 제 40조 참조.
76 권세기외 1999년, 독일의 대의제: 민주주의와 정당정치, 서울: 세계문화사, 14~15쪽.

년)부터는 전부 23개 위원회를 두고 있는데 13대 의회에서 존재하였던 우편·통신위원회가 폐지되고, 교통위원회와 건설·도시계획위원회가 통합되어 교통·건설·주택위원회가 구성되었다. 그 외에 인권·구호위원회, 문화·미디어위원회·신연방주위원회가 추가 신설되었다. 23개 상임위원회는 예산위원회; 노동사회위원회; 외무위원회; 교육·과학·연구·기술위원회; 유럽연합위원회; 가정·고령자·여성·청소년위원회; 재무위원회; 내무위원회; 환경·자연보호·핵안전위원회; 교통위원회; 국방위원회; 경제위원회; 식량·농업위원회; 보건위원회; 청원위원회; 건설·도시계획위원회; 법사위원회; 경제협력 및 발전위원회; 관광위원회; 체육위원회, 선거·면책·운영위원회; 인권·구호위원회; 문화·미디어위원회, 신연방주위원회 등이다. 외무위원회, 국방위원회, 청원위원회 그리고 유럽연합위원회는 헌법에 규정되어 있다. 예산위원회와 선거·면책·운영위원회는 법적으로 규정되어 있으며 예산위원회와 법사위원회는 재정적 영향과 법적 문제를 검토해야 하기 때문에 거의 모든 법안에 참여하는 특별한 지위를 갖는다. 국방위원회는 필요 시 조사위원회를 그 예하에 발동할 수 있다.

한국과 다른 점은 예산위원회의 위원장은 전통적으로 제 1 야당 원내교섭단체 소속 의원이 맡는다.[77]

의장단, 원로참의원, 상임위원회와는 달리 원내교섭단체는 연방의회의 기관이 아니지만 의회의 구성요소이다. 이는 하나의 당 또는 유사한 당들의 소속 의원들에 의해 구성된다. 연방의회의 운영규정에 따르면 원내교섭단체를 구성할 수 있는 최소한의 의원 수는 34명 이상을 가진 정당으로 이는 전체의원 수의 5%에 해당된다. 이러한 제한 조건은 정당이 의회에 진출하기 위한 필수적 요건인 득표율 5%에 상

---

[77] 상기 책, 19~21쪽 참조.

응하는 것이다. 제 13대 연방의회(1994~1998)의 예를 보자면 기민/기사연이 294명, 사민당 252명, 동맹90/녹색당 49명, 자민당 47명의 의석을 확보하여 각각 교섭단체를 구성하였다. 그러나 민사당(PDS)은 30석을 확보, 즉 4.4%의 득표에 그쳐 원내교섭단체를 충족시키지 못하여 그룹의 지위만을 인정받았다. 그룹도 교섭단체와 일반적으로 대등한 권리를 갖지만 의정활동에 대한 재정지원을 받지 못한다.

각 당의 원내교섭단체는 그 나름대로 지도부를 구성하는데 단체의 대표, 약간 명의 부대표, 운영위원을 두며 자체 내에 본회의를 위한 상임위원회를 두는 것처럼 교섭단체를 위한 전문분과위원회를 두고 있다.

다. 의정활동의 형태

연방의회의 회기는 1년의 반에 해당한다. 비회기 주간에 의원들은 지역구 활동을 하거나 자기 자신의 직업을 돌본다. 의원들이 자신의 의정활동일정을 수립할 수 있도록 원로참의원(Aeltestenrat)은 가능한 한 적어도 1년 전에 의회의 회기주간이 언제인지를 확정한다. 이때 원로참의원은 회의일정을 짜는데 유럽참의원회의, 유럽연합 등 국제회의 일정도 함께 고려하여 짠다.

일반적으로 회기주간은 월요일 오후 지도부회의와 교섭단체의 각종 전문분과회의가 시작된다. 화요일 오전은 어떠한 경우에도 전문분과위원회가 개최되며 오후에는 교섭단체나 그룹 소속 의원들의 총회(각 당의 의총)가 개최된다. 수요일에는 각종 상임위원회가 열리며 의회 의장단 회의도 열린다. 또한 수요일에는 고정된 일정으로 의원들의 질의에 행정부가 답변하는 대정부질의 시간이 진행된다. 대정부질의시간은 수요일에만 국한된 것이 아니고 필요 시 다른 요일에도 할 수 있다. 본 회의는 목요일과 금요일에 개최되며 목요일에는 원로참의원회의도 열린다. 원내교섭단체나 그룹이 주초에 회합을 가지는 이

유는 예정되어 있는 의회의 법안심의를 위하여 상임위원회나 본회의
이전에 당의 기본정책노선과 전략을 검토하여야 하기 때문이다. 주간
의 과제와 현안문제들에 대한 구체적인 준비는 원내교섭단체 내의 전
문분과위원회의 전문위원들이 한다.[78]

원내교섭단체는 의회의 사안(의사)을 결정하고 조정한다. 오로지 교
섭단체나 그룹을 대표하여 의원들만이 법안을 제출하고 대정부질의
를 신청할 수 있다. 그러나 모든 의원은 제한 없이 구두질의를 할 수
있는 권리를 갖는다. 여당 원내교섭단체의 지도부(대표, 부대표, 운영위
원)는 행정부의 정책결정을 조정한다. 제 1야당 원내교섭단체의 대표
는 연방의회에서 연방수상의 맞수이며 흔히 야당의 수상후보 중의 한
사람이다. 원내교섭단체의 운영위원은 의사일정을 원만하게 진행할
수 있도록 본회의의 발언자를 조정한다.

원내교섭단체의 업무일정은 기본적으로 본회의를 준비하는 과정이
다. 원내교섭단체의 지도부는 의회의 토론과 의결을 위해 주초에 자
기 당의 정책적인 기본입장을 정리한다. 이를 위한 구체적인 준비는
전문분과위원들이 한다. 그리고 원내교섭단체회의는 상임위원회와
본 회의가 개최되기 전에 열려 상임위나 본회의를 준비하는 방식으로
의사일정을 정례화하고 있다.[79]

원내교섭단체나 그룹이 개별 연구지원분과의 전문지식을 필요로
하듯이 의회의 상임위원회에서는 2012년 현재 5개의 원내교섭단체[80]
의 해당 전문가들이 참석한다. 상임위의 구성은 앞에서 언급한 것처
럼 23개로 담당분야는 연방정부의 부처에 상응하게 짜여 있다. 상임

---

78 상기 책, 24~25쪽 참조.
79 상기 책, 26~29쪽 참조.
80 기민/기사연, 사민당, 자민당, 동맹90/녹색당 그리고 민사당 등 5개 정당의 의회
　　교섭단체를 의미함.

위원회에서는 연방정부나 연방참의원의 대표들이 참여한 가운데 정부의 법안이나 정책들을 철저하게 검토함으로서 정부에 대한 견제기능, 특히 야당의 견제가 효과적으로 이루어진다. 상임위원회와 원내교섭단체 내의 실무위원회 활동이 의원들의 의회활동의 가장 많은 부분을 차지한다.

의회의 의사형성과정은 원내교섭단체의 실무위원회에서 시작하여 연방의회 상임위원회를 거쳐 최종적으로 본회의에서 법안이 통과된다.

독일에서는 본회의를 플레눔(Plenum)이라고 부른다. 라틴어 'plenus'에서 나온 말로 '가득 찬'이란 의미를 가지고 있다. 본회의는 연방의회의 총회로서 본회의만이 법적 효력을 갖고 법을 제정하기 위한 법안을 의결할 수 있다.

본 회의에서는 경쟁적 의견개진을 누구나 보고 들을 수 있으며, 의결과정은 공개되며, 여당과 야당이 대립하는 모습과 정해진 규칙에 따른 토론을 보여줌으로써 민주주의와 의정활동의 많은 장점들이 한데 결합되어 있다.

의회민주주의의 핵심은 공개성의 원칙이다. 연방기본법 제 42조는 "연방의회는 공개로 열린다."라고 규정하고 있다. 비공개 회의를 위한 제의는 연방의원의 10분의 1이나 연방정부에 의해 제기될 수 있다. 그러나 비공개회의의 개최를 의결하기 위해서는 전체의원의 3분 2의 찬성을 필요로 한다. 지금까지 본회의를 비공개로 하자는 요구는 없었다.

연방의회 본회의의 공개성은 본회의 임무 및 기능과 관련이 있다. 발언과 반대발언, 쟁점과 반대쟁점, 문제제기와 그 해결책에 대한 토론, 다양한 입장의 해명과 결정의 정당화, 개별 원내교섭단채 사이, 특히 정부와 야당 사이의 대립과 경쟁 등 이 모든 것은 한편으로 정부정책에 대한 여론의 효과적인 비판과 견제를 위한 것이며 다른 한편으로는 정부정책을 공개하고 설명하여 추진력을 얻는 동시에 국민의 상황판단과 의사형성에 기여한다. 이러한 의미에서 연방의회의 본회의는 실로 '국민의 광장'이라고 부를 수 있다.

원칙적으로 연방의회 의장은 어떠한 의원에게도 발언할 기회를 주어야 한다. 그러나 의장이 의원에게 발언권을 주지 않는 한 의원은 발언할 수 없다. 이는 연방의회의 최고 대표에게 토론과 발언을 주제하는 권한을 부여하고 있음을 의미한다. 연방의회 법은 의장이 본회의를 진행하는데 그의 역할을 다음과 같이 명시하고 있다:

"의장은 발언자의 순서를 정한다. 동시에 의장은 회의가 합목적적이고 순조롭게 진행되도록 이끌어야 하며, 다양한 정당을 고려해야 하고, 찬·반론을 안배해야 하며, 원내교섭단체의 규모도 고려해야 한다. 특히 어떤 의원이나 연방정부의 대표가 발언한 다음에는 그 발언 내용에 동의하지 않는 내용의 발언이 이어지도록 배려해야 한다." [81]

본회의 토론에서는 다양한 정치적 그룹 사이에 발언기회가 공정하게 안배되어야 한다. 본회의에서는 다양한 정치적 노선이 경쟁하기 때문에 발언기회는 형평의 원칙에 의거 주어지고 있다. 특히 이 원칙은 여당과 야당 사이에 적용된다. 의장은 토론과정에서 대립하는 내용이 교대로 발언되도록 회의를 진행해야 한다. 그리고 발언시간은 주로 원내교섭단체의 크기에 비례하여 정해진다.

연방의회는 재적의원의 최소 절반 이상이 참석해야 의결을 할 수 있다. 그러나 만약 원내교섭단체와 위원회에서 법안에 대해 원내교섭단체가 미리 동의하였거나 여당과 야당이 법안통과에 대해 합의가 이

---

[81] 연방 의회법 제 28조 1항 참조.

루어졌다면 법안에 대한 표결의 정족수는 재적의원의 절반이하도 무방하다. 매우 드문 경우가 되겠지만 본회의 개회 중에 최소한 5명의 의원이 본회의 의결권에 대해 이의를 제기할 수 있는데 이 경우 적어도 전체의원의 반이 참석해야만 이의를 심의할 수 있다.

대부분의 결정은 단순 또는 상대 과반수이면 충분하다. 이는 찬성표가 반대표보다 많기만 하면 된다. 그러나 연방대통령의 선출 또는 연방수상의 불신임 안건과 같이 중대한 결정을 할 경우는 절대 과반수(전체의원의 2분의 1보다 1표가 더 많아야함)가 요구된다. 재적의원의 3분의 2가 필요로 하는 경우는 헌법개정, 국가비상사태 결정, 연방대통령을 헌법재판소에 제소하는 결정 등이다.

표결은 대부분 거수를 통해 이루어지지만 최소 34명(전체 의원의 5%)의 의원이 요구하면 기명투표를 할 수 있다. 그리고 의회의장의 선출, 연방수상의 선출, 국방옴부즈맨의 선출 그리고 연방기관의 소재지를 결정하는 경우는 비밀투표로 결정한다.[82]

법적 규정을 제안할 수 있는 권리는 누구에게나 있지만 입법을 추진할 수 있는 가능성은 독일연방기본법 제 76조에 의하면 오직 연방정부, 연방의회 그리고 연방참의원만이 가지고 있어 이들만이 법안을 제출할 수 있다. 실제로 이 세 기관 중 가장 법안을 많이 제출해온 기관은 연방정부이며 원내 교섭단체나 그룹도 법안을 제출하지만 연방참의원도 매우 드물게 법안을 제출한다.

입법과정은 연방정부가 법안을 연방참의원에 제출하면서 시작된다. 연방참의원의 전문위원회는 법안을 조사하고 검토한다. 이로써 법안의 심의 1단계가 연방참의원에서 이루어진다. 연방참의원은 다수결로 법안에 대한 자신의 입장을 정리하여 연방정부에 제출하면 연방

---

82 권세기외, 독일의 대의제, 상동, 31~38쪽 참조.

정부도 이에 대해 정부의 의견을 낸다.

이러한 입법과정의 단계는 한편으로 연방 주가 처음부터 입법에 참여한다는 의미를 가지며 다른 한편으로는 연방의회에게 연방 주의 의견과 관심사를 시기적절하게 상기시킨다는 것을 시사한다. 왜냐하면 법안은 연방참의원에서 설명이 있은 다음에 여러 단계로 심의하는 연방의회로 넘어가기 때문이다. 연방의회에 넘어 온 모든 법안은 특별한 경우를 제외하고는 여기서 3심(3 독회)의 과정을 거쳐야 한다.

제 1 독회는 법안의 정치적인 함의, 필요성과 목적 등에 관한 기본적인 토론이 이루어진다. 먼저 관련 장관이나 법안을 제출한 교섭단체나 그룹이 제안이유를 설명하며, 의원들은 법안에 대한 입장을 개진한다, 만약 법안의 내용이 매우 중요하거나 법안에 대한 정부 여당과 야당의 입장이 처음부터 상이할 경우 토론이 이루어진다. 그러나 상이하지 않을 경우는 법안은 토의 없이 곧바로 상임위원회로 넘어간다. 상임위원회에서 검토되고 수정된 법안은 다시 제 2 및 제 3 독회를 위하여 본회의에 제출된다. 제 2독회에서도 의원 개개인이나 교섭단체나 그룹차원에서 법안의 수정을 요구할 수 있는데 주로 야당이 이를 잘 활용한다.

제 2독회에서 의결된 법안은 제 3독회로 넘어간다. 제 2독회에서 야당에 의한 법안변경이 실패한 경우 제 3독회에서 법안을 변경하여 신청할 수 있지만, 이 신청이 성립하려면 최소한 의원 34명(교섭단체의 구성요건의 수)의 의원이 동의하여야 한다. 정부 여당과 야당 사이의 대립과 경쟁은 일반 토론이나 원내교섭단체의 설명으로 이어질 수 있다. 제 3독회는 최종 의결과 함께 끝나는데 본회의는 입법과정에서 이미 변경된 법안을 통과시킬 것인지 부결할 것인지를 단순 과반수로 결정한다. 어떤 경우에는 제적의원의 반보다 1표라도 더 많은 절대과반수를 필요로 한다.

　본회의의 의결로 입법과정이 완료되는 것은 아니다. 연방의회에서 통과된 법안은 다시 연방참의원으로 이송되어 이른바 '제 2단계'를 거쳐야 하는데 이 단계에서 연방참의원은 법안에 대한 거부권을 행사할 수 있다. 연방참의원이 이의를 제기하면 연방참의원은 과반수의 찬성으로 중재위원회를 소집할 수 있다. 중재위원회는 연방의회와 연방참의원의 공동위원회로 구성되는데 이는 헌법적 지위를 갖는다. 중재위원회는 16개의 연방 주에서 각각 1명씩 16명의 대표와 연방의회의원 16명으로 구성되는데 연방의회의 대표단은 원내교섭단체의 크기에 비례하여 구성[83]된다. 중재위원회 32명의 의원 중 연방의회를 대표하는 의원들은 의사결정에서 자유롭지만 연방참의원을 대표하는 의원들은 소속연방주정부의 지시에 따라야만 한다.

　중재위원회의 중재안에 대하여 연방의회와 연방참의원은 재차표결에 붙여야 한다. 연방참의원은 계속해서 이의를 제기할 수 있는데 이 경우 연방의회는 제적의원 과반수의 찬성으로 연방참의원의 거부를 기각할 수 있다. 이처럼 연방의회가 연방참의원의 거부를 무시할 수 있는 법을 단순법이라고 부르며 연방참의원의 분명한 동의를 얻지 못하면 결국 부결되는 법을 동의법이라 부른다.

　연방의회나 연방참의원은 각각 1회씩 중재위원회를 요구할 수 있기 때문에 대부분의 경우 중재위원회가 일단 소집된다. 만약 연방참의원의 과반수가 중재위원회의 중재안을 수용하지 않는 경우 법안은 부결된다. 이러한 복잡한 절차는 연방의회와 연방참의원 사이의 갈등으로 말미암아 입법과정이 마비되는 것을 방지하는데 그 의미가 있다. 여하튼 중재위원회의 역할은 독일헌정사에서 새로운 제도적 장치로 아직까지는 긍정적 평가를 받고 있다.

---

83 상기 책 41~42쪽 참조.

라. 정부에 대한 견제

입법 활동이 의회의 주된 과제이기는 하지만 의회의 입법기능은 정부를 견제하는 과제와 밀접하게 연결되어 있다. 의회의 정부 견제기능은 법안이 원칙적으로 본회의의 세 번에 걸친 독회와 상임위원회의 심의를 거치도록 되어있다는 사실에서 잘 드러난다.

특히 예산법안은 그 좋은 예이다. 여러 날에 걸쳐 진행되는 연방 예산안에 대한 토론은 의회의 연중 활동의 정점을 이룬다. 숫자로 기록된 정부의 정책은 무엇보다도 야당에 의해 철저하게 비판을 받는다. 예컨대 연방수상 실에 대한 예산안은 야당에게 대 정부 공격의 실마리를 제공한다. 야당소속 의원인 예산위원회의 위원장은 연방의회 의원 중에서 가장 막강한 힘을 가지며, 정부 여당의원이 아닌 의원이 차지하는 것이 불문율이다. 연방의회는 입법 활동 외에도 정부 정책을 근본적으로 규명하고 견제할 수 있는 여러 가지 수단을 가지고 있다. 그리고 야당이 이를 효과적으로 활용하고 있다.

의회가 사용할 수 있는 가장 강력한 권한은 연방수상을 해임시키는 것이다. 연방의회가 연방수상을 쉽사리 퇴진시킬 수 없기 때문에 더욱 그렇다. 연방수상은 4년 임기를 보장받지만, 의회가 과반수의 찬성으로 새로운 수상을 선출하는 경우 물러나야 한다. 이른바 "건설적 불신임 투표"는 독일기본법에 이렇게 규정되어 있다:

> "연방의회는 의원과반수의 찬성으로 새로운 수상을 선출하고 연방대통령에게 연방 수상을 해임하도록 청원함으로써 연방수상에 대한 불신임을 의결할 수 있다. 연방대통령은 청원을 받아들여 새로 선출된 자를 연방수상에 임명하여야 한다."[84]

〈도표: 7〉 독일 연방의회 입법과정

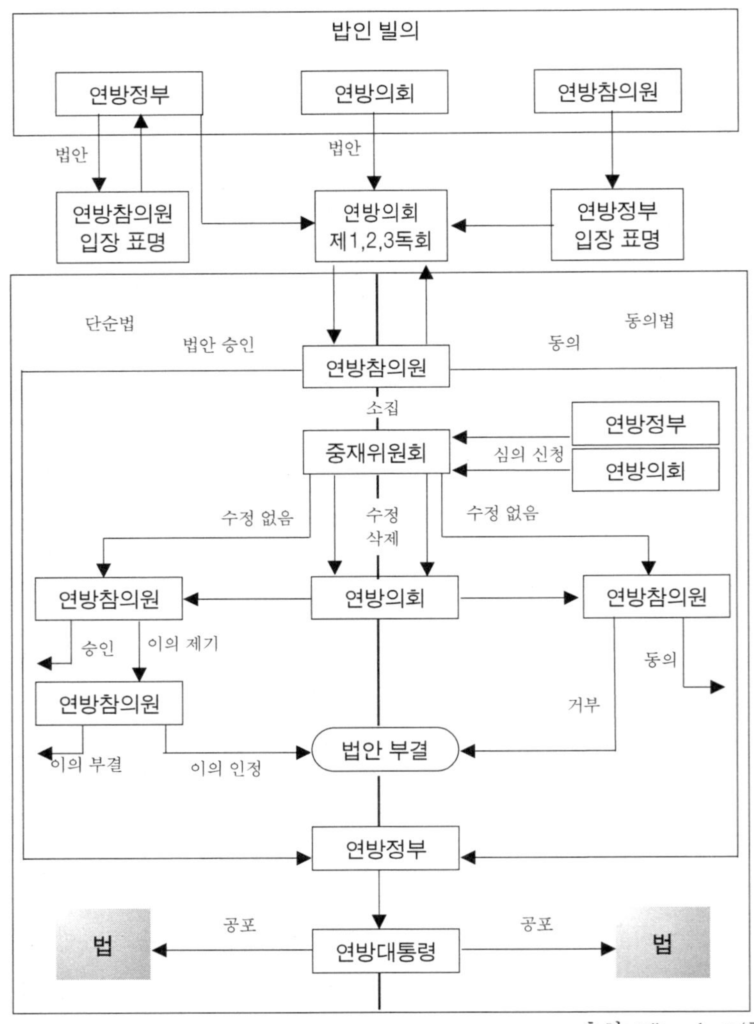

출처: Pötzsch, 74쪽.

---

84 독일연방공화국 기본법 제 67조 참조.

독일 연방의회에서 지금까지 건설적 불신임 투표는 두 번 행해졌다 1972년 빌리 브란트 수상에 대하여 행해진 첫 번째 경우는 부결되었으며, 1982년 헬무트 슈미트 수상에 대한 건설적 불신임 투표는 성공적이었다. 1982년 10월 1일 연방의회는 헬무트 콜을 새로운 수상으로 선출함으로써 슈미트 수상을 물러나게 하였다.

한편 연방수상이 자신의 신임여부를 스스로 확인하려고 하는 경우도 있다. 만약 의회가 수상에 대한 신임을 확인해주지 않으면서 새로운 수상을 선출하지 못하는 경우 연방대통령은 일정한 기간 내에 수상의 제안을 받아 연방의회를 해산할 수 있다(기본법 제68조).

그렇지만 연방의회는 자체 해산권을 갖고 있지는 않다. 이는 4년의 회기 동안 정치 및 의회의 안정성을 고려한 것이다. 그러므로 의회 스스로도 정국의 안정을 해쳐서는 아니 된다. 조기 선거를 목표로 한 단기적 이해관계나 해산에 유리한 우발적 과반수가 형성되는 것은 억제되고 있다.

연방수상에 대한 불신임 투표 외에도 헌법에서 별도로 규정하고 있지 않는 한 개별 정부 각료에 대한 질책도 가능하다. 이는 연방의회가 연방수상이 연방대통령에게 장관의 해임을 건의하도록 연방수상에게 요구할 수도 있다. 연방수상은 이러한 요구에 응하지 않을 수 있지만, 소속 진영의 강한 정치적 압력을 회피하기는 어렵다. 그리고 연방의회는 정부에 대한 불만과 비판을 해당 정부 각료의 예산을 대폭 삭감하거나, 그 부처가 제출한 법안을 거부하거나 완전히 변경함으로써 연방정부에 대한 견제권한을 행사한다.[85]

연방의회는 연방정부나 연방기관이 권한을 남용하였거나 그들의 의무를 태만하였거나, 또는 특정한 협상과 법, 그리고 민법상의 계약

---

[85] 상기 책, 44~46쪽 참조.

이 헌법의 규범과 일치하는지의 여부를 재판관이 결정하도록 연방헌법재판소에 정식으로 제소할 수 있다. 그리고 연방의회는 물론 연방참의원도 연방대통령을 헌법이나 다른 법을 고의로 훼손하였다는 이유로 헌법재판소에 제소할 수 있다. 만약 헌법재판소가 제소를 수용하면, 헌법재판소는 연방대통령에게 그 공직의 상실을 선언할 수도 있다.

의회가 일반적으로 행정부에 대해 사용하는 견제 수단은 정부의 활동을 조사하는 의회의 조사위원회이다. 조사위원회는 재적 의원 4분의 1의 동의로 소집될 수 있다. 조사위원회는 통상 정치 및 관료의 부정과 부패에 대한 혐의를 취급한다.

조사위원회의 활동이 종료되면 하나의 보고서가 나오는데, 이 보고서에 대한 채택 여부를 결정하는 과정에서 정부 여당과 야당의 집단 투표가 이루어진다. 이는 조사위원회도 원내교섭단체나 그룹의 규모에 비례하여 구성되기 때문이다. 1949년부터 1994년에 이르기까지 국방위원회의 자체 조사위원회를 포함하여 모두 41번의 조사위원회가 활동하였다.

의회의 다른 하나의 견제 수단으로 장기적 안건을 취급하는 자료조사위원회가 있다. 연방의회 외부의 전문가들로 구성된 이 위원회의 공식 임무는 광범위하고 중요한 문제를 선정하고 이를 준비하는 것이다. 이러한 자료조사위원회의 정치적 의미는 많은 조언자와 전문가 그룹을 활용하는 정부에 대항하여 의회의 위상을 강화하는데 있다. 예컨대 이 위원회는 원자핵 에너지, 대중매체 정책, 또는 국가에 대한 청소년들의 비판적 태도에 관한 문제를 조사하였으며, 다시 최근에는 유전공학, 에이즈(AIDS), 또는 국민보건의 미래에 관한 조사도 실시하였다. 예를 들어 제 12대 의회에서는 동독의 지배구조와 영향에 관해 조사를 하였다. 1949년부터 1994년까지 의회는 이 위원회의 도움으로 총 15개의 주요 주제들을 다루었다.

연방의회가 사용하는 또 다른 수단으로 "청문회"가 있다. 연방의회는 법안 초안이나 복잡한 안건을 철저히 규명하기 위하여 상임위원회는 청문회를 열고 전문가와 이익단체 대표들로부터 광범위한 청문을 한다. 청문회는 상임위원회의 활동을 보완하며, 의원들에게 의회 활동을 위한 실무 경험을 갖게 해준다. 청문회는 통상 대부분 공개로 개최되며 청문회의 회수는 매 회기마다 자주 있다.

연방의회는 연방정부에 대한 견제수단으로 "대정부질의(Anfragen)"를 활용하는데, 이는 정부로 하여금 특정한 분야의 문제에 관한 정보를 연방의회에 제공하도록 한다. 질의는 통상 서면으로 답변하지만 보다 복잡한 질의는 서면으로 답변을 하고 토론도 한다. 야당은 이를 통해 안건의 선정에 영향력을 행사한다.

의회가 활용하는 수단으로 "질의시간(Fragestunden)"이 있는데, 의원은 연방과 관련되는 모든 주제에 대하여 정부의 대표를 심문할 수 있다. 질의와 답변은 만약 의원이 질의시간에서 정부의 답변만으로는 만족하지 않거나 스스로 의견을 개진하려고 하는 경우 이른바 "현안시간(Aktulle Stunde)"으로 연결된다. 현안시간은 이전에 제기된 문제와는 전혀 무관하게 진행될 수 있다. 이는 점점 자주 활용되는 수단으로 발언시간이 짧게 제한되어 있기는 하지만 종종 활발한 논쟁으로 이어진다.

최근에 도입된 수단으로는 내각회의 직후에 이루어지는 "정부질의(Regierungsbefragung)"가 있다. 여기서 의원들은 내각회의에서 거론된 문제들에 관하여 정부에게 직접 질문을 할 수 있다. 동시에 이에 관한 압축된 보고서가 작성될 수 있다. 이렇게 하여 정부와 의회사이에 의사소통이 원할 해진다.

정부에 대한 견제 수단으로 헌법에 명시되어 있는 청원위원회가 있다. 고충 처리는 연방 소관으로 청소년, 외국인 노동자 또는 외국인을 포함하여 누구나 이 청원위원회에 고충을 청원할 수 있다. 가장 많은 청원 내용은 관료의 부당한 결정에 관한 것이다. 비록 위원회가 구속력 있는 지시를 할 수 있는 것은 아니지만 청원위원회의 권고는 연방의회의 권위에 힘입어 영향력을 갖는다. 게다가 청원위원회의 활동개시 만으로도 상당한 영향력을 미친다.

의회는 국방옴부즈맨(Wehrbeauftragte) "비상의회(Notparlament)"라고 불리는 "공동위원회"가 있는데, 이는 원내교섭단체의 규모에 비례하여 구성되는 32명의 연방의회 의원과 연방참의원 대표 16명으로 이루어지며, 의회와 연방참의원이 외국으로부터의 침략이나 직접적 공격을 받아 활동을 할 수 없는 경우 소집된다. 연방기본법에 의하면 안보에 관련한 비상시에는 "공동 위원회가 연방의회와 연방참의원을 대신하며, 그들의 권한을 통일하여 행사한다."[86]

연방정부는 안보상의 비상계획에 관하여 평시에도 공동위원회에 사전에 알려야만 한다. 이는 비상시에도 의회중심의 정부 형태를 유지하려는 의도를 내포하고 있다.

또 연방정보원에 대한 의회의 견제를 위하여 연방의회 단독으로 구성하는 위원회가 있으며, 민주주의 질서와 연방공화국의 질서를 보호하기 위하여 우편 및 전화 통신 비밀을 침해하는 경우에 이에 대하여 보고를 받는 의회의원으로 구성된 위원회도 있다.

상기와 같이 연방의회의 대 정부 견제기구와 수단은 폭넓게 마련되어 있다. 물론 연방의회는 다양하고 차별적 방식으로 견제권한을 행사한다. 또 정부 여당은 정부의 정책을 관철시키고 방어하는 반면에, 정부 정책을 공개 비판하고 통제하는 과제는 야당 원내교섭단체나 그

---

86 독일연방기본법 제 115조 참조.

룹의 임무다. 정부여당의 원내교섭단체나 연립정부는 야당과 대립하는 구도 속에 있다. 입법부로서 의회가 정부의 반대자로 이해되고 기능하였던 이전과는 달리 요즈음은 야당이 정부에 대한 비판과 감독이라는 임무를 맡고 있다. 반면에 다수파 원내교섭단체는 언제나 그런 것은 아니지만 정부 정책을 연방의회에서 관철시키고 방어하는 것을 주된 임무로 삼고 있다. 그러므로 전체 의회와 정부가 대립한다는 생각은 이제는 시대착오적이라고 본다.

어떤 법안도 위원회가 그냥 통과시키는 일은 드물다. 법안의 수정이나 변경에는 물론 여당 의원들도 참여한다. 여당 의원들의 참여 없이는 다수결의 측면에서 법안 수정이 불가능하다. 따라서 여당 진영도 정부정책을 비판하고 정부를 견제한다.

여당과 야당 사이의 대립은 무제한적인 것은 아니다. 여당과 야당의 대립은 정책의 중요 사안에 집중된다. 동시에 야당은 권력을 획득하려고 하며 정부 여당은 권력을 고수하려는 의지가 배경에 깔려있다. 사안의 미세한 부분에서는 타협과 부분적 합의가 이루어지며 심지어는 양 진영의 대립 전선을 가로질러 모든 원내교섭단체나 그룹 사이에서도 합의가 이루어진다. 따라서 정부는 처음부터 자신의 법안이 의회에서 다수를 확보할 수 있어야 한다. 정부는 의회의 지지를 확보하지 못하고는 정책을 추진할 수 없다. 연방의회의 다수당은 단순히 보조 역할을 하는 것이 아니고 견제기능을 하며, 여당의 원내교섭단체는 더욱 그렇다. 이와 관련하여 야당원내교섭단체나 그룹은 두말할 필요도 없이 정부에 대한 견제기능을 담당하고 있다. 이렇게 볼 때 연방의회는 전체가 견제 기능을 갖고 있다고 하겠다.

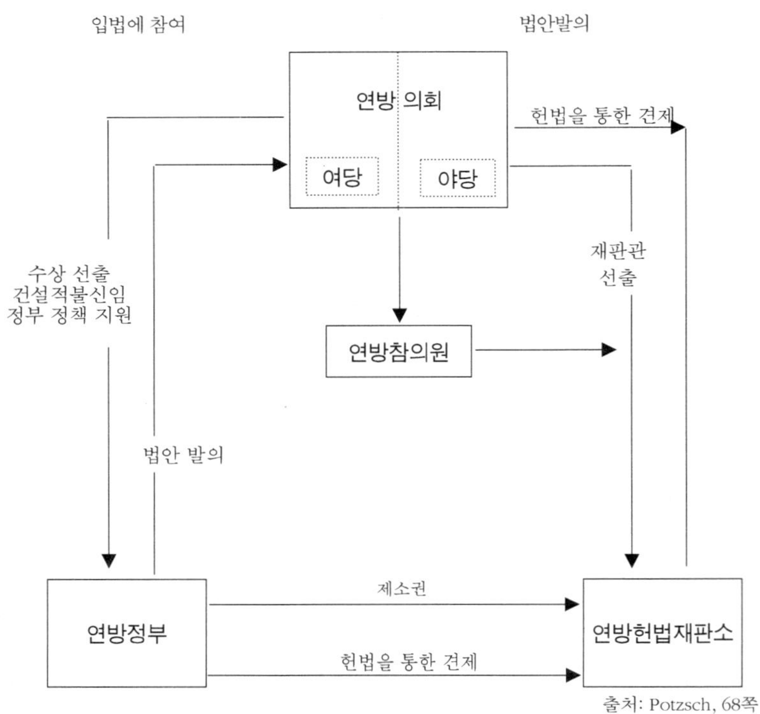

마. 연방의회의원의 선거, 권리와 의무

연방의회는 4년마다 국민의 선거로 그 의원이 선출된다. 연방의회의 의원 수는 한국의 헌법에서의 의원수의 명시와는 달리 기본법에 명시되어 있지 않다. 연방선거법에 의하면 연방의회는 328명의 지역구 의원과 동수인 328명의 전국 비례대표의원 등 총 656명(단 초과의석으로 말미암아 의원의 수가 증가할 경우가 있음)으로 구성된다. 모든 선거구역에서 비례대표를 위한 정당표가 5%를 획득하지 못하였거나 3개 지역선거구에서 의석을 얻지 못하는 정당은 전국구의석배분에서

제외된다.[87]

　연방의회의원은 독일기본법 제 38조에 의하면, 연방의원은 기본법 제 46조에 의하면 면책특권(Indemnitaet)과 불 체포특권(Immunitaet)을 갖는다. 제48조에 의하면 의원의 보수청구권을 규정하고 있는바 의원은 적절한 보수를 청구할 권리와 국유교통수단을 무상으로 이용할 권리를 갖고 있다.[88]

4) 연방참의원(Bundesrat)

　연방참의원은 연방국가적인 구조와 밀접한 관련이 있다. 각 연방주는 연방참의원을 통하여 연방의 전체적인 국민 의사형성과정에 참여하게 된다. 연방참의원은 연방주가 연방에 대하여 영향력을 행사하는 매개체로서 오늘날 독일연방국가질서의 실효성을 발휘하는 기관이다. 따라서 연방참의원의 임무는 독자적인 정책입안과 결정보다는 오히려 연방정부의 정책을 통제하거나 교정하는 권한이나 영향력을 행사하는데 있다. 독일연방기본법 제 50조에 의하면 연방참의원은 연방주의 관심사와 이익을 대변하기 위하여 연방의 입법과 행정 그리고 유럽연합의 업무에 협력할 것을 규정하고 있다.

　또한 연방참의원은 연방감독 및 연방강제의 경우 통치기능에도 관여한다(제84조 3항과 4항, 37조). 의회와 연방정부가 연방참의원과의 협동에 상당히 의존하고 있으므로 상이한 기능과 권한들을 서로 결합시키고 주는 것이 참의원의 특징이다. 그러나 참의원의 권한은 연방의회나 정부의 그것과 비교하면 매우 미미하다. 왜냐하면 그것은 참의원이 개별적 권한에 국한될 뿐만 아니라 항상 참여에만 제한되어

---

87 독일연방선거법, 제 6조 6항 참조.
88 연방기본법, 제 48조 참조.

있기 때문이다. 이러한 역할을 고려, 연방참의원은 선출된 국민의 대표가 아니라 임명된 주정부의 대표자로 구성된다. 이 점에서 독일연방참의원의 구조는 미국이나 스위스의 연방주나 칸톤의 주민에 의해 선출되는 연방 상원의 구조와는 다르다. 다른 나라와는 달리 독일연방참의원은 의원의 임기가 없고 개개 구성원이 부정기적으로 교체됨으로 연방참의원은 연방의회에 비해 비교적 '지속성'을 유지하는 연방기관이라고 말할 수 있다. 연방참의원은 그 임무와 지위에서 보면 자기의 업무를 스스로 규율하고 다른 어떤 기관의 감독도 받지 않으며 (그 구성원과는 달리) 어떠한 지시에도 구속되지 않는 독립된 최고 연방기관이다. 그러나 연방참의원의 구성원은 지시를 받는 대표자이고 연방의회의원과는 달리 위임과 지시에 구속된다. 연방 참의원은 매년 의장을 스스로 선출하고 의사규칙에 의하여 자신의 절차를 규율한다.[89]

연방참의원은 스스로 내부행정권을 가지며 독자적인 예산권을 갖는다. 연방참의원의 수는 68명으로 구성되며 지방정부에 의하여 임명·해임되는 주정부가 추천한 대표로 구성된다. 연방의회의 의원과 달리 대리가 허용된다. 각 연방주가 참의원에 파견할 수 있는 수는 그 주의 인구수에 따른다. 모든 연방주는 최소 3표를 가지며, 200만 이상의 인구를 가지는 주는 4표, 600만 이상의 인구를 가지는 주는 5표, 700만 이상의 인구를 가지는 주는 6표를 가진다.[90] 이들 대표들은 각 연방주의 수상(Ministerpraesident)과 장관들로 구성되며, 베를린, 브레멘, 함부르크 주등 3개 도시국가들에서는 주 의회 의원들도 연방참의원이 될 수 있다.[91]

---

89 의장의 선출과 의결에 대해 연방기본법 제 52조 참조.
90 기본법 제 51조 연방참의원의 구성 참조.
91 Andersen, V. und Woyke, W., 1992, Handwoerterbuch des politischen Systems der BRD, Bonn: Bundeszentrale fuer Politische Bildung. pp. 46~47.

연방참의원은 연방의 입법에 대한 동의의 목적으로 참여한다. 연방 예산의 확정, 신용차금과 재정적 보장에 관한 결정, 연방행정과 주행정의 조직과 절차를 연방 법률로 규정하는 경우에 참여한다. 또한 연방참의원은 결산, 연방감독, 연방강제 및 연방개입의 테두리 내에서 그리고 비상사태의 경우에 기본법에 규정되어 있는 참여와 통제에 의해서 연방의 집행권의 행사에 관여한다. 연방정부 혹은 연방장관의 특정한 법규명령은 연방참의원의 동의를 필요로 한다. 연방 법률 규정은 연방헌법재판소의 견해에 따르면 연방참의원의 동의에 의해서만 제정될 수 있다. 연방참의원은 연방대통령선거에 참여하지 않는다. 그러나 연방의회와 함께 대통령탄핵 소추권을 갖는다. 연방참의원은 연방헌법재판소판사의 반수를 선출한다. 입법긴급사태의 경우에 이를 해결할 수 있는 결정적인 역할을 참의원이 할 수 있다. 연방의회가 해산되지 않으면 연방대통령은 연방정부가 법률안을 긴급한 것이라고 표시했음에도 불구하고 연방의회가 그 법률안을 거부했을 경우에는 연방정부의 제의로 연방참의원의 동의를 얻어 법률안에 관한 입법 긴급사태를 선포할 수 있다.[92]

연방참의원은 미국의 상원이나 서유럽의 양원제에서 볼 수 있는 제2원과 같은 기능을 가진 입법기구가 아니다. 연방참의원은 연방정부의 정책결정과정에 행정적 관점에서 영향을 주며 연방의회에 의해서 약화될 수 있는 연방주의를 방어할 수 있는 두 가지 과제를 갖고 있다. 연방참의원은 연방 주의 대표기구이며 연방제의 상징기구로서 입법과 정책결정과정에 참여하고 견제하는데 그 비중을 두고 있기 때문에 직접 입법을 하고 국민들에 의해 선출되는 미국의 상원과는 구분된다.

---

92 입법긴급사태에 대해 연방기본법 제81조 참조.

5) 연방정부(Bundesregierung)

(1) 연방정부와 연방내각

연방정부는 연방의회의 신임에 의존하고 있지만 의회의 지시에 구속되지 않는 독립된 최고 연방행정기관이다. 연방정부는 대통령의 재가를 얻어 직무규칙을 스스로 제정한다.[93] 기본법은 연방정부구성원의 수를 규정하지 않고 단지 연방정부가 연방수상과 연방장관들로 구성된다는 것과 연방수상이 연방장관 1인을 그의 대리인으로 임명하여야한다는 것만을 규정하고 있다. 기본법은 그 이외의 조직사항에 대해 연방정부에 위임하고 있다.[94]

연방기본법 제 66조에 의하면 연방수상과 연방장관은 다른 유급의 공직, 영업 및 직업에 종사해서는 안 되고 영리를 목적으로 하는 기업의 이사나 감사가 되어서도 안 된다. 연방정부의 구성원의 법적 지위는 1971년 7월 27일에 제정된 연방 각료 법에 규정되어 있다.

기본법은 제 63조에서 연방정부구성의 책임을 바이마르헌법에서는 연방대통령에게 있었으나 이제는 연방의회 및 연방수상의 수중에 맡김으로서 연방대통령의 독재권을 예방하고자 하였다. 연방수상은 연방대통령의 추천으로 연방의회에 의하여 토의 없이 연방의회의원 과반수의 득표로 선출된다. 선출된 수상후보는 연방대통령이 임명한다. 연방장관은 연방수상의 제청으로 연방대통령이 임명한다. 이러한 방법으로 선출이 되지 않을 경우에는 연방의회는 14일 이내에 의원과반수로 대통령의 추천 없이도 연방수상을 선출할 수 있다(제63조 3항). 절대다수로 선출된 수상후보와 그에 의해서 제청된 장관은 연방대통

---

93 연방기본법 제 65조 참조.
94 연방기본법 제 62조와 69조 참조.

령이 필히 임명해야한다. 그러나 선출된 연방수상후보가 절대다수를 얻지 못했을 때에는 연방대통령은 그를 임명하든지 아니면 연방의회를 해산해야한다(63조 4항). 따라서 기본법에 의하면 연방대통령이 의회를 해산하지 않을 경우에만 연방의회가 소수파정부의 구성을 용인할 수 있다.

연방내각은 연방정부의 기구를 더 확장시킨 기구이다. 연방내각에는 연방정부의 구성원이외에도 연방수상실 장관, 수상실 정무차관, 연방대통령실 비서실장, 연방공보처장과 연방수상의 보좌관이 그 구성원이다.[95]

연방내각은 연방기본법에서 연방정부에 유보되어 있는 결정사항을 제외하면 직무규칙에 관한 결정(제65조 4항) 및 연방장관사이에 의견의 차이가 있을 경우, 조정결정(제 65조 3항)의 권한을 갖고 있다.

연방내각은 연방수상의 지침의 테두리 내에서 관할이 중복되는 경우 정부조직의 구조원리 및 기능원리를 결정하며 그 경우 일정한 한계 내에서 연방각부의 내부구조에도 영향을 미치는 권한을 갖는다. 기본법 또는 법률에 의하여 어떤 임무가 합의체로서의 연방정부에 귀속하는 한(예 법률안의 제출) 연방내각은 해당 장관에 대하여 구속력을 갖는 원칙적 결정을 행할 수 있다. 물론 그 결정은 헌법상 보장된 해당 장관의 결정재량범위를 적정하게 고려한 것이어야 한다.

연방정부의 권한은 입법에의 참여와 법규명령제정권이외에도 연방의회 및 연방참의원과의 협동, 연방과 주 관계 그리고 연방고유의 행정권을 들 수 있다.

연방의회와 연방참의원에 대한 연방정부의 권한이란 지출을 증액시키거나 수입을 감소시키는 법률을 입법 시 연방정부로부터 동의를

---

95 Schubert/Klein, 2006, Das Politiklexikon, Bonn: Verlag Dietz, ꝑ. 54.

얻어야하는 동의권이다. 연방정부는 이 경우 이러한 법률에 관한 연방의회의 의결을 사전에 중지할 것을 요구할 수 있고 의회가 이미 의결한 경우에는 재의결할 것을 요구할 수 있다. 연방정부는 연방의회나 연방참의원의 회의에 언제라도 발언할 수 있고 그들로부터 그들의 활동에 대한 정보를 얻는 기회뿐만 아니라 스스로의 견해를 표명하는 권리도 갖고 있다.

연방과 주의 관계에 있어서는 연방정부는 주의 행정에 대한 지시와 감독의 권한을 갖고 있다. 또한 연방 법률을 집행하는 범위 내에서 주 고유의 행정에 관하여 또는 연방의 위임에 기초하여 연방정부는 연방참의원의 동의하에 일반 행정 규칙을 제정할 수 있다. 연방정부는 제한된 지시권한을 가지며 주에 의한 연방 법률의 집행에 대하여 감독권을 갖는다. 그러나 그 집행이 주 고유의 행정으로 이루어지는 한 그 감독에는 다시금 연방참의원의 결정적인 관여가 있게 된다. 이러한 규정에 의한 영향력의 행사수단이 불충분하다고 판단 시 연방정부는 연방강제 또는 연방개입이라는 최후의 수단을 사용할 수 있다. 연방강제의 경우에는 연방정부는 연방참의원의 동의를 사전에 구해야 하고 연방개입에는 연방정부의 명령은 연방참의원의 요구가 있으면 언제라도 연방개입을 폐기해야한다.

(2) 연방수상

기본법에 의하면 연방정부의 임기는 별도로 정하고 있지 않으나 연방수상 및 연방장관의 직은 새 연방의회의 회기시작일과 함께 종료된다(제 69조 2항). 이 시점 이전이라도 연방의회가 연방수상에 대하여 불신임을 표명했을 경우에는 연방정부의 임기는 종료된다. 연방의회에 의한 불신임 성립조건으로 연방의회는 그 과반수로 연방수상의 후임자를 선출하고 대통령에게 연방수상을 해임할 것을 요구할 수 있다 (제 67조). 연방수상의 해임과 동시에 연방장관의 직도 종료되며(제69 조 2항), 연방장관은 연방대통령에 의하여 해임된다(제 64조 1항).

기본법 제 65조에 의하면 연방수상은 정책지침을 결정하고 이에 대한 책임을 진다. 이를 연방수상의 행동원칙(Kanzlerprinzip)이라 한다. 각 연방장관은 이 지침 내에서 그 소관 사무를 자주적으로 그리고 자기책임 하에서 처리한다. 이를 부처의 원칙(Ressortsprinzip)이라고 한다. 연방장관 간의 의견 차이는 연방내각이 결정한다. 이를 연방내각의 원칙(Kabinettsprinzip)이라 한다. 연방수상은 연방정부가 의결하고 연방대통령의 재가를 얻은 직무규칙에 따라 사무를 처리한다.

연방기본법은 소위 '수상제민주주의(Kanzlerdemokratie)'를 규정하고 있다. 한국의 정치학자들은 이를 일명 〈수상중심의원내각제〉라고도 부른다. 연방기본법은 바이마르헌법 하의 공화국수상의 지위에 비하여 연방수상의 지위를 강화하였다. 그러나 미국이나 프랑스와 같은 대통령의 권력에 비교하면 아데나워가 강력한 수상직을 행사하던 연방공화국 초기의 수상의 권력도 그들의 대통령들의 권력을 따라갈 수는 없다. 연방수상은 헌법상 연방장관의 임명과 제청권 그리고 장관의 수 및 그들의 직무영역의 확정과 한계에 대한 결정권을 갖고 있으며 내각이 수행해야 할 정책의 지침을 결정하는 권한을 갖고 있다. 마지막으로 연방수상은 연방정부의 업무를 총괄한다.[96]

(3) 연방장관

연방정부의 형식적인 조직에 있어 수상의 책임의 원칙과 함께 부처

---

96 Sontheimer, Kurt, Bleek, W., 1999, Grundzuege des politischen Systems der BRD, Muenchen: Piper Verlag, pp. 305~313.

의 원칙(Ressortsprinzip)과 동료의 원칙(Kollegialprinzip)도 구조적인 역할을 하고 있다. 연방장관에 대한 연방수상의 무제한적 지배가 기본법 제 62조에 의해서 제한되도록 각 연방장관은 연방수상이 정한 정책지침의 범위 내에서 독자적으로 그리고 자기책임 하에 자기 소관 사무를 관장하도록 하고 있다(기본법 제65조 2항). 그러므로 연방수상은 소속 장관의 머리 넘어 소속장관의 공무원들에게 직접적인 지시나 명령을 할 수 없으며 그는 해당 부처의 내부사항들에 대한 간섭을 할 수 없다. 만약 부처 간의 의견대립이 생길 경우는 수상뿐만 아니라 전 내각이 이에 대해 결정을 내린다. 기본법에 의해서 권한을 부여받고 있는 재무장관은 국가지출의 초과비용이나 예외적 지출비용에 대한 절대적인 비토권을 행사할 수 있으며 연방정부의 재정적인 의미가 있는 결정들을 중지하는 비토권도 갖고 있다. 외무장관은 연립정부 하에서 통상 연립파트너당의 대표가 부수상 겸 외무장관을 맡는 것이 통상이다. 자민당의 디트리히 겐셔(Dietrich Genscher)가 자민당의 당수로서 1974~1992년 사이에 연정의 외상 겸 부수상을 역임하였다. 기타 국방부, 내무부, 법무부 등은 소위 전통적인 부처이고 기타 교육부, 과학기술부 등 총 14개 부처가 있다. 연방장관은 그의 임무수행에 있어서 연방의회에 책임을 진다. 그러나 기본법은 연방장관과 연방의회 사이에 연방수상을 개입시킴으로서 연방장관은 연방의회에 대하여 비교적 독자성을 갖는 반면에 연방수상에 대해서는 보다 종속적이 되어 연방수상의 정책지침에 대해 보다 구속되고 있다. 연방수상은 장관을 보좌할 수 있는 의회담당 정무차관(Parlamentarische Staatssekretaere)을 연방의회의원 중에서 임명하다. 연방장관은 그 소관 사무의 범위 내에서는 원칙적으로 최고의 결정권과 명령권 그리고 조직권과 인사권도 보유하고 있다.

몇몇 장관에 대해서는 기본법은 특별한 권한을 부여하고 있다. 우선 연방수상의 권한대행(Stellvertreter) 즉 부수상이 이에 속한다(기본법 제69조 1항). 부수상은 연방수상 유고 시 그 정책지침 결정권을 행사하지만 동시에 연방의회에 대해 책임을 지지 않는다. 그러므로 연방의회는 그에게 불신임을 할 수는 없다. 또한 연방재무장관은 연방 각부의 예산을 감독할 의무를 진다. 예산이외의 그리고 예산을 초과하는 지출은 동 장관의 동의를 필요로 한다(기본법 제112조 참조). 연방 국방장관은 평상 시 군대에 대한 지휘권과 명령권을 갖는다(기본법 제65a조). 그러나 전시에는 그 지휘권과 명령권을 연방수상에게 즉시 이전시켜야 한다.

(4) 연방대통령

연방대통령은 연방회의(Bundesversammlung)에서 선출되며 이 회의는 연방의회의원과 주 의회에 의해서 비례대표의 원칙에 따라 선출되는 이와 동수의 의원으로 구성되는 합의체(Gremium)이다(기본법 제54조 1항과 3항). 대통령후보는 선거권을 갖는 만 40세 이상의 독일인은 모두 피선거권을 갖는다. 그 선출에는 연방회의의 구성원 과반수의 득표가 필요하다. 2회의 투표에서도 과반수를 얻지 못할 때에는 제3회 투표에서 상대다수로 결정한다. 즉, 최다수의 표를 얻은 자가 선출된다. 재선은 1회에 한하여 인정된다(제54조). 대통령의 임기는 5년이다. 그 임기는 전임자의 임기만료와 동시에 시작하지만 연방의회 의장이 피선출자의 취임선서를 수리하기 전에는 시작하는 것은 아니다(연방대통령선거법 제10조). 연방대통령 유고시 또는 임기만료 전에 궐위된 경우에는 연방대통령의 권한은 연방참의원의장에 의해서 행사된다. 연방대통령은 명목적인 국가 원수에 불과하고 국정의 실질적인 담당자는 연방수상과 내각이다.

연방대통령의 권한은 의회해산권이나 이것도 기본법 제 63조 4항 과 제68조 1항의 두 경우에 국한되어 있다. 제 63조 4항 3문은 연방수 상후보로 과반수를 획득하지 못한 때에는 연방대통령은 7일 이내에 그를 임명하거나 연방의회를 해산해야 한다고 규정하고 있다. 또한 제 68조 1항은 신임을 요구하는 연방수상의 동의가 연방의회의 과반 수의 찬성을 얻지 못하면 연방대통령은 연방수상의 제청으로 21일 내 에 연방의회를 해산시킬 수 있다는 내용이다.

법률의 인증과 공포를 통한 입법에의 참여(제82조 1항)와 집행권의 영역에서 외국과의 조약체결이나 외교사절의 신임과 접수를 포함한 국제법상 연방을 대표하는 권한이 대통령에 속한다. 또한 대통령은 연방참의원의 동의하에 입법긴급사태를 선언할 권한을 갖고 있다.[97]

6) 사법부

(1) 법치국가의 원칙과 조직

법치국가의 원칙은 연방주의, 민주주의의 원리, 사회국가성과 더불 어 독일의 정치체제의 가장 중요한 원칙에 속한다. 독일 기본법 제 20조와 28조는 바로 법치국가의 원칙을 강조하고 있다. 독일의 사법 부는 3권 분립의 원칙에 의거 입법부나 행정부로부터 완전 독립되어 있다.

법관은 그의 재판 중에 상부기관으로부터 어떠한 지시나 명령을 받 지 아니하며 법에 따라 재판을 한다. 법관은 행정부로부터 파면이나 전근되지 않는다(기본법 97조).

---

97 Sontheimer, Bleek, 1999, ibid, pp. 329~335 참조.

독일 사법부의 조직은 수 백 년의 역사와 전통에 의해 영향을 받아왔기 때문에 상당히 복잡다단하다. 가장 오래된 사법부는 민사와 형사재판소인데 이는 4단계로 되어 있다. 지방민사와 형사재판소, 주 재판소와 상부 주 재판소 그리고 연방재판소로 되어 있다.

(2) 연방헌법재판소

연방헌법재판소는 사법권을 담당하는 기관이지만 종례의 사법개념을 넘어서 정치적 기능을 담당하는 정치적 사법기관이다. 이 기관은 연방하원이나 연방정부와 대등한 입장에서 헌법적으로 정해진 국가의 정치적 통일의 형성과 정치적 의사형성에 관여하기 때문에 국가 최고의 정치적 역할을 담당하는 기관으로 평가되고 있다.

연방헌법재판소의 결정은 다른 모든 국가기관을 구속하며, 입법기관도 구속한다. 그러므로 연방헌법재판소는 기본법에 의거 구성된 최고국가기관의 하나이며, 그 지위도 다른 법원의 헌법상의 지위와는 구분된다.

연방헌법재판소는 다른 모든 헌법기관에 대해 자주적이며 독립되어 있는 연방의 법원이다(연방헌법재판소법 제1조). 동 헌텁재판소는 독립된 행정권, 독자적인 개별예산을 갖고 있고 동 재판소판사의 법적지위는 다른 법관의 그것과 다르며 독립된 인사조직권을 갖고 있다. 동 재판소는 각 8명의 판사로 구성되는 2개의 부로 나누어진다(동법 제2조). 동 재판소는 연방법원과 그 밖의 구성원으로 조직한다. 동 재판소의 구성원은 연방의회와 연방참의원에 의해 각각 반수씩 선출된다. 2개부의 3명의 판사는 연방최고법원의 법관 중에서 선임된다. 재판소의 판사의 임기는 통일적으로 12년이고, 길면 정년까지이다. 재선될 수는 없다. 모든 연방헌법재판소 판사는 만 40세 이상으로 피선거권과 법관자격을 갖고 있어야 한다.

동 재판소 판사는 연방의회, 연방참의원, 연방정부 그리고 이에 해당하는 지방의 기관의 어느 곳에도 소속되어서는 안 된다(기본법 제94조 1항과 2항 그리고 연방헌법재판소법 제3조 3항). 법관으로서의 활동과 함께 독일대학에서의 법학교수 이외의 직업 활동은 하지 못한다.(동법 제 3조 4항).

연방헌법재판소의 권한은 대략 다음과 같다:

1) 연방제적 쟁송의 형식을 빌려 전체국가(Gesamtstaat)내부의 정치적인 노선간의 분쟁을 해결하는 권한.

2) 연방최고기관의 권리와 의무의 범위 그리고 기본법 혹은 연방최고기관의 직무규정에 의거 국가기관이 행사한 권한에 대한 쟁송을 판결하는 권한.

3) 규범통제는 어떤 규범과 상위규범과의 부합여부를 심사하는 것을 의미한다. 규범통제는 추상적 규범통제와 구체적 규범통제로 나누어 심사한다.

4) 정당의 해산이나 기본권 실효의 선고 등에 대한 헌법소원의 결정권을 갖고 있다(기본법 제93조, 연방헌법재판소법 제13조).[98]

5. 독일의 민주시민교육(정치교육)

독일의 정치교육의 목표는 자주적으로 사고하고 객관적으로 상황을 판단하며 책임 있는 행동을 하는 인간을 육성하는 데 있다. 본 교육의 내용을 간단히 소개한다면 다음과 같다.

---

[98] Ibid, pp. 336-350 참조.

(1) 정치적·사회적·경제적 과정의 요인과 기능에 대하여 가능한 한 객관적인 정보의 획득.

(2) 자유 및 다원 민주주의의 기본가치의 수용.

(3) 자유 및 다원 민주주의가 자주적이고 자기 책임적인 행동을 가능케 하는 정치질서임을 깨닫게 함.

(4) 민주적인 경기규칙의 본질을 깨닫고 갈등해소 및 합의능력의 습득.

(5) 정치적으로 대안을 생각하게 하고 정치적인 문제의식과 판단능력의 습득.

(6) 정치적 행위능력의 향상.

(7) 언어적 의사소통과 비언어적 의사소통을 그 이데올로기적인 배경을 관찰할 수 있는 능력의 함양.

(8) 자기 자신의 권리 및 이해관계 상황의 인식능력 함양.

(9) 자기 자신의 이해관계를 다원주의적인 민주사회의 틀 속에서 옹호하고 또한 타인의 이해관계를 고려할 수 있는 능력 배양.

(10) 출신이나 문화배경이 다른 사람들에 대한 이해심의 고양.

(11) 민족적 이기주의를 줄이는 데 기여할 수 있는 능력 배양.

(12) 반성적인 참여와 책임 있는 정치적·사회적 행위를 할 수 있는 능력 배양.[99]

독일은 미국과 달리 연방에는 연방정치교육센터가, 15개 주에는 주정치교육센터가 있으며 이들은 독일 민주주의를 위한 시민교육을 기획·운영하고 있다. 뿐만 아니라 이들은 각급 시민교육 주체들의 교육 프로그램, 그 내용, 방법론 등을 선택함에 있어 이를 지원하거나 재정

---

[99] Ruether, Guenther, 1994, "Bedeutung und Stellenwert der Politischen Bildung in Deutschland vor und nach der Wiedervereinigung, in: 전득주 외, 민주시민 교육의 이해, 서울: 학문사, 48~49쪽.

적 지원을 하고 있다. 독일연방정치교육센터의 1년 예산은 약 695억 원이며, 이는 15개 주 정치교육센터의 예산을 뺀 수치이다.

독일의 정치교육은 독일의 민주화와 독일 통일에 커다란 기여를 했다는 것은 주지의 사실이다.[100]

제3절 스위스 연방제|Swiss Confederation

1. 개관

스위스는 인구 일인당 기업가치가 가장 큰 나라 즉, 자본주의의 밀도가 가장 높은 나라라고 볼 수 있다. 세계의 인재, 물건 그리고 돈이 스위스로 모이고 있다. 그 결과, 스위스의 국민생활은 한마디로 풍요로움 그 자체이다. 사회의 안전도는 유럽에서 최고이며, 세계의 부자들이 은퇴 후 노후를 보내기에 가장 적합한 나라가 스위스라고 알려져 있다. 스위스는 정치적으로 유럽에서 가장 보수적인 경향을 지니고 있기 때문에 사회가 안정되고 급격한 환경변화가 없는 나라이다.

스위스는 알프스계곡 사이에 자리한 온화하고 풍요로운 작은 나라로 보이지만 그 이면에는 불과 인구 770만을 갖고 있는 자원도 없는 작은 나라이다. 그럼에도 불구하고 스위스는 세계적인 다국적 기업들을 갖고 있다. 식품업계의 최대 기업인〈네슬레(Nestle)〉, 시멘트로 세계 우위를 다투는 다국적 기업인 〈홀심(Holcim)〉, 세계최대의 농화학

---

100 전득주 외, 1995, 독일연방공화국, 정치교육, 민주화 그리고 통일, 서울: 대왕사 참조.

메이커인 〈신젠터〉, 재보험으로 독일의 알리안츠(Allianz)와 우위를 다투는 스위스재보험 〈스위스 리(Swiss Re)〉, 시계로 세계 2위인 〈스와치 그룹〉 그리고 〈놀발틱스〉나 〈로슈〉 등 의약품업계의 다국적 기업들을 갖고 있고 고도로 발전된 금융시장의 시스템을 갖고 있다. 스위스는 아주 다양한 기업가들이 이곳에 모여 기업을 경영하는 다양성과 경쟁력을 갖춘 나라이다.

스위스의 GDP는 2012년 현재 6,209억 US$로서 세계 100개국 중에서 20위(한국은 1조 1,635억 US$로서 15위임)이지만 개인당 GDP는 세계 4위로서 7만 8,754 US$이다. 앞서도 이미 언급했지만 이는 미국이나 독일의 그것보다 훨씬 많은 수치이다.[101]

스위스연방은 유럽의 중앙에 위치한 내륙국으로서 독일, 프랑스, 이탈리아, 오스트리아, 리히텐슈타인과 국경을 접하고 있다. 스위스의 국토 면적은 41,293km²로, 남한 면적의 약 41%에 불과하다. 스위스는 산악국가로서 국토의 60%는 남부와 동부에 위치한 알프스 산맥이고, 국토의 10%는 서부의 주-라 산맥이며, 나머지 30%는 구릉지로 되어 있다. 스위스 북쪽에는 라인(Rhein) 강, 남쪽에는 론(Lon) 강, 그리고 동쪽에는 인(Inn) 강이 흐른다. 스위스는 바다가 없는 나라지만 1,484개의 자연 및 인공 호수들을 가진 '유럽의 샘'이다.

스위스의 인구는 2011년 말 현재 약 770만 명으로 남한 인구의 15.5%에 불과하다. 이중에서 스위스 국적을 보유한 사람은 610만 명이고 나머지 160만 명은 외국인이다. 스위스 총 인구 중 외국인이 차지하는 비율은 무려 약 21%에 달한다. 인구 밀도는 1km²당 168명으로 남한인구밀도의 약 37% 이다. 스위스 도시들은 그 규모가 매우 작으

---

101 개인당 GDP는 1위가 룩셈부르크(10만 6,958US$), 2위가 카타르(10만 6,393), 3위가 노르웨이(9만 9,664)이며 그 다음 4위가 스위스이다. International Monetary Fund 2012 참조.

며 스위스 최대의 도시인 취리히(Zuerich)는 인구가 약 35만 명이고 수도 베른(Bern)은 인구가 고작 14만 명이다. 그럼에도 불구하고 스위스인은 인구의 대도시 집중을 우려하고 있다.

스위스 연방을 구성하는 민족은 스위스 인이지만 그 기원은 네 계통으로 나누어진다. 우선 로마의 시저 황제를 따라 스위스에 침입한 로마인의 자손인 이탈리아계 스위스인은 현재 남부 티치노 칸톤을 중심으로 거주하고 로마화 되어 레토-로만어를 사용하는 켈트계 스위스인은 동부 그라우뷘덴 칸톤에 살고 있다. 서기 5세기 중엽 제네바지방에 침입한 부르고뉴족의 자손인 프랑스계 스위스인은 서부에, 5세기 말경 북쪽의 다른 게르만족의 압박을 받아 침입한 알레만(Allemann) 독일계 스위스인은 북부와 중부에 살고 있다. 이 네 계통의 스위스인은 제각기 네 가지 다른 언어를 사용하고 있다. 스위스 연방헌법은 독일어, 프랑스어, 이탈리아어, 그리고 레토-로만어를 모두국어와 공용어로 인정하고 있다. 독일어는 인구 65%가 사용하는 스위스 최대의 언어이다. 게르만계의 알레만 인이 사용하는 스위스 독일어는 학교에서 가르치는 문어체인 표준 독일어와 약간 다르다. 프랑스어는 인구의 18.4%가 사용하는 언어로써 프랑스와 국경을 접하고 있는 서부 칸톤들을 중심으로 사용되고 있다. 밀라노 지방의 방언에 가까운 이탈리아어는 티치노 칸톤과 그라우뷘덴 칸톤의 남부 지역을 중심으로 스위스인구의 9.8%가 사용하고 있다. 마지막으로 레토-로만어는 동부의 그라우뷘덴 칸톤의 일부에서 스위스인구의 0.8%가 사용하고 있다. 칸톤마다 보통 하나의 공용어를 쓰지만 일부 칸톤들에서는 두세 개의 공용어를 쓰기도 한다. 예를 들면 베른 칸톤, 프리브루그 칸톤, 발레 칸톤은 독일어와 불어를, 그라우뷘덴 칸톤은 독일어, 이탈리아어와 레토-로만어를 각각 공용어로 인정하고 있다. 여기에 언어마다 다양한 방언들이 발달되어 있다. 스위스 인들은 다른 나라의 사람들이 고향을 사랑하는 것처럼 자신들의 방언들을 사랑한다. 방언은 스위스 인들에게는 정신적인 고향이라고 말할 수 있다. 스위스에서 언어는 의사소통 이상의 의미를 지니는데 언어가 곧 스위스의 정체성을 규정한다. 언어는 스위스를 일반화시켜 말하는 것이 곤란할 만큼 작은 지역들 내지 코뮌들의 독특한 다양성을 창출하고 있다. 상당히 많은 스위스 인들이 여러 개의 언어를 구사할 줄 아는 다언어 사용자들이다.

스위스의 종교는 크게 로마 가톨릭과 개신교로 양분되어 있다. 스위스 국적을 가진 사람들 중에서 개신교를 가진 사람들이 과반수를 차지하지만 외국인 거주자들을 포함하면 로마 가톨릭 교도들이 더 많다. 외국인을 포함하여 스위스의 종교별 인구 백분비를 살펴보면 로마 가톨릭 교도가 46.1%로 가장 많고, 개신교도는 40.0%, 기타 종교 및 무종교인은 13.9%이다.

스위스가 자본주의를 꽃피우고 세계에서 가장 풍요로운 나라들 중의 하나가 된 것은 무엇보다도 그들의 시민의식으로서의 정직성, 근면성, 책임감과 희생정신과 1884년 26개 주로 구성된 오늘의 연방제를 통하여 다양성 속의 통합이라는 권력구조의 개편 그리고 고도의 산업화 등에서 비롯되었다. 그 이전만 하더라도 스위스는 유럽의 최빈국 중의 하나였다.

국토의 대부분은 높은 산으로 되어 있기 때문에 농업생산력은 현저하게 낮았다. 산의 경사면에서 목초를 키워 소나 양을 기르고, 우유를 가공해서 보존식품인 치즈를 만드는 것으로 겨우 생활을 유지해 나아갔다. 태어나는 신생아조차 충분하게 양육할 수 있는 상황이 되지 못하여 스위스에 거주하는 국민들은 생존을 위하여 또는 가족의 생계를 위해 일자리를 찾아 외국을 떠돌아 다녀야만 했다. 근대화된 공업대국, 금융대국을 이룩하기 이전까지 스위스는 오랫동안 돈벌이를 위해

외국으로 팔려 간 젊은 남자들의 피의 대가로 유지되어 왔다. 당시 스위스의 가장 중요한 돈벌이 중의 하나는 용병산업이었다. 프랑스 왕족이나 남부독일 왕국, 북 이탈리아의 귀족들에게는 스위스의 용병들이 아주 용맹하고 강한 외인부대로 알려져 호평을 받았다. 미켈란젤로가 디자인한 제복을 입은 로마교황청의 위병들은 지금도 스위스 용병들로 구성되어 있다. 주위의 여러 나라들의 용병으로 흩어진 스위스 인들이 때때로 서로 적으로 만나 죽일 수밖에 없는 동족상잔의 비극을 초래한 시기도 있었다. 나라가 가난하기 때문에 가족의 생계를 유지하기 위하여 일어나는 이러한 비극을 어떻게든 극복하겠다는 스위스 인들의 간절한 희망이 산업화를 진행시킨 계기가 되었다고 본다. 16세기 종교개혁이후 스위스 인들은 노동을 신성한 의무로 보는 풍토가 조성되었고 근면, 정직, 책임감과 희생정신 등이 국민을 위한 정치교육을 통해 스위스인의 의식구조로 내면화되어 이러한 저력이 오늘의 스위스의 민주화와 산업화의 뿌리를 내리는 기반이 되었다고 평가된다.

스위스 국민은 정부로부터 받는 서비스나 보조금에 비해 매우 적은 세금을 낸다. 그 이유는 무엇보다도 스위스 연방, 칸톤, 그리고 코뮌 정부가 매우 경제적으로 운영되기 때문이다. 연방각료 7명이 매년 돌아가며 맡는 대통령은 전용 집무실을 별도로 가지고 있지 않다. 이 처럼 스위스에서 대부분의 선출직 공무원들은 무보수 명예직으로 봉사한다. 스위스의 국회의원은 일일 수당(회의비 등) 이외에 보수를 받지 않으며 보좌관이나 비서관도 없고 전용 사무실도 없다. 국회의원이 이 정도이니 칸톤의회 의원과 코뮌의회 의원에게 보수가 없는 것은 당연한 일이다. 철도와 우편서비스에 종사하는 공무원을 제외하고는 연방공무원의 수도 1974년 이후 33,000명으로 제한되어 있다. 군대도 비용이 들지 않는 민병제로 운영되고 있음은 누구나 잘 아는 사실이다. 이 처럼 스위스의 각 급 정부는 비교적 적은 비용으로 국민들에게 고품질의 공공서비스를 제공한다.

스위스에는 안락하고 고급스러운 공공교통이 발달되어 있어 도시만이 아니라 오지 산간마을까지 교통이 매우 편리하다. 도로, 에너지 공급, 통신 등의 하부 구조도 잘 발달되어 있다. 공공교육은 세계 정상의 수준을 자랑하며, 스위스의 직업학교 제도는 세계의 많은 나라의 귀감이 되어왔다. 일부 연구 분야에서도 연방기술연구소들은 세계적 명성을 향유하고 있다. 보건과 사회보장제도도 선진국가형이다.

스위스의 정치적 안정은 유명하여 지난 30여 년 동안 스위스 행정 수반인 7인의 연방 각료들은 유권자들의 70%를 대표하는 4개 혹은 5개 정당들의 성공적 제휴로 구성되어 왔다. 스위스 유권자들은 매년 6개월에 한 번씩 헌법개정안을 투표로 결정하지만 스위스는 결코 정치적 혁명의 나라는 아니다. 오히려 스위스는 보수주의 성향이 강하고 사회경제적 갈등이 없는 매우 안정적인 나라로 정평이 나있다. 스위스는 대외정책적인 측면에서 중립주의를 표방하고 있으며 국제정치 무대에서 중립 스웨덴이나 오스트리아 등 다른 중립국들보다도 더 소극적인 역할을 수행해왔고 국제적 갈등에 개입하는 것을 가급적 피해왔다.

2. 국가연합제에서 국가연방제로의 형성과정

스위스가 공식적인 국가로서 출발한 역사의 시작은 1291년이다. 전설에 의하면 스위스 어느 호수가(Vierwaldstaettersee)에 있는 우에트리(Uetli)라는 초원에서 자유농민들로 구성된 칸톤(연방주 해당)들이 당시 오스트리아 합스부르크 왕가의 침략과 지배로부터 그들의 칸톤

들을 방어하고 칸톤들 간의 세력균형을 유지하기 위하여 국가연합체
(Eidgenossenschaft)를 설립하였다. 다른 칸톤들도 본 연합체에 가입
함으로서 이 국가연합체를 발전시켜 왔다.[102]

스위스는 프랑스 대혁명 때까지 조약들에 의해 체결된 칸톤들의 동
맹체였다. 이러한 동맹체 내지 연합국가의 확대과정을 통해 스위스는
국토를 확장할 수 있었다. 당시 주권을 가지고 있는 칸톤들로 구성된
스위스 동맹체는 어떤 결정을 함에 있어 항상 구성 국가들의 만장일
치를 필요로 하였기 때문에 오늘의 국가연합(Confederation)이라고 볼
수 있다. 예를 들어 칸톤의 대표들이 모이는 연맹회의에 의해 제안된
모든 결정은 별도로 칸톤들의 재가를 얻어야 했다. 다시 말해서 한 칸
톤이라도 거부권을 행사한다면 그 결정은 무효가 되었다. 이처럼 스
위스연합국 체제는 그의 독립을 유지하고 안전을 공고히 하기 위하여
필요한 협력을 최대한 상호제공하면서 그 체제구성국들인 칸톤들의
주권을 보장하였다.

그러나 18세기 말에 이웃국가들인 영국과 프랑스 그리고 이태리 등
이 근대화와 산업화를 이룩하는 동안 스위스에서도 특히 프랑스 혁명
의 영향으로 국가의 중앙집권화와 근대화의 요구가 점증하였다. 프랑
스 나폴레옹은 1798년 스위스를 무력으로 침공하여 스위스 동맹체를
해체하고 스위스연합제를 바꾸어 스위스 공화국(Helvetische Republik)
을 수립함으로써 스위스는 중앙집권적 단일국가가 되었다. 그 결과,
칸톤들은 서로 동등한 지위를 가졌으나 주권이 박탈되어 순수한 행정
단위로 전락하였다. 그러나 나폴레옹은 그 후 스위스를 중앙집권적인
단일국가로서 통치할 수 없다는 것을 간파하고 원래의 연합제로 환원
시키었다. 나폴레옹이 패하고 유럽의 새로운 질서의 수립을 위하여

---

102 Fahrni, Dieter, 2002, Schweizer Geschichte, Zuerich: Pro Helvetia, pp. 23~24.

승전국들이 비엔나 회의를 1815년 개최하였을 때 영국을 비롯한 승전국은 스위스를 중립국으로서의 지위와 국경을 인정하였다.

그러나 당시 중립약소국인 스위스가 해결해야 할 과제란 이웃 강대국들이 근대적 민족국가로 통합되는 상황에서 스위스가 어떻게 정치적 자주권을 확보하고 산업발달에 걸맞은 공동시장을 갖기 위해 이러한 느슨한 동맹체 또는 국가연합제(Eidgenossenschaft)에서 벗어나 하나의 통일된 정치체제를 만들어내느냐 하는 것이었다. 이를 위한 대안들 중 하나는 19세기 초엽 이탈리아와 독일의 입헌군주제들이 취했던 방식대로 주권적 칸톤들을 통합시켜 좀 더 큰 단위체인 영토국가를 만드는 것이었다. 그러나 이러한 해결방안은 스위스에서는 적어도 두 가지 이유 때문에 적용될 수 없었다. 한 가지 이유는 스위스 인들에게는 뿌리 깊은 지방분권화 전통이 이었고, 다른 하나의 이유는 많은 프로테스탄트 칸톤들은 진보적이며 견고한 정치체제를 선호한 반면 가톨릭이 우세한 칸톤들은 가족과 전통을 중시하는 느슨한 정치체제 즉 국가연합제의 유지를 원하였다. 이 처럼 정치체제의 선호에 의해서 초래된 보수와 진보 간의 견해 차이는 진보와 보수 세력 간의 갈등을 야기 시키었다. 이러한 갈등은 마침내 구교를 중심으로 한 보수주의자들로 하여금 진보주의적인 주들 즉 신교우세 칸톤들의 정치적인 압력에 대항하기 위하여 비밀리에 특별연합체(Sonderbund)를 구성하게 하였다. 그러나 이 특별연합체의 구성에 대한 구교 보수주의자들의 비밀협약을 신교 측에서 보았을 때 양교 간에 체결된 스위스연합국의 협약을 파기하는 것으로 간주하였다. 구교중심의 보수주의적인 칸톤들은 비밀조약이 세상에 알려지자 이를 폐기하는 것을 거부하였기 때문에 진보주의 중심의 칸톤들은 무력에 호소함으로써 1847년 구교와 신교 중심의 칸톤들 간의 내전이 발생하게 되었다.

그러나 신교중심의 칸톤들이 이 전쟁에서 승리하여 연방정부를 구성하는 과정에서 구교의 의사를 충분히 받아들여 그 타협안으로 국가연합제와 단일국가제의 중간 형태인 연방제를 채택하기로 합의하여 1848년 9월 12일 연방헌법을 제정하게 되었다.[103]

이 헌법은 내전에서의 승자의 독식에 따라 승자의 복안을 채택하지 않고 국가형태에 대한 승자와 패자의 입장을 절충한 안을 선택하는 현명함을 보였다. 다시 말해서 연방정부의 성격으로서 중앙정부의 중앙집권적인 요소를 어느 정도 수용하면서 그 구성과 권한을 제한하고 연방주들의 주권과 다양성을 보장하였다.

승자인 진보주의자들은 연방정부를 구성하는 과정에서 보수적인 구교 칸톤들과 진보적 신교 칸톤들 간에 갈등으로 인해 빚어진 내전까지 치룬 상태에서 칸톤들의 자발적 합의로 국민통합을 이루기 위해서는 승자가 보다 적극적으로 양보하여 약자의 입장에 있었던 보수 구교 칸톤의 이익과 관심사를 충분히 수용했어야만 했다.

이러한 의미에서 스위스의 연방제의 설계는 종례의 느슨한 국가연합제와 중앙집권적 단일국가제 사이의 중간 형태를 따르지 않을 수 없었다. 스위스 연방제는 다시 말해서 중앙집권화에 반대했던 보수주의자들과 공동이익을 극대화 할 수 있는 강력한 중앙정부를 원했던 진보주의자들 사이의 타협의 부산물이었다.

1848년 연방헌법의 제정자들은 주권적 칸톤들이 개별국가로서 주권의 일부를 중앙정부에 일임하는 절충안을 제시하였다. 당시 연방헌법의 제정자들은 정치적으로 칸톤의 주권을 인정하면서도 권한의 일부를 연방에 이전하는 연방제를 구상하였다. 이들은 칸톤이 고도의 자치권을 향유하면서 연방의 정책결정에도 참여할 길을 터놓았다. 스

---

103 Koetz, Alfred, 1992, Neuere schweizerische Verfassungsgeschichte: ihre Grundlinien vom Ende der Alten Eidgesnossenschaft bis 1848, Bern: Staempflicht, pp. 608~610.

위스 연방헌법 제정자들은 연방주의와 민주주의를 적절히 결합한 미국 헌법을 많이 참고하였다. 그 결과로 이들은 서로 모순돼 보이는 두 가지 의사결정 원칙, 즉 1인 1표의 민주주의 원칙과 인구규모에 관계 없이 칸톤들이 동등한 영향력을 행사하는 연방주의 원칙(주의 평등주의)을 결합시켰다. 이로서 스위스는 민주주의 국가이자 연방제를 채택한 나라가 되었다.

1848년 연방헌법은 스위스 연방을 연방·칸톤·코뮌의 3 단계 정부로 구분하여 설계하였다. 스위스에서 정치적으로 기본적 역할을 수행하는 코뮌들은 비록 연방헌법에 자세히 언급되지는 안 했지만 고도의 자치권을 보유하고 스위스 인들의 정치적 생활과 문화의 기초를 이루고 있다. 연방헌법은 코뮌을 비롯한 연방과 칸톤이 제각기 통치권을 나누어 가지고 있으며 서로 협력하고 민주적 선거와 의사결정을 보장한다고 규정하고 있다. 스위스 인들은 연방·칸톤·코뮌의 세 수준에서 대표자를 선출하고 중요한 쟁점들에 대해 투표권을 행사하며 연방·칸톤·코뮌의 법률이 규정한 권리와 의무를 준수한다. 그러므로 스위스인은 코뮌의 시민인 동시에 칸톤과 연방의 시민이다.

연방제는 바로 통치의 공유와 자치(Shared Rule and Self-rule)를 보장하는 제도이다.

1930년대 파시즘의 대두와 함께 스위스에 권위주의적인 체제를 수립하기 위한 연방헌법의 전면개정안이 1935년 국민투표에 회부되었으나 부결되었다. 입법과정에 경제단체들을 포함한 이익집단들의 참여를 보장하는 사전청취(Vernehmlassung)제 등 종래 관행적으로 통용되던 제도들이 1947년 연방헌법에 포함되었다.

그 후 수많은 수정을 거친 스위스 연방헌법이 체계적이지 못하고 내용 면에서도 시대상황에 맞지 않다는 지적을 받아 1998년 스위스연방헌법의 전면개정안이 연방의회를 통과하여 1999년 4월 20일 새 연방헌법이 발효되었다. 이와 같이 헌법을 여러 번 개정하였음에도 불구하고 한 가지 변화가 없는 제도는 연방제이다.

3. 연방과 칸톤 간의 권한배분

1) 스위스연방주의의 특성

스위스연방헌법에 의하면 스위스는 26개 칸톤으로 구성된 연방국가임을 표명하고 있다: "스위스 국민과 취리히, 베른, 루체른, 우리, 슈비츠, 옵부알덴, 니드부알덴, 글아루스, 주그, 프라이부르크, 솔로돈, 바젤-도시, 바젤-농촌, 샤프하우젠, 압펜젤 외곽, 압펜젤 내곽, 장크트갈렌, 그라우뷔덴, 아르가우, 두르가우, 테신, 봐드트, 발리스, 노엔부르크, 제네바, 주라 칸톤들은 스위스연방을 구성한다."[104]

이중 20개는 정식 칸톤으로 그리고 나머지 6개는 준칸톤(Halbkanton)으로 인정되고 있다. 준칸톤은 칸톤이 정치적·지리적·종교적 이유로 2개의 준칸톤으로 분리된 것이다. 바젤은 정치적인 이유로 도시바젤과 농촌바젤로 분리되었고 운터발덴은 지리적 이유로 오버(고 지역)발덴과 니더(저 지역)발덴으로 나뉘었으며 압펜젤은 종교적 이유로 구교의 압펜젤 내곽과 신교의 압펜젤 외곽으로 분리되었다. 칸톤과 준칸톤의 차이는 두 가지 뿐이다. 하나는 20개 칸톤에서 연방의 상원의원이 각각 2명씩이 선출되는데 비해 6개의 준칸톤에서는 각각 1명씩 선출된다. 다른 하나는 시민투표에서 칸톤의 표가 한 표로 계산되지만 준칸톤의 표는 반 표로 계산된다는 것이다. 이 외에는 칸톤과 준칸톤

은 모든 법 앞에 동등한 권한을 갖고 있다.

스위스에 연방주의가 없었다면 오늘날 스위스도 존재할 수 없었을 것이라는 가설은 타당하다고 생각한다. 왜냐하면 서로 다른 언어를 사용하며 서로 다른 문화를 가진 사람들이 좁은 공간에서 한 나라의 시민으로써 평화적으로 잘 살아갈 수 있다는 것은 스위스의 연방주의 원리가 잘 작동하고 있다는 것이 여러 요인들 중에 가장 중요한 요인 라고 본다.[105]

스위스 연방주의의 특성으로는 5가지 원칙이 있는데 그 첫째가 비 중앙집권화의 원칙이다. 다른 연방국들과 마찬가지로 스위스에서도 중앙집권화 또는 지방분권화 문제는 사회적·경제적·이념적인 갈등 을 야기 시킨 정치적인 요인이 되어 왔다. 연방정부의 중앙집권화는 통상 강한 국가, 경제적인 개입, 근대화, 광범위한 사회정책을 주장하 는 정치세력들에 의해 추진되어 온 반면에 지방분권화는 강력한 정부 의 폐해를 우려하고 지방자치와 최소국가를 주장하는 세력들에 의해 지지되어 왔다. 스위스의 비 중앙집권화의 원칙은 칸톤들의 광범위 한 자치권을 옹호하는 방향에서 이루어져 왔기 때문에 1848년 연방 헌법이나 현재의 연방헌법 제 3조에서는 "칸톤은 그 주권이 연방헌법 에 의해서 제한되지 않는 한 주권적이며, 연방에 양도되지 아니한 모 든 권한을 행사한다."고 명시함으로서 비 중앙집권화를 시사하고 있 다. 이 규정은 미국연방헌법 제 10조의 수정조항과 유사하다. 스위스 도 미국과 마찬가지로 중앙집권화는 오직 헌법 개정을 통하서만 가능 하다.

둘째로 보충성의 원칙이다. 이 원칙은 연방과 칸톤 간의 권한배분 의 원칙으로 칸톤과 코뮌 간에도 적용된다. 칸톤이 연방과의 관계에

---

105 Linder, Wolf, 1999, Schweizerische Demokratie, Bern: p. 36.

서 준주권적인 자치권을 갖고 있듯이, 코뮌도 칸톤과 연방과의 관계에서 역시 준주권적인 자치권을 갖는다.

셋째로 협동주의의 원칙이다. 19세기에는 연방과 칸톤 간의 관계가 비교적 명백히 구분되었지만 시간의 흐름에 따라 양자의 관계가 협동적으로 변하였다. 이는 연방헌법 제 44조에 그 근거를 두고 있다. 연방과 칸톤은 그들의 업무를 수행함에 있어 서로 지원하고 협동하여야 하며, 나아가 그들은 상호 존중과 원조의 의무를 지고, 서로 행정적·사법적으로 도울 것과 칸톤들 간 또는 연방과 칸톤들 간의 분쟁이 발생할 경우에는 가능한 한 협상과 조정을 통해 해결할 것을 규정하고 있다.[106] 연방과 칸톤의 정부가 가능한 한 권한을 공유하고 협동하는 관계로 발전하여 이는 스위스연방주의의 하나의 원칙으로 정착되었다.

넷째, 스위스 연방주의는 자유주의적인 법치주의를 보장하고 있다.

다섯째, 스위스연방주의는 민주주의의 원칙을 극대화하려고 노력하고 있다. 헌법 개정과 같은 국가의 중대한 사안에 대해 국민의 직접적인 참여를 시도하는 소위 직접민주주의를 실행하고 있다.

이러한 5가지 원칙을 갖고 있는 스위스 연방주의는 스위스사회의 다양성과 통합에 기여하고 있다. 국가가 다양한 구성원들에게 다양한 기회를 주지 못한다면 다양성 속에 통일을 이루지도 못하며 서로간의 갈등이 심화될 뿐만 아니라 그의 존립도 불가능할 것이다.

2) 연방과 칸톤의 권한배분

스위스에서는 연방헌법 제 3조에 의거 연방헌법에 규정한 연방권한

---

106 스위스 연방헌법 제 44조 참조.

이외의 모든 권한은 칸톤의 권한으로 되어 있다. 그러므로 연방권한을 강화하거나 새로운 권한을 가지기 위해 이를 개편하기를 원하면 연방헌법의 개정이 필요하다. 스위스연방헌법이 1848년 제정된 이래 헌법이 빈번히 개정되어 온 이유는 이러한 연방권한의 개편과 관련이 있다.

1848년 연방헌법에 따르면 연방과 칸톤에 부여한 권한은 비교적 분명하였다. 연방정부의 권한이란 외교, 국방, 관세 등과 같은 연방정부에 필수적인 것과 우편, 계량, 화폐, 화약, 국가적인 공공사업, 기술연구소의 설립권한, 기본권과 정부서비스의 최소한 보장 등에 국한되었다. 그러나 연방의 권한은 빈번한 연방헌법의 개정을 통하여 강화되었다. 그 예로서 연방의 권한은 제 1차와 2차 대전 중에 비상사태에 대처하기 위한 연방내각의 권한의 추가에 대한 헌법 개정 등을 통해서 강화되었다. 제 2차 대전 이후 전쟁 중에 증가된 연방세입이 감소되지 않고 연방기능의 강화로 연결되었다. 그리고 1960년대에는 스위스의 경제가 활성화되어 연방의 세입이 증대됨으로써 연방기능이 강화되었다. 그 결과, 1960년대와 1970년대에 걸쳐 시민단체들과 칸톤들이 연방정부의 권한이 강화된 것에 대해 반대운동을 전개하였다.[107] 그러나 연방정부의 권한강화추세에도 불구하고 오늘날 칸톤들은 연방헌법에 의해서 제한받지 않는 영역에서 아직도 막강한 권한을 행사하고 있다. 그들은 연방의 국정에도 참여할 기회를 제도적으로 보장받고 있다. 칸톤들은 자신의 은행과 교회를 가지며 주민에게 고유한 시민권을 부여하고 연방헌법이 인정하는 권한범위 나에서 외국과 조약을 체결할 권한도 갖고 있다(연방헌법 제 56조 1항). 더욱 주목할 사항은 연방정부가 광범위한 입법권을 가지고는 있지만 연방법의

---

107 안성호, 2001, 스위스연방민주주의 연구, 서울: 대영문화사, 236~237쪽 참조.

집행권은 대부분 칸톤들이 보유하고 있다는 사실이다.

1999년의 개정헌법 제 3조에 의하면 이전의 헌법과 마찬가지로 연방주들은 그 주권이 연방헌법에 의해서 제한받지 않는 한 주권적이며, 연방에 양도되지 아니한 모든 권리를 행사한다고 명시되어 있다. 여기서 주권이란 자신의 영토 안에서 입법, 행정, 사법권의 행사에 독점적인 권한을 가지는 것을 말한다. 그러나 이 주권은 절대적인 것은 아니다. 1999년 개정헌법은 몇 가지 법적인 조치를 통해 주의 주권을 제한하고 있다. 먼저 연방헌법은 모든 국민에 대한 기본권을 보장하고 있다(헌법 7-36조). 그러나 연방헌법재판소는 기본권리가 각 연방주 등에 의해서 지켜지는지 심사할 법률심사권을 가진다(189조 1항 2문). 헌법 3조는 헌법에서 언급되지 않는 사안은 자동적으로 주의 소관으로 규정하고 있다. 그래서 이론적으로 보면 권력의 분립에서 어떤 틈새도 존재하지 않는다. 다만 한 가지 유의할 사항은 권력을 분배하는 권한의 문제이다. 1999년 헌법 개정과 마찬가지로 헌법은 연방소관이다(192~196조). 권력의 분배는 전적으로 헌법에서 나오며, 헌법의 개정은 연방권한이다. 그러나 이 권한은 연방수준의 결정과정에서 칸톤의 참여와 결정에 의해서 제한된다.

〈도표: 9〉에서 보듯이 연방의 고유 입법권은 주로 외교관계, 국방관계, 관세통화, 화폐제도, 우편통신 및 대중매체, 철도, 항공, 핵에너지, 민법과 헌법, 사회보장과 보험 등이며 연방입법권과 칸톤 집행권은 농업, 민법, 형법, 사회보장과 보험, 그리고 환경보호 분야이다. 또한 연방과 칸톤의 입법권 공유의 분야는 수력의 활용, 도로, 무역, 산업, 노동법, 그리고 공립학교와 교육 및 조세분야이다.[108]

---

108 연방과 칸톤 간의 권한배분에 대해 안성호, 상기책, 238~242쪽 참조.

〈도표: 9〉 스위스 연방과 칸톤, 코뮌의 주요권한 배분

가. 연방과 칸톤 간의 권한 배분

주요권한	연방 고유입법권	칸톤 고유입법권	연방/칸톤 공유입법권	연방-법제정 칸톤-집행
외교(선전포고) 조약체결, 외국과의 교섭,	●			
국방과 민방위	●			
관세·통화·화폐제도	●			
우편·통신·대중매체	●			
철도·항공	●			
핵에너지, 화학규제	●			
수력, 주류의 전매	●			
도로, 수상 항공교통			●	●
무역·산업·노동법				●
농업 등 특정경제분야			●	
민법·형법			●	
경찰		●		
교회		●		
공립학교·교육		●		
조세(직접세)	●			
사회보장			●	●
환경보호				●

나. 코뮌의 권한

-지방도로 건설 및 관리	-지방에서 공공교통	-공중위생,
-가스·전기·수도·쓰레기	-지방개발	-매장
-교사선출·학교건축	-세금(간접세)부과	-소방, 건축물규제
-민사, 형사, 행정소송절차	-복지제공	-칸톤과 코뮌의 조직

출처: Linder, Wolf, 1999, Schweizerische Demokratie, Bern: Haupt, p. 140

마지막으로 칸톤 고유입법권 분야는 칸톤 헌법의 제정, 공공질서의 유지를 위한 경찰의 보유와 교육의 관장과 직접세의 10분의 3에 대한 관장과 간접세 그리고 교회문제 등 이다.[109]

연방정부는 연방헌법 제 49조 1항에 의거 칸톤과 코뮌에 대해 통제할 수 있는 권한을 부여받고 있는바 그 유형은 다음과 같다.

첫째, 연방은 연방법에 위배되지 않는 한 칸톤 헌법을 보장한다.[110]

둘째, 칸톤 정부도 연방헌법에 규정된 모든 권리 즉 기본권, 시민권, 법에 의한 보호, 적법절차 등을 보장해야한다.[111]

셋째, 칸톤 정부는 연방법을 존중하고 충실히 집행해야 한다.[112] 연방정부도 칸톤 정부가 연방법을 원활히 집행할 수 있도록 칸톤에 최대한의 행동의 자유를 인정하고 칸톤의 특수성을 고려해야 하며, 칸톤에게 충분한 재정적 원천을 남겨두고 공평한 재정균형을 보장해야 한다.[113]

넷째, 연방은 칸톤 자치와 코뮌자치를 존중해야 한다. 연방헌법은 연방이 칸톤의 자치를 존중할 것(제 47조)과 코뮌에 미칠 영향을 고려하여 행동할 것(제 50조 2항)을 규정하고 있다. 연방정부가 실제에도 칸톤 정부나 코뮌정부의 업무에 간섭하지 않고 가급적 그들의 자율에 맡기고 있기 때문에 스위스연방제가 긍정적으로 작동하고 있다고 본다.

---

109 안성호, 상기책, 238~241쪽.
110 연방헌법 51조.
111 연방헌법 제 51조.
112 연방법 제 46조 1항.
113 연방헌법 제 46조 2항과 3항 참조.

4. 스위스연방국의 정치체제

1) 스위스의 정치체제의 특징

스위스의 정치체제는 미국과 독일의 정치체제와는 달리 대략 다음과 같은 특징을 갖고 있다.

첫째, 스위스국민의 총회를 비롯한 시민의 발의로 연방헌법의 개정이나 〈군대의 폐지〉 등 중요한 국가현안을 시민(국민)투표에 부칠 수 있는 준 직접민주주의를 실시하고 있다.

둘째, 소수민족이나 소수지역의 권리보호를 위하여 연방과 그 구성국가들 간의 권력의 적정한 배분을 의미하는 연방제와 협의제정부형태(거국내각제와 유사)를 채택하고 있다.

셋째, 스위스는 정당들의 강력한 중앙당 조직이 없는 지방분권의 정당제도와 다당제를 갖고 있다.

넷째, 26개 칸톤과 코뮌은 막강한 자치권을 행사하고 연방, 칸톤과 코뮌정부는 다수결보다 합의제를 바탕으로 한 집행기관을 운영하고 있다.

다섯째, 국민의 발의나 칸톤의 일정한 수가 원하면 연방헌법과 칸톤헌법을 개정한다.

여섯째, 스위스의 정치를 보면 국민의 인기에 영합하는 정치적인 스타가 없으며 그 대신 예측 가능하고 안정된 정치생활을 하고 공무원은 일반적으로 검소하고 봉사적이다,

일곱째, 스위스는 선출직공직을 자원봉사로 여기는 전통을 가지고 있어 의회의원은 봉급을 받지 않고 수당을 받으며 국민은 세금을 적게 내고 행정은 절약행정을 하고 있다.

여덟째, 노사갈등이 거의 없어 노동자파업과 직장폐쇄로 인한 근무

일 손실이 거의 없는 산업평화를 누리고 있다.

아홉 번째, 유럽국가들 중 소득의 분포상태가 가장 불평등하면서도 이에 대해 국민의 불만이 가장 적은 나라이며 세계에서 가장 낮은 부패지수를 자랑하는 깨끗한 정부를 갖고 민병제도를 실시하고 있다.

열 번째, 유럽에서 두 번째 규모의 지상군을 유지하면서 중립주의를 표방하는 무장영세 중립 국가이다

열한 번째, 1919년 이후 4개 주요 정당들의 균형을 유지시켜 온 투표행태의 안정성(2012년 현재는 5개 정당에 의한 거국내각운영)을 갖고 있고, 선출된 공직자들을 자주 바꾸지 않는 보수적인 투표행태를 보이고 있다.

스위스연방제 전문가인 린더(Linder)에 의하면 스위스정치체제가 상이한 종교, 언어, 민족의 문화적인 정체성을 파괴하지 않으면서 각자의 차이를 극복하고 오히려 문화의 이질성과 다양성을 정치적으로 통합하고 발전의 원동력으로 승화시킨 제도라고 평가하고 있다.[114]

지난 165여 년 동안 스위스가 국민통합을 성취한 비결은 하나의 종교, 언어 그리고 민족으로 이루어진 단일국가(Unitary State)를 수립하겠다는 희망을 포기하고 이질적인 정치세력들에게 꾸준한 협상으로 갈등을 해결하고 권력공유를 통해서 공동이익을 추구할 기회를 제공한데 있다. 이러한 의미에서 스위스연방제는 다문화사회의 갈등해소에 매우 설득력 있는 모형인 합의민주주의나 협의민주주의를 정착시키었다.

합의민주주의나 협의민주주의의 관점에서 볼 때, 민주주의란 '정치적 의사결정으로부터 영향을 받는 모든 사람들이 그 의사결정에 직·간접으로 참여하는 제도'를 의미한다면 선거에 패배한 소수파를 정책

---

114 Linder, W. 1998, Swiss Democracy: Possible Solutions to Multicultural Societies, London: Macmillan xix.

형성과정에서 제외시키는 것은 민주주의의 원칙을 위배하는 것으로 본다. 합의민주주의나 협의민주주의는 반대보다는 합의, 배제보다는 수용, 그리고 근소한 과반수보다는 지배하는 다수의 극대화를 위해 다수에 대한 견제를 통한 소수의 보호를 핵심으로 하는 권력공유 제도를 의미한다. 바로 스위스의 정치체제는 소수를 보호하기 위한 권력공유 제도를 가장 훌륭하게 발전시킨 나라이다.

스위스정치체제의 또 다른 특성은 근본적으로 정치체계의 무게중심이 위가 아니라 아래에 있다는 것이다. 정치체제의 무게중심이 아래에 있다는 것은 중앙(연방) 및 관청을 견제하고 심지어 압도할만한 막강한 권력이 지방(칸톤과 코뮌)과 시민에게 있음을 의미한다. 칸톤과 코뮌의 의사를 무시해버리는 중앙집권주의는 체제의 안정을 다양성의 존중에 기초하고 있는 스위스연방민주주의의 붕괴를 의미한다.

지방분권과 시민참여가 지방자치의 본질적 요소라고 한다면 스위스는 이 두 가지 지방자치의 요소에 충실한 나라이다. 물론 스위스의 지방자치도 여러 가지 문제점을 갖고 있지만 지방자치의 이념을 충실히 구현해 온 스위스는 시민정신의 함양, 정치적 안정, 능률적이고 대응적인 행정, 국토 균형발전 등을 통하여 지방자치를 활성화 해 왔다.

스위스연방의 정부형태는 내각책임제나 의회정부제 또는 의원내각제도 아니고 대통령중심제도 아닌 협의제정부형태이다.

안성호에 의하면 스위스연방 협의제정부형태는 다음과 같은 특징을 갖고 있다[115]:

첫째, 연방의회는 연방헌법에 따라 국민과 칸톤에 권한이 유보된 경우를 제외하고는 국가의 최고 권력을 행사한다(연방헌법 제 148조 1항). 그러나 1848년 스위스연방의 창립 이래 연방의회는 점차 많은 권

---

[115] 안성호, 상기 책, 240~241쪽 참조.

한을 연방내각에 위임함으로서 연방내각이 실질적으로 정책결정과 집행을 하게 되었다.

둘째, 연방의회(Bundesversammlung, Assemblee Federale)는 국민의 대표기관인 하원(Nationalrat, Conseil National)과 26개 칸톤을 대표하는 상원(Staenderat, Conseil des Etats)인 양원제로 구성되어 있다. 그리고 양원은 원칙적으로 대등하다.

셋째, 연방내각(Bundesrat)은 연방의회에서 4년의 임기로 선출되는 7명의 각료로 구성되며 연방정부를 대표한다. 연방정부는 스위스의 최고집행기관인 동시에 정책을 결정하는 기관이지만 헌법상 연방의회에 예속되어 있다. 이 점에서는 의회정부제 내지 의원내각제 또는 내각책임제와 유사하다.

넷째, 연방내각의 구성원인 각료는 정당의 지도자 중에서 선출되는 것이 통상이지만 연방의회의 의원직을 겸할 수는 없다. 연방각료는 연방의회의 본회의나 각종 위원회에 자유롭게 출석하여 발언할 수 있다.

다섯째, 연방의회는 연방내각에 대해 연대책임이나 개별책임을 물을 수 있는 불신임 권한을 갖고 있지 않다. 이러한 점에 있어 스위스의 협의제정부형태는 의원내각제나 의회정부제와는 상이하다. 연방내각도 연방의회를 해산할 수 없다.

여섯째, 연방대통령은 7명의 연방각료 중에서 매년 교대로 선출되어 내각회의의 의장으로 사회를 보거나 대외적으로 스위스를 대표하는 의례적인 기능만을 수행한다.

일곱째, 연방주의의 비례성의 원칙은 소수파에게 정치참여와 권력의 공유(Power-sharing)의 기회를 줌으로써 스위스 국가권력구조의 민주성을 향상시키고 국민통합을 이루는데 기여하고 있다.

한마디로 스위스라는 나라는 연방주의, 민주주의, 권력분립과 법치주의 그리고 이러한 가치들을 공유하겠다는 국민들의 결의와 이상 위에 세

워진 나라라고 말할 수 있다. 또한 스위스의 국민통합은 오랜 세월 진화 과정에서 형성된 문화의 산물임과 동시에 공존과 상생의 정치 제도와 정치적 결사에 대한 구성원들의 의식의 산물이라고 말할 수 있다.

2) 연방의회(Bundesversammlung)

(1) 연방의회의 조직

가. 양원제

스위스의 양원제는 미국의 양원제를 모방하여 만든 것으로 국민을 대표하는 하원(Nationalrat)과 칸톤을 대표하는 상원(Staenderat)으로 구성되어 있다. 양원제의 목적은 각 원으로 하여금 독립된 의견을 갖게 함으로서 연방국의 관심사와 연방주들의 관심사를 균형 있게 통합하려는데 있으므로 하원과 상원은 각각 구성원을 달리하는 독립조직의 원칙에 의거 구성한다(연방헌법 제 144조 1항). 양원은 득립의결의 원칙에 의거 독립적으로 회의를 개최하고 독자적으로 의사를 진행한다(동법 제 150조 1항). 단 양원은 하원과 상원의 의견이 일치하지 않을 경우 연방헌법의 규정에 따라 양원합동회의를 개최한다(동법 제 157조).

또한 의사일치의 원칙에 의거 동등한 권한을 갖는 양원의 의원이 일치하는 경우에만 연방의회의 의결이 성립한다(동법 제 150조 2항).

양원은 관할사항과 의결방식(동법 제 163조 내지 173조) 및 의안제출에 있어서 동등하며(동법 제 160조), 회의소집도 어느 한 원의 제적의원 4분의 1로 가능하다(동법 151조 2항). 그러나 양원의 평등의 원칙에 있어서는 예외가 있다. 그것은 양원합동회의에서 하원의장이 회의를 주재하며(동법 제 157조 1항), 의결정족수가 투표의원의 과반수(동법 제

159조 2항)이므로 하원 200명과 상원 46명으로 구성된 양원합동회의의 의 수로 보아 하원이 상원보다 더 우세하다.

나. 하원(National Council, Nationalrat)

〈도표: 10〉에서 보는 바와 같이 연방하원은 200명으로 구성되며 20개 칸톤과 6개 준칸톤은 각각 한 개의 선거구를 형성하고 하나의 칸톤으로부터 나오는 의원의 수는 인구 37,800명의 주민 당 의원 1명이 배당되어 있다. 그렇지만 연방헌법은 매 칸톤 당 하나의 의석수를 보장하고 있기 때문에 37,800명보다 훨씬 적은 인구수 즉 15,000명의 주민을 갖고 있는 압펜첼 내곽도 한명의 의원을 하원에 보내고 있다. 〈도표: 10〉에서 보듯이 하원의 수는 각 칸톤 및 준칸톤에 인구비례로 배정된다.[116]

〈도표: 10〉 스위스 칸톤과 준칸톤에 배정된 200명의 의원의 수

칸톤 명	배정의원 수	칸톤 명	배정의원 수
취리히	34명	베른	1명
루체른	9명	우리	1명
주-그	2명	프라이부르크	6명
슈비츠	3명	옵발덴	1명
니드발덴	1명	글라루스	1명
솔로둔	7명	도시바젤	7명
농촌바젤	7명	샤프하우젠	2명
압펜젤 내곽	1명	압펜젤 외곽	2명

---

[116] Information services of the federal Chancellery, the Departments and Parliamentary Services, 2010, the Swiss Confederatiion, a brief guide 2010, Bern: Jeanmaire & Michel AG, pp. 24~25.

칸톤 명	배정의원 수	칸톤 명	배정의원 수
상크트 갈렌	12명	그라우뷘덴	5명
아-르가우	14명	두르가우	6명
티치노	8명	보	16명
발레	7명	네샤텔	5명
제네바	11명	쥬-라	2명

출처:The Swiss Confederation, pp. 26~27

연방하원의원의 선거는 직접선거제와 비례대표제라는 혼합형을 취하고 있다. 하원의원은 각 칸톤 단위로 직접선거와 비례대표제로 선출된다(동법 제 149조 2항). 직접선거제는 각 칸톤에 배정된 하원의원의 수에 따라 칸톤 시민이 하원의원을 직접 선출하는데 비해 비례대표제는 각 칸톤의 인구의 크기에 따라 그 중요성이 상이하다. 예를 들어 35명의 의원을 선출하는 취리히와 같은 거대한 칸톤에서는 비례대표제가 군소 정당에게도 연방하원에 진출할 수 있는 기회를 제공할 수 있다. 왜냐하면 군소정당도 총 투표의 3%미만의 득표를 획득하면 35명의 의원들 중 1명의 의원을 확보할 수 있기 때문이다. 그러나 1이나 2명의 의원을 뽑는 적은 칸톤에서는 동일정당이 총 투표의 34%를 얻어야 하나의 의석을 얻을 수 있다. 그러므로 비례대표제의 효과는 작은 칸톤에서는 그렇게 크지 않다. 선거권을 가진 스위스 국민은 동시에 연방하원의 피선거권을 갖는다(동법 제 143조). 다른 유럽 선진국에 비해 매우 늦게 여성도 1971년에야 선거권과 피선거권을 갖게 되었고 1991년에 투표연령도 20세에서 18세로 하향 조정되었다(동법 제 136조 1항).

연방하원의원은 연방헌법에 따라 연방각료, 상원의원 및 연방법원의 법관 등의 겸임을 금지하며 이 밖에도 법률로 겸직이 금지될 수 있다(연방헌법 제 144조 1항과 3항). 연방헌법은 하원의원으로 하여금 이익단체와의 관계를 공개하도록 의무화함으로서 그의 청렴성을 담보하고 있다(동법 제 161조 2항). 총선은 4년마다 실시하는데 단 국민의 과반수가 찬성하면 총선거가 4년 전에도 실시될 수 있다.

연방의회는 다른 의원내각제와는 달리 연방내각에 의해서 해산되지 않으며 연방의회 스스로도 해산할 수 없다. 이점은 대통령중심제와 유사하다, 연방하원의원은 칸톤에서 선출되지만 칸톤을 대표하지 않고 연방국민을 대표한다.

다. 상원(Council of States, Staenderat)

연방상원은 칸톤에서 2명씩, 준칸톤에서 1명씩 선출된 총 46명의 칸톤대표로 구성된다(연방헌법 제 150조).[117] 스위스 연방에서 칸톤은 일차적으로 연방 상원을 통해 연방정부의 의사형성과정에 참여한다.

연방헌법은 상원의원을 칸톤의 대표로 규정하고 있지만[118] 법적으로는 칸톤의 대표를 말하는 것이 아니라 정치적으로 칸톤의 대표를 의미한다. 상원의원은 법적으로 칸톤의 대표가 아니라 연방의 대표이기 때문에 칸톤의 지시에 구속되지 아니하고 자율적으로 활동한다(동법 제 161조 1항). 그러나 상원의원의 선출자격, 방법 그리고 피선거권의 자격 등은 각 칸톤에서 규정한 법령에 위임되어 있기 때문에 각 칸톤마다 상이하다. 상원의원도 하원의원처럼 하원의원, 연방각료, 연방법관 등을 겸직할 수 없다. 또한 연방헌법은 상원의원의 청렴성을 담보하기 위하여 이익단체와의 이해관계를 공개하도록 요구하고 있다(동법 제 161조 2항).

---

117 1848년 연방헌법에 의거 상원을 칸톤 대표 44명으로 구성해오다가 1978년 주−
라 칸톤의 창설로 46명으로 증원되어 현재는 46명임.
118 스위스 연방헌법 제 150조 참조.

상원의원의 임기는 연방각료와 연방 사무총장과 함께 4년이다(동법 제 145조).

라. 양원합동회의(United Federal Assembly, Vereinigte Bundesversammlung)

양원합동회의는 양원의 의사진행의 독립의 원칙에 대한 예외를 규정한 것으로서 국민을 대표하는 하원의장이 회의를 주재하고, 하원의장이 유고 시 상원의장이 회의를 주재하도록 하고 있다(연방의회 법 제 37조 2항). 의결은 투표에 참여한 양원의원의 절대 다수에 따른다(동법 제 159조 2항).

연방헌법 제 157조에 의하면 양원합동회의는 다음과 같은 사항을 공동으로 심의하고 의결하기 위하여 최소 1년에 한번 개최되도록 하고 있다:

첫째, 7명의 연방내각 각료, 연방대통령과 부통령, 연방 사무총장(Bundeskanzler/in), 비상시 군의 총사령관으로서의 장군, 연방법관 및 연방법이 정하는 자의 선출(동법 제 168조).

둘째, 최고연방기관의 상호 간의 권한쟁의에 대한 결정과 특별사면에 대한 결정(동법 제 173조 1항).

셋째, 연방내각이 체결하고 비준한 조약에 대한 동의(동법 제 184조 2항).

넷째, 1999년 전면 개정된 현행 연방헌법 제 157조 2항에 의하면 만약 특별한 사정이 있는 경우와 연방내각의 설명을 청취하기 위해 양원합동회의를 개최하도록 하고 있다.[119]

---

119 1999년 전면 개정된 현행 연방헌법 제 157조 2항.

(2) 연방의회의 활동

가. 연방의회의 회의운영

상·하 양원은 양원합동회의를 제외하고는 각각 독립적으로 운영된다. 그러나 양원의 회기는 통상 같은 시기에 개최된다. 우선 양원의 의장이 서로 협의한 후 각 원은 소관 위원회를 소집한다. 위원회는 안건을 심의한 후 양원에 보고서와 의안을 제출한다. 위원회에서 통과된 의안은 각 원의 본회의에 의해 심의를 거친다. 각 원에서 심의된 결과는 상대방 원에 보내진다. 양원의 심의 결과가 다를 경우에는 각 원에서 다시 심의하여 그 결과를 상대방의 원에게 보낸다.

이 과정에서 양원의 심의결과가 일치하면 표결에 부쳐 의안을 확정한다. 그러나 양원의 의견이 일치하지 않을 경우에는 의안이 자동 폐기된다.

연방의회는 회기제로 운영되며, 회기는 정기회와 임시회로 되어 있다.[120] 정기회의 소집은 연방 법률로 정한다. 임시회는 연방내각의 결정이나 하원 또는 상원의 재적의원 4분의 1 이상의 요구로 소집된다. 양원의 의사진행은 원칙적으로 공개되어야 하며 비공개로 할 경우는 별도 법률로 정해야 한다.

나. 연방의회의 위원회와 교섭단체 그리고 사무처

각 원은 매년 의장 1명과 부의장 2명을 선출하며 부의장은 제 1부의장과 제 2부의장으로 선출하지만 이들은 차기년도에는 동일한 직에 재선될 수 없다.[121]

각 원은 회기 중에 각종 위원회를[122] 설치하고 각종 위원회는 본회

---

120 스위스연방헌법 제 151조 참조.
121 스위스연방헌법 제 152조 참조.

의 개최 이전에 특정사안을 심의하여 각 원에 보고하고 답변하며, 입법적 성질을 갖지 않는 개별적 권한을 위원회에 위임하여 처리할 수 있다. 각 원은 위원회로부터 보고받은 안건을 심의하고 의결한다.[123]

위원회에는 상임위원회와 특별위원회가 있다. 상임위원회에는 재정위원회, 운영위원회, 알코올위원회, 청원위원회, 특사위원회, 철도인허가위원회, 연방철도위원회, 외교위원회, 군사위원회, 정보위원회, 과학위원회, 선거위원회(하원에만 설치), 문서위원회(하원에단 설치) 등이 있다. 특별위원회에는 법안의 사전심의를 위해 한시적으로 설치되는 것으로 의회심사위원회 등이 있다.

위원회는 각 원 내에 설치되는 것이 원칙이나 법률에 의해 양원의 합동위원회가 구성될 수 있다. 양원의 합동위원회로는 재정위원회나 특사위원회 등이 있다.

연방의회의 의원들은 하나의 정당 또는 정치적 성향이 같은 정당의 의원들 끼리 교섭단체를 구성할 수 있다. 교섭단체의 구성을 위한 최소한의 의원 수는 하원의 경우에 5명, 상원의 경우에 3명이다.

연방의회는 의회사무에 관한 권한을 가지며, 법률이 정하는 바에 따라 사무처를 설치한다. 연방의회는 사무를 처리하기 위해 필요한 경우에 연방행정관서에 협조를 요청할 수도 있다.[124]

다. 양원의 의사진행과 의결

양원의 의사진행은 재적의원 과반수의 출석으로 가능하다.[125] 그러

---

122 연방의원들로 구성되는 위원회는 연방의회의 입법과정 중 의회 이전의 단계에서 법안작성 작업에 참여하는 전문가위원회와 다르다. 전문가위원회는 연방내각에 의해 선임되는 연방의원 이외의 전문가들로 구성된다.
123 스위스연방헌법 제 153조 참조.
124 스위스연방헌법 제 155조 참조.
125 스위스연방헌법 제 159조 제 1항 참조.

나 실제 운영에서는 재적의원 과반수 출석조건이 의사진행보다 의결의 경우에만 엄격하게 적용되고 있다.

상하 양원과 양원합동회의의 의결정족수는 특별한 규정이 없는 한 투표의원의 과반수이다. 그러나 특별한 규정이 있는 경우에는 양원의 재적의원 과반수의 찬성으로 의결한다.

의결의 형식은 하원에서는 기립이나 기명투표가 활용되고, 상원에서는 거수나 기명투표가 활용되고 있다.

양원의 의견이 일치하는 경우에만 의회의 의결로 인정하는 의사일치(意思一致)의 원칙이 준수된다(동법 제156조 제2항). 연방입법뿐만 아니라 연방결의의 형식을 취하는 경우에도 양원의 의사가 일치되어야 한다.

라. 의원의 활동

연방의회의원은 법을 만드는 일을 주로 한다. 그는 단독으로 또는 공동으로 의안을 제출할 수 있다[126] 법안을 발의할 수 있는 권리란 각 의원 및 양원이 헌법·법률·결정의 초안을 제출할 권리를 의미한다.[127] 여기서 의원이 '공동으로 의안을 제출할 수 있다'는 것은 의회 교섭단체나 위원회가 의안을 제출할 수 있음을 뜻한다.

연방의회의원은 연방각료와 함께 심의 중인 사안에 대하여 동의권(動議權)을 갖는다.[128] 동의권이란 연방내각에 대해서 특정 사안과 관련하여 법안의 제출이나 특정 조치의 집행을 위탁하는 권한이다. 양원이 이를 채택한 경우에 연방내각은 이를 실행할 의무를 진다.[129] 이

---

[126] 연방헌법 제160조 제1항 참조.
[127] 스위스연방 의회법 제21조 이하 참조.
[128] 연방헌법 제160조 제2항 참조.
[129] 스위스연방 의회법 제12조 및 제15조 참조.

미 지적한 것처럼 스위스에서는 연방의회의원이 미국, 독일 그리고 한국의 의원처럼 일정한 보수와 우대를 받고 있는 전문적인 의회 정치인이 아니고 시간제로 의정활동을 하고 수당을 받는 자원봉사자이기 때문에 연방의회의원의 업무량은 자원봉사자가 처리하기에는 과중하다는 비판을 받고 있다. 그러나 그들은 국가로부터 돈을 받는 것보다 국가에 대한 봉사를 한다는 명예를 중시하고 있기 때문에 일반회기를 위해 1년에 3주씩 네 번 베른에 있는 연방의회에 모여야 하고 수시로 위원회와 실무모임에 참석한다.

(3) 연방의회의 권한

가. 연방의회의 일반적 지위

연방헌법 제 148조 제1항은 "연방의회가 국민과 칸톤에 유보된 권리를 제외하고 연방 내에서 최고의 권력을 행사한다."라고 규정하고 있다. 이는 국민과 칸톤의 직접적 대표기관인 연방의회가 다른 연방기구보다 가장 광범위한 민주적 기반을 갖고 있음을 의미한다.

연방의회는 입법권, 사법에 대한 권한, 통치권과 행정권 등을 갖고 있다.

나. 입법권

연방의회의 입법권은 연방의회의 가장 기본적인 권한으로서 크게 일반입법권과 긴급입법권 그리고 헌법의 개정권 등을 들 수 있다. 연방의회는 연방법률 또는 명령의 형식으로 법규를 제정하고, 입법 활동 이외에 연방결의를 법규로 제정할 수 있다. 일반적으로 연방결의는 국민투표에 회부되지만 단순연방결의는 예외이다.[130] 현행헌법은 법치주의의 핵심을 이루는 사항인 참정권의 행사, 헌법적 권리의 제한, 개인의 권리와 의무, 과세대상과 세액산정 및 납세자의 범위와 관련되는 내용 등과 연방의 기능과 업무, 연방기구의 조직과 절차, 연방법의 실행과 집행에 있어서의 칸톤의 의무와 같은 연방 및 칸톤에 관계되는 주요사항은 연방 법률의 형식을 취하도록 규정하고 있다.[131] 그러나 이와 같은 연방의회의 일반적 입법권은 연방헌법에 의하여 금지되지 않는 한 연방 법률에 정하는 바에 따라 위임될 수 있다.[132]

연방의회의원을 비롯해 교섭단체, 연방의회 위원회, 칸톤 그리고 연방 내각은 법률안 제출권을 가진다.[133] 연방의회는 시행을 지체할 수 없는 경우 긴급입법권을 발동하여 연방 법률을 제정하고 시행할 수 있다. 이런 긴급입법은 각 원 재적의원 과반수로 의결되고 법률의 유효기간도 미리 정해진다.[134]

연방의회에서 제정되는 긴급입법에는 두 가지 유형이 있다. 하나는 일반적 형태로서 각 원의 재적 과반수에 의하여 긴급한 것으로 채택되면 곧바로 효력을 발생하지만 5만 명 이상의 투표권자 또는 8개 이상의 칸톤들이 요구하는 경우에는 시민투표에 회부되고(동법 제 141조 제1항), 부결되면 연방의회에서 채택된 지 1년이 경과되면 실효(失效)된다. 다른 하나는 헌법적 근거가 없는 긴급 연방 법률이다. 긴급 연방 법률은 연방의회에서 채택된 지 1년 이내에 반드시 국민투표에 회부되어 통과되지 못한 경우에는 1년이 경과한 후 실효된다. 그리고 긴급한 것으로 의결된 연방 법률이 국민표결에서 채택되지 않을 경우에는 갱신될 수 없다.

연방헌법의 전면개정은 국민 또는 양원 중 어느 한 원에 의해 제안

---

130 연방헌법 제 163조 참조.
131 연방헌법 제 164조 제 1항 참조.
132 연방헌법 제 164조 제 2항 참조.
133 연방헌법 제 160조 제 1항, 제 181조 참조.
134 연방헌법 제 193조 제 1항과 2항 참조.

되거나 연방의회의 의결로 요구될 수 있다. 연방의회는 연방헌법의 부분개정도 의결할 수 있다.[135] 이와 같이 연방의회에서 의결된 연방헌법의 개정은 국민투표와 칸톤에 의해 승인되면 즉시 발효된다.[136]

다. 사법에 대한 권한

스위스 연방의회는 전통적으로 최고국가권력기관으로서 사법에 대해 권한도 갖고 있다. 연방헌법은 연방의회가 연방법원의 법관을 선임하고, 연방법원에 대하여 감독한다.[137] 연방의회는 연방기관 간의 분쟁 및 권한쟁의를 결정하고, 형식적 요건을 충족하는 시민발안의 유효성 여부를 결정하며, 사면청원을 결정하고, 사면을 선언한다. 또한 연방헌법은 연방법으로 연방의회의 사법권 관여범위를 넓힐 수 있도록 허용하고 있다.[138]

라. 통치권 및 행정권

연방의회는 연방의 최고 권력기관으로서 통치권과 행정권에 대한 권한도 행사한다. 연방헌법 제 173조에 의하면 연방의회는 "연방의 관할에 속하고 다른 연방기관에 배정되지 않은 모든 업무를 처리한다."고 되어 있는바 연방의회의 보충적 관할권을 명시하고 있다. 또한 법률이 정하는 바에 따라 "기타 업무와 권한을 위임할 수 있다"고 규정하여 연방의회의 사무 위임권한을 인정하고 있다. 연방의회는 외교군사에 관한 권한; 재정에 관한 권한; 연방기관의 구성과 감독에 관한 권한; 칸톤에 관한 권한; 기타 행정에 관한 권한 등을 갖고 있다.

---

135 동법 제194조 제1항 참조.
136 동법 제195조 참조.
137 연방헌법 제 168와 169조 참조.
138 연방헌법 제 173조 제 1항과 3항 참조.

연방의회는 외교정책의 수립에 참여하고 대외관계 업무를 감독하며[139] 연방 법률과 조약에 의하여 연방내각에 유보되어 있는 경우를 제외하고는 국제조약의 체결 및 비준에 대한 동의권을 가진다. 이때 연방의회는 양원합동회의에서 동의 여부를 결정한다.[140] 연방의회는 연방내각이나 칸톤이 이의를 제기한 경우 칸톤들 상호 간의 조약 및 각 칸톤이 외국과 체결한 조약에 대해 동의 여부를 결정한다.[141] 특히 과거 연방의회의 권한으로 되어 있던 선전포고와 강화조약의 체결에 관한 권한(구 연방헌법 제85조)은 현행 연방헌법에서는 특별한 규정이 없기 때문에 선전포고 권과 강화조약체결권은 통상 조약 체결의 경우와 같이 연방내각의 권한으로 변경되어 연방의회의 동의를 요하는 것으로 보아야 할 것이다.

연방의회는 군사문제에 관하여도 중요한 권한을 행사한다. 연방의회는 전시에 군복무를 명하며, 이를 위해 군대의 전부 또는 일부를 동원하고, 군 장성을 선임한다.[142] 연방내각도 국가비상사태에 경우 군부대를 동원할 수 있으나 단지 연방내각이 4,000명 이상의 군인을 현역복무를 위하여 동원하거나 이러한 투입이 3주 이상 지속될 것으로 예상되는 경우에는 지체 없이 연방의회의 승인을 받아야 한다.[143]

연방의회의 재정에 관한 권한에 관한 한 연방의회는 연방내각의 지출을 의결하고 예산을 확정하며 결산을 승인한다.[144] 이외에도 연방의회는 공채의 발행을 허가하는 등 다양한 재정적 권한을 행사한다. 일반적으로 연방내각이 예산안을 편성하고 이를 제안하지만, 연방의

---

139 연방헌법 제 166조 제 1항 참조,
140 동법 제 184조 제 2항 참조.
141 동법 제 172조 제 2항 참조.
142 연방헌법 제 173조 제 1항과 동법 제 168조 제 1항 참조.
143 동법 제 185조 제 4항 참조.
144 연방헌법 제 167조 참조.

회도 필요한 경우에 예산안 제안권을 행사할 수 있다.

연방의회는 연방법원의 법관 이외에도 연방각료와 연방의 사무총장 및 군 장성을 선출한다.[145] 그리고 연방의회는 법률이 정하는 바에 따라 이 밖의 직책에 대해서도 선출권과 임명동의권을 행사할 수 있다. 더 나아가 연방의회는 연방법원 이외에 연방내각과 연방행정기관 및 기타 연방업무가 위임된 기관을 감독한다.

연방의회는 연방의 최고 권력기관으로서 연방과 칸톤의 관계를 유지하도록 노력하여야 하며, 칸톤의 영토와 헌법을 보장한다. 연방의회는 연방의 관할에 속하고 다른 연방기관의 업무로 분류되지 않은 기타 업무를 처리할 수 있으며, 연방법의 집행을 위해 필요한 조치를 취하고, 국정의 주요 계획수립에 참여하며, 특히 연방 법률이 명시적으로 규정한 경우에 개별 작용에 관하여 결정할 수 있다. 연방의회는 대내적으로 안전을 도모하기 위해 필요한 조치를 취하여야 하며, 이를 위하여 명령 또는 단순연방결의를 발할 수 있다.[146]

(4) 연방의회의원의 법적지위

연방헌법 제 161조 1항은 "연방의회의원은 누구의 지시에 구속됨이 없이 자유롭게 표결에 임한다."라고 명시하고 있다.[147] 특히 상원의원은 칸톤의 대표이지만 칸톤의 지시를 받지 않고 투표한다. 그러나 연방의회의원에 대한 정당과 경제단체를 비롯한 이익단체들의 압력으로 발생된 정치 문제화 때문에 1998년 전면 개정된 헌법에서는 연방의회의원의 이익단체와의 관계는 반드시 공개하도록 하였다.

---

145 연방헌법 제 168조 제 1항 참조.
146 연방헌법 제 173조 참조.
147 연방헌법 제 161조 제 1항 참조.

연방의회의원은 연방각료 및 연방내각 사무총장(Bundeskanzler)과 함께 양원과 의회기관에서의 직무상의 발언에 대해 책임을 지지 아니한다. 이외에도 법률로 다른 종류의 면책특권을 규정할 수 있고, 이를 다른 사람들에게 확장할 수 있다.[148]

연방의회의원의 직무상 행위를 이유로 하는 체포는 연방의회의 사전 허락 없이는 허용되지 않으며 직무 이외의 행위라도 연방의회의 회기 중에는 본인의 동의나 소속의원의 허락 없이는 형사상 책임을 추궁할 수 없다.[149]

3) 연방내각과 연방행정

(1) 연방내각의 지위

연방내각은 최고의 연방행정기관이다.[150] 연방내각은 행정권의 수반으로서 연방행정에 관한 최종의 결정을 하고 연방행정부의 모든 구성원을 지휘하고 감독한다. 연방의회는 스위스연방의 최고 권력기관으로써 행정권에 대해서도 중요한 권한을 행사하도록 규정하고 있다. 그러나 현실적으로는 연방내각이 연방의회로부터 상당한 권한을 위임받아 행사하고 있다. 연방내각은 행정부를 구성하는 최고의 정책결정기구로서 연방내각은 헌법기관이라는 점에서 대통령중심제의 각료회의와 다르고 의원내각제의 내각과 유사하다. 그러나 의원내각제의 내각은 그 성립과 존속이 의회의 의사에 따른다는 의미에서 스위스의 연방내각과 다르다. 스위스 연방내각의 성립은 연방의회에 좌우되나

---

148 연방헌법 제 162조 1항 참조.
149 연방보장법 제 1조 1항 참조.
150 연방헌법 제 174조 참조.

그 존속은 연방의회와는 직접관계가 없다. 연방의회가 연방내각의 각료를 선출하는 산파역을 맡지만 일단 연방내각이 성립되면 이를 4년 내에 붕괴시킬 수는 없다. 이 점에서 스위스연방내각은 미국의 대통령중심제의 각료회의와 유사하다.

(2) 연방내각의 조직

가. 연방각료의 선임과 임기

연방헌법 제 143조에 의하면 스위스에서는 투표권이 있는 모든 국민은 연방각료로 선출될 수 있으나 실제로는 연방각료는 통상 연방의회의원이 파견되며, 예외적으로 칸톤 행정부의 각료나 대사 등도 연방각료로 선출될 수 있다.

연방내각은 7명의 각료로 구성되며 각료는 연방의회의 양원 합동회의에서 선임된다.[151] 따라서 연방내각은 연방의회에 그 존립을 의존하고 연방의회의 통제에 놓여 있다. 이러한 종속성을 탈피하고 민주적인 정통성을 확보하기 위하여 연방내각을 연방의회처럼 1900년과 1924년 두 차례 연방각료의 직접선거를 요구하는 시민발안이 제기되었으나 둘 다 부결되었다.[152] 이처럼 연방내각은 그 조직근거를 연방의회에 둔다는 점에서 의원내각제와 유사하다. 그러나 투표권을 가진 사람은 연방의회의원이 아닐지라도 누구나 연방각료로 선출될 수 있고, 연방의회의원이 연방각료를 겸직할 수 없다는 점에서는 의원내각제와 다르다.

연방각료의 겸직금지범위는 연방의회의원의 겸직금지범위보다 더 크다. 연방각료는 연방의원과 연방법원법관을 겸임할 수 없으

---

[151] 동법 제 157조 제 1항과 제 175조 제 2항 참조.
[152] 안성호, 상기 책, 268쪽 참조.

며, 연방 또는 칸톤의 다른 직을 보유하지도 영리활동에 가담할 수 없다.[153]

연방각료는 한 칸톤에서 1명 이상 선출될 수 없다.[154] 이는 연방주의원칙에 따라 규모가 큰 칸톤의 강력한 영향력 행사를 제한하기 위함이다. 그러나 연방각료의 배정에 있어 관행적으로 큰 칸톤을 특별히 배려해 왔다. 예를 들면, 취리히 칸톤과 베른 칸톤 출신이 언제나 각각 1명씩 연방각료로 선출되어 왔다. 그리고 준 칸톤 출신 1명이 불규칙적으로 연방각료로 선출되어 왔다. 그리고 연방각료 7명 중 2명 내지 3명은 반드시 프랑스어권과 이태리어 권에서 선출되어 왔다. 이는 연방주의와 민주주의의 요구를 균형 있게 조화시킨 결과이다.

1959년 이후 연방각료 7명이 불문율로 정당비례원칙에 따라 4대 정당들에게 배정되어 왔다. 연방의회 양원합동회의는 이른바 '마법의 공식'을 준수하여 자유민주당 2명·사회민주당 2명·기독교민주당 2명·스위스국민당 1명으로 연방내각을 선임해 왔다. 4대 정당이 연방의회의 대부분 의석을 차지하고, 진보적 사회민주당까지 포함하는 대연정(大聯政)을 구성하는 점에서 스위스의 연방내각은 거국내각제적 성격을 띤다. 그리고 2008년 스위스 국민당으로부터 갈라져 나온 보수민주당이 연방의회에 교섭단체를 확보함으로써 1명의 자기당 소속 연방각료를 선출시키는데 성공하였다. 〈도표: 11〉에서 보는 바와 같이 2012년 현재 연방내각은 7명의 각료와 1명의 내각의 사무총장이며 4개 정당이 아니고 5개 정당을 대변하는 각료로 구성되어 있다.[155]

---

153 연방헌법 제 144조 제 1항 및 제 2항 참조.

154 동법 제 157조 참조.

155 Information services of the Federal Chancellery, the Departments and Parliamentary Services, 2010, The Swiss Confederation, a brief guide, Bern: Jeanmaire & Michel AG,, pp. 42~43.

〈도표: 11〉 스위스 연방내각의 각료명단 및 소속정당(2012년 현재)

번호	각료명	부서	소속정당	비고
1	Doris Leuthard(여)	공공경제부	기독교민주당	08년 이래 대통령, 장관
2	Moritz Leuenberger	에너지·교통·통신부	사회민주당	1995년 이래 장관
3	Micheline Calmy-Rey(여)	외무부	사회민주당	03년 이래 장관
4	Hans-Rudolf Metz	재무부	자유민주당	04년 이래 장관
5	Eveline Widmer-Schlumpf(여)	사법·경찰부	보수민주당	08년 이래 장관
6	Ueli Murer	국방, 시민권, 스포츠부	스위스국민당	09년 장관
7	Didler Burkhalter	내무부	자유민주당	2009년 이래 장관
8	Didler Burkhalter	내각사무총장	기독민주당	2003년 이래 사무총장

출처: The Swiss confederation 참조

연방각료의 임기는 4년이다. 연방각료는 임기 중에 연방내각이 총 사퇴하거나 연방의회를 해산할 수 없으며, 연방의회가 연방내각을 불신임하거나 연방각료를 개별적으로 해임할 수도 없다. 다만, 연방각료의 고정된 임기에 대한 유일한 예외가 있다. 즉 연방헌법의 전면개정으로 하원과 상원이 새로 구성되는 경우에는 연방각료가 새로 구성된 연방의회에서 선출된다.

연방각료의 재임은 가능하다. 지금까지 스위스 연방각료의 평균 재

임기간은 10년이다.[156] 이처럼 장기간의 재임기간은 스위스 연방내각의 국정 수행의 안정성과 전문성 제고에 기여해 왔다.

나. 연방내각의 조직

연방내각은 7명의 각료로 구성된다.[157] 연방각료의 수가 각료의 업무량에 비해 너무 적었다는 이유로 각료 수의 증원을 요구하는 국민발안이 1900년과 1942년 두 차례 제기된 바 있으나 두 번 다 부결되었다.

연방내각에는 연방대통령과 연방부통령을 둔다. 임기 1년의 연방대통령과 연방부통령은 연방의회 양원합동회의에서 선출된다. 연방대통령과 연방부통령은 재선은 금지되며, 연방대통령은 다음 해의 부통령으로도 선출될 수 없다.[158] 이는 연방대통령의 권력집중화를 사전에 차단하기 위함이다. 연방대통령은 부통령과 함께 7명의 연방각료 중에서 연방의회에서 선임된다. 관례적으로 각료 경험이 긴 순서에 따라 윤번제로 부통령을 지낸 다음 해에 대통령으로 선출된다. 따라서 장기간 연방각료직을 맡은 사람은 한 번 이상 대통령직을 맡을 수도 있다.

연방대통령은 연방내각의 의장직을 수행한다. 연방대통령은 각료

---

156 보통 연방각료는 본인이 계속 재임하기를 원하는 한 계속 선출된다. 간혹 재선되지 않을 것이 예상되는 연방각료는 아예 입후보하지 않는다. 이와 같이 연방각료가 재선되는 것이 거의 확실하기 때문에 얼마나 득표하는 지에 관심이 집중된다. 총 246명(하원 200명+상원 46명)으로 구성되는 연방의회 양원합동회의에서 보통 150표 이하를 얻은 연방각료는 불신임을 받은 것으로 간주된다. 따라서 어느 연방각료가 4년 전보다 얼마나 많이 또는 적게 득표했는가에 사람들의 관심이 모아진다. Steinberg, 1996, Why Switzerland?, Cambridge: Cambridge University Press, pp. 115~118 참조.
157 연방헌법 제175조 제1항 참조.
158 동법 제176조 참조.

로서 소관부서의 업무를 담당하면서 연방각의를 주재하고 대외적으로 연방내각을 대표한다. 연방대통령은 어떤 특별한 지위에 서는 것이 아니라 단지 '동료 중의 수석'(primus inter pares)에 불과하다.[159] 연방헌법 제184조 1항은 대외적으로 스위스를 대표하는 자는 대통령이 아니라 스위스의 연방내각임을 명시하고 있다. 그러므로 연방내각은 미국의 대통령처럼 국가원수이고 동시에 행정부의 수반이다. 다만, 연방대통령은 연방내각을 대표하여 외국의 대사와 내방객을 연방의 이름으로 접대하고 연방내각의 결정에 서명한다. 연방대통령은 관례상 외유(外遊)하지 않는다.

스위스의 연방대통령은 연방의회의원이나 연방내각의 수반이 아니며 국가의 원수도 아니라는 점에서 의원내각제의 대통령이나 수상과는 다르다.

다. 연방내각의 의사결정

연방내각은 합의제로 국가정책을 결정한다. 연방각료 7명이 7개의 부(部)를 맡지만, 각 부의 의사를 궁극적으로 결정하는 자는 장관이 아니고 연방내각이다.[160] 연방내각 전체가 국가정책을 결정하고, 그에 대해 연대책임을 진다. 그러므로 연방내각에서 각료의 개별 의견은 공식적으로 드러나지는 않는다. 스위스 연방내각은 자신의 명의로 대외적으로 의사를 표시하는 합의제 기관이다. 연방각료는 연방내각의 합의제 성격상 다른 부들의 중요 안건에 대해서도 지식을 갖고 결정된 사항에 대하여 공동으로 책임진다. 연방내각은 상이한 정당들의

---

159 스위스연방 대통령의 권한이 크지 않다고 해서 대수롭지 않게 여겨도 된다는 말은 아니다. 대통령은 정부를 감독하며, 필요한 경우에 특별비상권을 행사할 수 있다. 특히 국가적 위기 시에 대통령의 역할은 막중하다. Steinberg, 1996, p. 118 참조.

160 연방헌법 제177조 제1항 참조.

인사들로 구성되지만 연방의회에 대하여 공동으로 책임을 지는 집단 합의체이다.

연방내각에서 다루어지는 모든 업무는 각 부에서 초안형식으로 넘겨받아 한 차례 또는 여러 차례 주례회의에서 논의된다. 이 주례내각회의에서 연방각료는 자신이 관장하지 않는 업무일지라도 자신의 견해를 피력할 수 있다. 행정권은 원칙적으로 합의제 의사결정기관인 연방내각의 권한이지만, 행정의 효율을 기하기 위해 1914년 법률개정으로 각 연방각료를 장으로 하는 7개의 부들을 설치하고 연방내각의 업무를 배정하여 연방각의를 준비하고 연방내각에서 결정된 사항을 집행하도록 하였다.[161]

(3) 연방내각의 권한

연방내각은 다음과 같은 권한을 행사함으로서 명목적으로는 연방의회가 연방정부를 지배하고 있지만 사실은 연방내각이 연방정부를 지배하고 있다.

가. 통치·행정에 관한 권한

통치·행정의 권한으로는 외교권, 대내·외적인 안전보장에 관한 권한,[162] 국가재정에 관한 권한, 연방기관의 구성과 감독에 관한 권한과 일반 행정에 관한 권한 등을 갖고 있다.

---

161 동조 2항 참조.

162 연방의회나 연방내각 둘 다 국가의 안전보장, 독립성, 중립성과 공공의 안녕질서를 보장하기 위하여 명령과 단순연방결의 또는 처분을 발할 수 있으나 양자는 그 요건과 절차를 달리하고 있다. 연방헌법 제 185조 제 3항 참조.

나. 입법권한

연방내각은 연방의회와 협력 하에 대부분의 연방법을 제정하고 권한의 범위 내에서 명령을 발할 수 있는 권한을 갖는다. 입법권한에는 연방내각의 법률과 명령 등의 의회 제출권과 동의권, 법령의 공포와 시행권한, 그리고 법령제정권이 있다.

다. 재판에 관한 권한

연방내각은 일정한 영역에서 사법권도 행사한다. 연방헌법 제 187조 제1 항에 의하면 연방내각은 법률이 정하는 바에 따라 소청을 처리한다고 되어 있다.

(4) 연방내각의 집행자로서의 연방행정부의 지위

가. 연방행정부의 지위

연방내각은 연방의 최고집행기관으로서 연방행정부를 통할한다.[163] 그러나 내각은 행정부하는 합리적인 조직을 갖고 업무의 효율적 수행을 위하여 소관 부처별로 연방의 행정업무를 나누어 취급한다. 즉 연방내각의 행정업무를 처리하는 연방사무처와 연방의 행정업무를 소관 부처별로 나눈 연방행정부를 둔다.[164] 연방내각은 연방행정부에 대해 명령권을 행사한다.

나. 연방행정부의 조직

가) 연방행정부처

연방헌법 제 178조에 의하면 연방의 행정업무는 법률이 정하는 바

---

163 연방헌법 제 174조와 제 178조의 제 1항 참조.
164 동법 제 178조와 제 179조 참조.

에 따라 소관부처별로 구분되고, 각 부의 장관은 연방각료가 된다는 것이다. 연방각료는 각 부의 장관으로서의 지위와 연방각료라는 이중적 지위를 가진다. 그러나 연방각료와 부의 장관이 동일인이라 할지라도 법적 지위는 다르다. 연방각료는 합의제 정책결정기관인 연방내각의 구성원이지만, 연방각료인 부의 장관은 연방내각에 의해서 결정된 정책을 대외적으로 집행하는 행정기관이다. 또한, 연방각료인 경우에는 연방업무의 준비와 집행을 위하여 소관부처별로 개별 각료에게 업무가 배정되면서도, 정책결정에 있어서는 업무의 한계가 없이 집단으로 결정하며, 부의 장관인 경우에는 자신의 부의 관할에 속하는 결정사항만을 집행한다.

〈도표: 12〉에서 보는 바와 같이 스위스연방의 행정부는 외무부, 내무부, 사법·경찰부, 국방부, 재무부, 공공경제부, 에너지교통·통신부 등 7개 부처로 편성되어 있다. 연방행정부를 구성하는 7개 부처들의 소속기관과 직제는 법률로 규정되어 있다.

〈도표: 12〉 스위스연방의 7개 부처별 소관사무

행정부처	소 관 사 무
외 무 부	외교, 국제법, 원조, 국제협력
내 무 부	문화, 연방전문기술대학, 기상, 도로건설, 공공사업, 삼림, 보건, 사회보장, 환경보호, 통계, 교육·과학
사법·경찰부	법집행, 경찰, 외국인관리, 연방검찰청, 보험감독, 특허, 민방위, 광역계획, 측량단위
국 방 부	국방, 시민권, 스포츠 업무
재 무 부	연방재정, 연방공무원, 조세행정, 관세, 주류관리, 은행감독, 행정편제
공공경제부	대외무역, 산업, 노동, 수의, 경제규제, 전시물자 공급, 주택

에너지· 교통·통신부	교통, 민간항공, 수로, 에너지, 비 연방철도, 우편, 전화, 라디오·TV 등 원거리 통신

출처: The Swiss Confederation, 참조

나) 연방사무처와 연방 사무총장

연방헌법 제 179조에 의하면 연방내각의 사무 처리를 위하여 연방사무처를 두고 있다. 연방사무처는 연방내각의 전반적인 행정사무를 처리하는 참모부이다. 따라서 연방사무처는 연방의 7개 부처들에 소속되는 것이 아니라 연방내각에 직속된다.

연방사무처의 행정사무는 연방 사무총장이 총괄한다. 연방 사무총장은 연방각료와 함께 연방의회 양원합동회의에서 선출되며, 임기는 4년이다. 연방 사무총장에 대하여는 연방각료와 달리 겸임금지규정이 없다.

연방 사무총장은 연방공무원의 우두머리인 동시에 참모로서 연방각의에서 자문적 성격의 투표권을 행사한다. 연방 사무총장은 두 명의 사무부총장의 보좌를 받는다. 한 명의 사무부총장은 연방각의의 의사록 관리를 수행하고, 다른 한 명의 사무부총장은 국민에게 정보를 제공하는 임무를 맡고 있다.

다) 연방행정부의 공무원 수

2012년 현재 연방행정부에 근무하는 공무원 수는 철도와 우편사업 종사자들을 제외하고 33,000명으로 묶여 있다. 연방의회는 1974년 이후 연방공무원의 증원을 금지시켰다. 따라서 그 동안 연방행정부의 업무량이 크게 늘어났음에도 불구하고 공무원 수는 2012년 말 현재까지 일체 증가하지 않고 있다.

4) 사법부

(1) 연방법원의 지위

가. 연방의 최고사법기관

스위스연방의 사법권은 연방법원에 속한다.[165] 연방의회와 연방내각이 독일어권 지역인 베른에 있는 반면에 연방법원은 프랑스어권지역인 로잔느에 있다.

1999년 연방헌법이 개정되기 전에는 연방법원과는 별도로 연방행정법원이 설치되어(구 연방헌법 제114조의 2) 있었지만, 실제로는 연방행정 재판권을 연방법원이 행사했으며(법원조직법 제12조 제1항 및 제97조 이하), 사회보장재판권도 1969년 이후 연방법원의 일부인 연방보험법원이 행사하였다.[166] 이을 반영하듯 현행 연방헌법은 연방법원이 연방의 최고사법기관이며, 연방법원의 조직과 절차는 법률로 정한다고 규정(연방헌법 제188조 제1항과 제2항)하고 있을 뿐, 별도의 연방행정법원에 관한 규정을 두고 있지 않다.

스위스에는 연방조세소원위원회나 연방주류소원위원회 등 준사법기관인 소위 연방소원위원회가 있다. 연방소원위원회의 재결(裁決)에 대해서는 원칙적으로 연방법원에 불복할 수 있는 절차를 마련하고 있다.

나. 헌법재판기관

스위스는 연방 수준에서 헌법재판소를 두어 법령의 합헌성 심사권

을 독점시키는 독일이나 오스트리아의 소위 집중 형 헌법재판제도를 채택하고 있지 않다. 그렇다고 스위스 연방법원의 헌법재판제도가 미국형 사법심사제도와 완전히 일치하는 것도 아니다. 스위스 연방법원의 헌법재판제도는 독일 형 헌법재판 제도와 미국형 사법심사 제도를 절충한 것으로 볼 수 있다.

(2) 연방법원의 조직

가. 연방법원 법관의 선임과 임기

연방헌법 제 143조에 의하면 연방법원의 법관은 하원의원 및 연방각료와 함께 투표권을 갖는 모든 스위스 국민이 임명될 수 있다. 예를 들면, 18세 이상으로 결격사유가 없는 스위스 국민은 누구나 선임될 수 있다.[167] 스위스에서는 적어도 법률상 연방법원법관이 되기 위해 일정 기간 법학교육을 받거나 법률전문가가 되는 조건을 요구하지 않는다. 그러나 실제로는 법관·변호사·대학교수 중 경험이 있는 법률가가 선임된다.

연방법원의 법관은 연방의회의 양원합동회의에 의해서 선임된다.[168] 따라서 연방법원은 그 존립을 연방의회에 의존하고 간접적으로 연방의회의 통제를 받는다.

연방법원의 법관은 하원의원, 상원의원 및 연방각료를 겸임할 수 없으며, 연방각료와 같이 연방이나 칸톤의 다른 (공)직을 보유하거나 기타의 영리활동을 할 수 없다. 그밖에도 법률로 연방법원의 법관의 겸

---

[167] 1971년 국민투표로 연방헌법이 개정되어 여성의 참정권이 인정되었으며, 1991년 국민투표로 연방헌법이 개정되어 국민투표권과 선거권을 갖는 스위스 국민의 연령이 20세에서 18세로 낮추어졌다.

[168] 연방헌법 제 157조 제 1항 참조.

직을 금지할 수 있다.

연방법원의 법관은 연방각료와는 달리 동일 칸톤에서 1인 이상 선출될 수 없는 것은 아니지만 적어도 공용어가 대표될 수 있도록 선출되어야 한다.[169]

연방각료·하원의원·상원의원·연방 사무총장의 임기가 4년인데 비해, 연방법원의 법관의 임기는 6년이다. 연방법원의 법관의 재임은 가능하며, 정년은 정해져 있지 않다. 그러나 연방법원의 법관은 관례적으로 70세에 은퇴한다.

나. 연방법원의 조직

연방법원은 연방 유일의 일반법원이며 스위스 전체의 최상급 법원이다. 연방법원의 조직과 재판절차는 연방법으로 규정하고 있다.[170] 연방법원은 26명 내지 30명의 법관과 보좌법관으로 구성된다.

연방법원의 업무는 각 부문으로 나뉘어 처리되지만, 일부 업무는 법관전체회의에서 처리된다. 법원서기와 비서 등의 선임, 각 부문의 법관과 법원의 원장의 임명, 명령과 규칙 등의 제정, 연방 법률의 제정 시 의견청취에 관한 결정, 복수부문에 관계되는 판례의 변경 등은 법관전체회의에서 결정된다.[171]

연방법원의 원장과 부원장은 연방법원의 법관들 중에서 연방의회의 양원합동회의에서 선출되고, 임기는 2년이다.

연방법원은 부서(Abteilung)와 과(Kammer)로 구성된다.

첫째, 공법부서는 6명 내지 7명의 법관들이 배속된 국법과 (Staatsrechtliche Kammer)와 행정법과(Verwaltungsgerechtliche Kammer)

---

169 연방헌법 제 188조 제 4항 참조.
170 동법 제 188조 내지 191조 참조.
171 법원조직법 16조 참조.

로 구분된다. 국법과는 연방과 칸톤 간 공법상의 쟁송, 시민의 헌법상 권리의 침해를 이유로 하는 헌법소원과 협약 및 조약의 침해를 이유로 하는 소송 등을 취급한다. 공법부서에 속한 법관은 모두 국법과에 소속된다. 다만, 이들 중 5명은 행정법과의 법관을 겸임한다. 행정법과는 1914년 신설된 연방행정법원을 말하며, 연방내각·연방의회·연방보험법원과 그 밖의 관청에 속하지 않는 행정법상의 소송 및 소원을 취급한다. 그러나 1998년 연방헌법의 전면개정으로 별도의 연방행정법원에 관한 규정이 없다.

둘째, 민사부서는 채무·파산과를 포함하여 6명의 법관이 배속된 제 1민사부서와 제 2민사부서로 구성된다. 연방과 다른 법 주체 간의 민사상의 쟁송이나 칸톤 재판에 대한 상소와 무효소원을 관할한다.

셋째, 채무·파산과(Schuldbetreibungs und Konkurskammer)는 3명의 법관으로 구성되며, 채무·파산사건에 관계되는 감독관청의 결정에 대한 소원에 대해서 종심으로서 재정(裁定)한다.

넷째, 상소과(Anklagekammer)는 3명의 법관으로 이루어지며, 연방의 형사사건에서 예심을 감독한다.

다섯째, 범죄과(Kriminalkammer)는 3명의 법관으로 구성되며, 연방의 배심재판을 담당한다.

여섯째, 연방형사법원(Bundesstrafgericht)은 5명의 법관(이들 중 3명은 범죄과의 법관)으로 구성되며, 범죄과에서 지속하지 않는 형사재판 사무를 취급한다.

일곱째, 연방보험법원(Eidgenossisches Versicherungsgericht)은 연방법원의 일부지만 구성 상 독립적 지위가 부여되어 있다. 소재지는 루체른이다. 5명 내지 9명의 법관이 배속되며, 사회보험에 관한 사건을 관할한다. 장해보험, 질병보험, 실업보험, 농민가족수당, 군인보험, 사고의무보험 등의 사회보장제도가 소송대상이다.

다. 연방법원의 소송절차

연방법원의 재판에 있어서 심리와 판결은 원칙적으로 5명의 법관이 참여한다. 단 공법부문이 다루는 일정 사안에 대해서는 예외가 인정되고 있다. 칸톤의 법규에 대한 소원이나 의안을 각 칸톤의 유권자의 투표에 회부하는 결정 또는 거부에 대한 소원의 제청은 7명의 법관이 합의하여 심리하고 재판한다.[172] 그러나 중요하지 않는 사건에 대해서는 3명의 법관에 의하여 재판할 수 있다.

(3) 연방법원의 권한

현행 연방헌법 제 190조 1항은 민사사건, 형사사건, 행정사건 및 기타 사건에서 연방법원의 관할권을 법률에 포괄적으로 위임하고 있다. 이에 따라 연방법은 연방법원이 소송을 통해서 헌법과 조약을 준수하고 인권을 옹호하는 기능과 연방의 법령이 각 칸톤에서 통일적으로 일관성 있게 적용되는 것을 보증하는 역할을 수행하기 위해 민사사건 등에 대한 연방법원의 구체적인 관할권에 대해 규정하고 있다. 그리고 칸톤은 연방의회의 동의를 얻어 칸톤의 행정과 관련된 법적 분쟁을 연방법원이 재판하도록 요청할 수 있다.

연방법원은 민사재판권, 채무·파산사건에 대한 재판권, 형사재판권, 국법재판권, 행정재판권, 사회보장재판권 등을 갖고 있다.[173]

(4) 헌법재판권

연방헌법 제 189조에 의하면 헌법소원에 대한 심판은 연방 법률이

---

[172] 법원조직법 제 15조 참조.
[173] 사세한 사항에 대해 안성호, 상기 책, 284~287쪽 참조.

그것을 유보하지 않는 한 연방법원의 권한임을 명시하고 있다. 과거에는 연방법원이 시민의 헌법상의 권리침해에 관한 청구 및 협약과 조약의 침해를 이유로 한 개인의 소송에 관하여 판결하고, 연방 법률에서 상세히 확정되어야 할 행정소송은 제외한다고 규정하였다. 그러나 꾸준히 연방법원의 권한이 강화되어 1999년 전면 개정된 연방헌법은 헌법재판이 원칙적으로 연방법원에 귀속되며, 연방 법률이 분쟁해결의 관할권을 다른 기관에 위임할 수 있다고 규정하고 있다. 이와 같이 현행 헌법재판제도는 실질적으로 헌법상의 권리침해에 대해서 심판의 대부분을 연방법원이 관할하도록 하고 있지만 여전히 연방법원의 심판권한의 범위결정을 입법부에 위임하고 있다. 이는 법관의 역할은 법적용에 있고, 법과 권리의 형성은 의회의 배타적 권한이라는 사고가 반영된 것이다.

연방법원 국법과가 담당하는 헌법재판의 대상은 다음과 같다.

첫째, 헌법소원에 대한 심판으로서의 국법소송이 있다. 헌법상의 권리의 침해를 이유로 한 시민의 소원에 대한 심판과 칸톤 헌법 및 연방법의 관련 규정에 근거하는 시민의 참정권 및 칸톤의 선거와 투표에 관한 소송에 대한 재판, 둘째, 코뮌과 기타 공공단체에 대한 칸톤의 보장에 관한 침해를 이유로 한 소원에 대한 심판이 국법과의 재판, 셋째, 국가 간 조약 또는 칸톤 간 조약의 침해를 이유로 한 소원에 대한 심판, 넷째, 연방과 칸톤, 칸톤 상호간의 국법상의 쟁송에 대한 심판, 다섯째, 그 외에도 관청의 관할구역에 대해서 연방법상의 침해를 이유로 한 소송에 대한 심판, 마지막으로 철도 및 해로교통 및 우편에 대해서의 구조의무에 관한 1905년 3월 28일의 연방 법률어 위반되고 빈민구제법을 거절한 경우에 대한 소송에 대한 심판이 이에 속한다.

헌법심판청구가 적법하게 성립하기 위해서는 청구대상, 청구이유, 청구권자, 보충성원칙, 청구의 형식과 내용, 청구기간 등에 대해서 소

정의 요건이 충족되어야 한다.[174]

제4절 미국, 독일과 스위스 연방에 대한 비교평가

1. 3국의 연방헌법의 기본원리에 대한 비교

3국의 헌법은 모두 성문헌법이다. 3국의 헌법의 기본원리를 비교하면 다음과 같다.

미국헌법의 기본원리는 크게 연방주의, 자유민주주의, 삼권의 분립과 법의 지배와 대통령중심제라고 말할 수 있다. 이에 비해 독일헌법의 기본 원리는 연방주의, 자유민주주의, 권력분립의 원칙과 사회법치주의, 수상중심의원내각제 등으로 특징지어 질 수 있다. 이에 비해 스위스헌법의 기본원리는 연방주의, 권력분립의 원칙과 법치주의, 직접민주주의와 협의제정부형태 등이라고 말할 수 있다. 종합적으로 그들의 헌법에 들어 있는 시대정신은 그 정신 하나하나의 정도의 차이는 있지만 주로 자유와 평등이념에 입각하여 화해, 타협, 협력, 정의, 나눔(권력의 분립), 평화와 통합이라고 요약정리할 수 있다.

3국의 국가형태를 비교한다면 3 개국이 다 연방제를 채택하고 있지만 미국의 연방제가 3국의 연방제 중 가장 중앙집권화 된 연방제이고 그 다음은 독일연방제이며 스위스가 가장 느슨한 연방제를 채택하고 있다.

그러나 정부형태를 비교해보면 3국은 전혀 다른 정부형태를 갖고

---

174 이에 대해 안성호, 상기 책, 289~291쪽 참조.

있는바 미국과 독일은 다수결의 원칙에 의거 대통령이 정권을 쥐는 대통령중심제를, 독일은 수상이 정권을 잡는 수상중심 의원내각제를 그리고 스위스는 다수결민주주의보다 협의민주주의를 강조하는 협의제정부형태를 갖고 있다.

3국이 공히 채택하고 있는 연방주의란 전국적인 중앙정부와 주정부가 정치적(행·재정적) 권한을 나누어 가지고 각자 한편으로 일정한 활동분야에서 협력하면서 다른 한편으로 양자는 독립적이 되는 원칙이다. 독재예방을 위해서는 권력의 분립이 절대적으로 필요하다. 권력분립은 법의 지배라는 기본적인 원리의 지주이다. 3국은 공히 권력분립을 통한 법의 지배, 즉 법치주의를 민주주의와 함께 통치의 원칙으로 삼고 있다는 것이 공통점이다.

3국의 연방헌법의 제정자들은 권력분립 자체만으로 권력의 침해나 남용에 대한 안전장치가 되지 못하고 어느 한 부가 다른 부의 권한침해를 예방하기 위해서는 견제와 균형이 필요하다고 보았다.

3부가 서로 견제를 통하여 힘의 균형을 이루어 정의사회를 구현한다는 취지하에 3부는 그들의 고유한 권한이외에도 상대방을 견제한다는 의미에서 상대방의 권한의 일부를 갖도록 구조화하였다.

결론적으로 권력분립이 수직적·수평적으로 잘 실현되고 있는 나라는 스위스이며 그 다음으로 독일과 미국이라고 볼 수 있다.

2. 3국의 연방과 주간의 권력배분에 관한 비교

3개국의 헌법은 연방과 주의 권력구조, 즉 양자의 권한의 버분을 그들의 성문헌법에서 분명히 하고 있다. 〈도표: 13〉은 3국의 연방정부, 연방의회, 연방주 정부와 연방주의회의 권한을 비교하고 설명하고 있다.

연방정부의 권한에 있어 3개국의 정부가 갖고 있는 권한영역은 대동소이하다.

미국, 독일 그리고 스위스의 연방의회의 권한을 비교해 보면 스위스 의회가 가장 큰 권한을 갖고 있고 그 다음으로 독일연방의회의 권한이며 제일 적은 권한을 갖고 있는 기관은 미국대통령 중심제하의 미국연방의회이다.

연방주 정부나 연방주 의회의 권한에 있어서도 그 권한의 강도로 보자면 스위스, 독일 그리고 미국의 순이라고 말할 수 있다.

미국은 1787년의 연방헌법에서 중앙정부에 상당한 권한을 부여하였으나 동시에 상당한 권한을 주에 유보시키었다. 헌법에 의하면 연방정부에 부여된 권한이외의 것은 연방주의 권한에 속한다.

그러나 전쟁 때 마다 중앙집권화가 진행되어 연방정부의 권한이 강화되어 왔으며 경제·사회현상에 대한 연방정부의 통제는 더욱 증가되어 주의 권한은 상대적으로 축소되었다.

<u>〈도표: 13〉 3개국 연방정부와 주정부의 권력배분의 비교</u>

국가 항목	미 국	독일	스위스
연방 정부	o 국방, 외교관계 o.조세, 관세, 공과금. o.외국과 주 상호 간의 통상규제, o.화폐의 주조, 환율의 규정 o. 우편,통신, o.저술, 발명품의 독점권의 보장, o.해적행위, 중죄에 관한 벌칙. o.전쟁 선포권	o 국방, 외교 관세,조세, 유럽공과금, o.우편, 장거리 통신 o.통화와 화폐주조 o.연방철도와 항공교통, o.국제범죄수사권 o.기타 연방사항의 행정권	o. 국방, 외교 o. 관세, 통화, 화폐제도, o.우편통신, 대중매체, o.철도, 항공, o.핵에너지, 수력발전, o.주류전매, 화학규제, 조세(직접세)
연방주 정부	o.경찰, 교회, 공립학교, 교육 o.도로, 수로, 항공로, 무역, 산업, 핵에너지 o.사회보장, 환경보호 o.노동법의 집행	o.경제, 교통, 농업,노동, 사회복지, 등 연방정책의 집행, o.교육, 교회, 경찰, o.재산게,상속세,자동차세,맥주세,박람장의 공과금 o.행정협정체결	o.경찰 o.교회 o.공립학교, o.교육 등 주입법의 집행,o.사회보장, 무역, 산업, 노동, 도로, 수상교통, 항공교통 등 연방입법의 집행

국가 항목	미국	독일	스위스
연방 의회	o.상기연방정부의 집행사항의 입법, o.하급법원의 조직 o.전쟁 선포권 o.국정조사권	o.연방고유사항의 입법, o.수상선출 o.대통령탄핵소추 o. 국정조사 o.헌법재판소 판사선출	o. 연방 법률의 제정(사회보장,무역,산업, 도로, 수상-,항공교통 등,연방집행사항에 대한 법률제정) o.연방내각의 선출, o.국정조사 o.연방 법원 판사 선출, o.비상시 군 최고사령관 임명
연방 주의회	o.경찰, 교회, 교육 등 연방주의 집행 사항의 입법 o.농업, 민법, 형법, 사회보장과 환경보호 등은 연방정부의 공유입법	o.경철, 교회, 교육등 주 관할사항에 대한 입법 o.재산세, 상속세, 자동차세, 맥주세 등의 입법, 지방 소비세와 물품세 에 대한 입법 o. 관세와 재정전매 사항은 연방과 공동입법 o.사회보장,환경보호,경제전반,학술연구지원, 핵에너지, 직업 훈련, 노동법 등은 연방과 공유입법	o. 칸톤 관할 사항에 대한 입법(경찰,교육,교회, 각종교통망,농업,사회보장,민법,형법 등), o.지방소비세와 물품세에 대한 입법, o.관세와 지정전매사항은 연방과 곤유입법

출처: 3개국의 헌법에서 추출된 자료임

미국의 연방정부는 외교와 국방 이외에도 과세권, 화폐발행권 등의 권한을 갖고 있고 주간의 통상 조정권을 갖고 있으며 교통, 통신, 보건, 복지, 노동 등 국가업무전반에 관한 권한을 행사하고 있다. 연방주의 독립성이나 주의 권한은 어느 정도 제한적이나 외교와 국방을 제외한 내정에 관하여는 상당한 독립성을 갖고 자율적으로 정책을 결정하고 집행한다.

독일의 연방정부도 미국이나 스위스연방과 마찬가지로 외교와 국방 그리고 연방과 관련된 내정에 관한 권한을 가지고 있다. 그리고 이러한 권한은 기본법에 열거하고 있다. 그리고 기본법에 연방의 권한으로 열거되지 않는 것은 원칙적으로 각 주의 권한에 속한다.

스위스 연방정부도 외교와 국방 그리고 연방에 관련된 내정에 관한 권한을 가지고 있다. 그러나 스위스연방의 경우는 미국이나 독일의 연방제와는 달리 느슨한 연방제를 실시하고 있다. 스위스인은 이러한 스위스연방제를 '스위스국가연합제(Swiss Confederation)'라고 부를 정도로 연방주와 코뮌정부의 권한이 중앙정부의 권한보다 더 강하다는 것을 강조하고 있다. 스위스의 연방주의는 중앙정부보다 주정부가, 주정부보다 지방정부가 그리고 지방정부보다 시민의 권리가 더 우선하는 정치체제를 정착시키었다. 결론적으로 스위스의 칸톤 정부가 독일의 연방주나 미국의 연방주보다 그 권한이 더 많다. 이는 스위스 국민들의 선진민주의식이 다른 어느 나라 국민의 의식보다도 높다는 것을 의미한다.

3. 3국의 정치체제에 대한 비교

3국의 정치체제의 권력구조를 대략 비교해 보면 〈도표: 14〉와 같다.

〈도표: 14〉 3국의 정치체제의 비교

항목 \ 국가		미국	독일	스위스
성문헌법유무		유	유	유
정부형태		대통령중심제	수상중심의원내각제	협의제(정부형태)
의회제도	연방	o. 양원제	o. 양원제	o. 양원제
	구성국	o.양원제	o. 단원제	o.단원제

위헌법률심사, 연방과 구성국 및 구성국 상호간의 분쟁처리기구	o. 연방대법원	o. 연방헌법재판소	o. 연방법원 국법과

출처: 3국의 헌법에서 도출 된 자료임.

첫째, 미국이나 독일에서는 중요 국사에 관한 헌법 개정은 3국이 공히 의회의원의 3분의 2라는 절대다수의 찬성으로 이루어 질 수 있으나 스위스에서는 국민의 총회를 비롯한 시민의 발의로 연방헌법의 개정이나 〈군대의 폐지〉 등 중요국사를 시민(국민)투표에 부칠 수 있는 합의제민주주의와 더불어 직접민주주의를 실시하고 있다.

둘째, 3국이 소수민족이나 소수지역의 권리보호를 위하여 연방과 구성국들 간의 권력의 적정한 배분을 의미하는 연방제를 취하고 있는 것은 공통점이다. 그러나 다수결의 원칙에 의거, 대통령중심제나 수상중심의원내각제에서는 승리자만이 정권을 잡거나 내각제에선 연정을 통해 다수의석 확보정당과 소수의석확보정당이 연정을 통해 정권을 획득하는데 반해 스위스에서는 선거에서 패배한 소수파도 정부구성에 참여하는 협의제정부형태(거국내각제와 유사)를 채택하고 있다.

셋째, 미국과 스위스는 정당에 관한 헌법조항이나 정당법이 없다. 그러므로 미국은 정당들의 강력한 중앙당 조직이 약하고 스위스는 중앙당 조직이 없으며, 두 나라는 지방분권의 정당제도와 다당제를 갖고 있다. 미국은 다당제이나 의회에 진출한 정당은 두 개의 정당뿐이므로 실제로는 양당제라 할 수 있다. 이에 반해 독일은 정당에 대한 국가의 보호와 정당의 임무에 관한 헌법조항과 정당법을 갖고 있다. 뿐만 아니라 독일정당은 강력한 중앙당 조직을 갖고 있어 일명 정당국가라고 말할 수 있다. 독일의 정당체제는 다당제이다.

넷째, 스위스의 주정부인 26개 칸톤과 지방정부인 코뮌정부는 미국과 독일의 주정부나 지방정부보다 더 강력한 자치권을 행사하고 있다. 또한 미국이나 독일의 행정부보다 스위스 행정부는 다수결보다 합의제를 바탕으로 정책을 결정하고 있다.

다섯째, 미국과 독일과는 달리 스위스에서는 국민의 발의나 일정수의 칸톤 정부가 요구할 경우 연방헌법과 칸톤 헌법을 개정할 수 있는 합의민주주의와 직접민주주의를 채택하고 있다.

여섯째, 미국의 정치와는 달리 독일이나 스위스의 정치를 보면 국민의 인기에 영합하는 정치적인 스타가 없으며 그 대신 예측 가능하고 안정된 정치생활을 하고 관청은 일반적으로 소박하고 평민적인 분위기를 갖고 있다,

일곱째, 미국과 독일과 달리 스위스는 공직을 자원봉사로 여기는 전통을 가지고 있어 대통령이나 의회의원은 봉급을 받지 않고 수당만을 받으며 보좌관이나 기사도 없고 의원사무실도 없다.

여덟째, 미국이나 독일과는 달리 스위스 정부는 국민의 세금부과를 최소화하기 위하여 수십 년 동안 공무원의 수를 33,000명(스페인 인구 7,700,000명명인데 비해)으로 고정시킬 정도로 정부가 국가행정비용을 최대한 절약하고 있다.

아홉 번째, 국제투명성기구에 의해서 2012년도 176개국의 부패지수에 대한 조사에 따르면 미국의 부패지수는 19위이고 독일은 13위인데 비해 스위스는 6위로 3국 중 가장 깨끗한 정부를 갖고 있는 나라이다.[175]

---

[175] 2012년도 국제투명성기구가 176개국의 부패지수에 대한 조사결과에 의하면 부패지수가 가장 낮은 나라인 1위는 덴마크, 핀란드와 뉴질랜드이고 스웨덴과 싱가포르는 각각 4위와 5위이다. 중국은 80위이고 러시아는 133위로서 이들은 부패공화국이라고 말할 수 있으며 대한민국은 45위인데 반해 북한은 소말리아와 아프가니스탄과 더불어 가장 부패한 나라로 174위이다. 인터넷 네이버 참조.

열 번째, 미국과 독일과는 달리 스위스는 유럽에서 두 번째 규모의 지상군을 유지하면서 중립주의를 표방하는 무장영세 중립 국가이다.

열한 번째, 미국과 독일의 국민투표행태와는 달리 스위스는 1919년 이후 4개 주요 정당들의 균형을 유지시켜 온 투표행태의 안정성(2012년 현재는 5개 정당에 의한 거국내각운영)을 갖고 있고, 선출된 공직자들을 자주 바꾸지 않는 보수적 투표성향을 갖고 있다.

4. 3국의 민주시민교육 비교

오늘날 3국의 정치·경제·사회 등 모든 분야에서 안정과 번영을 이루고 있는 것은 그들의 헌법정신에 입각한 법과 제도뿐만 아니라 상시적이고 초당적인 민주시민교육을 철저히 시켰다는 데 그 공통점을 찾을 수 있다. 그러나 민주시민교육을 실시하는 조직기구는 미국에서는 연방 차원에서 민주시민교육을 주관하는 기관은 없고 주차원에서 학교나 대학의 시민교육연구원 혹은 일반시민교육연구원들이 시민교육을 실시하고 있는데 반해, 독일은 과거의 나치즘과 같은 반민주적인 의식을 불식하기 위해서 2차 세계대전 이후부터 국민의 세금으로 정부 주도 하에 연방에서는 연방정치교육센터를, 15개 연방주에서는 주 정치교육센터를 각각 설립하여 나라의 민주주의의 정착과 관리에 주력하고 있다. 또한 스위스는 독일 정치교육 모델을 수용, 민주시민교육을 철저히 하고 있다.

제4장
한국의 국가권력구조의 배분
: 무엇을 어떻게 개혁해야 하나

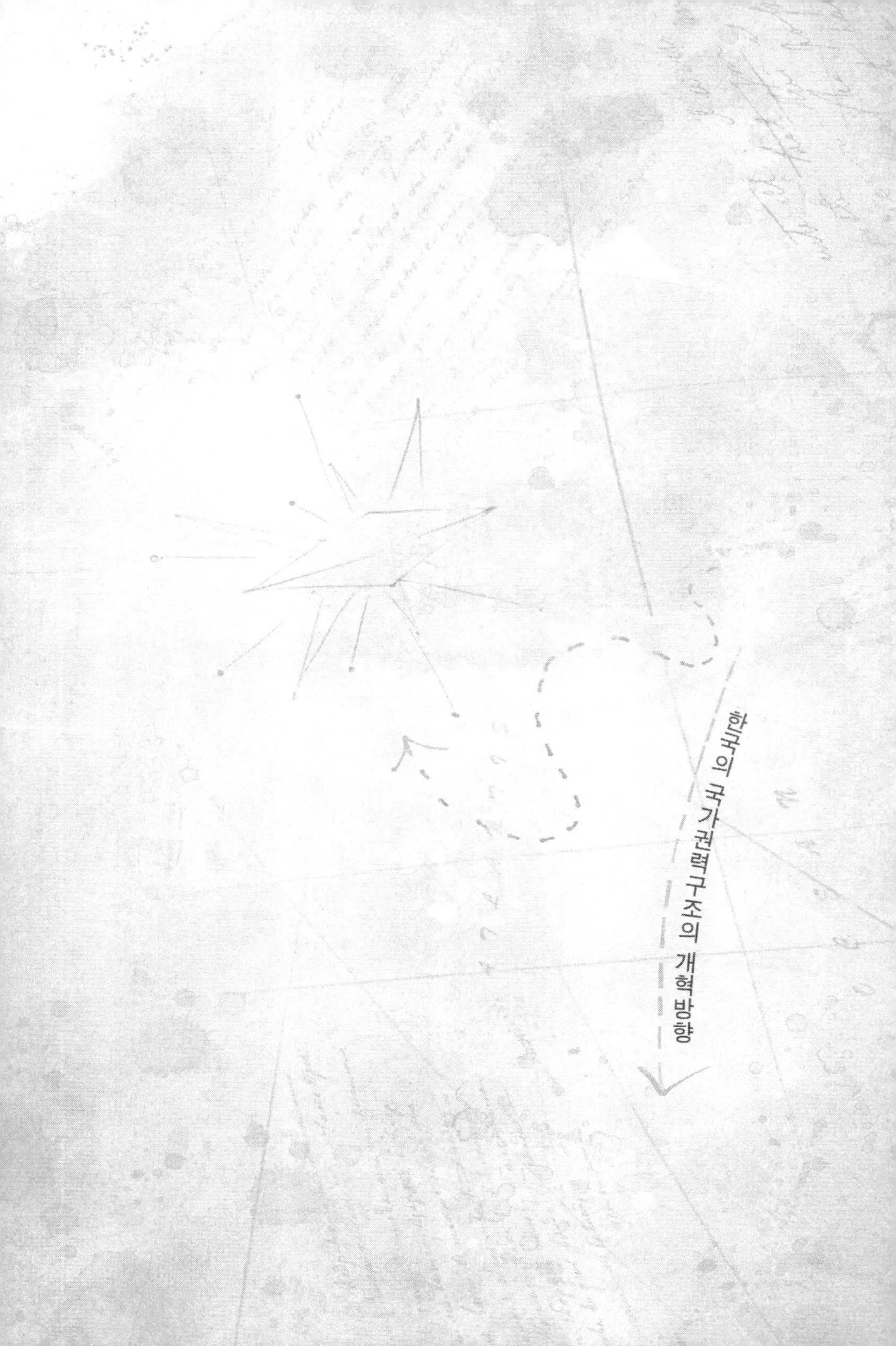

한국의 국가권력구조의 개혁방향

제1절 한국사회의 진단

1. 사회·정치지도자들의 민주시민의식의 결여와
각종 부정과 비리

대통령이 민주시민의식이 결여되어 법을 지키지 않는다면 장관을 비롯한 공무원과 일반국민까지도 법을 지키지 않을 것은 자명하다. 그러므로 한 가족의 가장이 대통령이 되면 본인자신은 물론 그의 가족도 민주시민의식을 갖고 행동하고 법을 지키도록 만반의 준비를 갖추어야 한다. 그러나 전두환 정부 이래 역대 대통령들과 그들의 친인척들은 올바른 민주시민의식이 결여되어 법을 지키지 못하고 부정과 비리에 연루되었으며 그들의 친인척들은 감옥을 가는 신세가 되었다. 이는 한마디로 한국정치의 비극이라고 말하지 않을 수 없다. 역대 대통령, 그의 가족과 측근들의 월권과 국정농단은 국가 공조직을 파괴시키었을 뿐만 아니라 나라의 기강을 문란 시키었으며 그들의 장관들이나 공무원들도 알게 모르게 부정에 연루되는 일이 비일비재 하였다.

이승만과 박정희 대통령은 그들이 종신 대통령이 되길 원하였기 때문에 대통령직이 끝난 이후 그들의 생활에 대해 고민할 필요가 없었다. 그들은 종신토록 대통령인데 그 이후의 생활을 위해 부정과 비리를 저질러 축재를 할 필요가 없었다. 대통령의 비리는 6. 29 민주화 이후 평화적으로 정권을 내주겠다고 국민에게 약속하고 이를 실행에 옮긴 전두환 대통령 때부터 국민 논의의 관심사가 되었고 국민들에게 알려지기 시작하였다. 이후 역대 대통령과 그들의 친인척과 측근의 비리와 부정은 대통령의 임기 시작에 즈음하여 대통령 스스로 뿐만 아니라 그들의 친인척과 측근들이 비리와 부정을 하지 못하도록 강력한 조치를 취하겠다고 선언하였음에도 불구하고 비리와 부정은 근절되지 않고 연면히 지속되었다. 예를 들어 노태우 대통령은 그자신과 친인척인 박철언이 정·경유착에 의한 부정에 연루되어 감옥에 갔다. 김영삼과 김대중 대통령은 그들 대신에 각각 그들의 아들들이 비리와 부정에 연루되어 감옥신세를 졌다. 노무현 전 대통령의 부인 권양숙 여사는 미국에서 그녀의 딸이 아파트를 구입하는데 현금 13억 원을 그녀의 딸에게 불법으로 주었다. 그 결과, 그 딸은 재판을 받아야 했고 이는 노대통령의 자살의 직접적인 동기가 되었다. 노 대통령의 형 또한 부정과 비리에 연루되어 감옥살이를 해야 하였다. 이명박 대통령의 친형인 이상득 전의원은 저축은행으로부터 7억 6천만 원을, 그리고 그의 처사촌은 공천대가로 30억 원을 받은 혐의로, 사촌처남은 저축은행 돈 4억여 원을 받은 혐의로 구속되었다. 또한 이대통령의 최측근인 최시중 전 방송통신위원장과 박영준 전 차관이 부정과 비리로 구속됨으로써 영포라인 3인방이 모두 쇠고랑을 찼다.[1] 이들을 포함해 지금까지 법정에 선 이대통령의 측근은 무려 19명이나 된다.

고질적인 청탁문화가 한국사회를 오염시키고 있다는 것은 어제 오늘의 일이 아니다. 특히 비리를 파헤쳐야 할 사정의 중추인 검사나 경찰이 돈이나 향응을 받고 사건을 무마시키었다는 사례들이 지속적으로 드러나고 있다. 일부 국회의원들과 지방자치단체장들 그리고 기업인들과 교육자들의 부정과 비리도 잇따라 신문지상에서 언급되고 있다. 국민을 위해 봉사하고 모범을 보이는 대신에 국민이 부여한 권한으로 돈과 향응의 단맛을 누리려는 공직자들이 이 사회 도처에 도사리고 있는 한 투명하고 건전한 선진민주사회의 건설은 요원할 뿐이다. 그러므로 사회의 사회·정치지도층의 성숙된 시민의식의 강화와

---

1 영포라인이란 포항과 통영 출신 이상득, 최시중과 박영준을 말한다.

서구선진국의 지도자가 통상 보여주는 노블레스 오브리즈(Nobless Oblige)가 절대적으로 필요한 때이다. 과연 어떻게 하면 한국의 지도자가 성숙된 시민의식을 가질 수 있을까? 이를 위해서는 이들에게 성인교육의 일환으로 민주시민교육을 가르치는 방법 이외에는 없다. 보다 장기적이고 효과적인 차원에서 볼 때에는 그들이 어릴 때부터 한국사회가 필요로 하는 민주시민의식을 함양하는 교육프로그램을 초·중·고등학교에서 받는 것이 가장 바람직할 것이다. 이를 위한 초당적인 선진민주시민교육은 다음 장에서 언급할 것이다.

2. 민주시민의식의 결여로 인한 각종 제도 운영의 미숙

한국은 선진국의 좋은 제도를 도입하였으나 그들의 운영방식은 민주적 리더십의 부족으로 개발연대의 틀에서 벗어나지 못하고 있는 형편이다.

예를 들어 경찰이나 검찰의 수장이나 금융감독위원회나 공정거래위원회와 같은 기관들의 수장은 임기가 있다. 그러나 한국의 감독기관의 수장의 평균 재직기간은 14개월에 지나지 않는다. 이에 비해 주요 20개국(G20) 국가기관들의 수장의 평균재직기간은 8년을 넘고 있다. 한국의 장관들의 재직기간도 지속적인 정책을 집행하기에는 너무 짧다. 이렇게 해서 어떻게 지속가능한 국가정책을 결정하고 집행할 수 있을지 모르겠다.

국민의 대변인이라고 말하는 국회의원들이 국민의 의사에 반하는 행동을 하는 것이 다반사이다. 즉 겸직국회의원들의 이익 챙기기, 비리와 부정, 국회의원들 자신의 이해관계와 직결된 문제들을 자신들이 직접 챙기기(국회의원의 보수와 연금문제, 선거구의 획정 등) 등은 파렴치한 행동이라 하지 않을 수 없다.

가장 공정해야 할 사법부에도 아직 전관예우가 남아있다. 전관예우가 있다는 것은 아직도 법의 사정이 공정하지 못하다는 것을 의미한다. 그들이 현직을 떠나자마자 가는 곳이 로펌들이고, 이 로펌들의 주요 고객은 모두 대기업들이다. 그들은 대기업의 이익을 법적으로 대변해주고 년 간 수십억 원을 그 대가로 받는다. 그러나 한국에는 아직도 꺼지지 않는 희망의 불빛이 있는 것 같다. 그 불빛이 대법관과 중앙 선거관리 위원장을 지낸 김능환 씨이다. 그는 그의 선배들이 은퇴 후 선호했던 전관예우를 받을 수 있는 변호사 업을 거부하고 아내가 경영하는 매점에서 아내를 돕고 있다. 김 전 대법관의 이러한 행위야말로 선진국의 법관이 가야 할 길로서 그나마 좌절에 빠져있는 대부분의 한국국민을 감동시킨 행위라고 말하지 않을 수 없다.

금융에 대한 감독기관도 마찬가지이다. 금융기관의 감사의 절반이상이 금감원 출신으로 채워져 있다. 다른 부문에서도 전관예우와 같은 현상이 언론매체를 통해 알려지곤 한다.

한국사회는 아직도 뿌리 깊게 남아있는 정·경 유착, 법·경 유착, 검·경 유착 등 각종 유착과 기업 간의 담합구조가 공정한 경쟁사회가 되는 것을 방해하고 국민에게, 특히 청년들에게 공정한 경쟁기회를 주는 것을 아예 봉쇄하고 있다. 이러한 사회의 관행, 후진적인 국가운영방식이 지속되는 가운데 사회의 기득권층이 더욱 공고해지고, 계층 간 사회적인 이동성이 감소되고 있다. 더욱 나쁜 것은 가난한 자는 더욱 가난해지는 반면에 부자는 더욱 부자가 되며 부의 대물림이 이루어지고 있다는 것이다. 바로 이러한 현상이 오늘날 젊은 세대들이 사회에 대한 좌절감을 느끼고 있는 가장 큰 이유들 중의 하나이다.

일제로부터 해방된 이후 한국의 역사는 실로 성공의 역사라 해도 과언이 아니다. 과거 세계 어떤 나라도 정치·경제면에서 이렇게 빨리 국가의 발전을 이룬 나라를 찾아보기 어렵다. 이러한 성공을 가져다 준 중요한 요인들 중의 하나는 한국사회가 가지고 있었던 역동성(Dynamism)과 교육열이었다. 그러나 한국사회의 기득권의 담합과 유착구조로 계층 간의 사회적인 이동성이 둔화되어 가고 있으며 교육열은 있으나 형식화되어 사회의 역동성도 감소되고 있다.

사회가 지속가능한 발전을 하기 위해서는 국민에게, 특히 젊은 세대에게 꿈과 희망을 주어야 하며 기회가 공정하게 제공되어야 한다. 그리하여 원칙과 질서가 바로 서는 공정한 경쟁사회가 되어야 한다. 지연, 학연 그리고 혈연이라는 연고주의나 관계가 아니라 성과주의의 원칙을 바탕으로 한 공정한 경쟁사회가 실현되어야 한다. 부모나 친척 그리고 지역이나 학교의 선배를 잘 만나는 것이 일자리를 얻거나 출세의 결정적인 요인이 되어서는 안 되고 오로지 실력과 성과 내지 업적에 의해서 일자리를 구하거나 성공을 해야 할 것이다. 그러나 불행히도 우리사회의 구석구석의 모습은 아직도 우리사회가 공정한 경쟁사회가 아님을 보여주고 있다.

노동인구가 줄고 저축률이 감소됨에 따라 한국경제의 잠재성장률의 유지를 위해서는 향후 생산성의 향상이 필수적이다. 이는 각자의 직업에서의 전문성, 직장에서 일하고 있는 경쟁방식, 사회적인 합리성이 제고되지 않는 한 이루어질 수 없다. 한국의 직장인의 대부분은 주 2~3회는 저녁식사 및 술자리를 통하여 그리고 매 주말이면 예식장에, 주중에는 각종 회식과 장례식장을 찾아 연줄을 다져야 한다. 그래야만 그들은 더 높은 자리를 얻을 수 있다. 그러나 선진국의 직장인들은 한국의 직장인이 연줄 만들기에 보내는 시간을 자신의 인적자산에 투자하여 승진도 하고 더 많은 보수도 받는다.

회사를 비롯한 모든 사회조직체 내에서 그 조직의 수장을 맡는 자는 자기의 아래 직원보다 더 많은 노동시간을 갖고 더 열심히 일을 해야 하는 선진국의 사회조직구조와는 달리 한국의 대부분의 사회조직의 수장들의 노동시간은 일반직원들의 노동시간보다 적으면서 더 많은 보수를 받고 있다.

이처럼 법과 제도의 비민주적인 운영은 여러 원인이 있을 수 있으나 주로 사회지도층과 시민들의 민주시민의식의 부족에서 비롯되고 있다. 이를 개선하기 위해서는 정치개혁을 비롯한 사회전반에 대한 법과 제도개혁은 물론 대통령을 비롯한 시민의 민주시민의식의 고양이 절대적으로 필요하다.

제2절 헌법 개정을 통한 국가기본구조 개혁의 구상

1. 민주적인 개헌논의체제 구축의 필요성

1987년의 헌법체제 이후, 한국정치는 문민우위의 원칙을 확립하고, 선거를 통한 권력획득을 제도화함으로서 평화적인 정권교체를 달성하였다. 그 결과 한국정치는 이제 권위주의로의 역행 가능성이 거의 없게 되어 소위 '민주주의 공고화 단계'에 진입한 것으로 평가되고 있다.[2]

그러나 권위주의체제로의 역행가능성의 최소화 자체가 바로 민주주의체제의 공고화를 의미하지는 않는다. 프리드햄(G. Pridham)에 의하면 민주주의 공고화에는 기능적으로 두 가지 유형이 있는데 그 하나는 "부정적인 공고화"(Negative Consolidation)이고 다른 하나는 "긍

---

2 김영명, 한국의 정치변동, 서울: 을유문화사, 2006, 334쪽.

정적인 공고화"(Positive Consolidation)이라는 것이다. 전자는 권위주의로의 회귀 가능성을 효과적으로 제거하는 과정이며, 후자는 민주적 절차와 규범을 정착시키고 구성원의 신뢰 획득을 통해 민주주의를 제도화하는 과정이다.[3]

이러한 의미에서 한국의 정치는 부정적인 공고화를 어느 정도 달성하고 긍정적인 공고화의 단계에 접어들고 있다고 볼 수 있다.

민주주의의 긍정적인 공고화의 단계는 다양한 영역에서 민주적 제도의 구축과 이 제도를 운영할 수 있는 민주시민교육을 통하여 구성원의 자질과 능력을 함양한다. 민주주의는 다양한 행위자들이 공공 현안들을 둘러싸고 갈등과 경쟁을 벌이는 개별적 영역을 중심으로 제도화된 "부분체제"(partial regime)들의 집합체[4]이다. 그러므로 민주주의는 그 구성원들이 민주적이고 평화적으로 공동체의 현안들을 해결할 수 있는 자질과 능력을 갖추어야 하고 더 나아가 부분체제들이 긴밀히 상호작용하는 그리고 유기적인 연관성을 갖는 복합체이기 때문이다.[5] 민주주의의 공고화는 다양한 부분체제들의 유기적인 구축이 이루어지고 그 구성원들이 이러한 부분체제들을 잘 운영할 자질과 능력을 갖출 때 비로소 완성된다고 할 수 있다.

이러한 맥락에서, 부분체제로서의 '개헌논의 체제'에 대한 평가는

---

3 Pridham, Geoffrey, 1996, "The International Context of Democratic Consolidation: Southern Europe in Comparative Perspective." in: Richard Guenther, P. Nikiforos Diamandouros and Hans-Juergen Puhle, eds. The Politics of Democratic Consolidation: Southern Europe in Comparative Perspective, Baltimore and London, The Johns Hopkins University Press, pp.168~169.

4 Schmitter, Philippe C. "Organized Interests of Democratic Consolidation in Southern Europe", in: Richard Guenther, etc. ibid., pp. 286~287.

5 Linz, Juan J. and Alfred Stepan, 1996, "Toward Consolidated Democracies", Journal of Democracy 26: 2 (April), pp. 14~33.

한국의 민주화 이후 한국 민주주의의 수준을 가늠하는 계기가 될 수 있다. 1987년 민주화 이전의 개헌논의 과정은 대체로 자의적이며, 비경쟁적이며, 심의적인 절차가 생략된 비민주적이고 권위주의적인 특징을 지니고 있었다. 또한 개헌 논의의 장은 매우 폐쇄적이며, 독립적이며, 당파적이었다. 또한 내용적으로 그것은 주로 권력구조의 변화에 집중된 협소한 것이었고 기본권을 형식화시키고 행정적 효율성만을 강조하는 권위주적인 경향을 띠었다.

그 결과 1987년 이전의 개헌논의는 헌법이 규정하는 형식적인 민주주의와 권위주의적 정치현실 사이의 괴리를 발생시키었고 이는 기본규범으로서의 헌법에 대한 국민적 무관심 및 불신을 초래하였으며, 나아가 정치제도와 질서에 대한 정치적인 저항을 초래하였다.

그렇다면 1987년 헌법체제 이후 정치권의 개헌논의는 과연 민주주의적으로 이루어졌던가? 이에 대한 대답도 유감스럽게도 아니오이다.

헌법의 개정은 기존의 경기규칙이 야기해 왔던 폐해를 수정·보완하고 사회적·정치적·경제적 비용을 최소화하며, 나아가 변화된 사회적 환경에 필요한 민주적 경기규칙이나 기본질서를 재 작성하는데 그 근본목적이 있다. 따라서 개헌논의는 "무엇을, 왜, 어떻게 변화시킬 것인가"의 공동체적인 논의를 수반하며, 그 과정과 절차는 대화와 심의, 그리고 타협과 동의라는 민주주의의 원칙에 기초해야 한다.

이렇게 볼 때 대한민국에서의 개헌논의의 민주화는 대략 다음 세 가지 측면에서 검토되어야 한다고 본다.

첫째, 개헌논의의 주체이다. 헌법은 정치공동체의 근본적 규범이기 때문에 권위주의시대에서 통상 나타난 현상과 같이 그것은 위에서부터 부과되는 타율적인 것이 되어서는 안 된다고 본다. 또한 이명박 정부 초기에서처럼 여·야당 국회의원 약 150여명의 서명으로 모처럼 권력구조개편을 비롯한 헌법의 개정을 제안했으나 일부 정파들의 이해관계, 즉 제왕적인 대통령이 되겠다는 관심사 때문에 그 개정시도는 국회에 상정도 하지 못하고 좌절되었다. 따라서 개헌 논의는 정치인에게만 맡겨둘 수 없다. 오히려 정치적으로 중립적인 학자, 시민단체 그리고 언론인들로 헌법개정연구회를 만들어 여기서 정치인들을 끌어들여 국회의 결정과 국민투표에 회부 할 수 있도록 시도하는 것이 보다 민주적인 논의가 될 것이다. 최종적으로 국민적인 참여와 동의를 얻는다는 전제에서만 개헌논의 체제는 민주화되었다그 말할 수 있기 때문이다.

둘째, 개헌논의의 대상으로서의 이슈의 설정이다. 헌법은 다양한 기본질서를 담고 있다. 때문에 헌법논의의 대상이 오로지 권력구조만을 이슈로 삼는다는 것은 민주적이라고 말할 수 없다. 다른 주요 이슈들, 즉 기본권을 비롯한 사회·경제적인 이슈들도 그 대상이 되어야 한다.

셋째, 개헌논의의 절차와 규칙이다. 기존규칙을 변경하고 새로운 규칙을 만드는데 있어 통상 정치적 대립과 갈등이 발생한다. 특별히 재원의 재분배나 이념적인 문제는 사회의 갈등을 야기 시킨다. 이러한 점에서 개헌논의에 참여하는 당사자들이 지켜야 할 규칙의 준수 등 민주시민의식의 수준은 매우 중요하다. 따라서 모든 개헌 논의의 참여자가 동의하는 경기규칙을 갖고 있을 때 개헌논의체제는 민주화되었다고 말할 수 있다.

2. 개헌논의와 그 시기

민주화 이후 개헌논의는 한마디로 국가공동체적인 문제를 수정·보완하기 위한 '제도주의적인' 발상에 기초하기보다는 정권을 유지하거나 획득하기 위한 '정략적 편의주의'에 기초한 개헌요구이었다. 이러한 현상은 노태우 당시 대통령 주도하에 통일민주당의 김영삼과 자민련의 김종필 간의 3당 합당과 노태우와 김영삼 간의 내각제 밀약(1990년 1월 22일)을 들 수 있다. 그리고 그 후 김대중과 김종필 간의 DJ연합과 내각제의 약속(1997년 10월 26일)도 정권획득을 위한 정략적 편의주의의 발상에서 나왔다. 또한 2003년 노무현 대통령후보와 정몽준 후보 간의 노무현·정몽준 연대와 분권 형 대통령제의 합의(2002년 10월 29일)에서도 정략적 편의주의의 발상이 잘 나타나고 있다.

노무현 대통령은 당시 야당인 한나라당에게 개헌논의를 4번이나 제안하였다. 그 첫째가 총선 전 내각책임제 개헌의 제안이었고 둘째가 총선 후 분권 형 대통령제 개헌의 제안이었으며 셋째가 야당과의 대연정과 개헌 제의(2005년 7월)이었고 넷째로 4년 대통령중임제와 개헌 제의이었다.

이명박 정부 하에서도 개헌논의는 지속되었다. 이명박 대통령이 집권 초기에 직접 개헌의 필요성을 역설한 바 있다. 그 후 2008년 총선이 끝난 후 18대 국회 초기에 한나라당의 이주영, 민주당의 이낙연, 자유선진당의 이상민 의원이 주축이 되어 "미래한국헌법연구회"를 발족하였다. 이 연구회는 개헌에 대한 연구 후 이원집정부제를 가장 적합한 정부형태라고 결론을 지었다. 당시 여·야당 국회의원 178명이 이원집정부제의 필요성에 긍정적인 반응을 보였던 것이다. 이대통령도 다시 하반기부터 개헌의 필요성을 역설하고 그의 대리인이라고 할 수 있는 이재오 특임장관이 개헌을 추진하였으나 박근혜 한나라당 비상대책위원장의 입지를 흔들려는 속셈이라고 단정한 박근혜 계의 반발에 부닥치어 한나라당의 개헌논의는 실패하였다. 그러나 2012년 6월 5일까지 제 19대 국회의원 300명 전원에게 헌법 개정에 관한 설문조사를 실시한 결과에 의하면 국회재적의원 3분의 2이상보다 2명이 더 많은 202명이 헌법 개정에 긍정적으로 답하였다. 이는 전체응답자의 86.7%이며 헌법 개정이 필요 없다고 답한 의원은 겨우 24명으로 응답자의 10.3%에 그쳤다. 정당별로는 야당에서 개헌찬성률이 더 높게 나왔다. 새누리당에서는 설문에 응한 133명 중 111명(83.5%)이 찬성한 데 반해 민주통합당에선 88명 중 80명(90.9%)이 개헌을 찬성하였다. 선진통일당의 경우 설문에 응한 4명 전원이 개헌을 지지하였다. 그러나 권력구조와 관련하여 18대국회와는 달리 대통령 중임제(159명, 68.2%)의 선호도가 가장 높았고 이어 이원집정부제(24명, 10.3%), 영국이나 일본식의 순수의원내각제(22명, 9.4%)순으로 나타났다. 현 5년 단임 대통령제를 지지하는 의원 수는 19명(8.2%)이었다.[6]

제 18대 대통령선거(2012년 12월 19일) 기간 중 문재인 민주통합당 대통령후보는 소위 제왕적 대통령의 권력분산을 위하여 임기 초기부터 개헌을 논의하는 특별 기구를 설치할 것을 제안했다. 그는 18대 대선과정에서 개헌을 공약으로 정하고 집권 초 권력구조만 원 포인트 개헌을 단행하되 기본권 등에 대해서는 이를 공론화 한 후 개헌할 것을 제안하였다. 그는 또한 대통령 중임제를 제안하되 이는 19대 대통령부터 적용할 것을 주장했다. 분권형 정부형태로는 부통령제가 가능하다고 보았다.[7] 반면에 박근혜 대통령후보는 현 대통령 단임제의 폐단을 지적하고 국민이 개헌에 공감하면 대통령 4년 중임제를 선호하고 국민생존권적 기본권 강화를 포함한 개헌을 추진하겠다고 언급하였다. 그러나 그녀는 대선에서의 정략적인 개헌논의는 반대한다는 입장을 분명히 하였다.

새누리당의 이재오 의원은 만약 자기가 대통령이 되면 대통령은 외치, 총리는 내치를 책임지는 4년 중임제 분권형 대통령제로 헌법 개정

---

6 중앙일보, 2012년 7월 6일(금), 1~3쪽 참조.
7 중앙일보, 2012년 11월 7일, 세 후보 정치쇄신안 분석 4쪽 참조.

을 집권 6개월 이내에 마무리하겠다고 밝히었다. 같은 새누리당의 정몽준 의원도 대통령이 임기를 마치면 당에서 축출되는 현행 대통령제는 실패한 제도이기 때문에 대통령의 권한을 분산하는 것은 필요하다고 역설하고 있다. 민주통합당 대통령후보인 김두관도 제왕적 대통령제가 심각한 폐해를 낳고 있기 때문에 분권형 대통령제 개헌은 19대 국회의 중요한 과제 중 하나라고 보았다.[8]

그러나 이들이 주장하는 헌법 개정의 구상은 국가 100년 대계를 고려, 국가공동체의 기본문제점들을 해결하려는 제도주의적인 발상이기보다 오로지 권력의 획득에 중점을 둔 정략적 편의주의에 불과하다.

여하튼 국가 100년 대계를 위해 헌법을 개정하려면 대선 후 대통령 당선자가 새 헌법의 발효를 차기 대통령취임과 동시에 한다는 전제 하에 야당과 국민에게 정권획득 6개월 이내에 헌법 개정을 실시한다는 것을 공고하고 이의 협조를 요청한다면 헌법 개정의 가능성은 그 어느 때보다 높다고 본다.

그렇지 않으면 여·야당 대선후보들이 그들의 대리인을 통해 대통령의 임기단축을 전제로 한 개헌방안과 시기, 그 내용과 추진방안에 대한 의견을 일치시키어야 할 것이다.

3. 국가권력구조의 개혁의 정의와 원칙

한국의 국가권력구조의 개혁이 과연 정치부문만 쇄신한다고 실현될 수 있을까?

한국의 정치를 오늘 한국인이 살고 있는 이 사회의 거울이라고 간

---

8 중앙일보, 2012년 5월 12일자 뉴스 3쪽 참조.

주한다면 이를 부정할 사람은 없을 것이다. 한국 사회의 제반 문제점들이 정치로, 경제로, 문화로, 교육으로 나타나는 것이다. 한국의 대통령이나 국회의원이나 장관들의 면면을 보면 그들은 대부분 한국사회의 엘리트 출신이다. 왜 그들이 그 정도의 정치밖에 못하겠는가? 오늘의 정치 문제는 기실 그들만의 문제가 아니고 여러 다른 사회부문과 관련된 문제이며 국민의 전반적인 의식수준과도 밀접한 관련을 갖고 있다. 이러한 이유로 총체적인 접근법을 무시하고 정치 하나만을 개혁한다면 실질적인 변화가 일어난다고 해도 그것은 어디까지나 일과성으로 끝날 뿐이다. 사회는 유기체적인 특성을 갖고 있어 한 부문을 바꾸려면 그와 관련된 다른 모든 부문도 함께 바꾸어 주어야 그 효과가 극대화될 것이다.

그러므로 여기서 논의하는 국가권력구조의 개혁은 정치개혁을 비롯한 사회·경제개혁 및 교육·문화개혁 등 다른 모든 부문의 개혁을 의미하는 것이지만 시간과 지면의 제약으로 주요 사회·정치문제와 대북정책에 대한 개혁만을 다루고자 한다.

국가 권력구조의 개혁을 정의한다면 이는 홍익인간 이념을 구현하고 자유와 평등의 이념이 조화된 속에서 보다 인간다운 삶을 영위할 수 있는 선진민주복지사회를 건설하기 위한 정치·사회적인 제도와 법의 개혁과 그에 따른 의식개혁을 의미한다. 이러한 국가 권력구조의 개혁을 통하여 정치는 국제사회에서 한국의 국가경쟁력을 제고시키고 나라의 경제·사회의 발전을 도모하여 희소한 자원을 권위적으로 공정히 배분할 수 있는 예측 가능한 정책을 결정하여 국민을 통합시키는 기능을 가져야 한다. 그러므로 국가 권력구조의 개혁은 아무런 원칙이 없이 실행되는 것이 아니라 첫째, 민주적인 정당성의 원칙, 둘째, 경쟁의 공정성의 원칙, 셋째, 정치적인 평등성(1인 1표의 원칙)의 원칙, 넷째, 비례성을 높일 수 있는 비례성의 원칙 등을 최대한 고려하여 시행되어야 한다. 또한 본 개혁은 국민의 의사를 최대로 반영하는 민주적 대표성의 원칙과 최소의 비용으로 최대의 효과를 얻는 경제성의 원칙에 의거 이루어져야 한다.

과거의 정당들의 개혁이나 쇄신은 주로 인적쇄신으로써 총선을 위한 공천과정에서 국민의 눈을 속이기 위해 몇 사람의 새로운 인재를 발탁하는 것으로 끝나면서 주로 자기파의 세력을 극대화하고 반대파를 극소화시키는 인적쇄신을 시도하였다. 그러나 이는 당을 분열시키거나 당내 파벌간의 제로섬게임적인 정치행태를 강화시키었다. 그들은 제도개혁이나 법 개혁도 발표는 하였지만 그 진정성이 결여되어 그 후 그 실천은 거의 이루어지지 않았다. 이러한 정치행태는 제 19대 국회의원 회기에 들어와서도 반복되고 있다.

4. 한국의 권력구조개편에 대한 대안들

1) 연방주의를 통한 권력구조의 개편: 수직적 · 지역적 권력 분산

중앙정부와 지방정부내지 구성국 정부간의 수직적 · 지역적 권력분산의 정도에 따라 국가형태가 달라진다. 국가권력이 지방정부보다 중앙정부에 편중되어 있는 국가형태를 단일국가제 라고 한다면 연방국가제는 중앙정부와 구성국 정부 간의 권력을 균형 있게 분산시킨 국가형태이고 연합국가제는 국가권력이 중앙정부보다 구성국 정부에 더 많이 집중된 국가형태를 말한다.

21세기 한국의 시대정신이 집단이기주의에 빠져 '우리끼리'를 위한 독선, 독점, 독식으로 인한 갈등과 분열이 아니고 어디까지나 집단이기주의를 넘어 나라전체 구성원을 위한 자유와 평등, 정의, 화해, 협력, 나눔 그리고 통합을 내용으로 하는 자유민주주의라면 연방주의가 한국이 취할 수 있는 가장 바람직한 국가형태라고 본다. 미국, 독일, 스위스, 인도 그리고 캐나다 등 선진연방국들도 이러한 이념을 실현시키기 위해 연방국가제를 채택하였다. 그리고 그들 국가들은 성문헌법에 연방주의에 입각한 중앙정부와 구성국 정부의 권한의 배분을 분명히 명시하고 있다. 중앙정부와 구성국 정부의 권한배분을 경성헌법에 명시하는 이유는 일반 입법의 경우처럼 중앙정부나 구성국 정부 중 일방이 원한다고 언제나 헌법을 개정할 수 없도록 그 개정절차를 처음부터 매우 어렵게 만들어 놓았기 때문이다. 만약 연방정부에서 헌법개정안이 통과되었지만 구성국 정부의 비준이 없으면 그 헌법 개정은 무효가 된다. 한 나라의 국가형태가 연방국가일 때는 중앙정부와 구성국 정부간의 권한이 균형적으로 배분될 수 있으나 한국과 같은 단일국가제에서는 중앙정부가 권한을 거의 독차지하고 있다. 단일국가에서는 지방자치단체의 관할사항과 그 범위는 중앙정부가 제정하는 법률에 의하여 결정되는 것이 지방자치제도의 일반적인 현상이다.

현행 한국의 국가형태인 단일국가제에서는 대부분의 권한이 중앙정부에 집중되어 있는 반면에 지방정부의 권한은 미미하여 지방정부의 재정적·행정적인 권한이 너무나 부족하다 보니까 '내 지방은 내 지방인들에 의해서'라는 슬로건대로 지방자치를 제대로 할 수 없는 상태에 있다.[9] 이러한 재정적·행정적 결핍상태로 인한 지방인들의 무

---

9 재정문제를 예로 든다면 2002년의 한국의 중앙정부와 지방의 세금총액을 비교하면 국세총액은 103조 9,678억 원인데 비해 지방세총액은 31조 5,275억 원이다. 그 비율은 76:23으로 나타나고 있다. 2002년 예산을 기준으로 조세 부담률 중 지방세의 비율이 5.3%에 지나지 않는다. 한국은 이처럼 세원이 중앙정부에 과도하게 치우쳐 있기 때문에 지방은 중앙에 절대적으로 의존하지 않을 수 없다. 한만봉, 2007, 지방자치발전론, 서울: 한국학술정보, 56~60쪽 참조.

능력은 지방인들의 자율성과 자치성을 훼손해 왔다. 지방에는 자산이 부족하고 인구도 적지만 수도인 서울과 인천 그리고 수도권에는 대한민국의 대부분의 자산이 집중되어 있고 대한민국 인구의 50%이상이 살고 있다. 단일국가체제는 이처럼 중앙과 지방간의 격차를 심화시키었고 또한 중앙정부의 특정지역에 대한 편애적인 시혜나 투자는 지방과 지방간의 격차와 갈등을 야기 시키었다. 중앙정부로부터 시혜를 받지 못하거나 냉대를 받은 지방은 중앙정부에게 지역평등주의에 입각하여 사회적인 가치들을 균등하게 분배해 줄 것을 요구하고 있다. 이처럼 중앙집권화 된 중앙정부에 더하여 대통령중심제라는 정부형태를 채택함으로서 한국은 중앙과 지방간의 권력균형이 파괴되어 국가권력의 대부분이 중앙정부에 집중되어 있는데다 대통령중심제로 인한 국가 핵심 권한이 대통령 한 사람에게 집중된 정치형태를 갖게 되었다.

1987년 개정된 제 6공화국 헌법에 명시된 권력구조는 약간의 내각제적인 요소(총리의 존재, 정당정부의 특성, 국회의원의 장관겸직 등)를 가미한 대통령중심제이지만,[10] 총리는 장관의 제청권이 있으나 역대 대통령 하에서 한 번도 대통령에게 장관 제청권을 행사하지 못하였다. 총리는 실권이 없이 대통령을 보좌하는 역할만을 해 오고 있다. 그러므로 한국의 대통령 중심제는 대통령이 원하면 대통령 일인지배체제가 가능하고 모든 권력이 대통령 한 사람에게 집중된 정부형태이다. 남·북한 간의 대치상황 속에서 강력한 대통령제를 유지해야 한다는 주장을 펼치는 학자도 있겠지만 연방제하의 대통령중심제에서도 얼마든지 한나라의 안보와 국방 그리고 대외정책과 통일정책 및 국제통상 등을 맡고 있는 대통령은 강력한 전쟁수행권을 발동하여 북한의

---

10 상세한 것은 강원택, 2005, 한국의 정치개혁과 민주주의, 서울: 인간사랑, 349~355쪽 참조.

침략에 응전할 수 있다고 본다. 그러므로 연방제의 채택과 안보문제는 서로 상관관계가 없다.

현행 단일국가제하의 '제왕적인 대통령 5년 단임제'는 한국의 민주주의의 공고화를 훼손하고 방해하는 다음과 같은 단점을 갖고 있다.

첫째, 한국의 대통령중심제는 총선이나 대선 전에 항상 일어나는 정당의 소멸과 생성이라는 정당의 탈바꿈현상으로 인한 정치적 위기를 초래시켜 오고 있다. 한국에서는 대통령후보가 국회의원의 공천권을 갖거나 공천권에 결정적인 영향을 주고 대통령이 되면 국회의원을 장관으로 임명할 수 있기 때문에 대선 전에 여·야당 국회의원들은 자기당의 대통령후보를 당선시키기 위하여 최선을 다한다. 여당의원들은 자기당의 현 대통령의 정책을 하루아침에 버리고 대통령후보의 정책을 새로 만드는데 진력하거나 새 후보의 정책을 지지하고 당명까지도 바꾼다. 야당의 의원들도 야당대통령후보를 당선시키기 위하여 여당과 유사한 행태를 보여 왔다. 제 18대 대통령 선거(2012년 12월 19일) 전에 한나라당은 새누리당으로 당명을 바꾸었고 민주당은 친노계와 한국노총 그리고 시민단체와 통합하여 민주통합당을 새로 만들었으며 진보계열은 민주노동당, 국민참여당과 진보당을 합하여 통합진보당을 만들었다.[11]

미국에서는 의회가 행정부로부터 독립할 수 있는 이유는 대통령이 바로 상·하원의 의원후보를 공천할 수 없으며 의원을 장관으로도 임명할 수도 없기 때문이다. 그러나 한국에서는 그 반대이기 때문에 국회가 대통령으로부터 독립될 수 없는 제도를 갖고 있다. 이를 시정하

---

11 통합진보당은 4.11총선에서 민노당 계의 비례대표의원후보들의 부정선거에 의한 당선으로 인하여 당이 주류인 종북세력인 민노당 계와 비주류인 국민참여당과 진보당으로 분열되었다. 결국 구 민노당 계는 통합진보당의 이름을 그대로 유지하고 비주류는 진보정의당을 새로 만들었다.

지 않고는 올바른 민주주의를 운영할 수 없다.

둘째, 대통령의 임기도 5년 단임제로 국민이 대통령을 평가할 기회조차 주지 않고 대통령은 국민에게 정치적 책임도 지지 않는다. 1987년 헌법에서 대통령의 임기를 5년으로 함으로써 당시 노태우 민정당 총재, 김영삼 통일민주당 총재, 김대중 평화민주당 총재와 김종필 자유 민주연합 총재는 정치권력을 5년간씩 나누어 집권할 기회를 주는 것이 형평성에 부합하다는 결론을 내려 이와 같이 5년 단임제를 채택하였다.

셋째, 행정부와 입법부와의 갈등 시 갈등이 첨예화될 경우 원만한 해결을 할 수 있는 제도적 장치가 없다. 그 결과, 대통령이 소속된 정당이 국회의 소수파가 되었을 경우 입법과정에서 대 의회 설득작업의 필요성과 장시간의 토론과정이 모든 정책수행을 지연시키는 폐단을 갖고 있다.

넷째, 한국이 과거 경험한 것처럼 대통령이 소속한 정당이 다수당이 되고 대통령권한이 집중화되면 독재를 할 위험성도 배제할 수 없다.

다섯째, 대통령의 일정한 임기 때문에 보다 유능한 지도자를 요구하는 상황변화가 와도 지도자를 교체할 수 없는 경직된 제도를 갖고 있다.

여섯째, 지금까지의 경험으로 보아 지역이기주의가 강한 한국의 정치풍토에서 한 지역 출신이 계속해서 '제왕적 대통령'이 됨으로서 다른 지역의 소외와 사회분열을 조장하고 있다.

상기와 같은 단점을 극소화하고 나눔과 자치의 지배를 고양시키며 지역 평등주의를 높이어 통일을 대비하려면 미래 한국도 미국, 독일 그리고 스위스연방제처럼 권력을 중앙과 지방으로 균형 있게 분산시킬 수 있는 연방제의 실시가 바람직 할 것이다.

한국의 연방주의는 5가지 원칙을 설정할 수 있는데 그 첫째가 미국

연방제에서의 중앙집권화를 채택해야 할 것이다. 즉 3개 연방국가들 중 가장 중앙집권화 된 미국연방제를 현재로선 제안하고 싶다. 둘째로 미국, 독일 그리고 스위스연방들처럼 보충성의 원칙이다. 셋째로 협동주의의 원칙이다. 넷째, 한국 연방주의는 자유주의적인 법치주의를 보장해야 한다. 다섯째, 한국연방주의는 민주주의의 원칙을 극대화하려고 노력해야 한다. 이러한 5가지 원칙을 지켜 나간다면 이는 한국사회의 다양성속에서도 사회의 통합에 기여할 것이다. 국가가 다양한 구성원들에게 다양한 기회를 주지 못한다면 다양성 속에 통일을 이루지도 못하며 서로간의 갈등이 심화될 뿐만 아니라 그의 존립도 불가능할 것이다.

한국국민이 연방제를 실시 할 경우 현행 17개 광역지자체를 연방주로 승격하는 방법도 있겠으나 다른 대안으로는 현행 17개 시·도라는 광역자치제를 폐지하고, 우선 연방주의 지리, 경제성, 문화성과 역사성 등을 최대한 고려하는 가운데 2013년 1월 말 현재 한국의 총인구는 50,965,180명 이므로 1개 연방주가 각각 대략 1000만 이상이거나 그 이하정도의 인구를 갖도록 이를 조정한다면 대한민국을 도합 5개 연방주로 구성되는 연방제국가로 개편한다. 연방국가의 명칭을 〈대한연방공화국〉(Federal Republic of Great Korea)이라고 부른다.

이럴 경우 연방정부는 선진국인 미국, 독일 그리고 스위스의 연방정부처럼 주로 연방경제 및 재정, 통신, 국방, 안보, 대외정책과 통일정책, 연방치안 등 주정부가 할 수 없는 기능만을 담당하고 기타 분야인 교육, 행정, 재정, 경제, 교통, 예술, 문화, 치안, 사회 등은 주정부가 맡는다. 연방 주정부는 경제, 사회, 문화 등에서 연방정부의 사전 허가 없이도 외국과 직접 교류와 협력을 할 수 있도록 한다.

한국의 연방제에서의 국가형태는 스위스 형 연방제나 미국 형 연방제나 독일 형 연방제를 택할 수 있는 바 이 둘 중 하나를 선택할 때에는 연방제와 정부형태간의 상관관계에 대한 많은 연구와 검토가 필요하다고 본다. 그러나 3국 중 한 국가를 선택해야 한다면 한국인의 선진시민의식 수준과 기타 국제정치적·경제적·사회적인 여건들을 감안할 때 한국의 바람직한 정부형태로는 미국의 대통령중심제를 제안한다.

어떠한 정부형태를 취하든 연방의회는 상·하 양원제로 하고 17개 연방주든 5개 연방주든 연방주 의회는 각각 단원제를 채택하는 것이 바람직 할 것이다. 이러한 연방제는 만약 남·북한이 연방제 통일안을 받아들일 경우 조국의 통일을 대비하기 위해서도 필요하다.[12]

2) 정부형태에 따른 권력구조의 개편: 수평적·기능적 권력분산

(1) 개관

한 국가가 3권의 분립 하에서 국가의 권력을 수평적·기능적으로 분산시키는 정도에 따라 정부형태가 결정된다. 그러한 정부형태들은 대략 대통령중심제, 의원내각제, 이원집정부제, 수상중심의원내각제, 협의제 정부형태 등 이다.

한국은 이제 대통령 한 사람에게 권력이 집중화되어 사회적인 제 가치들인 정치권력과 경제적 부 그리고 사회적 명예를 독식하고 독점하는 것을 예방하고 최소한 두 사람 이상에게 권력이 분산되도록 하기 위하여 그의 정부형태를 영국식 의원내각제, 미국 형 대통령중심제, 독일 형 수상중심내각제, 프랑스 형 이원 집정 제, 혹은 스위스 형 협의제 정부형태 등으로 바꿀 수 있는 가능성과 한계를 심도 있게 연

---

12 이에 대해 전득주, 2009, 선진한국 어떻게 만들까, 동아일보사, 371~372쪽 참조.

구하고 검토할 시기가 왔다고 본다.

한국의 국가형태인 단일국가제도를 그대로 두고 권력의 수평적인 분산을 위한 방안은 정부형태를 바꾸는 것이다. 현행 '제왕적인 대통령 중심제'를 바꾸어 새로운 권력구조의 개편을 위한 대안은 5가지가 있다고 본다. 그 첫째가 현행 헌법체제에서 책임총리제를 법과 제도적으로 규정하여 실시하는 방안이다. 이 방안은 헌법을 개정할 필요가 없다는 장점이 있으나 책임총리제가 법적으로 보장되지 않기 때문에 오로지 임시방편으로 사용될 수 있다. 둘째가 대통령과 총리의 권력 분산을 헌법으로 보장하는 프랑스 형 이원집정부제이다. 셋째가 미국 형 삼권분립을 엄격히 지키는 대통령중심제를 통한 권력분산이겨, 넷째가 독일 형 수상중심내각제를 통한 권력분산이고. 다섯째가 스위스 형 협의제정부형태의 실시를 통한 권력분산이다. 그러나 위의 4가지 대안들은 정부형태를 바꾸기 위해서는 헌법의 개정이 불가피하다.

한국의 국가권력구조의 개혁은 세계의 보편적인 가치이며 한국의 시대정신인 자유와 평등을 바탕으로 한 화해와 관용, 대화와 타협, 나눔과 자치, 정의와 사회통합 그리고 평화통일을 최대한 구현할 수 있는 방향에서 이루어져야 할 것이다.

(2) 현행 헌법 하 책임총리제의 법적 제도화

1987년 6.29 민주화 선언 이래 대선에 나선 주요 후보들은 자신이 집권하면 소위 '제왕적 대통령의 권한'을 축소하겠다는 공약을 하였다. 2012년 12월 19일에 개최된 제 18대 대통령 선거에서도 예외가 아니었다. 새누리당의 박근혜 후보나 민주통합당의 문재인 후보는 소위 '제왕적 대통령 중심제'의 권한을 분산시키기 위하여 책임총리제를 실시하겠다는 공약을 내놓았지만 적어도 지금까지 책임총리제는 대선을 앞둔 선심성 공약에 불과하였다. 집권 전 권력을 나누겠다는 후보들의 약속은 막상 대통령이 되고나면 휴지조각이 되었다.

1997년 대선 때 김대중 국민회의 후보는 충청권의 표를 얻기 위하여 김종필 자민련 총재와 내각제·공동정부·책임총리 협약을 체결하고 집권에 성공하여 총리로 김종필과 몇몇 장관을 자민련에게 줌으로써 공동정부를 구성하였다. 그러나 김대중 대통령은 김종필 총리에게 전 장관의 제청권을 부여하지도 않았고 내각제도 실현시키지 못하였다. 2년도 안되어 맹약은 깨어지고, 정치권과 정치는 극심한 혼란에 빠져들었다. 결국 책임총리제가 성립하려면 총리의 권한과 책임을 보장하는 법과 제도가 작동해야 한다. 예를 들어 만약 새누리당이나 민주통합당이 대선 전에 그들의 당헌·당규나 대선공약에 '대통령이 속한 정당의 대표가 국무총리를 겸한다.' 같은 내용을 규정한다면 책임총리제는 실현가능할 것으로 본다. 아울러 '총리의 임면, 권한과 책임에 관한 법률'을 제정할 수도 있다. 또한 고위직 공무원 인사를 검증하는 중앙인사위원회를 총리 산하에 두는 것도 총리의 권한을 보강하고 책임총리제에 도움이 될 것이다.

그러나 책임총리제가 지속적으로 기능하기 위해서는 헌법 개정을 통한 대통령과 총리간의 권력의 분산이 법적으로 분명히 보장되어야 책임총리제는 지속이 가능 할 것이다.

(3) 단일국가제하 프랑스 형 이원집정부제(분권제)

이는 현재 한국의 국가형태인 단일국가제도를 그대로 놓아두고 한국의 시대정신을 완전하지는 않지만 일부라도 구현하기 위하여 대통령의 권한을 이분화 하는 것을 말한다. 즉, 대통령이 국가의 대외정책, 안보와 통일정책, 국방정책 등 국가안위와 관련된 사항만 관장하고 다른 정책사항은 총리가 맡는 권력구조형태로 정치권력을 대통령과 총리가 분할 점유하는 권력분점제이다. 이럴 경우 대통령과 총리를 별도로 선출하는 프랑스 선거방식이 있다. 프랑스에서는 대통령은 국민이 직접 선출하며 의회가 선출한 수상을 임명하고 의회 해산권을 행사할 수 있다. 내각의 각료는 수상의 재청에 의해서 대통령이 임명한다. 대통령의 중요한 정책이나 이슈는 국민투표를 통해 국민에 직접 호소할 수 있으며 법령으로 의회를 거치지 않고 입법이 가능하다.

각료는 의원출신이 아니라도 수상에 의해 제청되고 임명될 수 있으며 의원은 입각하면 의석을 포기하여야 한다. 의회는 수상인준권과 행정부에 대한 불신임 결의권을 행사할 수 있으나 그 불신임 결의권을 행사할 수 있는 요건은 의회의 절대 다수결을 요하며 한 회기 안에 1회만이 허용된다. 프랑스 제 5공화국 헌법의 목적은 의회의 권한을 대폭 축소하고 대통령의 권한을 강화하는데 있다. 프랑스가 복수정당 제도를 갖고 있었음에도 불구하고 그와 같은 정치적 안정을 유지할 수 있는 이유는 입법권보다 행정권을 더욱 강화시키었던 결과라고 본다.

한국정치의 후진성을 감안, 한국에서도 프랑스처럼 대통령직선제를 하되 각 정당에서 대통령과 총리를 하나로 묶어 터닝메이트 (Running Mate)로 나오는 방식을 생각해 볼 수도 있다.

어떠한 권력구조를 갖든 대통령은 4년 중임제로 하되 반드시 대통령 결선투표제를 도입해야 한다고 본다. 이는 정당 간 거래와 합종연횡의 가능성이 높다. 또한 이는 민주주의 핵심원칙인 국민의 대표성이 결여된 단순다수제보다 비용과 시간이 더 많이 들겠지만 국민의 대표성과 정당성을 부여하는 대통령 결선투표제의 실시는 정치안정은 물론 국민통합에 크게 기여할 것이다. 최소 유효투표의 50% 이상을 획득한 자가 대통령에 당선되어야 국민과 야당에 대한 대통령의 정당성과 합법성을 높일 수 있기 때문이다.[13] 제 18대 대선에서 박근혜 후보가 유효투표의 51%이상을 획득한 것은 6.29선언 이래 처음 있는 일이다. 이러한 경우는 결선투표가 필요 없다.

입법부는 한국이 연방제를 취하지 않았다고 할지라도 하원과 상원을 두는 양원제를 택해야 할 것이다. 일본과 같이 단일국가제도를 택하고 있는 대부분의 선진국도 양원제를 두고 있으며, 이 제도가 채택되면 국가정책결정을 하는 데에 시간이 더 걸리지만 보다 신중하게 국가정책을 결정할 수 있는 장점을 갖고 있다. 만약 양원제를 채택한다면 하원의 수는 현 국회의원의 수인 300명에서 50명을 제외한 250명으로 하고 상원의 수를 50명으로 한다. 하원의원은 현 한국형 혼합형 비례대표제를 채택하되 지역구에서 150명, 권역별정당명부에서 100명을 뽑는다. 상원의원은 50명 내에서 17개 구성국일 경우 50명을 인구비례에 의해서 선출할 수 있도록 한다. 5개 연방구성국일 경우에도 상원의원은 50명으로 이를 인구비례에 의해서 배분한다.

이렇게 현 국회의원 300명을 쪼개어 각각 하원의원 250명과 상원의원 50명으로 함으로로써 국가재정을 절약할 수도 있을 것이다. 상·하 양원의 의원의 임기는 4년으로 하되 3선이상은 동일한 원의 의원이 될 수 없다. 하원의원이 3선을 한 후 계속 하원의 의원이 될 수 없고 상원으로 진출을 할 수 있다. 그러나 상원의원이 계속 3선을 한 후 하원의 의원은 될 수 없다.

사법부나 기타 정부기관은 프랑스의 사법부와 기타 정부기관의 구조를 참고하여 구성한다.

---

13 박정희 때는 6대와 7대 대선에서 각각 50%이상의 득표율을 얻었지만 제 6공화국 이후부터 노태우 35.9%, 김영삼 42.0%, 김대중 40.3%, 노무현 48.9%, 이명박 49%로서 대통령 당선자가 전체선거인의 1/3 정도의 지지로 당선된 것으로 보아 단순 다수제 대통령선거제도는 국민의 통합에 문제가 있다고 본다. 강원택, 상기 책, 23~24쪽 참조.

(4) 단일국가제하 미국 형 대통령중심제

이는 한국이 연방제가 아닌 단일국가제도를 유지하면서 정부형태만 미국형 대통령중심제를 채택하는 것을 의미한다.

대통령과 부통령은 미국과 달리 국민이 직접 뽑으며 임기는 4년으로 하되 중임할 수 있다. 대통령과 부통령은 미국처럼 러닝메이트(running mate)로 하고 첫 투표에서 유효투표의 50%이상을 득표하지 못할 경우 각각 결선투표를 한다. 각부 장관은 대통령이 임명하며 현행총리제는 폐지한다. 현재의 법과는 달리 대통령은 국회의원을 장관으로 임명할 수 없다. 다시 말해서 국회의원인 상원이나 하원의 의원은 장관이나 행정부와 사법부의 공무원을 겸직 할 수 없다. 한국이 미국형 대통령 중심제의 채택을 위한 헌법 개정 시 지금까지 대한민국 헌법에 명시되어 있는 정당의 보호와 임무에 관한 헌법조항도 삭제하고 정당법도 폐지해야한다. 다시 말해서 한국은 더 이상 독일식 정당 제도를 채택해서는 안 되며 그 대신에 미국식 정당제도로 바꾸어야 한다. 정당과 관련된 공직자선거법과 정치자금법도 일부 바꾸어야 한다.

입법부는 상·하 양원제로 하고 17개 시·도의 의회는 단원제를 하는 것이 바람직 할 것이다. 미국처럼 상원의 임기는 6년으로 하고 상원은 6년마다 선출하고 하원의 임기는 4년으로 하되 매 2년마다 그의 반수를 재선하도록 한다. 앞으로 국민의 세금을 절감시킨다는 의미에서 상원의 수는 17개 현행 광역지자체를 그대로 인정할 경우 50명으로 하되 인구비율에 따라 현행 17개 시·도에서 1명~3명사이의 수로 50명을 상원으로 보낸다. 하원의 수는 250명으로 하되 지역구에서 150명과 권역별비례대표에서 100명으로 한다. 17개 시·도의 의회의 의원의 수는 30명 이내로 한다.

기타 행정부와 사법부의 기구는 미국의 해당정부기구를 참고하여 구성한다.

(5) 단일국가제하 독일 형 수상중심의원내각제

단일국가제하의 이원 집정부제 또는 미국 형 대통령중심제를 4년씩 도합 8년-12년 동안 실시한 결과, 만약 한국의 민주적인 정치문화가 더욱 성숙되어 정당이나 정치인이 국민에 대해 보다 많은 책임을 질 준비가 되어 있고 국민의 의사를 보다 많이 반영할 수 있는 민주적인 정부형태를 필요로 할 경우는 한국은 헌법의 개정을 통하여 〈독일 형 수상중심내각제〉를 채택할 수 있다.

만약 한국이 독일 형 수상중심의원내각제를 채택한다면 한국은 앞에서도 언급한 것처럼 대통령은 형식상의 국가원수로서 임기 5년으로 양원합동회의에서 과반수의 찬성으로 선출한다. 중임은 1회에 한 한다. 대통령은 대외적으로 국가를 대표하는 국가원수이지만 실질적인 권한은 없다. 실질적인 정책결정 권한은 수상이 갖고 있다.

수상은 행정부의 수반이다. 그는 대통령의 추천에 따라 하원의 과반수의 의원에 의해서 선출된다. 그는 정부의 정책의 기본방향을 결정한다. 만약 대통령이 추천한 수상후보가 하원에서 거절을 당한 경우 하원이 직접 자신의 수상후보를 세우고 선출할 수 있다. 수상의 임기는 통상 4년의 하원의원의 임기와 같다. 만약 하원이 과반수의 의석으로 새로운 수상후보를 선출하였을 경우에만 한해서 현 수상은 소위 "건설적인 불신임투표"에 의거 교체될 수 있다. 수상은 그의 직무를 수행하는 동안 하원의 의원직을 겸직할 수 없다. 수상은 장관의 임명을 대통령에게 제안하지만 실제에 있어서는 임명하는 것이나 같다. 그는 한 명의 장관을 부수상으로 임명할 수 있다. 수상은 국가정책의 기본방향을 결정할 권한을 갖으며 장관들은 자신의 책임 하에 부처를 이끈다. 장관의 수는 고정되어 있지 않다.

내각은 17개 시·도들 위에 있는 최고의 집행기관이다. 내각은 대외정책 및 대내정책을 결정한다. 내각은 수상과 장관들로 구성되어 있고 법안을 발의할 권한을 갖고 있으며 법규를 반포할 권한도 갖고 있다.

내각에는 수상과 장관이외에도 수상실 장관, 그의 정무차관, 대통령 비서실장, 공보실장, 수상의 개인보좌관이 속한다. 독일 형 수상중심 내각제에서는 정당은 헌법에 있는 정당조항과 정당법에 의해 규제를 받는다. 정당대표의 선출이나 공직자후보선출 시 정당이 정당인을 무시하고 국민경선을 중심으로 대표나 공직자후보를 선출하는 행위는 자제되어야 한다.

하원은 대통령, 수상, 헌법재판소 판사와 국방업무전문가 등의 선출권, 장관의 소환 및 질의권, 감사권, 감사위원회의 설치권, 의원입법권, 정부입법권, 상원입법권, 그리고 국민을 대표하는 기능도 갖고 있다.

상원은 미국, 독일 그리고 스위스연방의 상원의 기능과 유사한 기능을 갖는다. 상원은 입법에 관한 한 명실상부 입법부의 제 2원의 기능을 한다. 17개 시·도들은 상원을 통하여 정부의 입법과 행정과 기타 문제들에 영향을 준다. 나라의 법률은 하원에서 의결되지만 법률이 최종적으로 성립되기 위해서는 상원의 협력을 필요로 한다. 동시에 정부가 하원에 법률안을 제출하기 전에 그 법안을 상원에 송부하여 의견을 청취하도록 규정한다.

사법부는 독일의 사법부의 구조를 고려하여 구성한다. 기타 정부기관도 독일의 정부기관의 구조를 참고하여 구성한다.

만약 한국인의 70%이상이 앞으로 8년~12년 후 전통적·권위주의적인 의식으로부터 탈피하고 합리적·민주적인 의식을 갖게 되어 국민의 준법의식과 책임의식이 독일의 수준에 도달한다면 한국도 책임

정치를 구현할 수 있는 〈독일 형 수상중심의원내각제〉를 운용할 수 있다고 본다.

(6) 단일국가제하 스위스 형 협의정부형태

한국이 단일국가제하에서 스위스의 협의제 정부형태를 도입하고 이를 성공적으로 실시할 수 있다면 한국의 민주주의는 그의 절정에 도달했다고 보아야 할 것이다. 한국은 17개 시·도를 그 행정단위로 하는 단일국가제도를 유지하면서 스위스의 정부형태를 채택한다.

스위스의 정부형태는 다수결에 의한 통치가 아니고 어디까지나 합의에 의한 혹은 협의에 의한 정치를 강조하는 특징을 갖고 있기 때문에 국민의 의사를 최대한 반영하는 정치시스템을 갖고 있고 그 시스템은 정부경영을 매우 경제적으로 운영하고 있다. 또한 스위스 국민은 정부로부터 받는 서비스에 비해 매우 적은 세금을 낸다. 한국의 정부형태도 스위스의 정부처럼 국민에게 봉사하는 정부, 작은 정부, 그러나 정부경영을 경제적으로 운영하고 국민에게 최소한의 세금을 거두는 정부를 만들어야 할 것이다.

이제 한국에서는 대통령과 행정부가 아니고 의회가 정부권력의 중심에 있다. 의회는 상·하 양원으로 구성되고 하원은 국민을 대표하고 상원은 17개 시·도들을 대표한다. 하원은 250명으로 구성하되 150명은 국민에 의해서 직접 선출되고 나머지 100명은 권역별비례대표제에 의해서 선출된다. 상원에서는 17개의 시·도에서 각각 1~5명씩 인구비례에 따라 선출하고 상원은 도합 50명으로 구성한다.

적어도 1년에 한번 소집되는 하원과 상원으로 구성된 '합동회의'(하원 250명+상원50명=300명)는 14명의 각료로 구성된 행정부의 각료들, 대통령, 부통령과 정부의 관방장관급을 선출한다. 합동회의는 전시에 군의 총사령관과 연방법원과 군법원의 판사를 임명한다. 또한 사면권도 갖고 있다. 양원은 법률제안권과 발의권을 갖고 있고 양원의 모든 개개 의원들은 법률안과 결의문을 제안할 수 있다.

매 4년에 한번 씩 개최되는 양원합동회의에서 선출된 정부인 행정부는 집행권을 행사한다. 현행 정부부처는 가급적 그 기능을 통폐합하여 14개 부처로 줄여 국민의 세금을 절감토록 하고 감사원은 의회에 둔다.

한국의 행정수반인 내각은 14인의 각료들로 구성되며 내각은 전국유권자들의 70%를 대표하는 정당들의 제휴로 구성된다.

1959년 이래 스위스 연방정부의 7인의 각료는 소위 "마법의 공식"에 따라 사이비비례제에 의거 가장 많은 의석수를 가진 4개의 정당들에서 나왔다.[14] 한국이 이를 그대로 모방한다면 한국의 정당 A와 B 그리고 C가 전국유권자들의 70%를 넘었다고 가정한다면 이 세 정당이 14인의 각료를 정당의 의석의 수에 비례하여 임명한다.

각료의 임명은 연방하원의 의원선거에서 제일 많이 득표한 정당 순으로 계산하여 정당들의 총 득표율이 전체 유효투표수의 70% 이상이 되는 정당들이 모여 각 정당이 추천할 연방각료의 수를 결정한다.

국가정책은 14명의 각료로 구성된 내각이 결정하고 책임도 내각이 진다. 때문에 모든 국가정책의 결정전에 여러 대안들의 취사선택에 대해 각료들이 자기부처의 문제가 아니래도 함께 머리를 조아리고 협의하고 합의를 도출해야 하는 협의제 정책결정방식을 택한다.

이러한 정부형태는 상이한 정치이념과 정강정책이 다른 정당들이 모여 나라의 장래를 협의하여 초당적인 거국 내각을 구성하고 다수결의 원칙을 넘어 협의민주주의를 최대한 살리어 국민의 의사를 최대한

---

14 Praesenz Schweiz PRS, 2003/4, Schweiz in ihrer Vielfalt, p. 38.

반영하는 정부형태라고 말 할 수 있다. 이 정부형태는 유권자의 70% 이상이 지지한 정당들이 각료를 추천하여 나라를 다스리는 내각을 구성하기 때문에 다른 정부형태보다 국민에 의해서 더 많은 정통성과 대표성을 부여받고 있다 하겠다.

대통령은 상하 합동회의에서 집행부인 내각의 14명의 연방각료들 중에서 통상 고참순위 윤번제의 원칙에 의거 선출되고 선출된 대통령은 내각의 의장이 된다. 대통령의 임기는 1년이며 단임제이다. 그는 동료 각료 중의 제 1인자이며 동시에 각료직을 수행한다. 그는 대통령직을 부차적으로 맡기 때문에 대통령전용 집무실을 별도로 가지고 있지 않다.

관방장관은 단지 내각회의를 총책임지며 내각에서 발의 및 발언권은 있지만 14명의 각료가 갖고 있는 정책결정을 위한 투표권은 없다.

이 정부형태에서는 대부분의 선출직 공무원들은 무보수 명예직으로 봉사한다. 하원의원은 본업을 가지고 의원직을 수행하기 때문에 봉급을 받지 않고 회의기간에 대한 일일 수당만을 받는다. 운전기사도 보좌관이나 비서관도 없고 전용 사무실도 없다. 한국도 철도와 우편서비스에 종사하는 공무원을 제외하고는 공무원의 수를 일정수로 제한하는 법을 제정해야 할 것이다. 군대도 징병제나 모병제보다 전국민이 국방의 의무를 완수하고 국민의 세금을 절약한다는 의미에서 민병제로 운영되는 것이 보다 바람직한 지를 연구·검토해야 할 것이다. 사법부도 스위스의 사법부의 구조를 참고하여 재구성해야 한다.

한국이 스위스의 정부형태를 채택한다면 한국은 이질적인 사회·정치세력간의 부단한 의사소통을 통하여 협상과 타협으로 갈등을 해결하고 권력공유(power-sharing)를 통해서 그들 세력들에게 공동이익을 추구할 기회를 제공할 수 있다.

바로 스위스의 정치체제는 소수를 보호하기 위한 다수와 소수가 함게 권력을 공유할 수 있는 참된 민주주의정치체제라고 말할 수 있다. 협의의 민주주의를 실행하는 스위스 식 모델은 승자독식과 중앙정부에 권력이 집중된 대한민국의 정치체제가 궁극적으로 어디로 가야할지를 알려주고 있다.

한국은 스위스의 협의민주주의를 연구, 검토함으로서 한국의 균열된 사회, 특히 계층·세대·이념·지역갈등을 해결하는데 하나의 해결의 가능성을 찾을 수 있다. 물론 스위스의 정치적 통합 문제를 한국의 정치적 통합 문제와 단순 비교하거나 스위스의 경험을 그대로 모방할 수는 없다. 그러나 다양성을 통합의 조건으로 인정하면서 함께 살아가려는 의지를 정치적으로 실험하여 성공을 거둔 스위스의 사례로부터 상당한 시사점을 얻을 수 있을 것이라고 본다.

더 나아가 스위스의 협의민주주의 모형은 국내적 갈등의 해결뿐만 아니라 남북한 관계와 동북아 질서를 갈등 구조에서 협력 체제로 전환시키는 데에도 중요한 사례가 될 것으로 본다.

스위스모델은 현재 한국의 정치현실이나 문화에는 아직 바람직하지 않고 한국이 중립국으로 통일되고 연방제라는 국가형태를 채택한 경우 한국이 취할 수 있는 가장 바람직한 정부형태라고 본다.

제3절 한국의 경제개혁
: 사회적·생태적 시장경제체제로의 전환

1. 한국의 경제 질서의 모순

2012년 경제협력개발기구(OECD)가 발표한 Wellbeing 보고서에 의하면 한국의 경제성장이 국민개개인의 삶을 질적으로 향상시켜주지 못하고, 계층 간 양극화가 심화되고 있음을 보여주고 있다. 국민의 삶의 질이 OECD소속 32개국 가운데 31위에 지나지 않는다.[15]

이번 조사는 미국 미시간대학 WVS(World Values Survey, 세계가치조사)팀이 1981년부터 2008년까지 수행한 5회 조사 결과를 바탕으로, OECD가 32개 회원국의 행복지수를 산출한 결과이다. 행복지수는 일·삶에 대한 만족도, 사회적 신뢰, 정치적 안정, 포용성, 환경, 소득 등 10개 변수를 종합해 산출하는데, 1위 국가는 10점 만점에 8점대를 받은 덴마크였고, 스위스, 아이슬란드, 오스트리아 등이 그 뒤를 이었다. 한국은 겨우 6점대 초반에 머물렀다. 한국은 집단 간 포용력과 신뢰가 부족하고 사회의 양극화현상으로 구성원 사이에 박탈감이 심하고 지나친 경쟁의식이 높은 것으로 평가를 받았다.

이명박 정부가 들어선 이후에도 경제성장은 어느 정도 잘 되었다고 홍보하였으나 실제 국민생활, 특히 서민생활은 긴장과 피로 속에서 더욱 악화되었다. 기업은 그동안 돈을 많이 벌어 기업인들과 그 임원들은 잘 살게 되었지만 일반 서민들은 가계 빚이 많고 소득이 별로 많지 않아 더욱 못 살게 되었다.

---

15 chosun.com 사회, 한국인 삶의 질, OECD꼴찌 (32개국 중 31위) "신뢰부족한 나라" 2012년 2월 27일.

특히 심각한 것은 저소득층의 소득이 최소한의 생활유지에 필요한 빈곤선의 절반에 불과해서 한국은 상대적 빈곤이 가장 심한 나라라는 점이다. 국가의 경제성장은 국민 개개인의 소득이 높아질 때 의미가 있다. 국민이 더 좋은 일자리를 더 많이 얻는 다는 것은 국민이 더 높은 소득을 갖게 됨을 의미한다. 그러나 이명박 정부가 일자리 창출에 많은 노력을 경주하였음에도 불구하고 고용 없는 성장이 고착화됐고 일자리의 질은 갈수록 악화되었다. 심지어 이명박 정부 이래 증가된 일자리조차 비정규직이거나 파트타임 알바같이 노동시간이 주 36시간 이하인 '나쁜 고용'이 대부분이었고 36시간 이상인 '좋은 고용'은 오히려 감소되었다. 특히 OECD "웰빙" 보고서에는 37개 대상국 중에서 한국의 고용 비율은 청년세대인 15~24세에서 32위, 25~54세에서 29위로 하위권인 반면에 전체노동자 중에서 임시계약직의 비율은 6위로 상위권이었다.

2012년 현재 한국의 청년실업은 사상 최악의 상태이다. 한국개발연구원의 연구결과에 의하면 청년실업률은 정부의 공식통계보다 3배 가까이 높은 20%에 다다르고 있다. 젊은 세대 5명 중 1명은 실업자인 셈이다.

이명박 정부는 기업이 잘 되면 국민도 잘 되고, 기업과 부자들의 세금을 감면해주면 투자와 소비가 더 많이 되어 서민과 중산층도 덩달아 덕을 보아 잘 살게 될 것이라고 국민에게 홍보하면서 소위 기업친화정책, 즉 친 재벌정책과 부자감세정책을 추진하였다. 그러나 그 결과는 반은 맞고 반은 틀렸다. 대기업과 부자는 더욱 많은 부를 축적했지만 서민들은 제 자리 걸음으로 소득의 불균형을 야기 시키었다. 고용은 늘지 않고 일자리의 질은 더 나빠졌다. 재벌기업은 잘 되는데 중소기업은 더 힘들어지고 수출기업은 사상 최고의 실적(1조 US 달러)을 내는데 자영업자들은 불경기에 허덕이었다. 이 모든 것이 국민의 삶의 질과는 거리가 먼 모순된 성장이었다.

한국의 경제사회적인 모순을 극복하기 위해서는 우선 한국의 경제사회적인 불평등을 불식시켜야 한다. 한국의 경제사회적 불평등의 양태인 자산불평등, 소득불평등, 경제력의 집중, 임금의 격차, 청년실업 등을 극복할 때 한국의 경제사회적인 모순은 해결될 것이다.[16]

2. 한국의 경제개혁: 사회적·생태적 시장경제체제로의 전환

이러한 모순을 극복하기 위해서는 성장의 과실이 실질적으로 국민에게 가급적 골고루 분배되어야 한다. 이를 위해서는 경제운영의 패러다임을 성장위주정책에서 복지와 성장이 균형을 이루는 경제정책으로 바꾸어야한다. 거시 경제의 초점을 고용과 복지, 서민생활의 안정에 맞추어야한다. 산업정책은 일자리 창출의 주역인 중소기업 지원과 신 성장 동력 육성에 역점을 두어야 한다. 수출기업만이 아니라 내수기업도 정부가 지원해야 한다. 노동정책은 노사관리가 아니라 비정규직을 줄이고 일자리의 질을 높이는 고용창출 정책에 중점을 두어야 한다. 금융정책도 부동산 대출위주에서 일자리와 부가가치를 창출하는 투자정책으로 바꾸어야한다.

1970년 미국 시카고 대학교의 밀턴 프리드먼이 제시한 기업이익중심으로 이해되는 '자본주의 1.0'은 1990년 기업에 다양한 모습으로 관계를 맺고 있는 이해관계자들을 고려해야 한다고 주장한 버지니아대학교의 에드워드 프리만 교수의 '자본주의 2.0'으로부터 도전을 받았다. 프리만은 기업이 사회의 일원으로 사회적 권한을 행사함으로서

---

16 이연호, 212, '사회경제적 양극화 해소를 위한 시대적 과제', 이현출 편, 대통령선거와 시대정신, 서울: 오름 110~115쪽 참조.

사회에 대한 책임도 져야한다는 것이다. 이어 1998년 영국의 런던정경대학교 앤서니 기든스 교수는 그의 저서 '제 3의 길'에서 진보진영에서 추구하는 복지사회를 보수진영에서 추구하는 시장자본주의로 구현할 것을 주장하였다.[17] 이를 '자본주의 3.0'이라고 부르고 있다. 이는 일명 '천사의 얼굴을 가진 자본주의'로 불리며 이러한 자본주의의 실천이 한국을 비롯한 여러 나라에서 강조되었다. 이명박 정부도 이 노선을 채택하였다.

그러나 2008년 미국에서 촉발된 금융위기 속에서 금융권의 지배세력에 대한 불만세력이 일으킨 '월스트리트 점령'(Occupy Wall Street)이라는 데모는 미국과 세계자본주의 나라들의 일반시민으로부터 폭발적인 지지를 얻었다. 이들은 '자본주의 3.0'이 천사의 얼굴을 가진 악마들의 포장술에 불과하다고 주장하며 정부가 시장논리에 근거하여 고삐가 풀어졌던 금융 산업에 대한 규제를 강화하는 동시에 대기업의 탐욕을 억제하는 적극적인 금융정책을 실시하도록 요구하였다.

'자본주의 3.0'의 모순을 극복하기 위해 나온 대안이 '자본주의 4.0'이다. 아나톨 칼레츠기가 그의 저서인 '자본주의 40'[18]에서 지적한 것처럼 사회는 대기업이 마지못해 가난한 자에게 동냥을 주듯 제공하는 책임에 대해 더 이상 만족하지 못하게 된 것이다. 이제 세계는 자본주의가 더 이상 자유라는 명분으로 평등을 무시하지는 못한다는 인식을 분명히 갖게 되었다. 신자유주의 논리에 기초한 '자본주의 3.0'이 '차가운 자본주의'라면 '자본주의 4.0'은 한마디로 더불어 잘 사는 '따뜻한 자본주의'라고 말할 수 있다. 이러한 관점에서 양극화가 심화되어 '분배의 불평등 심화'라는 문제에 직면하여 있는 한국에서도 '자본주의 4.0'이 요구되고 있다.

---

17 기든스 앤서니, 한강진과 박찬욱 번역, 1998, 제 3의 길, 서울: 생각의 나무.
18 칼레츠기, 아나톨, 2011, 위선주(역), 자본주의 4.0, 서울: 컬쳐 앤 스토리 참조.

2012년 12월 19일 대선이 다가오자 정당들은 한국경제의 모순들을 극복하기 위해 경제개혁의 일환으로 소위 '경제민주화'를 들고 나왔다. 새누리당과 민주통합당은 경제민주화를 위하여 재벌지배구조개혁, 대·중소기업의 상생, 공정과세와 주주권의 강화 등의 문제를 취급하자는 데는 공통의 입장을 갖고 있었으나 이들 세 가지 문제들의 세부사항에 대해서는 상이한 해결 방안을 갖고 있었다.

각 진영이 대선기간 동안 재벌(대기업집단)지배구조와 불공정행위, 고소득층의 증세문제 등을 놓고 논쟁을 벌였다. 민주통합당과 새누리당의 김종인파는 재벌의 횡포로 양극화와 경제력의 집중, 불공정의 문제가 발생하는 만큼 재벌의 소유·지배구조까지 개혁을 해야 한다고 주장하였던데 반해 새누리당의 이한구파는 재벌이 시장에서 우월적인 '갑'의 지위를 이용해 불공정행위를 하는 것은 시정해야 하지만 지배구조까지 개혁의 대상으로 취급하는 것은 정부의 지나친 개입이라고 보고 이를 반대하였다.

재계는 "시장경제의 자율성을 침해하면 투자, 성장 그리고 일자리에 악영향을 줄 것"이라고 보고 경제민주화 정책 전반에 반대 입장을 표명하였다.

가장 논란이 되었던 것은 순환출자 금지이었다. 순환출자는 재벌그룹의 A계열사가 B계열사 지분을 갖고, B는 C계열사를, C사는 다시 A사 지분을 고리 구조로 소유해 지배하는 방식을 말한다. 이러한 방식으로 재벌 총수가 1% 안팎의 지분만을 갖고도 계열사 전체를 지배할 수 있다. 김종인파는 신규출자는 금지해야한다거나 기존 순환출자도 단계적으로 의결권을 제한하자고 주장하였지만 이한구파는 순환출자 금지로 얻을 수 있는 실제 효과가 없다며 반대하였다. 이에 박근혜 대통령후보는 이한구파의 손을 들어 줌으로써 재벌의 순화출자문제는 다루지 않기로 하였다. 그러나 민주통합당에서는 신규 순환출자를 금지할 뿐만 아니라 기존 순환출자도 재벌그룹이 3년 이내에 해소토록 해야 한다고 주장하였다. 민주통합당은 순환출자 해소를 재벌개혁의 잣대로 간주할 정도로 이를 중시하였다. 그러나 전경련은 "순환출자를 해소하려면 삼성과 현대차 등 각 그룹 당 수조 내지 수십 조 원의 비용이 든다."며 이를 강력히 반대하였다.

민주통합당은 재벌그룹의 금융·산업 계열사가 서로 일정 이상 지분을 갖지 못하도록 제한하는 금산분리 제도를 더 강화하겠다고 했고, 새누리당의 김종인파는 검토해 볼 필요가 있다고 하였다. 그러나 이한구파와 재계는 검토할 필요가 없다고 반대했다.

민주통합당은 계열사 부당지원 등 문제가 있는 금융계열사를 정부가 나서서 그룹에서 강제로 분리시키는 계열분리청구제도와, 10대 재벌그룹 등에 속한 기업이 다른 계열사 주식을 보유할 수 있는 총액을 제한하는 〈출자총액 제한제〉를 부활하겠다고 하였다. 그러나 새누리당과 재계는 이 규제는 별 효과가 없다고 이를 반대하였다.

재벌의 불공정행위의 규제와 대·중소기업 간의 상생 문제에 대해서는 양대 정당의 입장이 같아 모두 이들 문제들의 개혁은 추진하겠다고 했다. 그들은 재벌의 계열사 일감몰아주기와 동네 빵집·떡볶이집 등 골목상권진입 제한, 할인점과 대형 유통업체의 영업시간 제한 확대 등은 양극화 해소와 시장질서의 확립을 위해 필요한 조치라고 주장했다.

대기업의 불공정행위에 대한 징벌적인 손해배상제와 중소기업 적합업종확대에 대해서도 여·야당 모두 긍정적인 입장이었다. 이는 재벌소유·지배구조 문제와는 달리 중소기업과 상인, 일반 소비자 모두 대기업의 행태에 불만이 크다는 점이 반영된 것으로 보인다.[19]

---

19 제 18대 대통령 당선인 박근혜 홈페이지, www.park2013.com 및 민주통합당 공약집 '사람이 먼저인 대한민국 국민과의 약속 119', http://minjoo.kr/archives

　그러나 재계는 "상생의 취지는 공감하고 명백한 불공정행위는 시정해야겠지만, 지나친 규제를 하는 것은 중소기업에도 도움이 안 된다고 주장하였다.

　여기서 경제개혁의 일부인 경제민주화가 '경제의 민주적 관리와 운영'[20]이라고 한다면 이는 노동자에게 회사의 정책결정에 참여하는 권한을 부여하는 것을 의미한다. 그래서 노동자가 회사의 주요정책을 경영인과 공동으로 결정하는 노동자의 공동결정권을 경제민주화라고 한다. 이렇게 보았을 때 새누리당이 대선기간에 주장했던 경제민주화는 전통적인 의미에서 노·사간의 산업민주화가 그 중심이 된 경제 민주화는 아니다. 이러한 의미에서 정부는 노·사관계중심의 경제민주화에도 더 많은 관심을 가져야 할 것이다.

　정부는 한국의 사회경제적인 모순들을 극복하기 위하여 다음과 같은 경제정책의 원칙들을 바탕으로 정책을 결정하고 운용해야 할 것이다:

1) 모든 경제정책은 성장과 복지가 균형 있게 유지되고 발전될 수 있도록 하되, 사회적 가치와 생태적인 조건들을 고려하면서 수립되고 집행되어야 한다.
2) 경제 분야의 개혁이란 모든 경제주체가 공정한 기회와 경쟁을 갖춘 시장경제의 기본질서를 따르고 지키도록 하는 조치들을 의미한다는 것을 분명히 인식해야 한다.
3) 경제를 안정적으로 발전시키기 위해서는 고용을 증가시키고 생산성을 향상시켜 '일해서 번 소득'으로 소비하고 내수를 진작시켜야한다.

/47233 참조.

20 Dahl, Robert, 1986, A Preface to Economic Democracy, Quantam Books. 참조.

4) 세계 금융위기와 유럽연합의 재정위기로 인한 세계경제의 둔화에서 보듯 시장의 자기조정 능력이나 자기치유능력이 불가능한 것으로 판명이 난 이상 국가가 경제 분야 즉 시장에 개입하는 것은 일시적이고 예외적인 경우를 제외하고 필수불가결하다.

5) 경제에서 국가의 안위와 직결된 공공영역을 제외한 기타 공공영역은 반드시 민영화로 가야한다.

6) 개방과 통상은 통상 내수기반위에서 이루어지는 것이 더 효과적이다.[21]

7) 대기업이 망해도 한국경제가 지속적으로 발전하기 위해서는 중소기업을 위한 창업(Startup)문화의 육성과 정착, 지역사회에 밀착한 재취업훈련의 실시와 평생교육시스템의 구축 그리고 학교에서 '등수매기기'교육보다 잠재력과 창의력의 개발과 과목별 학업성취도를 중시하는 교육이 강화되어야 할 것이다.

이를 종합정리하면 신자유주의 이후 한국도 왜곡된 시장경제로 인해 사회경제적인 불평등구조를 야기 시켜온 자유 시장경제체제에서 한국사회와 생태계의 변화 속에서 공정한 기회의 박탈과 불공정한 경쟁을 예방하고 사회의 안전과 복지차원에서 강자로부터 약자를 보호하기 위하여 헌법 개정 시 〈사회적·생태적 시장경제체제〉를 한국경제와 사회의 기본질서로 채택할 것을 제안한다.[22]

---

21 새로운 사회를 여는 연구원, 2009, 신자유주의이후의 한국경제, 서울: 시대의 창, 368~370쪽.
22 사회적 시장경제체제에 대해, 김영윤, 2000, 사회적 시장경제와 독일통일, 서울: 프리드리히 에베르트재단(발행처)와 전득주, 2009, 상기책, 378~379쪽

제4절 기타 헌법 개정사항

1. 헌법 제 3조 영토조항의 폐기와 외국영토 편입조항의 삽입

앞으로 북한과의 관계발전을 진정성이 있고 신중하게 고려한다면 대한민국 헌법 제 3조 "대한민국의 영토는 한반도와 그 부속도서로 한다."라는 영토조항을 앞으로 헌법 개정 시 폐기할 것을 건의한다. 이 조항은 남·북한이 유엔에 가입하기 이전에 냉전적 사고에서는 유효할지 모르나 남·북한이 유엔에 동시 가입하였고 남·북한 정상들이 오가는 상황 하에서 정부가 북한의 정통성을 부정하고 대한민국만이 유일 합법정부임으로 북한이 대한민국의 영토라고 주장하는 것은 남·북관계의 발전에 부정적인 영향만 줄 뿐이다. 서독에서는 통일을 대비해 일찍부터 국경이나 영토를 헌법에 삽입시키지 않고 외국지역이나 외국(동독)이 서독에 편입될 수 있도록 서독기본법 제 23조를 만들었고 이 조항에 따라 동독은 동독인의 자유의사에 의거 서독에 편입하였던 것이다.

이처럼 대한민국도 헌법을 개정할 때 북한 정치체제의 붕괴와 북한 주민의 한국에의 편입가능성을 고려해야 한다. 그래서 장차 만주지역이나 외국(북한)이 편입하고자 할 때 그들의 자결권에 따라 편입할 수 있다는 영토편입조항을 삽입하는 것이 현행 헌법 제 3조 영토조항보다 남·북한관계와 주위 4강의 대한반도정책을 고려할 때 국가이익에 더 부합할 것이다.

2. 대통령 직속 감사원을 국회로 이전

권력이 집중된 대통령에게 행정부의 집행을 감사하는 권한까지를 준다는 것은 자기가 하는 일을 자기가 감사하는 꼴과 같다. 이는 어디까지나 제도적 모순으로 부정과 부패가 생기지 않을 수 없다. 그러므로 앞으로 헌법 개정 시 대통령 소속 감사원을 국회소속으로 이전하면 '부패공화국'을 '깨끗한 공화국'으로 바꾸는데 조금이라도 기여할 수 있다고 본다. 그래야 국회의 국정감사나 국정조사도 감사원과의 협조 하에 더 효과적으로 수행할 수 있기 때문이다.

3. 국회의원의 불 체포특권과 면책특권의 폐기

여·야당 공히 2012년 대선 전에 국회의원의 불 체포특권과 면책특권을 포기할 것을 국민 앞에 공표하였다. 그러므로 헌법을 개정 시 현행 헌법에 명시되어 있는 이 두 가지 국회의원의 특권을 폐기해야 할 것이다.

제5절 기타 정치 개혁

1. 정치인의 정치개혁은 NATO No Action, Talk Only 이었나

"정치쇄신을 하겠다, 특권을 포기하겠다."라고 큰소리를 쳤던 여·

야당 국회의원들이 2012년 12월 19일에 실시된 대선이 끝나자마자 안면을 바꾸었다. 대선 전 안철수 씨가 새 정치를 앞세우며 바람을 일으키자 여·야는 정치개혁에 대한 경쟁을 벌이기도 하였다. 여·야당 정치인들은 2012년 12월 19일 대선 전까지 국회윤리특위와 선거구획정위원회 전원 외부 인사로 구성, 국회의원 면책특권 제한, 국회 예결특위의 상설화, 국회의원 불 체포 특권 포기, 국회의원의 정수감축, 의원연금폐지, 국회의원세비 30% 삭감, 국회의원 영리업무의 겸직 금지, 기초의원과 단체장 정당공천 폐지 등을 유권자에게 공약했다. 이 가운데는 이미 여·야가 입법화하기로 합의했거나 어느 일방이 법안을 마련해 국회에 제출한 것도 있었다. 일부 국민은 총선과 대선에서 이를 보고 투표를 하였을 것이다. 그러나 2012년 4월 총선과 12월 대선이 끝난 후 여·야는 집단건망증에 사로잡혀 정치쇄신을 망각 한 채 정치쇄신에는 손을 놓았다. 그 대신에 그들은 인기영합주의에 사로잡혀 일반대중교통법에 택시를 포함시켜 이를 통과시키었다. 그러면서도 그들은 2012년 11월 국회정치쇄신특위가 합의한 정치개혁안은 2012년 말까지 한건도 다루지 않았다. 의원 연금 폐지의 경우 관련 법안이 이미 국회에 계류 중 이어서 의지만 있었다면 무사통과 되었을 것이다. 국회의원들이 고의로 이 법안을 통과시키지 않았기 때문에 2013년도에도 전직 국회의원모임인 헌정회에 128억 2600만원을 국가가 지원해야한다. 이 금액을 국회의원을 지낸 자보다 더 가난한 자들에게 쓰일 수 있도록 '실천하는 국회의원'의 윤리와 도덕심이 참으로 아쉽다. 또한 민주통합당이 대선 전에 당론으로 공약한 국회의원의 세비 30%의 삭감도 선거에서 패배해서 그런지 그냥 넘어갔다. 여·야당 합의로 국민에게 공약한 소위 〈국회의원세비심의회(가칭)〉의 구성도 이미 수포로 돌아갔는지 모른다.

새누리당이나 민주통합당은 대선 전에 유권자들에게 각자 정치개혁의 의지를 강조하면서 상대방의 쇄신공약을 '쇼'라고 평가절하 하였다. 그러나 이번 2012년도 국회회기를 통해 여·야 모두가 '정치쇄신 쇼'를 자행하였다는 것을 국민은 잘 알게 되었다. 어느 한국문제 전문가는 한국의 대부분의 정치인은 약속만 하고 실천은 안 한다는 의미를 영어로 NATO(No Action, Talk Only)라고 약어로 표현하고 있다. 그리고 정치인의 NATO가 기업인, 언론인, 노동자, 심지어 교육자에게까지 파급되어 한국에는 NATO가 범람하는 국가로 세계에 알려져 있다고 지적하고 있다.[23] 다시 말해서 한국 사람들이 거짓말을 잘하는 나라가 된 것은 주로 정치인의 헛된 공약에서 비롯되었다고 본다.

그렇다면 이제 한국이 필요로 하고 정치인이 반드시 단행해야 할 정치개혁의 세부사항을 들여다보기로 하자!

2. 공직자의 부정과 비리의 척결을 위한 법의 제정

한국사회에서 공무원들이 부정과 비리에 연루되어 처벌받고 징계를 받는 것은 비일비재하다. 공무원의 부정은 광범위하게 산재되어 있지만 지면의 제약으로 한 사례만을 들어보자!

2012년 말경 검찰에서 터져 나온 비리 의혹들은 공직사회의 부패가 심각한 수준에 도달했음을 보여준다. 검사가 수사과정에서 거액을 받거나 여성피의자와 부적절한 성관계를 한 것으로 드러난 데 이어, 광주지검의 한 검사는 청탁성 수사를 했다는 의혹으로 검찰조사를 받았다. 사정의 핵심기관인 검사가 '돈 검사,' '성 검사'라고 비판받는 것이 과연 있을 수 있는지? 오늘의 검사의 도덕성과 윤리의식은 최하수준

---

23 이성용, 2005, 한국을 버려라, 서울: 청림출판, 117~134쪽 참조.

으로 추락했다고 본다. 국민이 법을 지키는지 어기는지를 심판하는 판사와 국민이 법을 어겼을 때 어긴 자를 법에 의거 처벌하는 검사들이 법을 어기면 그 나라의 법치주의나 준법정신은 지켜질 수 없다는 것은 너무나 당연한 일이다.

법을 무시하는 다른 경우를 예로 든다면, 전직 대법원장이나 대법관을 비롯한 고위직 판·검사들이 퇴임 직후 로펌(법무법인)에 들어가 부당한 일처리(사건유치와 후배 판·검사에게 선처부탁 등)의 대가로 1~2년에 십억-이십억 원에 상당한 보수를 받는다는 것을 들 수 있다. 이러한 전관예우를 최소화하기 위하여 2011년 개정된 변호사법엔 판·검사는 퇴직 1년 전부터 근무했던 법원·검찰의 사건을 퇴직 후 1년 동안 맡지 못하게 돼 있다. 그러나 고위직 출신 판·검사들은 이 규정을 피해가려고 선임서(選任書)를 내지 않고 불법으로 변호사 활동을 하고 있다. 대법원장, 대법관, 법원장, 검찰총장, 검사장 등 고위급 간부 출신이 후배 판·검사들 앞에서 위법과 편법을 자행하는데 후배 판·검사라고 법을 엄격히 지킬 리가 없다. 판·검사들이 지키지 않는 법을 왜 국민은 지켜야 하는지 오늘을 사는 판·검사는 한 맺힌 국민들에게 이에 대한 해답을 주어야 할 것이다.[24]

이제 국민은 더 이상 '깨끗한 공직사회' 조성을 공직자들의 자체 의지에만 맡길 수 없다고 본다. 국민권익위원회가 입법예고한 '부정청탁 금지 및 이해충돌 방지법'(일명 김영란 법)을 국회에서 통과시키는 것이 공직자의 비리와 부정을 방지하는 좋은 수단이 될 것이다. 이 법안의 취지는 "떡값", "스폰서"의 관행을 근절하자는 것이다.

만약 공직자가 100만 원 이상의 금품 등을 받을 경우 대가성이 없더라도 3년 이상의 징역이나 수수한 금품의 5배에 해당하는 벌금에 처

---

24 조선일보 사설: 고위 판·검사 출신이 법 어기면 법치사회 불가능, 2013년 2월 19일, A35쪽 참조.

하도록 하는 것을 이 법의 핵심내용으로 하고 있다. 그러나 여기서 말하는 공직자에서 대통령, 국회의원, 장·차관과 공공기관의 수장은 100만 원 이상의 금품을 받을 경우 대가성이 없더라도 5년 이상의 징역이나 10배에 해당하는 벌금에 처하도록 해야 한다.

그러나 이 법안은 공직사회의 반발로 2012년에 입법화가 되지 못하고 2013년으로 전이되어 국회에 계류 중이다. 이의 입법화가 시급히 요구된다. 또한 고위급 판·검사출신이 전관예우를 실질적으로 전혀 받을 수 없도록 변호사법을 재개정해야 할 것이다.

3. (가칭)국정쇄신정책회의의 운영

한국의 대내·외적인 상황을 감안하면 대한민국은 매우 어려운 정치·경제적인 위기에 처해있다. 이러한 위기 시에는 박근혜 대통령은 이미 그가 대통령후보 시 제안했던 (가칭)국정쇄신정책회의를 운영해야 할 것이다. 이 기구는 여당의 대표와 야당의 대표 그리고 대통령 혹은 총리 그리고 약간 명의 원로 정치학자들로 구성되어 첫째 정부, 정치, 국회, 정당 등 정치전반의 개혁과제를 집권 1년 내에 다루고 매듭지어야 하며 둘째 국가의 정치외교·안보·경제·교육에 관한 중대한 사안을 협의하여 결정하는 기구가 되어야 박근혜 대통령이 제창한 국민통합의 가능성도 높을 것이다. 민주통합당의 문재인 대통령후보도 이와 유사한 기구인 상시적인 〈여·야당·정부 정책협의회〉의 운영을 제안한바 있어 만약 박 대통령이 야당에게 이를 제안하면 야당도 반대할 명분이 없을 것이다. 이명박 대통령처럼 대통령이 정치인을 멀리하여 소통을 하지 않는 대통령이 아니라 대통령이 먼저 여당의원 뿐만 아니라 야당의원과도 소통하는 대화와 타협을 주도하는 지도자가 되어야 한국의 정치도 선진화로 접어 들 것이다. 이 기구에서 탕평인사문제도 논의되고 합의될 수 있다면 더욱 바람직할 것이다. 나라가 어려우면 어려울수록 이러한 협의기구는 더욱 필요하다는 것을 정치인과 국민은 분명히 알아야 한다.

4. 5년마다 정부조직의 개편 이대로 좋은가?

어느 선진국도 한국처럼 매 5년마다 정부의 조직을 개편하는 나라는 없다. 원칙과 민주적인 절차를 중시해 온 박대통령이 원칙에 벗어나는 출발을 하였다. 그가 내놓은 새로운 정부조직 개편안이 국회에서 통과되기도 전에 새로운 부처의 장관내정자부터 발표하는 행동은 민주적인 절차를 무시하는 행위이다. 더욱이 야당이 정부조직개편안에 이의를 제기하고 있는 가운데 자기들 주장을 기정사실화 하는듯한 행위는 여·야간의 타협을 처음부터 어렵게 만들었다. 그 결과 박근혜 정부는 무려 3개월 동안 야당과 협상을 하였지만 정부조직개편안을 국회에서 통과시키지 못하여 2013년 3월 15일까지 내각을 완전히 구성하지 못하고 있는 실정이다.

그보다 더 문제가 되는 것은 매 5년마다 대통령이 취임하기 전에 국민에게 제시되는 정부조직개편안이다. 박정희정부이래 정부조직을 개편하지 않았던 정부가 없었다. 그러나 정부조직의 개편으로 얻은 결과는 긍정적인 면 보다 부정적인 면이 더 많았다는 것이다. 아무리 정부조직을 개편했어도 없어진 정부기구는 없고 오히려 정부조직이 비대화 되었다.

따라서 공무원의 수는 증가하기만 했고 정부조직의 개편과 운영에 들어간 엄청난 비용은 국민의 세금으로 충당되지 않으면 안 되었다.

과연 정부조직의 개편이 엄청난 국민의 세금을 드리고 효율성은 전혀 없었다는 사실을 인식하였다면 다음 정부에서도 이러한 돈만 많이 들고 효율성은 저조한 개편이 필요한지 정치권에서 진지한 논의가 있어야 한다고 본다. 수십 년 간 스위스는 정부의 조직개편 없이 7개 부처만을 갖고 국민에 대한 성실한 봉사와 정부의 효율성을 높이고 있는 것을 한번 연구·검토할 필요가 있지 않는가?

5. 정당의 개혁

1) 정당의 위기

2011년에도 여당인 신한국당에 의한 한·미 자유무역협정(F. T. A.)의 강행처리에 대해 야당의 폭력저지(최루탄의 투척)와 국회등원거부라는 여·야간의 대결공식이 반복되었다.

그러나 국회의원들은 자기 자신들의 이익을 위해서는 여·야당의 대결의식을 버리고 협력공식을 채택하였다. 그들은 장차 국회의원의 직을 그만두면 자기들도 연금을 받을 수 있기 때문에 전직 국회의원에게 매월 120만원을 지급하는 〈연금 지급법〉을 통과시키었다. 있는 자와 없는 자 간의 양극화현상이 심화되고 있는 가운데에도 그들은 2012년도 국회의원의 세비를 무려 30%나 인상 시키었다. 그들은 정치자금을 더 많이 얻기 위하여 국회행정안전 분과위원회에서 여·야당 만장일치로 10분 만에 정치자금법의 개정안을 통과시키는 파렴치한 정치행태를 보여 국민을 실망시키었다.

한국의 국회의원들은 그들의 활동의 성과에 비해 선진국의 의원들보다 국민으로부터 훨씬 더 많은 혜택(다양한 출처로부터 정치자금의 획득[25]과 국회의원의 우대 등)을 받고 있다. 그럼에도 불구하고 그들은 민주정당으로서나 국회의원으로서의 임무와 기능을 제대로 수행하지 못하고 있다. 그 결과, 2011년 한 여론조사에 의하면 무당파의 수가 정당의 지지자의 수보다 증가되었고 정당을 지지하는 세력은 감소되었다. 이러한 가운데 2011년 10월 26일 서울시장 보궐선거에서 박원순 시장의 당선과 안철수의 현상의 출현은 현 정치권 전반 특히 현 정당정치에 대해 국민이 오래 동안 품고 있던 불신과 혐오의 표현이라고 볼 수 있다.

2011년 10월 26일 서울시장 보궐선거의 결과는 한나라당의 패배라기보다 한국정당전체의 패배요, 치욕이었다. 정치경험이 전혀 없는 무소속 후보인 박원순이 처음으로 서울특별시장에 당선되었고 제1야당인 민주당은 후보조차 내지 못했다. 2012년 12월 19일에 개최 된 대선에서도 비정당인인 안철수 서울대 융합과학기술대학원장이 유력한 대선후보가 되었고 만약 안철수 후보가 민주통합당의 문재인 후보를 제치고 야권단일후보가 되어 박근혜 후보와 대결하였다면 안 후보가 박근혜 후보를 이겼을지도 모른다.

한국의 사회제도들 중 정당은 국민으로부터 가장 신뢰를 받지 못하고 있는 단체이다. 정당을 신뢰한다는 국민은 설문조사대상자 중 불과 10% 내외이다.

대한민국 정당법[26] 제2조에 의하면 정당이란 국민의 이익을 위하여 책임 있는 정치적 주장이나 정책을 추진하고 공직선거의 후보자를 추천 또는 지지함으로써 국민의 정치적 의사형성에 참여함을 목적으

---

25 한국의 경우, 당비. 정당의 부대수입, 기탁금, 기부금과 국가보조금 등이나 선진국의 정당들 예를 들면 미국에서는 당비와 기탁금 그리고 후원금이 고작이고, 독일에서는 공영선거를 위해 당비와 기탁금 그리고 국가보조금이 전부이다. 대한민국의 정당의 정치자금법 참조.
26 대한민국 정당법은 2010년 2월 1일 시행되었음.

로 하는 국민의 자발적 조직체이다.

한국의 정당들은 정당마다 다소 차이는 있지만 일반적으로 알몬드 (Almond)의 정당의 7 가지 기능[27]을 제대로 수행하고 있지 못하는 비민주적인 정당이라는 것이 학자들의 일반적인 견해이다. 대선 때마다 정당의 해산과 다른 당과의 통합, 새 정당의 등장을 반복하고 있는 한국의 정당들이 선진국의 정당과는 달리 국민 속에 정착하지 못하고 책임 있는 정당정치를 실현하지 못하고 있다.

혹자는 한국의 정당은 전통과 역사도 없고 철학이 없는 야바위꾼들이 권력이나 부의 추구목적으로 모였다가 불리하면 흩어지는 정치단체라고 혹평한다.

한국의 총선과 대선 전에는 통상 다음과 같은 정당들의 3가지의 만성적인 정치행태가 반복되고 있다:

1) 총선이나 대선에서는 항상 정당들의 슬로간은 그들 당을 지지하는 자들의 의사에 부응하는 정강정책의 변화를 수반하지 못하고 새 인물 몇 분을 외부에서 영입하거나 주류에 속하지 않는 비주류가 당권을 새로 잡는 것으로 그치는 "개혁" 혹은 "쇄신"이다.

2) 미국은 240여년이나 양당체제를 유지하고 있고 서구선진국인 영국이나 독일의 정당도 역사적으로 오랜 전통을 갖고 있는 반면에 한국은 건국(1948년) 이래 등장했던 정당만 132개이며 그 수명은 평균 3년 정도로 단명하다. 정당들이 간판을 자주 바꾸는 이유는 권력이 대통령 한 사람에게 집중된 대통령 선거에서 정치권력을

---

27 7가지 기능이란 의사소통을 위한 이익의 표출과 수렴, 정치적인 의사소통, 정치적인 사회화 혹은 정치교육, 정치참여, 엘리트의 충원, 정책결정, 정책집행과 평가이다. Almond, G. and Powell, B. 1978, Comparative Politics, Boston: Little Brown Company, pp. 87~88.

획득하기 위한 정당 간의 투쟁 때문이다. 한나라당(1997년)과 대통합민주신당(2007년) 그리고 새누리당(2012년)과 민주통합당(2012년) 등은 대선을 앞두고 집권당 후보를 당선시키기 위하여 국민으로부터 인기가 떨어진 현직 대통령과 차별화한다는 의미에서 새로운 정책을 수립하거나 자기의 대통령을 헌신짝처럼 버리면서까지 새로 만든 정당이다. 반면 새천년민주당과 열린 우리당 등은 김대중과 노무현 대통령이 집권 후 자기들 뜻에 맞는 정치를 하기 위해 만든 정당이다.

이처럼 정당이 와해되거나 재창당이 되거나 혹은 정당 간의 통합이 이루어지는 것은 정당이 정당의 역사와 전통을 무시하고 새로운 간판으로 재창당 혹은 정당통합을 통하여 국민에게 정당의 쇄신이나 개혁이미지를 심어주어 더 많은 표를 얻기 위함이다.

3) 선거기간에 정당들이 인기영합주의에 의거 현실과 동떨어진 정책을 남발하여 집권 후에 일반적으로 국민에게 공약한 정책을 지키지 못하는 경향이 짙다.

한국의 정당들은 통상 정당간의 경쟁을 제로섬 게임으로 인식하고 있기 때문에 정당간의 상호협력이 거의 불가능하다. 나의 이익은 곧 상대방의 손실에 기초하고 있고 나의 손실은 곧 상대방의 이익이 되기 때문에 경쟁은 언제나 상호 파괴적으로 극단화될 수밖에 없다.

한국의 정치인은 일반적으로 〈막스 베버〉의 소위 〈지조의 윤리〉(Gesinnungsethik)에 의거 정치행동을 하기 때문에 대개 상호 파괴적이고 비협력적이 되며 반면 선진국의 정치인은 〈책임의 윤리〉(Verantwortungsethik)에 입각하여 자기의 정치행위를 하기 때문에 주로 상호 협력적이다.[28] 베버의 윤리관에 의하면 국회에서 한국의 정당들은 주로 〈지조의 윤리〉에 입각하여 상호 파괴적이고 비협력적인 정치행위를 하고 있다고 본다.

여·야의 기본입장이 달라 충돌되는 쟁점법안은 2008년 개원된 18대 국회에서 2011년 9월 초까지 발의된 법안과 결의안 등 안건은 총 1만2312건 중 많아야 수십 가지다. 나머지 안건은 여·야가 조금씩 양보하면 얼마든지 절충점을 찾을 수 있다. 그러나 현재 국회에서는 의원들이 지조의 윤리관에 의거 행동하기 때문에 그들 간의 의사소통이 두절되어 자기 당의 안건은 찬성이지만 남의 당의 안건은 무조건 반대하는 논쟁의 장이 바로 국회이다. 한국의 정당이 마땅히 해야 할 일, 국회의원이 해야 할 일 그리고 국회가 해야 할 일을 그들은 망각하고 오로지 당리당략의 포로가 되어 있다. 이러한 정치현상은 바로 정당의 위기에서 비롯되었다고 하겠다.

2) 정당정치의 위기극복방안

한국의 정당정치의 모순들을 극복하기 위해서는 대략 다음과 같은 정당의 개혁이 이루어 져야 한다.

첫째, 한국의 정당정치에 대한 국민의 불신을 줄이고 정당정치가 한국의 민주정치에 기여하기 위해서는 정당이나 정치인들이 국회에서 정당 간의 경쟁에서 하루 빨리 〈지조의 윤리〉에서 벗어나 〈책임의 윤리〉에 입각하여 상대방과 협력 하에 공동의 이익을 모색해야 할 것이

---

28 지조의 윤리란 자기의 생활원칙이나 방식과 다른 생활방식과 충돌 시 생명을 걸고 자기의 원칙과 생활방식을 지키고자 하는 윤리라면(예: 일본의 사무라이의 할복자살, 양반집의 규수의 은장도로 자결 등) 이에 반하여 책임의 윤리란 상이한 가치관이나 입장의 충돌 시 그 충돌의 결과까지 고려하여 정치행위를 하는 윤리관을 의미한다. 그러므로 책임의 윤리관은 양측이 다 손해를 보므로 협상을 통해 상호 이익을 얻으려고 노력한다. 그렇지 않으면 충돌 결과가 서로 손해만 보기 때문이다.

다. 그러나 〈책임의 윤리관〉으로의 전환은 쉽지 않다. 왜냐하면 국회의원들이 어릴 때부터 민주시민교육과 훈련을 받아 본적이 없어 민주시민의식이 부족하기 때문이다. 오로지 민주시민의식을 가진 자만이 책임의 윤리관에 의거 사회·정치행위를 할 수 있다.

둘째, 한국의 정당들은 가급적 그들의 정강정책으로 뭉치고 단결할 수 있도록 당원들에게 정당교육을 철저히 시켜야 할 것이다.

셋째, 문우진의 연구결과에 의하면 소득이 높고 교육수준이 높은 유권자가 그렇지 않는 유권자보다 더 적극적으로 정치참여의 동기를 유발시킨다는 것이다. 바꾸어 말하면 소득수준이나 교육수준이 낮은 유권자들에게 객관적인 정치정보를 민주시민교육을 통해 제공해 주면 이들도 정치참여의 기회를 더 많이 얻을 수 있다고 본다.[29] 민주적인 정당은 일반적으로 객관적인 정보를 어느 계층에게만 주기보다는 전 국민에게 제공하는 개방성과 투명성을 갖는 것이 통상이다.

넷째, 각 당은 청년들에게 접근하는 방법으로 정당의 재단을 만들어 대학생들에게 지속적으로 장학금을 지급하고 이들과 국가나 지방의 중요 이슈들에 대한 토론회나 세미나를 개최함으로서 상호 의사소통은 물론 상호 배우는 자세를 취할 때 한국의 정당은 정당에 대한 청년들의 관심을 유발시킴으로서 이들이 특정 정당에 지속적인 관심을 가질 것이며 더 나아가 자발적인 정당가입의 가능성도 더 높아 질 것이다.[30]

---

29 문우진, 정치정보, 정치참여와 민주주의, 한국정치학회보, 43집 4호, 2009 겨울, 327~346쪽.

30 필자는 24년 전부터 한국의 대학생의 합리적·민주적 정치의식을 높이고 동시에 전통적·권위적인 정치의식을 타파하기 위하여 매년 100여명의 대학생에게 민주시민지도자훈련을 실시하고 그중 30여명의 우수학생에게 장학금을 지급해오고 있음. 독일의 정당들은 정당재단을 통해 대학생에게 시민교육 등 세미나를 하고 그 중 우수한 대학생에게 장학금을 주어 자기 당의 홍보와 젊은 학생을 당으로 유인하는 정책을 쓰고 있다. 전득주 외, 1995, 독일연방공화국, 서울: 대왕사 참조.

　다섯째, 한국이 헌법에 정당의 조항을 갖고 그에 근거한 정당법을 갖고 있는 한 각 정당은 정기적으로 당비를 내는 '진성당원'(또는 '권리당원')을 중심으로 당을 운영하는 민주적이고 책임 있는 정당을 만들어야 한다. 이를 위해 각 당은 청·장년을 중심으로 진성당원을 최대한 확보하는 방안을 모색해야 한다. 당의 민주화란 진성당원에게 당의 간부가 되는 자격과 기회를 주고 당의 간부를 민주적으로 공정하게 선출할 수 있는 균등한 기회와 정당의 주요한 정보를 제공하고 정책형성에 공평하게 참여하는 기회를 주는 것이라고 본다. 또한 진성당원은 당의 공직선거후보자의 선정에도 선거권과 피선거권을 동시에 갖고 참여할 권리가 있어야 한다. 그러나 만약 한국의 정당들이 한국이 정당국가임에도 불구하고 당원의 의사가 공정히 반영되지 않는 공직자선거나 당의 임원선거를 2012년에 실시한 것처럼 계속 국민경선에 치중하여 실시한다면 정당의 구조는 붕괴될 위험에 처하게 될 것이다. 그러므로 여·야정치인들은 미국의 다수의 연방주에서 실시하고 있는 국민경선제를 지속적으로 채택하려면 헌법에 있는 정당조항과 정당법을 미국처럼 폐기하고 완전히 미국식 정당제도를 도입하는 가능성과 한계에 대해 연구·검토를 해야 할 필요가 있다고 본다.

　여섯째, 앞으로 미국식 정당제도의 도입 전까지 정당들이 국민의 정치적인 의사형성과정에서 정당의 역할보다 국민경선제를 꼭 원한다면 공직자후보 선거에서 당원투표와 미국식 국민경선제를 동시에 채택하는 혼합형투표제가 바람직할 것이다. 그러나 정당의 대선후보나 국회의원후보 그리고 지방자치단체장후보나 지방의원후보 선거에서 한국의 정당에 대한 헌법조항과 정당법이 존속하고 있는 한 당원투표와 국민경선투표의 비율에 있어 당원투표의 비중을 더 높이어 당원 대 국민경선투표 비율을 최소한 60:40로 하는 것이 정당의 정체성의 확립과 정당붕괴의 예방에 보탬이 될 것이다. 당원을 무시했던 민주통합당의 사례를 들어보면 민주통합당은 그동안 당원 수 210만 명, 세 차례 이상 당비를 내는 권리당원은 17만 명을 넘는다고 자랑해 왔지만 당의 당비보고서(2012년 1월)에 의하면 일반당비 1000원을 한 번이라도 낸 당원 수는 8만9700명, 1년간 당비를 낸 당원은 4만2000명에 불과했다. 이는 통합진보당의 3개월 이상 당비납부 당원 수인 4만1000명과 비슷한 수준이었다. 그들이 자랑했던 전체당원 수인 210만 명의 약 90%가 당비도 안 내고 연락도 안 된 유령당원임이 밝혀졌다. 이들은 대부분 당 지도부나 공직후보 경선이 끝나면 바람처럼 사라져버린 '종이당원'들이다. 민주당통합당의 총선과 대선의 실패의 가장 중요한 원인들 중의 하나가 바로 당원관리의 실패라고 지적하는 민주통합당의 임원들이 많다.

일곱째, 2012년 1월 15일 민주통합당의 당대표와 최고위원을 뽑는 경선에 일반선거인단이 50만 명이나 참여하였다고 신문에 보도된바 있다.[31] 그러나 이 중 90%는 전당대회에 마련된 투표소로 나아가지 않고 자신의 휴대전화로 모바일투표를 하였다. 민주통합당은 당 지도부의 경선까지도 일반 선거인단 투표를 70%, 당의 대의원 2만1000명의 투표를 30%씩 반영하기로 하는 국민경선제와 정당대의원의 투표제를 채택함으로써 결국 당의 지도부를 선출하는데 당원이 선거의 주역되지 못하고 일반국민이 선거의 주역이 된 모순을 노출하였다.

서구정당들도 당과 국민의 거리를 좁히기 위해 여러 가지 조치를 취하고 있다. 그러나 기본은 수백 년간 계승·발전시켜 온 자신들의 정치이념과 정책에 동의하는 당원과 지지층을 지키고 확대하는 것이다.

모바일 투표는 시민의 정치참여 기회를 확대하는 보완수단으로 활

---

[31] 조선일보, 2012년 1월 13일자 참조.

용하고 있다. 각 당의 지도부를 뽑는데 국민경선제를 시행하는 것은 국민의 관심을 끌 수 있는 유인책이 될지는 모르지만 국민에 대한 책임을 지는 정당은 될 수 없다. 한국이 헌법에 정당조항과 정당법을 갖고 있는 한 정당의 대표를 비롯한 임원은 오로지 당원에 의해서 선출되어야 한다.

여덟째, 전 세계 선진국에 유례가 없는 한 나라의 중요한 엘리트 그룹인 공무원과 교원의 정당가입금지는 현재 대한민국의 정당의 정치의식과 정책형성수준을 보아서도 철폐되어야 한다. 앞으로 공무원이나 교원도 정당가입을 하여 정당의 훌륭한 정강정책을 만드는데 중요한 역할을 할 수 있도록 정당법의 해당 조항을 개정해야 할 것이다.

아홉째, 이미 박근혜 새누리당 대선후보와 문재인 민주통합당 대선후보가 2012년 대선공약으로 제안했던 기초의원과 기초단체장에 대한 정당공천제를 폐지해야 할 것이다. 양당의 대통령후보가 이를 폐지하기로 국민 앞에 공약을 했기 때문에 양당은 이를 지지하고 국회에서 이에 대한 입법조치를 취하는 것이 정치도의상 올바른 행위임에도 불구하고 양당의 일부정치세력은 대선이 끝났다고 해서 정당공천제가 자기 당의 지위에 불리하다고 판단, 이의 폐기를 반대하는 것은 공약이행차원에서 국민을 기만하는 행위이다.

열 번째, 2012년 4월 11일 총선 다음날 녹색당을 비롯한 군소정당 17개가 비례대표 득표율 0.48%(10만 3811표)이상을 얻지 못하거나 총선에서 의석을 얻지 못하고 2%이상을 득표하지 못할 경우 한국정당법 44조는 정당의 등록을 취소하도록 되어 있다. 또한 당명도 사용하지 못한다. 정당법 41조는 등록 취소된 정당의 명칭을 다음 총선 때까지 사용하지 못하도록 되어 있다. 어느 정당의 목적이나 활동이 국가안보나 자유민주주의질서에 위배되었다고 정부가 판단하던 이를 헌법재판소에 재소하여 그 정당을 해산시키도록 대한민국 헌법은 규정하고 있다. 어느 정당이 국가안보나 자유민주주의 질서를 위배하지도 않았는데 오로지 득표율이 적다고 하여 정당존재자체를 부정하는 것은 민주적인 정당관리가 아니다. 이는 새누리당과 민주통합당의 의원으로 구성된 국회정치개혁특위가 군소정당의 다양성을 거부한 것으로 이 거부는 새누리당과 민주통합당의 의원의 폐쇄성에서 기인한다. 앞으로 민간전문가로 구성될 〈정치개혁특위〉는 정당법 44조와 41조를 하루 속히 개정하여 소수정당도 대한민국 사회에서 정치적으로 다양한 이념과 정책을 실현할 수 있도록 투표율(2%)과는 상관없이 그 존재가 인정되고 당명도 지속적으로 사용할 수 있도록 그 법을 바꾸어야 할 것이다.

6. 국회의 개혁

1) 국회의원 선거법의 개정

첫째, 연방제나 이원집정부제와 관계없이 현재의 권력구조에서도 국가비용의 낭비를 막고 국민의 무리한 세금을 절약하며 의원의 전문화를 위해서는 지역구 국회의원의 수를 줄이고 대신 비례대표제 국회의원의 수를 늘려야 한다.

이미 지난 18대 대선에서 문재인후보가 제안한대로 현행 국회의원 수 300명[32]중 200명을 지역구로, 기타 100명은 권역별 정당명부식 비례대표로 뽑는다면 각 정당은 각 분야의 명망 있는 자나 전문가를 비례대표로 뽑을 수 있어 고질적인 지역주의의 폐단을 완화하고 단순

---

[32] 대한민국 헌법 41조 2항에는 "국회의원의 수는 200명 이상으로 한다."고 명시되어 있다.

다수제의 대표성문제도 상당히 해결할 수 있다.

현행 선거법에 의하면 지역구에서 244명과 정당명부에서 56명[33]을 뽑도록 되어 있어 만약 지역에서 200명만 뽑는다면 44명의 지역의석이 없어지기 때문에 현재의 국회의원은 이 안에 동의하지 않을 것이 분명하다. 이를 감안하여 이 제도를 처음 실시할 경우에만 예외조항을 두어 지역구에서 탈락될 가능성이 크다고 판단한 자는 독일에서처럼 이중으로 정당명부에도 후보자로 등록할 수 있도록 조치한다면 그 불만을 줄일 수 있다고 본다. 각 당의 후보자가 지역구와 정당명부에 동시에 후보를 내는 방식에 각 당이 동의한다면 다음 총선에서도 이 방식을 계속할 수 있다.

둘째, 투표율도 저조하고 고비용이 요구되는 국회의원 보궐선거는 더 이상 실시하지 않도록 해야 할 것이다. 지역구로 당선된 의원이라도 비리와 부정과 관련된 어떠한 이유로 의원직을 수행할 수 없을 경우 그 의원의 소속 정당의 비례대표명부의 순위에 따라 그 다음 의원 후보가 의원승계를 하거나 지역구 선거 시 차점자가 승계하도록 함으로써 돈과 시간과 노력이라는 고비용이 들고 투표율도 매우 저조한 지역구의 보궐선거를 없앨 수도 있다. 그렇지 않으면 새누리당이 18대 대통령선거에서 제안한 것처럼 부정선거로 국회의원직을 상실한 자의 비용으로 보궐선거를 실시하자는 제안은 명분은 있으나 그 실현 가능성은 의문이다. 만약 부정으로 국회의원직을 상실한 자가 보궐선거비용을 지불할 능력이 없을 경우는 어떻게 할 것인가? 이러한 문제에 대해 보다 진지하고 심도 있는 연구·검토가 필요하다.

셋째, 혼합형 비례대표제의 봉쇄조항은 독일의 경우처럼 지역구는

---

33 최근 국회 정치개혁특위에서는 제 19대 총선에서 지역구 243개를 245개로 확대하고 대신 56석의 비례대표를 2석 줄여 54석으로 하기로 여·야 간에 합의를 보았다. 조선일보 2012년 1월 9일자 참조.

3석, 정당투표에서는 5%이상을 획득하지 못했을 경우 그 정당은 의회의 의석을 확보할 수 없다.[34]

넷째, 과거 한국의 여러 정당이 정치권의 이해타산, 지역주의 투표의 억제와 소선거구제에 의한 고비용 선거 등을 방지하기 위하여 중·대선거구제를 선호하였지만 일본의 중·대선거구제의 실시에서 보았듯이 정당의 정치이념의 희석, 오히려 고비용과 학연, 혈연 그리고 지연 등에 의한 선거풍조의 팽배 등을 고려하면 중대선거구제는 한국의 민주발전에도 맞지 않을 것으로 판단된다.

다섯째, 국회의원의 임기는 4년으로 하되 지방자치 단체장처럼 3선 이상은 나올 수 없도록 해야 할 것이다. 이는 국회의원이나 지방자치 단체장이나 국가에 봉직하는 선출공직자로서 그들 간의 형평성의 문제가 대두되어 이를 바로 잡는 것은 매우 중요하다. 같은 선출직 공무원으로서 한 쪽은 법을 만드는 집단이고 다른 쪽은 전자가 만든 법을 집행하는 집단으로 법을 만드는 집단이 자기들에게 유리하고 다른 쪽에게는 불리하게 법을 만든 것은 부당하다고 본다.

단 3선인 의원이 당 대표나 원내대표와 정책위 의장에 선출 된 자가 다음 회기에도 그 직을 1년 이상 수행해야 할 경우는 4선에 도전 할 수 있다.

여섯째, 헌법 제 46조 1항에 국회의원의 청렴의무의 실천을 위해 만약 국회의원이 공권력을 사적으로 남용할 경우 선거법에서 보듯 그 손해액의 50배 이상을 국가에 헌납하고 국회의원직도 포기하는 규정을 두어야 할 것이다.

일곱째, 선거구의 획정은 정치적인 평등에 의거한 표의 등가성이 최대한 반영되어야 한다. 예를 들어 17대 총선에서 선거구별 인구편차

---

[34] 김종갑, 2011. 12.28, 정당득표와 의석점유의 모순: 독일 연방선거법 개정논의를 중심으로, 국회 입법 조사처, 정책보고서 Vol. 10, 42~43쪽 참조.

가 2.8 :1 로 줄어들었지만 앞으로 20대 국회의원 선거부터는 선거구별 인구편차가 최소 2 대 1 미만으로 되도록 재조정해야 할 것이다.

여덟째, 국회의원의 이해관계와 관련된 사안들에 대한 개혁은 박근혜 후보가 2012년 11월 6일 제안했던 것처럼 국회정치개혁특위에 맡기지 말고 정당으로부터 독립된 순수 전문민간인으로 구성된 〈정치개혁특위〉를 설치하고 그 기관에서 국회의원의 임기, 선거제도와 선거구획정, 국회의원의 수 및 국회의원의 권리와 의무를 비롯한 제반 처우문제 등을 결정하면 국회가 이를 따르도록 조치해야 할 것이다.

아홉째, 주권자인 국민도 각종 선거에 적극 참여하는 성숙된 민주시민의식을 보여야 할 것이다. 현재와 같이 총선이나 대선에서 투표율이 지속적으로 저하될 경우 호주처럼 우리나라도 투표율을 높이기 위해 투표를 하지 못한 자에게 일정 금액의 벌금을 내야하는 강제권의 행사도 고려해 볼 필요가 있다.

2) 국회의원의 민주시민의식이 국회의 민주적 운영에 필수

19대 국회가 직면한 가장 큰 어려움은 이번 국회부터 적용되는 국회선진화 법(일명 몸싸움방지법)이다. 이 법은 18대 국회에서 국회의원들과 보좌관들이 해머와 최루탄 등 각종 폭력수단을 동원하여 자기의 의사를 관철하려는 의도를 아예 막기 위하여 만든 법이다. 그런데 몸싸움 방지를 너무 의식한 나머지 국회운영이 등한시 될까 우려된다.

실제로 쟁점법안의 경우 절대과반수(5분의3)가 동의하지 않으면 법안처리가 불가능하다. 다시 말해서 정당들이 당리당략에 입각하여 몸싸움방지법을 엄격히 규정할 경우 '식물국회'가 될 가능성도 있다. 결국 몸싸움방지법도 여·야당 간의 대화와 타협이 없다면 무용지물이

될 수 있다. 그럼으로 무엇보다 중요한 것은 국회의원이 서로 협상하고 타협할 수 있는 민주시민의식을 갖고 있느냐이다. 국회의원이 자기들의 정치의식수준, 즉 민주시민의식 수준을 고려하지 않고 이 법을 통과시키었다면 그들이 비민주적인 의식을 가지고 있는 한 쟁점법안들은 국회에서 통과되기 어려울 것이 분명하다. 박근혜 정부나 여당은 한국의 정치문화를 제대로 이해하지 못한 채 그들의 주도로 국회선진화법률을 2012년에 통과시키었다. 그 결과 박근혜 대통령과 여당은 2013년 3월 중순 현재까지 정부조직법을 통과시키지 못하여 신설된 부처장관이나 차관을 아직까지 임명하지 못하고 있는 실정이다. 이는 어느 의미에서 그들의 자업자득이다.

박근혜 대통령이 제출한 정부조직법이 여·야당 간의 이해상충으로 국회에서 40여 일간 통과되지 못하고 있는 것도 새누리당의 국회의원의 수만으로는 국회의원 5분의 3인 절대과반수의 찬성을 얻지 못하기 때문이다. 그들은 민주통합당의 협조가 있어야 정부조직법을 통과 시킬 수 있다. 선진국의 야당은 통상 여당이 정부구성 후 1년 동안은 정부정책을 비판하지 않고 협조하다 1년 후 그 정책이 타당하지 않을 때 여당의 정책을 비판하는 것이 통상인데 민주통합당은 정부구성 자체를 아예 구성하지 못하도록 하는 행위는 선진민주의식의 발로는 아니라고 본다.

3) 국회 상임위원장의 배정과 위원회들의 개혁

첫째, 국회 상임위원장의 배정문제를 법으로 정해야 한다.

여·야는 국회법의 개정을 통해 18개 국회상임위원회(특위 2개 포함)를 국회원내교섭단체의 의석비율에 따라 제 1당, 제 2당 그리고 제 3당의 원내교섭단체가 자신들에게 배분된 상임위원장을 순서대로 선택하는 방안을 연구할 필요가 있다. 책임정치 차원에서 다수당이 먼저 선택한다는 것을 법으로 정해 놓으면 상임위원장의 배분에 대한 갈등은 피할 수 있다.

둘째, 또한 국회의원들에 대한 실질적인 징계수준을 강화할 수 있는 국회윤리위원회의 구성도 박근혜 새누리당 대선후보가 2012년 대선공약으로 이미 제안한 것처럼[35] 국회의원으로만 할 것이 아니라 완전히 민간전문가로 구성되어야 징계가 올바로 실시될 가능성이 높다.

셋째, 법안의 심사를 보다 강화하고 상임위의 운영을 보다 활성화하기 위하여 소위원회를 상설화해야 한다.

넷째, 국회 예결위원회도 상설화되어야 국회가 거의 매년 국회예산안을 법적 기일 내에 통과시키지 못하는 위법적인 행위를 예방할 수 있을 것이다.

4) 국회의원의 국민소환제의 도입

민주통합당 황주홍의원외 14명은 2012년 6월 22일 지역구는 물론 비례대표 국회의원들까지 국민이 소환할 수 있도록 하는 '극회의원의 국민소환에 관한 법률' 제정안을 국회에 제출하였다. 황주홍의원에 의하면 입법권을 가진 국회의원이 '주민소환제도'를 도입하면서 그 대상을 지방자치단체장과 지방의원으로 국한한 채 자신은 소환대상에서 제외시킴으로서 이는 국회의원에게 부여된 입법권의 남용이자 법안의 현저한 불평등 사례이며 국회의원을 국민이 뽑아주었다면 당연히 국민이 소환할 수 있어야 한다는 것이다. 이 법안에 의하면 국회의원의 소환은 청구일 기준 선거구 획정 인구상한선(현재 31만 406명)의

---

35 중앙일보, 2012년 11월 7일자 세 후보 정치쇄신안 분석 참조.

30%에 해당하는 유권자의 서명으로 할 수 있다. 이 경우 해당 국회의원은 권한행사가 정지된다. 유권자의 1%를 무작위 추출한 뒤 이들을 대상으로 투표를 실시해 투표율이 33%가 넘으면 개표하고, 반대의 경우엔 개표하지 않는데 개표 시 50%이상이 해임에 찬성하면 국회의원은 자격을 상실한다. 이러한 국회의원 소환제의 도입은 지방자치단체장과 지방의원과의 형평성을 위해서도 꼭 필요하다고 본다.[36]

5) 성과에 따른 국회의원의 처우 및 특권의 포기

첫째, 19대 국회부터는 국회의원에게도 성과주의가 적용되어야 한다. 의원이 입법 활동에서 입법발의자로써 그 법안을 통과 시킨 자와 못한 자를 차별적으로 대우하는 성과주의를 도입하자는 것이다. 만약 국회의원이 1년 동안 입법 발의자로써 1건도 통과시키지 못할 경우, 국회의원에게 감봉제, 일정한 건수 이상을 통과시켰을 경우는 인센티브제를 검토·실시하자는 것이다.

둘째, 진정으로 국민의 봉사자로써 국민을 위한 정책을 펴고자 한다면 모든 국회의원은 국회의장과 부의장을 제외하고는 국회의원의 운전기사 제를 폐지하고 대신 국민에 가깝게 갈 수 있는 지하철과 버스로 출·퇴근을 하여야 할 것이다. 어느 국회의원이 사정 상 운전기사를 두고자 할 때에는 그 의원의 자비로 기사나 기름 값을 충당해야 할 것이다.

독일 의회에서는 국가가 의회의원 각자에게 주는 운전기사나 자동차는 없다. 독일연방의회에서는 600명의 의원들에게 50대의 공용자동차와 기사를 제공하고 있는데 이도 오로지 공용을 목적으로 사용할

---

36 중앙일보, 2012년 6월 23일자 참조.

수 있다. 의원이 개인 목적으로 자동차가 필요한 경우는 사비로 자동차나 기사를 사거나 채용하지 국가가 이를 제공하지 않는다. 스위스 연방의회는 국민의 세금부담을 감안하여 의원들에게 아예 운전기사와 자동차를 제공하지 않고 있다.

셋째, 국회의원이 국회 내 의사진행 중에 폭력을 사용하거나 국회 내 기물을 훼손하면 국회사무총장은 무조건 검찰에 고발하고 법원은 국회의원직의 상실 등과 같은 엄한 벌을 주어야 할 것이다. 또한 의원 보좌관이나 비서관이 폭력을 사용하거나 기물을 훼손해도 동일한 처벌을 받도록 해야 한다.

넷째, 여·야는 추후 헌법 개정 시 헌법 44조 국회의원의 불 체포 특권의 폐기를 처리해야한다. 새누리당이 2012년 4월 11일 총선 전에 국민위에 군림한다는 인상을 실제로 불식한다는 의미에서 국민 앞에 이 권한을 포기한다는 것을 공표한바 있다.

다섯째, 국회의원에게도 무노동 무임금의 원칙을 적용해야 한다. 여·야당이 당리당략으로 국회를 개원하지 못하고 법정기일이 지나거나 상임위나 본회의를 일주일 이상 지체할 경우 해당 국회의원들에게 무노동 무임금을 적용, 세비를 감봉하거나 주지 말아야 할 것이다.

1990년부터 2012년까지 22년 동안 단 5번 국회가 국가예산을 헌법에 명시된 회계연도 개시 30일 전에 통과시키었고 무려 17번은 이를 어기었다. 이로 인해 국민의 경제적 손실과 피해가 매우 컸다. 국회가 이러한 일이 다시는 일어나지 않도록 회계연도 개시 30일 전에 통과시키지 못할 경우 모든 국회의원은 연대 책임을 지고 의원 봉급 1개월 분을 반납하여 이를 가난한 자에게 기부하는 입법 조치가 있어야 할 것이다.

여섯째, 2012년 제 19대 국회의원들이 나라의 경제가 악화일로에 있음에도 불구하고 세비를 약 24% 인상한 것은 국민에 대한 배신행위이다. 2012년 대선을 앞두고 여·야는 모두 '세비 30% 삭감'을 국민 앞에 약속하였지만 대선 후 이에 대한 논의는 실종되었고 2013년도 예산에 전혀 반영하지 않았다. 이와는 반대로 2012년 미국의회의원들은 미국의회가 예산안을 통과시키기 전까지 자신들에 대한 세비 지급을 중단한다는 법안을 통과시키었다. 한국국회 공직자윤리위원회에 의하면 현 19대 국회의원들의 평균 재산은 500억 원 이상 자산가 4명을 제외하고도 18억3295만원이다. 이는 한국인 가구당 재산(2억9765만원)의 6배가 넘는다.[37] 이러한 실정을 감안할 때 앞으로 국회의원의 세비는 국회의원들이 정하지 못한다는 전제하에 자신의 선거구의 유권자들의 연간 소득에 연계하여 그들의 평균소득의 2배를 받도록 하는 것이 바람직 할 것이다.

일곱째, 2010년 10월에 한나라당과 민주당 국회의원이 야합해서 제정한 국회의원연금지급(전직 의원에게 매달 120만원 지급)도 철폐해야 한다. 이는 국민연금 가입자가운데 가장 등급이 높은 사람이 매달 30만 원 이상씩 30년가량 부어야 받을 수 있는 최고액이다. 지난 18대 국회에서 '헌정회 육성법'을 개정하면서 매월 100만원 받던 것을 120만원으로 증액하였다. 의원들의 경우 대부분 퇴임 후 본업으로 돌아가 직종별 연금을 따로 받을 수 있기 때문에 의원연금은 추가보너스나 마찬가지이다. 그러므로 최저생계비도 마련하지 못하는 가난한 전직의원이 4 년 이상 의원직을 수행하면서 어떠한 부정과 비리 등으로 형사상의 소추를 받지 않은 자에 한해서 100만 원 정도의 연금을 지원한다면 국민이 이를 묵인할 수도 있을 것이다.

---

[37] 조선일보,2013년 2월 8일자, A30쪽 참조.

6) 국회의원지원기구의 통폐합

대한민국 국회는 18대 국회회기가 종료될 때까지 지원조직과 국회 예산을 늘려 왔다.

2012년 4월 현재 국회의 정규 공무원만 3957명에 다다르고 의원 1인당 소요예산이 5억 원이나 된다. 2004년부터 2011년까지 7년 동안 행정부 중앙부처 공무원 수는 약 4% 증가한 반면 입법부 공무원 수는 약 25% 증가하여 행정부보다 6배 이상 커졌다. 행정부를 견제해야 할 국회가 오히려 자기 살만 찌운 격이 되었다. 스위스의 국회의원은 업무용 사무실도 없는데 우리나라 국회의원의 사무실은 5평도 아닌 무려 40평이나 된다. 7~8명의 가족이 생활할 수 있는 호화로운 공간이다. 또한 국회의원 1인당 그를 보좌하는 4급 2명, 5급 2명, 6·7·9급 각 1명과 운전기사를 포함해 총 9명을 두고 있다. 또한 인턴도 2명을 사용할 수 있다. 이는 국회의원 1인이 행정부의 1개과의 조직을 갖고 있는 셈이다. 국정감사 동안 국회의원이 피 감사기관에게 산더미 같은 서류를 요구하고 이를 해내는 공무원은 특근을 해야 하며 개원 중 관련 공무원은 대거 국회의 회의실 밖에서 대기하여 본연의 업무는 마비되다시피 한다. 결과적으로 국가공무원들은 국정감사 동안 국회의원 300명보다 3000명에 가까운 국회의원 보좌관들의 시중을 들어야하는 처지가 되었다.

이처럼 대한민국 국회는 그들의 기능을 제대로 수행하지도 못하는 '고비용, 저효율' 구조로 되어 있다. 그러므로 이제 19대 국회부터는 저비용, 고효율의 원칙에 입각하여 국회를 대대적으로 개혁하지 않으면 안 된다. 우선 입법 조사처, 예산 정책처, 국회도서관 등 3종의 국회의원 지원조직을 통·폐합해야한다. 또한 국회의원에게 제공되고 있는 4급 보좌관 1 명과 5급 보좌관 1명 도합 2명씩을 축소해야 한다.

7. 정치자금법의 개정

자본주의 경제의 핵심이 시장경제라면 민주주의 정치체제의 핵심은 선거이다. 그러나 선거에는 후보자가 자신의 정책을 알리고 지지자를 규합하여 표를 얻기 위해서는 비용이 상당히 든다는 것은 자명한 일이다. 사실 선거를 비롯하여 민주정치를 하는 데는 어느 정도 비용이 든다. 이는 민주주의를 유지하기 위해서 반드시 지불해야 하는 비용이다. 그러나 문제는 선거를 치루는 자들이 승부욕에만 눈이 멀어 위법을 자행하면서까지 정치자금을 모음으로써 이를 둘러싼 선거의 부정과 비리가 속출하고 있다는 것이다.

한국의 정당들은 독일의 정당법을 그대로 수용하여 국회에 일정한 수의 의석을 가지면 그에 비례하여 선거에 임하는데 일정한 국가보조금을 받으면서 다른 한편으로 후보자들이 미국식선거에 따라 정치후원금도 받을 수 있게 되어 있다. 이처럼 한국의 공직자선거는 독일식 정치자금법과 미국식 정치자금법 양쪽에서 선거비용을 받는데다 후보자 중심으로 치르다 보니까 선거비용이 너무나 많이 든다. 이에 비해 유럽의 선진국처럼 정당중심의 선거운동은 상대적으로 그 비용이 훨씬 적게 든다. 한국도 유럽식으로 정당중심의 선거운동방식을 택하고 정치자금법도 유럽식을 채택하여 미국식 후원금 제도를 철폐하고 기타 당비, 정당의 부대수입, 기탁금과 국가보조금만으로 충당함으로서 돈 안 드는 선거, 정책중심의 선거를 치러야 할 것이다.

8. 인사청문회제도의 개선과 정부출범 준비기간의 연장

첫째, 인사청문회제도의 개선이다. 고위 공직자 후보에 대한 국회

인사청문회가 정책수행에 대한 고위공직자후보의 능력과 자질 그리고 그의 도덕성을 주로 본다면 해당 고위공직자후보의 서류가 국회인사청문회 의원들에게 가기 전에 대통령이나 대통령후보자가 해당 후보자들의 도덕성과 같은 개인문제에 대해서는 정부의 협조를 얻어 객관적으로 조사하게 해야 한다.

대통령이나 대통령당선자는 도덕성에 합격된 자들 중에 한 후보를 선정하여 국회인사청문회에 필요한 선정된 후보의 서류를 국회 청문회로 보낸다. 그러면 그곳에서는 주로 정책적인 문제에 대한 논의를 통하여 후보자의 정책수행능력과 자질을 판단하는 마당이 되도록 청문회제도를 개선해야 한다.

또한 인사청문회를 받는 고위공직자후보가 군대를 어떠한 이유든 가지 못하거나 안간 자; 다운계약서를 작성한 자; 세금을 내지 않은 자; 위장전입을 한자는 아예 공직에 들어올 수 없도록 여·야당 간에 사전기준을 정하는 것이 국민통합에 매우 중요하다고 본다. 어느 정부에서는 그 정부가 출발하기 전에 상기 기준들 중 하나가 부족해도 인사청문회에 통과하는 경우가 있는가 하면 다른 정부에서는 통과되지 않는 경우들이 있는데 이는 형평성의 문제라 말하지 않을 수 없다.

둘째, 역대 대통령 당선인은 대통령선거일부터 새 정부 출범 일까지 68일 동안 정부조직법을 처리하고 내각과 청와대 비서진을 인선하며 국회에서 인사청문회를 실시해야 한다. 정권의 인수인계는 전 정권이 비워 준 의자에 새로운 정권 사람이 앉는 것으로 만족할 일이 아니다. 새 정권은 전 정권으로부터 핵심적인 국정현안들을 제대로 받아야 정권출범이 제대로 이루어질 수 있다. 이러한 이유로 역대 대통령 당선인은 정권인수를 제대로 하지 못하고 정부출범을 하였거나 시간의 제약으로 내각과 청와대 비서진의 인선에 대해 충분한 심사숙고를 하지 못하고 갈등조장적인 인선을 함으로써 사회적 물의를 일으키곤 하였다. 이러한 갈등적인 요소들을 예방하고 건전한 정부를 출범시키려면 새 정부 출범준비기간을 현 68일에서 최소한 100일 정도로 연장해 주어야 한다. 이를 위해 대통령선거일을 12월 19일 보다 더 일찍 정하거나 정부출범 일을 더 늦게 잡으면 될 것이다.

제6절 사회복지정책의 개혁: 스위스모델 적용은?

박근혜대통령 후보가 2012년 대선기간에 내걸었던 사회복지 공약, 즉 가계부채의 탕감, 4대 중증 질환 100% 건강보험적용, 영·유아 무상보육에다 대학등록금 반값으로 줄이기, 노인들에게는 기초연금으로 매달 10-20만원을 지급한다는 공약들을 정부정책으로 추진한다면 약 135조원이 더 필요하다.

한국은 인구구조가 경제에 도움을 준다는 '인구보너스기'는 2015년에 종료되고 그 다음 해부터 생산가능 인구가 감소한다. 거기에다 한국의 고령화는 세계에서 가장 빠른 '압축고령화'다. 피터 드러커는 저출산 고령화를 '국가 전체의 집단적 자살행진'이라 말했다.[38] 이러한 점들을 감안한다면 국가가 부담할 연금과 의료비는 기하급수적으로 급증할 것이다. 그 결과는 과도한 복지지출로 재정적자의 대란을 겪는 그리스와 스페인과 같은 나라가 될 것은 명약관화한 일이다. 그럼에도 불구하고 박 대통령당선인이 그의 약속은 반드시 지킨다는 신념을 갖고 이 정책을 계속 실행하려 한다면 다음의 4가지 조건들이 충족

---

38 신지호, "'연령지진'이 오는데.....", 조선일보, 2013년 5월 4일 A29쪽.

될 때 그 실행은 가능할 것이다.

첫째, 대통령과 장·차관, 국회의원, 법관 그리고 3부의 국가공무원부터 고통을 분담해야 한다. 그들은 월급과 연금혜택을 상당 수준 감축해야 한다. 예를 들어 대통령의 연봉은 2013년 초 현재 1억 8641만 9000원이며 한 달에 대략 1886만원을 받는다. 그 외에도 년 간 130억원 추진비를 수령한다. 대통령은 퇴직 후 연금으로 월 2788만원을 받는다. 대통령이 이 엄청난 금액의 반을 떼어 사회복지기금으로 기부하겠다면 다른 모든 공무원이나 국회의원도 월급과 연금 감축에 동참할 것이고 국민도 감동을 받아 스스로 자기의 월급에서 일정액을 떼어서 사회복지기금에 기부하는 자가 증대할 것이다. 대통령, 국무총리, 장차관, 국회의원 그리고 기타 국가공무원은 퇴직 후에도 고액의 연금을 받으며 편하게 살겠지만 대다수 국민은 그러한 혜택을 받지 못하고 있는 실정이다.

둘째, 국민이 진정한 복지국가를 원한다면 모든 국민은 예외 없이 자기 형편에 맞게 납세의무를 지켜야 한다. 한국은 상위 4% 소득자가 전체 종합소득세의 70%를 내고 있다. 월급쟁이 10명 중 4명은 소득세를 내지 않는다. 자영업자도 10명 중 4명은 과세기준에 미 달하거나, 감면 제도를 통해 소득세를 내지 않는다. 자영업자의 절반은 부가가치세도 안 낸다. 모든 국민은 소득이 있으면 형편과 사정에 맞게 금액이 적더라도 일정 금액의 세금을 내야한다. 종교인도 예외가 될 수 없다. 정부가 정부를 이끌고 있는 지도부부터 고통을 감수한다는 실천을 국민에게 보여줄 때 고통을 고루 분담하자는 사회적 합의가 이루어질 수 있을 것이다.

셋째, 공공기관의 구조 조정을 통하여 비용과 인적 낭비를 줄여야 한다. 공공기관에 근무하는 자는 '천국에 근무하는 자'라고 말할 정도로 일도 편하고 봉급은 다른 직종에 비해 훨씬 많다. 2013년 1월 현재 한국전력의 평균 연봉은 7100만원이고 한국수력원자력은 8000만원이며 한국거래소는 1억이 넘고, 한국예탁결제원은 9100만원에 이른다. 또한 공공기관은 그들의 업무에 비해 인력이 너무나 많다.[39]

마지막으로 한국의 공직사회의 부패의 만연과 사회적 신뢰의 부족이다. 대통령임기 말이면 어김없이 가족과 측근 비리가 터진다. 국회 청문회를 무사히 통과할 수 있는 고위공직자 후보를 찾는 일이 매우 어렵다는 것을 인사청문회 때마다 뼈저리게 느낀다. 하위 공무원 사회도 별로 다르지 않아 보인다. 지자체의 장들이나 교육감들의 부정과 비리가 신문에 자주 오르고 있다. 지자체의 사회복지 담당 말단 공무원이 수 억 원을 횡령한 사건도 있었다. 과연 거기만 그런 일이 있었느냐고 사람들이 냉소한다. 부정과 비리를 없애지 않고 사회적 신뢰가 부족한 상황 하에 국민의 혈세인 거대한 사회복지비용을 지출해 봐야 그 실효를 거둔다는 것이 의심스럽다. 왜냐하면 복지비용이 수혜당사자에게 가지 않고 수혜전달자가 가질 확률이 많기 때문이다. 이러한 현상은 2012년 그리스와 스페인에서 나타났음을 알고 있다. 결국 선진복지국가는 사회적 신뢰의 바탕 위에 사회복지를 위한 재정을 필요로 한다는 것을 위정자나 국민은 알아야 한다.

이 절에서 한국의 복지정책을 보다 건전하고 지속가능하게 만들기 위해서는 스위스의 사회복지모델을 알아 볼 필요가 있다. 한국이 본보기로 배우려는 스웨덴과 영국, 독일 등의 기준으로 보면 스위스는 복지국가가 아니다. 스위스에는 중앙정부가 운영하는 의료보험도 없고 전 국민에게 최소한의 생계비를 보장하는 시스템도 없다. 다른 선진복지국가들이 안고 있는 '복지병' 문제가 없으면서도 가난의 대물림이 그 어느 나라보다도 적다. 스위스의 복지문제는 두 가지 질문에서

---

[39] 조선일보, 2012년 1월 27일, E7참조.

출발한다. 첫째 질문은 '빈곤을 어떻게 완화시킬 수 있느냐'이며 둘째 질문은 '어떻게 비생산적인 복지를 극소화 하느냐'이다. 스위스 정부는 이 두 가지 질문에 대한 해답으로 다음 두 가지 원칙을 설정하여 적용하고 있다. 첫째는 복지의 제공은 필요한 사람에게 일시적으로만 제공되어야지 복지혜택에만 의존하는 사람을 만들어서는 안 된다는 것이다. 둘째 원칙은 혜택을 받은 사람은 최선을 다해 다음 세대에까지 빈곤을 물려주지 않도록 노력해야 한다는 것이다. 이러한 원칙의 적용의 덕분으로 스위스에서는 다른 유럽국가에서 보듯 복지문제로 인한 국가재정파탄 사태는 아직 일어나지 않았다. 서구선진국의 복지시스템과 스위스의 그것을 비교해 보면 대부분 선진국 복지의 목표는 같은 계층 안에서 그 혜택을 수혜자에게 얼마나 똑같이 잘 전달하느냐가 핵심문제이며 또한 혜택을 받은 사람이 물리적 노력을 하지 않아도 지속적으로 같은 혜택을 받을 수 있는 시스템에 초점이 맞추어져 있다. 그러나 스위스에서는 복지에 생산성 개념을 도입하여 수혜자의 형편과 사정에 따라 수혜혜택을 달리 하는 것은 물론, 수혜혜택은 본인의 노력여하에 따라 달라진다. 고령층과 장애인에 대해서는 무제한 혜택을 주지만 일반 사람들은 혜택을 지속적으로 받기 위해 본인이 재활, 교육 및 사회프로그램을 통해 소득창출을 위해 노력했다는 사실을 입증해야한다. 또한 혜택을 받은 자는 사회로부터 받은 혜택을 사회에 환원하려는 노력을 해야 한다. 스위스는 세계적으로 개인 및 법인 소득세, 그리고 각종 재산세가 가장 싼 나라이다. 어떤 연방주에서는 소득세를 전혀 부과하지 않는다. 연방 국가이면서 동시에 직접민주주의를 실천하고 있는 스위스에서는 거의 모든 세금이 칸톤 주정부와 코뮌지자체 단위로 주민들의 의견이 수렴되어 정해진다. 그러한 이유로 복지수준 또한 작게는 몇 백 명에서 많게는 몇 만 명의 주민이 모여 결정을 하고 집행을 하는 구조이다. 단지 복지라는 이름으로 예산이 낭비되거나 비생산적으로 쓰이지 못하게 주민들이 감시하고 그 세금을 모아 복지혜택을 주는 만큼 수혜를 받는 사람들에게 그에 상응하는 책임을 묻는다. 중앙정부가 통제하는 복지정책이 없기 때문에 복지정책이 없는 것처럼 보이지만 사실은 칸톤 주정부와 코뮌 지자체 단위에서 복지정책이 운영되고 있다. 이러한 스위스의 복지모델은 한국의 복지정책에 어느 면에서 긍정적인 시사점을 주고 있다. 세금을 거두고 모든 것을 보편적인 복지로 해결하려는 것이 최선의 정책만은 아니다. 이는 오히려 차후 '복지 병'에 걸릴 확률이 높다. 스위스복지모델을 바탕으로 한국의 여건과 실정에 부응하는 복지제도를 구축하고 정착하는 것도 한번 연구·검토해 볼 일이다.

제7절 교육 개혁

1. 유아원과 유치원의 교육개혁

1~6세까지 영유아교육이 인생에서 가장 중요한 교육인데도 불구하고 한국에서는 이들을 너무나 등한시하였다. 한 인간의 인성의 발달과 창의성 개발에 장애가 되지 않도록 암기나 필요한 문자나 숫자 같은 것을 유아원이나 유치원에서 가르쳐서는 안 된다. 여기에서는 민주시민교육의 덕목들, 즉 기본예절, 위생과 질서 등 더불어 사는 방법과 건전한 놀이문화 등을 중심으로 교과과정을 편성해야 할 것이다. 교육부가 유치원에 교육지침으로 제시한 유치원의 교육과정에 남·북한관계를 다루는 교육지침이 있는데 이는 잘못된 것으로 판단된다.

유치원에서 남북문제나 통일문제를 가르치는 것은 어린애들의 인성과 지적발달의 상관관계를 고려할 때 삼가 해야 할 것이다.

앞으로 부부가 공동으로 일을 하는 숫자가 늘어 60%이상이 될 것을 가정하여 유아원과 유치원의 수를 증가시키고 유아원과 유치원 등록금의 총액 중 중앙정부가 45%, 지방자치단체가 30%, 그리고 학부모가 25%를 지불하되 최소생계비로 생활하는 학부모에게는 국가가 전액을 책임 져야 할 것이다. 유아원과 유치원의 등록금을 정부가 전액 지불하는 소위 보편적인 혜택은 국민의 세금을 앞으로 그만큼 올려야 하기 때문에 반대한다. 유치원제도 전반에 대해서도 스웨덴이나 독일의 모델을 한국의 실정에 적용해 볼 수도 있다.

2. 초·중·고등학교의 교육개혁

다음 장인 제 5장에서 상세히 논의하겠지만 선진시민교육의 목표는 홍익인간 이념의 구현을 위한 3가지 인간상인 자주적, 민주적 그리고 사회 도덕적 인간을 육성하는데 있다. 이러한 인간상 교육을 선진민주시민교육이라고 한다. 그러므로 정부는 이러한 인간상, 즉 훌륭한 한국인을 육성하는데 필요한 덕목들을 선정, 도덕과 사회과목에서 뿐만 아니라 예체능과목을 비롯한 모든 과목에서 행해지는 실천적이고 체험적인 방법으로 가르쳐야한다. 더욱 중요한 것은 공동체 의식의 중요성을 살려 모든 학습은 개인단위보다 4-5명의 집단단위로 실행함으로서 경쟁심과 협동심을 동시에 육성하는 교육방법을 실시해야 할 것이다. 다시 말해서 창의력을 육성하기 위해서는 '창의력을 가진 자가 바로 자주적인 인간이다.'라고 강조하고 창의력과 관련된 과제를 8-9명으로 구성된 조별로 주면 그 조의 학생은 그 과제를 풀기 위해 문헌을 찾고 논문을 써서 조별로 서로 발표함으로서 창의력과 발표능력도 향상 시킬 수 있다. 앞으로 도덕, 예체능과목이나 사회과목이 영어나 수학 그리고 자연과목과 최소한 같은 비중으로 다뤄지도록 교육부는 차기 교과과정의 개정 시에는 이를 재조정하여야 한다.

그렇게 되어야만 학생들에게 창의력과 독립심이 있는 자주적인 인간, 기술력(Skills)과 민주적인 가치관(Democratic Values)과 태도를 갖춘 민주적인 인간 그리고 공동체의식에 충만한 사회 도덕적 인간상을 중심으로 한 선진민주시민교육을 실시함으로써 한국의 교육이념인 홍익인간의 이념을 구현시킬 수 있다. 그리고 교육의 내용과 방법을 향상시키기 위하여 도덕, 사회과목 그리고 예체능과목을 가르치는 교사들은 각 수준마다, 즉 유치원수준, 초등학교수준, 중등학교수준과 고등학교수준마다 자체 연구협의회를 설립하여 교사들이 자체 연구를 실시하고 매년 2~4회 17개 시도단위로 세미나를 개최하여 교사들이 연구한 것을 발표하고 토론하며 종합정리함으로써 서로 정보와 상호협력을 제공받을 수 있는 기회를 공유해야 할 것이다. 시·도 단위로 교사들이 학교의 벽을 허물고 서로 연구하고 연구한 것을 발표하고 비판받아 더욱 올바로 연구된 것을 학생들에게 가르친다면 학교의 교육수준은 더욱 높아질 것이다.

정부가 학생들을 지적발달만 시켜 경쟁에서 이기는 '여우'를 만들기보다 한국의 민주사회가 진정으로 필요로 하는 인성과 창의력을 바탕으로 한 민주시민의식이 충만한 '홍익인간의 이념'을 구현할 수 있는 '훌륭한 인간'을 육성해야 할 것이다.

한국의 중학교과정은 교육자들의 등한시로 초·중·고등학교 중에서 가장 문제가 많은 교육과정이 되어버렸다. 중학교는 간단히 표현한다면 수업 중 '낮잠 자는 곳'이 되어버렸다. 교육당국과 교사의 무책임, 교사의 무성의 그리고 학생의 무 목표가 한국의 중학교를 지배하고 있다. 이곳에서는 중학생의 학습 열기는 식어가고 있으나 그런다고 독서를 열심히 시키는 것도 아니며 또한 체력을 기르지도 않는다. 그 결과 이러한 중학교들이 학교폭력의 온상이 되어 있다. 고등학교를 가기위해 열심히 공부를 할 필요가 없는 입학제도 하에서 중학교 학생들이 뚜렷한 목표의식이 없이 3년간을 방황하고 있다. 이 방황으로 사춘기를 지나는 중학생들은 감수성이 너무 풍부하여 인터넷 게임이나 황금만능주의, 성욕 또는 폭력에 빠지는 경향이 짙어 사회의 안전까지도 문란 시키는 경우가 허다하다. 초등학교는 그런대로 또래와 사귀며 공부에 적응하는 법을 가르치고, 고등학교는 대학입학시험과 취업이란 뚜렷한 목표가 설정되어 있어 학생들의 일탈을 막아준다. 그런데 그사이에 끼어 있는 중학교는 무관심, 무성의, 무책임, 무 목표로 방치되어 있는 꼴이다. 이러한 중학교교육의 부실한 상태를 제거하고 보다 교육의 효율성을 고양하기 위해서는 교육당국이 성의를 갖고 학생들이 수업만 들어도 통과할 수 있는 기초학력시험, 기본 독서량, 기본체력점수 등을 고교진학의 자격으로 정해 주어야 할 것이다. 또한 중학교에서 체험을 바탕으로 하는 인성과 창의력을 비롯한 민주시민의식을 함양하는 교육을 전 과목에서 동시 다발적으로 실시해야 할 것이다. 중학교 교사에게도 상벌을 엄격히 가려 실시하되 가급적 인센티브시스템을 적용하여 사기를 높여야 할 것이다.

기업과 정부는 고등학교만 졸업해도 취직을 할 수 있는 기회를 전문계 고등학교 졸업생에게 부여해야 할 것이다. 그리고 전문계 고등학교졸업생이 사회에 나아가 4년간 열심히 일한 자의 봉급이 대학을 갓 졸업하고 입사한 봉급과 같거나 더 많다면 앞으로 대학에 가는 학생의 수는 감소될 것이다.

3. 대학과 대학원의 교육개혁

1) 선진시민교육의 강화

전문대학과 대학교에서는 선진시민교육을 대신하여 '대한민국의 정치체제'(Korean Government)라는 과목을 필수교양과목으로 채택하여 이를 심도 있게 배워야 할 것이다. 한국의 대학에서는 한국의 정치 또는 정치체제라는 과목을 강의할 경우 통상 한국의 정치현상만을 가르치는데 이는 문제가 있다고 본다. '대한민국의 정치체제'라는 강의에서는 한국의 국내외 정치뿐만 아니라 경제정책, 사회정책, 교육정책, 문화·정보·통신정책, 교통정책 등 국가정책전반과 이에 반대하는 야당의 정책을 동시에 가르쳐야 한다. 교수가 중심을 잡지 못하고 자기의 이념성향에 따라 주입식에 가까운 교육을 시키는 것은 대학에서 있을 수 없는 일이지만 실제 대학교육현장에서는 이러한 현상이 비일비재하게 일어나고 있다. 그러나 교수가 진보적이든 보수적이든 간에 그들이 수강생인 학생이 이러한 여·야의 정책들을 자신들의 관심사에 따라 선호하고 선택할 수 있도록 이를 도와주는데 그쳐야 한다. 이것이 바로 초당적인 교육의 원칙이라고 하겠다. 이러한 강의를 통하여 이 나라를 짊어지고 나갈 대학생들이, 특히 북한의 핵위협 상황 하에서 핵이 없는 대한민국의 안보와 국방정책을 소상히 이해하는 것은 그들의 의무라고 본다.

미국의 대학에서도 미국의 정치체제(American Government)를 교양필수로 가르치고 있다는 것은 잘 알려진 사실이다.

2) 대학과 대학원의 구조조정

선진국인 미국과 일본 등의 대학진학률이 60%정도임을 감안하면 한국의 대학 진학률은 세계 1위이다. 2008년도 한국교육개발원의 통계에 따르면 한국의 대학진학률이 83.8%이고 전년도의 82.8보다 1%가 올라 역대 최고치를 기록하였다. 이러한 현상은 학력 인플레이션을 조장하는 것으로써 대학졸업자가 취업을 할 수 없다면 긍극적으로 지적 프롤레타리아(Intellectual Proletariat)가 조직화되고 활성화될 것이다. 그리고 이러한 활성화는 국민통합을 저해하고 사회·정치적인 갈등을 초래하여 사회가 불안하게 될 수 있다.

이를 예방하기 위해서는 다음과 같은 전문계 고등학교와 대학의 개혁조치들을 취해야한다:

(1) 전문계 고등학교의 확대와 질적 향상 그리고 90%이상의 취직 보장

(2) 전문대학의 질적 향상과 90%이상의 취직 보장

(3) 대학과 대학원의 유사학과 통폐합과 대대적인 정원감축, 수준 미달 대학의 퇴출과 같은 과감한 구조조정의 실시

(4) 졸업장만을 만들어 내는 특수대학원은 각 대학에서 제일 운영이 잘 되는 특수대학원만 남기고 나머지는 통·폐합하여 특수대학원의 질적인 향상노력

이러한 과감한 구조조정이 있은 후 대학생의 반값 등록금제도가 전국적으로 실시되는 것이 대학의 실질적인 발전에 커다란 도움이 될 것이다.

대학의 구조조정의 한 방식으로 대학을 연구중심대학과 강의중심대학으로 구분하여 운영하는 방법이 있다. 전국 17개 시·도에 있는 대학들 중 한 개씩을 연구중심대학으로 지정하면 연구중심대학으로

지정된 대학은 학부를 없애고 오로지 석·박사과정만을 갖는 대학원과 각종 연구소만을 설립·운영한다. 그리고 기타 대학들은 강의중심대학으로 석·박사 과정을 두지 않고 오로지 교육의 사회화에 전념한다. 그들은 정부와 기업과의 협조체제하에 졸업 후 학생들이 최대한 많은 일자리를 얻도록 노력하는 소위 취업대학이 되는 것이다. 강의중심대학에서는 필요 시 졸업정원제도의 도입도 고려해 볼 만 하다.

3) 선진대학으로의 개혁

대한민국에서는 대학입시 때문에 고등학교에서 학생들이 제일 많이 공부를 하지만 일단 대학에 들어오면 공부를 적당히 하는 경향이 강하다. 이는 선진국의 대학과는 정반대되는 현상이다. 따라서 한국이 국가경쟁력을 높여 선진화되려면 대학의 경쟁력을 높여 대학이 선진화되어야 한다. 대학생이 고등학교 때보다 대학에서 더 많이 지식을 습득하고 공동체생활을 할 수 있는 참여기술과 민주적인 태도를 비롯한 리더십을 터득해야만 사회에 나와서 훌륭한 민주시민이 되고 직업인이 되어 국가경쟁력을 강화시킬 수 있다. 선진한국사회는 앞으로 자기전공분야에 대한 깊은 지식, 사회·정치과정에 적극 참여할 수 있는 기술과 선진시민의식과 태도를 갖추는 훌륭한 한국인을 요구하기 때문이다. 대학에서 한 학생이 학기 당 4~6개의 강좌를 수강할 수 있도록 하되 한 강좌에서 4개의 책과 6개 이상의 논문을 읽고 시험과 논문작성을 거쳐야만 학점을 취득할 수 있도록 대학당국과 교수는 학사관리를 철저히 그리고 투명하게 해야 할 것이다.

선진국의 경우 교수는 한 학기 강의준비를 위해 강의 준비, 강의 실시, 학생면담, 시험과 채점 등을 합쳐 과목당 213시간을 투입하는 반면 한국은 과목당 겨우 92시간 정도를 사용하고 있다.[40]

그러므로 한국교수의 강의에 대한 열정이 학생들을 위해 더욱 많이 쏟아지길 바란다.

또한 대학 4년간의 성적이 국가공무원이나 기업에 취직 시 최소 30%이상 반영된다면 대학생들이 학교교육을 방치하지 않을 것이다.

정부는 통폐합 시 사회가 필요로 하는 학과목을 신설하고 필요하지 않는 과목은 통폐합하는 유연한 구조조정방식을 채택해야 할 것이다. 그리하여 사회가 꼭 필요로 하는 대학, 학부 그리고 학과만이 남아 같은 학과간의 경쟁제도를 둔다면 학문의 발전은 선진국수준에까지 올라갈 것이다. 그러나 학과 통폐합은 장기적인 안목에서 신중을 기해 실시해야한다.

제8절 대북정책, 어떻게 해야 하나?

1. 북한 핵보유와 전쟁위협의 의도

북한이 2013년 2월 12일 한국과 유엔의 강력한 반대에도 불구하고 제 3차 핵실험을 강행하였다. 이로써 한국을 비롯한 6자회담에 참여한 기타 미·중·일·러시아도 북한의 진정한 의도를 오판했다는 것이 드러나게 되었다. 특히 한국에서는 여·야를 막론하고 북한의 진정한 의도를 파악하는데 실패하였다. 민주당을 비롯한 진보세력은 햇볕정책을 지속하다보면 북한이 핵을 포기하고 개혁·개방의 길로 올 것으

---

40 조우현, 2006, 대학을 바꾸어야 나라가 산다, 서울: 랜덤하우스중앙, 48~50쪽 참조.

로 오판하였다. 북한이 이명박 정부 시절 천안함 폭침, 연평도 포격, 험악한 막말의 행진 등을 남한에 가해도 북의 핵위협을 잠재우기 위해서 야당은 북한과의 경제원조에 대한 대화의 재개를 주장했다. 이에 반해 한나라당(현재 새누리당)은 이분법적 사고로 대북강경정책을 구사함으로서 북한과의 정부 간의 대화는 물론 인도주의적인 원조도 중단하였다. 정부, 여·야정치인 그리고 대부분 국민은 북한이 핵보유를 그들의 헌법에 명시하였음에도 불구하고 북한의 진정한 의도를 파악하는데 관심을 갖지 않고 오히려 팔짱만을 끼고 남의 집 불구경하듯 바라만 보았다. 만약 노무현 정부가 평양방문 시 김정일 정권에 약속했던 10.4 합의에 따라 대북 대규모 사회경제지원을 실천하였다면 북한은 경제발전과 핵보유라는 김정은 정권의 두 가지 국가목표를 보다 쉽고 확실하게 달성했을 것이다. 어느 진보세력은 정전협정을 평화협정으로 전환하면 북한이 공언한대로 핵을 포기할 것이라고 굳게 믿고 이를 위해 정전협정을 평화협정으로 전환을 시키기 위한 운동을 전개하고 있다. 그러나 이제 한국정부와 대부분의 국민은 북한의 유일지배체제가 붕괴되지 않는 한 한국과 국제사회가 지금과 같은 제재의 정도나 유화정책으로는 북한의 핵 포기는 불가능하다는 것을 알게 되었다. 핵 보유자체가 북한세습체재의 유지의 근간이며 대남 대미전략의 핵심 지렛대임이 명백히 드러났다. 북한 김정은 정권의 유지는 바로 핵보유라는 등식이 성립된다.

2013년도 초에 김정은의 연설문을 보면 북한 정권은 '핵자주권에 기초한 경제발전권의 추진'이라는 두 가지 목표를 설정하고 있다. 이제 핵자주가 이룩되었다고 판단하고 미국 그리고 한국과 국제사회가 대북 경제제재를 더욱 강화할 것에 대비하여 북한정권은 '경제 강국의 건설과 인민생활의 향상'을 국가의 제 2 목표로 정하지 않을 수 없었을 것이다. 3차 핵실험 하루 전에 개최된 북한 당 중앙위원회 정치국회의에서 "공화국을 고립 압살하려는 온갖 적대세력들의 책동을 경제강국 건설과 인민생활향상의 자랑찬 승리로 단호히 짓 부셔 버리는데 대하여 지적하였다."[41]는 진술은 그들의 제 2목표와 밀접히 관련된 문장이다.

북한의 최고사령부는 2013년 3월 5일 '정전협정 폐기'를 선언한 후 외무성과 조국평화통일위원회가 나서 '핵 선제 타격' '남북 합의전면 파기'를 선언했고 김정은은 7일과 11일 서해 최전선 NLL 근처 군부대를 시찰했다. 북한 TV에서는 연일 "조선은 한다면 한다."는 노래를 내보내면서 당장 전쟁이 일어날 것처럼 긴장의 수위를 높이고 있다. 그렇다면 북한은 왜 남쪽에 대해 협박수위를 높이고 있을까?

한마디로 군부와 당과의 권력 암투에서 군부의 승리가 엿보이는 상황에서 경제생활에 불만을 갖고 있는 주민들을 진정시키고 북한체제를 안정시키기 위해서는 내부의 불만을 외부로 뿜을 수 있도록 대남 군사도발을 위한 지속적인 대남협박이 절대적으로 필요하다고 보겠다.

그러나 북한의 김정은과 그의 추종자는 인민은 가난과 굶주림에 허덕이고 있는데 반해 그들은 세계에서 가장 행복하게 살고 있다는 것을 안다면 그들은 그들의 행복한 생활을 빼앗기지 않으려고 전면전은 가급적 피하려 할 것이다. 그러나 그들은 남쪽 사람들을 긴장시키고 불안하게 만들기 위하여 국지적인 도발은 감행할 것으로 예상된다. 만약 지난 연평도 포격처럼 북한이 국지적인 도발을 감행한다면 북한의 명령권자는 물론 북한이 가장 귀중히 여기고 신성시하는 김일성, 김정숙, 김정일 등 김정은 일가의 기념비들을 파괴하겠다고 북한 지휘부에 신호를 보낸다면 과연 그들이 국지적인 도발을 결심할 수 있을 지 의문이다.

---

41 하영선외, 3차 북한 핵 실험과 한국의 대북정책: 군사·경제·정치의 3중 복합대응책 모색, 제 28호 EAI논평, 2013년 2월 25일, 2쪽, 재인용.

2. 대한민국의 대응전략

만약 북한의 국가목표가 핵자주권보장과 경제발전 및 인민생활의 향상이라면 한국정부의 대응전략은 과거 정부가 취해 온 대북정책인 햇볕정책 내지 포용정책 또는 제재정책을 넘어 이들을 필요시마다 바꾸어 적용하거나 동시에 적용할 수 있는 다차원적 복합적인 전략을 구사해야 한다. 대북정책의 제 1 단기목표로 북한이 핵 선군 생존전략에서 벗어나 한반도 비핵화안보체제를 받아들일 수 있도록 유도하는 것이다. 이러한 목표를 달성하기 위하여 정부는 북한에 대해 정치·외교적, 경제적 그리고 군사적인 조치를 강구해야 할 것이다. 동시에 정부는 대내적으로 대북정책의 형성과 결정과정에 야당을 참여시켜 북한으로 하여금 대북정책에 관한 한 남한의 단합된 모습을 지속적으로 보여주어야 할 것이다.

첫째, 정치·외교적인 조치이다. 정부는 미국과 중국을 비롯한 국제사회와 공조를 통해 이 문제를 당근과 채찍이라는 전략전술을 가지고 해결하려는 적극적인 외교노력을 해야 할 것이다. 한국정부가 어느 정도 시기가 성숙되었다고 판단할 경우 북한이 핵 선군 생존전략에서 한반도 비핵화안보체제로 전환하도록 북한과 4강에게 한반도비핵화와 한반도 평화협정 등을 비롯한 동북아 안보와 협력을 핵심내용으로 하는 '동북아 안보협력체제'를 제의할 것을 제안한다. 만약 북한과 4강이 이를 수용하고 북한이 핵을 포기한다면 남한은 미국과 중국과 함께 정전협정을 평화협정으로 전환할 것을 북한에게 약속할 수 있다. 만약 북한이 이를 받아들이면 남·북한과 미·일·중·러시아 6개국이 모여 '동북아 안보협력 체제'의 설립에 대한 회담을 개최하고 한국정부가 기선을 잡고 이 구상을 성공시키도록 노력한다. 이와 관련 북한이 주장하는 미군의 철수 건은 '동북아 안보협력 체제'가 한반도를 비롯한 동북아에서 최소 5년 동안 전쟁 없이 평화무드 속에서 지속 된다면 미군의 철수를 한국정부가 반대하지 않는 다는 것을 미국과 중국 그리고 북한에게 알리는 것이 북한의 핵 포기에 결정적인 도움 이 되겠지만 과연 북한 핵 포기와 관련시켜 이를 제안하느냐는 보다 심사숙고가 필요하기 때문에 이에 대한 심도 있는 연구·검토가 필요 하다고 본다.

둘째는 경제적인 조치들이다. 한국정부는 경제제재가 북한에 주는 효율성과 한계성을 정확히 분석하고 이에 대한 경제제재조치의 유형 등을 선택해야 할 것이다. 동시에 북한의 경제발전과 인민생활의 개 선을 시키기 위한 경제지원을 통해 북한체제변화의 동력을 만들 수 있는 심리적인 복합전략을 수립·실행해야 할 것이다.

셋째로 가장 중요한 생존적인 조치는 군사적인 조치이다. 군사력의 강화는 물론이요, 특히 전쟁억지력의 시급한 강화이다.

한국정부는 북한에 대해 핵 선군의 한계를 보여주는 신호를 수시로 보내고 동시에 국가안보를 지키기 위한 결연한 대응책을 브여주어야 한다. 일부 강경론자들이 주장하는 핵무장 론은 시위적인 차원에서 중요하지만 실제로는 이의 실현은 엄청난 비용과 심리적인 압박을 감 수해야 한다. 독자적인 핵무장을 결정할 경우 핵 비확산 체제(NPT)와 전면전을 치러야 하고 동시에 미국과의 관계악화와 심각한 갈등을 초 래할 것이다. 미국의 전술적인 핵을 한반도에 재배치한다는 것도 오 바마 정부 하에서는 불가능하다. 왜냐하면 오바마 대통령은 전술적인 핵 운용에 부정적이며 전략핵과 재래식 무기로도 충분한 확장억지력 을 제공할 수 있다고 믿기 때문이다.

따라서 한국은 점증하는 북한의 핵위협에 대응하기 위하여 재래식 무기억지체제의 강화, 한국의 MD, 미국의 확장억지체제를 적절히 조 화시키는 방법으로 한국의 전쟁억지력을 강화시키는 것이 무엇보다도 시급하다.

넷째, 북한과 기타 적대국의 사이버 테러에 대한 강력한 대응이다. 한국도 하루 속히 북한이나 기타 국가들이나 해커단체들의 사이버테러를 사전에 예방하고 테러를 당할 경우 보복이 가능한 민·관·군으로 구성된 '합동사이버사령부'를 세우고 이 사령부의 지도하에 각 지방정부와 정당, 사회단체들이 '사이버 민방위 훈련'을 제도화해야 할 것이다.

마지막으로 정부는 국민의 단합된 힘을 북한에게 보여주고 국민의 의사를 십분 반영한다는 의미에서 야당과의 '협력공조 체제'를 구축하여 대북정책에 임해야 할 것이다.

한국은 한편으로는 북한의 핵전쟁위협에 굴복해서 특사를 보내서는 절대 안 되나 다른 한편으로는 북의 위협 속에서도 북한의 참된 의도를 파악하고 극단에 도달하는 위기를 잠재우기 위해서도 북한에 대화를 제안하는 것이 바람직하며 인도주의적인 입장에서 북한을 지원하는 길은 터놓아야 할 것이다.

동북아와 한반도 정세가 변화되어 6자회담이 진척되고 남·북한당국이 대화를 통해 한반도가 어느 정도 안정화되고 북한과 여러 부문에서의 협력을 통해 신뢰를 구축했다고 판단할 경우 정부는 한반도문제를 해결하기 위하여 중·장기 통일방안을 북한과 함께 논의할 수도 있을 것이다.

제9절 중·장기 통일정책의 준비

통일에 관한 한 대한민국이 취할 수 있는 행동노선(course of action)은 매우 제한되어 있어 대외적인 조건들이 변화한다는 전제하에서만 한국의 통일을 위한 행동노선들이 결정될 수 있다. 그러나 이론적으로 한반도의 평화와 통일을 위해 다음과 같은 세 가지 노선들을 상정해 볼 수 있다.

1) 독일통일의 경우처럼 북한이 스스로 한국에 편입하기를 원하고 미·중이 이를 승인하거나 혹은 4강(미·중·일·러)이 이를 승인할 경우 한국이 서독이 취했던 노선을 답습하여 통일하는 경우.

2) 북한이 갑자기 붕괴되어 미·중이 북한을 자기들의 영향권으로 끌어 들이려고 각축하는 가운데 서로의 갈등이 증폭되어 한반도 위기 상황을 만드는 것보다 차라리 한국 중심으로 통일을 하면 미·중 양국이 한반도 통일이 그들의 이익에 부합하다는 판단이 설 경우.

3) 만약 남·북이 외세의 간섭 없이 협상을 통해 오지리나 스위스처럼 중립국으로서 '남·북한연합국'을 수립하겠다고 합의하고 강대국들인 미국과 중국이 이를 인정할 경우.

제 1의 경우는 북한이 핵을 갖고 한국의 안보를 위협하그 있어 그 가능성이 낮다고 본다. 그러나 한국은 이에 대비한 통일정책도 준비해 놓아야 한다. 이는 한국정부의 정직하고 건전한 민주사회정착에 대한 노력과 북한주민과의 연락망의 구축, 그리고 북한 침투에 대한 탈북한국인과 한국국민의 노력여하에 달려 있다.

제 2의 경우는 그 가능성이 높다고 본다. 북한은 2013년 2월 12일 제 3차 핵실험을 성공적으로 실시함으로써 명실상부 핵보유국이 되어 주변 4강은 물론 유엔안보리까지 이에 대한 외교적·경제적인 재제를 단행하였다. 특히 중국의 지도부는 북한의 핵실험에 반대하여 유엔안보리 대북재제에 동의하였으나 강력한 재제는 원하지 않고 있다. 그러나 중국의 일부 국민들은 북한에 대해 원조중단 등 강력한 대북재제를 원하고 있다. 중국이 북한의 안전보다 한반도의 평화유지가 그의 국익에 더 유리하다고 판단할 경우는 한국과 미국과의 대북정책에 공조할 수 있는 가능성은 있다고 본다. 이러할 경우 한국은 미국과 중국 양국과 통일을 위한 타협을 할 수 있도록 이와 관련된 정책을 개발해야 한다.

제 3안의 경우는 그 개연성이 실제 희박할 것으로 판단된다. 그러나 한국이 통일을 위한 조그마한 가능성도 고려해야 한다면 이에 대한 대안의 하나로 이와 관련된 통일정책을 준비해야 한다.

김대중과 김정일은 6.15공동선언 제 1조에서 한국의 국가연합제와 북한의 느슨한 연방제가 유사함으로 앞으로 이를 비교·검토하여 새로운 통일 방안을 만든다는 데에 노력할 것을 합의하였다. 남·북한이 이러한 통일방안을 합의해서 실현시키는 것은 현 상황으로 보아서 매우 어려운 일이다.

김대중과 노무현 정부 10년간 대북정책의 핵심내용으로 화해와 협력을 내세웠지만 그들의 대북정책은 북한의 핵무기의 양산에 일조하는 결과를 초래하였기 때문에 결과적으로 실패하였다고 본다. 그러나 장기적으로 여건이 성숙되면 남·북이 그들이 제시했던 통일방안에 대해 상호 논의하는 시기가 올 수 있다는 전제하에 남·북이 합의에 도달하기 가장 쉬운 통일방안이란 남·북한국가연합제이다. 미국, 독일, 그리고 스위스의 국가연합제가 말해주듯 이는 남·북이 화해협력 단계를 거쳐 상호신뢰가 구축되면 남·북 간에 잠정적으로 이룩할 수 있는 통일형태이다. 북한의 연방제나 남한의 단일국가통일은 그 다음으로 미루어 두고 남·북한이 가장 쉽게 동의할 수 있는 방안이 국가연합제이다. 물론 북한이 1980년 '고려민주연방공화국'을 남한의 전두환 정부에게 제의할 때 당시 정부의 퇴진, 미군의 철수, 국가보안법의 철폐, 한국의 반공정책의 포기, 남한에서 공산주의자를 포함한 정치범의 석방 등을 연방제 실현을 위한 선결조건으로 제시하였다.[42] 그러므로 한국정부는 미군의 철수나 현 정부의 퇴진을 제외하고 다른 선결조건은 수용하는 대신에 한국정부가 제시하는 다음과 같은 선결조건들을 북한이 받아들인다면 한국은 북한과 더불어 국가연합제를 통일의 중간단계로 받아들일 것을 제안할 수 있다.

첫째, 북한의 주민 개개인의 자유와 인권이 보장되고

둘째, 북한에서 한국정당들의 활동을 허락할 경우

국가연합이 실현된다면 남·북한국가연합의 대외정책은 중립을 지향해야 할 것이다.

앞에서 이미 설명한 것처럼 독일연방공화국이나 미국합중국 그리고 스위스연방공화국이 과거 연방제를 채택하기 전에 국가연합제를 채택하였던바 국가연합제가 성립하기 위해서는 최소한 다음 4가지 선결조건들을 충족시켜야 한다.

첫째로 연합국가 구성국들이 정치통합을 위하여 공통의 안보의식을 가져야 한다. 다시 말해서 국가연합제를 통해서 국가정책결정자들이 외부의 군사적인 내지 정치외교적인 위협을 제거할 수 있다는 확신을 가질 때 그 실현이 가능하다. 실제로 미국, 독일 그리고 스위스의 국가연합제를 실현시키는데 가장 중요한 요인들 중의 하나가 바로 그 구성국들의 안전을 보장해 주리라는 기대감이었다. 이러한 의미에서 남·북한 국가연합제의 실현을 위해서는 남·북한이 공히 그들의 공통의 적이 있어 안보의 위협을 느끼고 이를 통해 자국의 안전을 보

---

42 전득주 외, 2000, 남북한통일정책비교, 서울: 숭실대학교 출판부, 223~228쪽 참조.

장받기를 절실히 원하는 경우에 그 실현은 가능할 것이다.

둘째로 공통의 가치체계나 이데올로기를 가져야만 가능할 것이다. 구성국들의 정치질서가 서로 일치되지 않을 경우 그 국가연합제는 사회·정치적인 통합성이 매우 취약하고 사회·정치적인 동질성이 부족하기 때문에 국가연합제의 성립이 거의 불가능하거나 성립이 되더라도 빨리 붕괴될 것이다. 스위스나 미국 그리고 독일연합의 구성국들은 공통의 가치관을 가졌다.

셋째는 국가연합제의 구성국들이 공통의 대외정책 목표를 표방했을 때 연합제의 성립은 가능하다. 그들의 대외정책 목표들이 서로 일치하지 않을 경우 그 중앙정부가 일치되고 협력적인 대외정책을 실현한다는 것은 매우 어려운 일이다. 대외정책상의 연대의식의 부족은 국가연합의 생명을 약화시키거나 단축시킬 것이며 또한 국가연합의 성립을 매우 어렵게 만들 것이다. 스위스나 미국의 경우는 맞지만 독일의 경우는 구성국들 간 상이한 대외정책목표를 가져 결국 붕괴되었다.

마지막으로 국가연합 구성국들 간에 국가연합의 실현으로 그 구성국들이 경제적·문화적인 이익을 얻을 수 있다는 기대를 갖는다는 것은 말할 필요가 없다.[43]

1815년의 독일국가연합제는 상기 성립조건들이 충족되었기 때문에 실현될 수 있었다. 사회·정치질서는 독일연합국의 전 영토 내에서 동질적이었고, 국가연합의 구성국들 간의 불평등에도 불구하고 정통성 문제는 큰 문제가 되지 않았었다. 그러나 독일국가연합을 주도적으로 이끌었던 오지리와 프러시아가 서로 적의의 헤게모니 투쟁으로 그들의 대외정책에 있어 필요한 정도의 연대의식이 결여되어 있었기 때문

---

43 Chon, Tuk Chu(전득주), "Is the North Korean Confederation praticable?", in: Research Center for Peace and Unification(ed.), Korea and World Affairs, Vol. 4, No. 2, 1980, Summer, pp.335~362.

에 독일국가연합은 1866년에 붕괴되고 말았다.

이러한 국가연합제의 붕괴사태의 실례들은 역사적으로 영국식민지 인도가 인도와 파키스탄으로 종교분쟁에 의하여 분열되었을 때 영국은 이의 통합을 위해 "모슬렘회교국가"와 "힌두교국가"로 구성되는 국가연합제를 제의했지만, 사회적 동질성에도 불구하고 종교적 내지 이데올로기적 이질성 때문에 영국의 국가연합제는 무산되었다. 또한 이스라엘과 팔레스타인간의 분쟁을 조정하기 위해 나섰던 UN이 1947년 이스라엘·팔레스타인간의 국가연합제를 제시했으나 종교적 이유 때문에 수포로 돌아갔다. 이 두 사례에서 이데올로기적인 이질성은 바로 쌍방 상호간의 종교적 불관용을 의미하였다.

그리고 이 두 사례에서 대외정책의 연대의식문제는 부차적인 문제로 평가되고 있다. 동시에 두 경우의 국가연합은 외세의 위협이나 외세로부터의 독립을 또한 보장해 줄 수도 없었다.

이 두 경우에 있어서 잠재적 회원국들은 국가연합을 통해서 어떠한 문화적·경제적 이익도 기대하지 못했다.

상기 세 가지 사례와는 반대로 동독의 발터 울브리히트 수상은 1958년에 독일국가연합제 안을 서독에 제안했을 때 동·서독은 이미 서로 다른 주권국가가 되어 있었다. 동독에 의해 제안된 독일국가연합제의 경우 위에서 언급한 성립조건들 중 경제·문화적인 이익을 제외하고는 어떠한 것도 사실 맞지 않았다. 그럼에도 불구하고 동독은 서독이 다음과 같은 선결조건들을 충족시킨다는 전제하에 서독에게 국가연합을 제안하였다:

1) NATO 및 기타 군사동맹으로부터 서독의 탈퇴
2) 동·서독이 공동으로 참여하는 전제하 군축지대를 갖는 유럽집단안전보장체제의 수립
3) 서독의 병역의무화의 폐지

4) 서독의 재무장화정책의 포기

5) 군 병력의 상호 감축

6) "서독정부와 경제기구로부터 지도적인 나치인사"의 제거

7) "재 파시스트 화"의 포기

8) "민족 부르주아 층"과 "중간계층"과의 연합에 있어 프롤레타리아트의 지도적 역할의 인정

9) "군국주의적 및 제국주의적인 세력"의 제거

10) 학교의 개혁

11) "독점자본"의 제거

12) 기업경영법의 폐지

13) 대기업에 있어 노동자통제를 포함한 노동권의 전면회복

14) 기간산업의 인민에로의 전이에 관한 국민투표의 실시

15) 지주의 특권 폐지

16) 농민의 완전한 권리의 전면회복

17) "민주적인 토지개혁"(100ha 이상의 소유권의 강제 징수)[44]

때문에 당시 서독의 일부 정치학자들은 동독이 실현 불가능한 국가연합제를 서독에 제시하였다고 비판하였다. 다른 학자들은 동독이 이러한 국가연합제를 통해서 그들의 국제적 지위향상을 꾀했다는 견해를 갖고 있다.

오늘날 국가연합제가 성공하여 장기적으로 기능하는 연합제는 유럽연합이라고 말할 수 있다. 유럽연합의 특성을 보면 대략 다음과 같다:

유럽연합(European Union)은 복수의 국가가 조약에 의해서 결합한 국가형태로, 수개의 국가가 대외적으로 동일한 인격자로 행동하기 위

---

44 전득주, 1989, 분단국통일의 재인식, 서울: 대왕사, 94~95쪽 참조.

하여 결합한 것으로 국제법상 대외적인 권한은 유럽연합의 구성국이 보유하고 있다. 그러나 유럽연합의 중앙정부의 권한은 일반국가연합의 중앙정부의 권한보다 훨씬 강화되었다. 유럽연합의 중앙정부는 유럽연합의 각료회의에서 합의되고 체결된 조약으로 인정한 범위 내에서 대외권한 뿐만 아니라 행정권과 재정권 그리고 사법권 등도 갖게 되었다.

유럽연합의 성립근거는 구성국간의 조약이므로 국가연합자체는 구성국을 규율하는 단일의 성문헌법을 갖고 있지 않다. 그러나 유럽연합의 구성국들은 각각 별개의 독립된 헌법을 갖고 있다. 원래 국가연합의 중앙조직으로는 국가연합의회 뿐이지만 유럽연합이 현재 갖고 있는 중앙조직기구로는 처음에는 유럽연합각료회의와 유럽연합의회만을 갖고 시작하였으나 그 후 유럽연합의 집행기구인 유럽위원회, 유럽연합사법재판소 그리고 유럽연합 통계국, 유럽연합중앙은행 등을 설립하여 운영하고 있다. 원래 국가연합은 연합의회를 대표하는 구성국의 의원들이 비토권을 갖고 있기 때문에 국가연합의 대외정책을 비롯한 주요정책은 연합의회에서 만장일치로 가결된 경우에만 결정되고 집행되지만 유럽연합의 대외정책은 연합의회의 구성국들의 의원들의 비토권을 제한시켜 사안의 중요성에 따라 만장일치 또는 절대과반수로 가결된 경우에도 결정되고 집행될 수 있다. 유럽연합의회는 연방제국가의 의회와 유사하게 입법권이나 재정권을 갖되 국가연합의회의 만장일치제와는 달리 절대다수에 의한 의결로도 구성국을 법적으로 구속할 수 있다.

연방국가의 경우와 같이 유럽연합은 최고연방법원을 두고 있으며 이는 연합조약의 해석에 의해 연방구성국을 구속한다. 그러나 국가연합의 경우는 연합의회가 있을 뿐이고 연합헌법이 없으며 통상 연합헌법을 해석하기 위한 최고연방재판소가 없는 것이 특징이다. 이처럼 유럽연합에서 보는바와 같이 국가연합의 권한도 시간의 흐름에 따라 더욱 강화되고 있는 추세이다. 한국에도 유럽연합모델에 따라 한반도 통일을 시도하고자 하는 연구논문도 나오고 있다.[45]

남·북한이 과거 미국이나 독일에서 채택된 국가연합제를 선택하느냐 혹은 현행 유럽연합제를 선택하느냐는 전적으로 남·북한 당사자에게 달려 있다.

현재 남·북한 간에는 국가연합의 성립을 위한 이러한 객관적인 요인들이 다소 결여되어 있지만 앞으로 강대국들이 한반도에 대해 제국주의적인 팽창정책을 취할 경우, 남·북한이 서로 군사적인 협력이 필요하여 서로 연합을 할 수 있는 기회와 가능성을 배제할 수 없다.

그러므로 대한민국의 중·장기 통일정책은 이러한 대안들까지도 철저히 준비해야 할 것이다.

제10절 사법부의 개혁

국민을 무시하고 국민을 자기 아랫사람 대하듯 기본예절도 모르는 판·검사나 변호사가 허다하다. 더욱이 국민에 대한 고압적 자세를 갖고 송사에 임하는 판사나 변호사가 너무나 많다는 것이다.

한국 형사정책연구원 주최로 20세 이상 남녀 1800명을 대상으로 2012년 12월 7일에서 18일까지 실시된 재판의 공정성에 대한 설문조

---

45 유럽연합모델을 한반도에 적용하려고 시도한 논문에 대해 박재정, "남북한 통합론의 시론적 접근," 충남대 통일문제연구소, 1995년, 통일연구 제3집, 제 2부: 분단국의 통일정책과 한반도 통일, 121~137쪽 참조.

사결과에 의하면 사법부의 재판이 공정하지 못하다는 비율은 총 응답자의 43.5%나 된다. 이에 비해 공정하다는 응답자의 비율은 56.4%이다. 이는 국민의 반 정도가 사법부를 신뢰하지 않고 있다는 것을 의미한다.

돌출 판결도 여론의 호된 비판을 받았다. 서울중앙지법의 단독판사는 중국에서 불법 스포츠 도박 사이트를 개설해 30억 원을 챙긴 혐의(도박 개장 등)로 기소된 최 모(34)씨에게 "이미 거악(巨惡)을 범하고 있는 국가의 손으로 피고인을 중죄로 단죄하는 것은 정의롭지 못하다"며 집행유예를 선고했다. 그는 복권·경마·경륜·카지노 등 사행산업을 운영하는 국가가 개인의 도박장 영업을 처벌할 수 없다는 취지였다. 그러나 다른 일부는 이에 대해 '개인소신을 지나치게 앞세운 판결'이라고 비판을 하였다.

법원이 국민의 불신을 사는 이유는 고압적 태도, 전관예우, 들쑥날쑥 판결 등이 꼽히지만 법관이 독립성을 지키지 못하고 정치권이나 여론, 그리고 법원 내부의 눈치를 지나치게 본다는 지적도 많다.

여론으로부터 사법부의 중립성의 유지에 대한 설문조사결과에 의하면 응답자의 거의 반이 중립성을 유지하지 못하고 있다고 대답하고 있다. 양 대법원장은 2012년 9월 어느 언론 인터뷰에서 1심에서 실형을 선고받고 법정 구속된 한화 김승연 회장의 사례를 들면서 "누구든 법 앞에 평등하다는 인식을 국민에게 새로 심어주었다면서 과거 경제가 어려울 땐 신분이 양형 요소로 작용하기도 했으나 이제는 그런 영향력이 점점 작아지고 있다고 볼 수 있다"고 말했다. 그러나 실제 양 대법원장의 발언 이후 SK그룹 최태원 회장과 시도상선 권혁 회장이 연이어 실형 선고와 함께 법정 구속됐다. 서로 다른 재판부가 서로 다른 사건을 다뤘고, 기소 내용과 검찰의 구형량이 다른데도 세 사람 모두 똑같이 징역 4년형을 선고받았다. 이는 바로 여론재판이 아니고 무엇인가?

권력으로부터의 중립성에 대한 설문조사에서는 무려 응답자의 41%가 중립성을 지키지 못하고 있다고 답하고 있다. 이들은 국민의 다수는 아니지만 사법부가 그의 독립성과 중립성 그리고 견제와 균형의 원리를 무시하고 권력에 아부하고 있음을 지적하고 있다.

법원이 지난해 대선을 전후로 첨예하게 논의된 경제민주화의 내용을 판결에 반영했다는 얘기다. 이것이 바로 사법부의 중립성을 해치는 행위라는 것은 두말할 필요가 없다. 법원이 검찰(30.3%)과 경찰(31.5%)에 비해 중립성이 국민으로부터 더 의심받는 점은 충격적이다.

사법부가 국민위에 군림하는 이유들 중의 하나를 사법부의 특권의식에서 찾는 시각도 있다. 모 대학교 로스쿨 교수는 "젊었을 때부터 변호사나 다른 사회생활 없이 바로 법관으로 임용되면서 특권의식을 가지고 사회생활을 시작하게 된다. 일정한 변호사 경력을 가진 사람을 판사로 임명해 법조 일원화가 뿌리내리면 이런 폐단은 줄어들 것"이라고 지적하였다. 이러한 특권의식은 기수로 상징되는 서열주의를 통해서도 나타난다. 법원 내부에선 '재판장은 식사할 때나 등산을 갈 때도 서열 순으로 앉고 등산에도 서열 순으로 올라간다.'는 말도 있다.[46]

또 대법원장을 정점으로 내려오는 사법 관료주의는 사법부의 특권의식을 지켜내는 수단으로 작용한다고 보는 분석가도 있다.

사법부의 개혁은 '견제와 균형'이라는 민주주의 원리에 따라 사법부에 대한 국민의 직접통제를 실시할 수 있는 제도의 개선이 무엇보다도 절실하다. 그 구체적인 방법으로는 다음과 같은 것들을 제안할 수 있다:

---

46 중앙SUNDAY, 2013년 4월 7일~4월 8일, 제 317호 7쪽.

1) 국민 참여 배심원제도의 확대

2) 법원 내 권위주의적 서열의식과 관료주의의 제거

3) 판사는 검사나 변호사 5년 이상과 법학교수 부교수이상의 경력
   자 중에 임명 등 인력의 다양성 확보

4) 법관의 인사 방식의 개선

5) 하급심 판결문의 공개

6) 기본적인 예절을 포함한 민주시민의식의 함양을 위하여 판사시
   보 시 그들에 대한 민주시민교육의 실시 의무화 등이다.

제5장
초당적인 선진민주시민교육을 통한 의식개혁

한국의 국가권력구조의 개혁방향

제1절 한국의 시민의식, 무엇이 문제인가

1. 시민과 시민의식

원래 시민이란 다양한 의미를 가지고 있었지만 오늘날에는 국가와 사회를 이끌어나가는 주민을 의미한다. 시민이란 합법적으로 인정된 국가의 구성원으로서 정치에 직접관여하며 참정권을 갖는 국민을 뜻한다.

국민이란 한 국가의 인민을 의미한다. 넓은 의미에서 국민이란 국가를 구성하는 성원을 뜻하며 영토와 주권과 더불어 국가구성의 3대 요소 중의 하나이다. 헌법이나 법률에서는 국민이란 그 국가의 국적을 가지고 있는 개인을 말한다. 국적을 가지는 국민은 국가의 영토 내에 거주하느냐 그렇지 않느냐를 불문하고 그 신분에 의거 그 국가에 영구적으로 소속된다. 이러한 맥락에서 시민은 국민과 다르다.

시민이란 정치사회의 구성원이라는 한정된 의미를 갖는다. 민주정치가 발전되지 못한 국가에서는 모든 국민이 시민이 되는 것은 아니다. 그러나 국민주권의 이념이 확고한 민주정치체제가 확립되고 보편화됨에 따라 자유와 평등을 원칙으로 하는 참정권이 국민에게 보장되면서부터 국민과 시민은 사실상 같은 뜻을 갖게 되었다. 그러나 단지 개념상으로 국민과 시민이 구별되어 있다고 보아야 할 것이다.

민주주의 정치체제는 군인이나 정당주도 정치체제가 아니고 어디까지나 시민이 정치를 이끄는 민간주도 정치체제이다. 따라서 시민은 자주적이며 자치능력을 가져야 하며 정치의사형성이나 정책결정 과정에 참여할 수 있도록 어느 집단이나 정당에 가입하여 자기의 의사를 표현하는 것이 중요하다. 민주주의를 실천하려는 국가에서 그의 이념이나 제도를 확립하는 것도 중요하지만 그러한 이념이나 제도를 실천에 옮기려는 시민의 의식과 자질은 더욱 중요하다. 다시 말하면 민주주의는 진정한 민주주의자가 있을 때 그 실현이 가능한 것이다. 그리고 진정한 민주주의자는 민주시민의식을 갖고 있는 자를 의미한다.

그렇다면 시민의식이란 과연 무엇인가?

서구 시민사회의 시민의식은 원래 사상적으로는 계몽주의, 정치적으로는 프랑스시민혁명, 경제적으로는 시장경제의 한 형태인 자본주의와 더불어 형성되었다. 이것은 오늘날 서구민주주의를 물심양면으로 지탱해주는 토대가 된다. 개인들 스스로가 공동체 의식을 갖고 법과 규범을 준수하는 것이 시민의식이다. 근현대에 걸쳐 서구의 민주주의의 발전의 원동력은 그들 국민의 시민의식이었다. 그리고 민주적인 시민의식은 오랫동안 실시해온 민주시민교육에 그 뿌리를 두고 있다. 자유와 평등 그리고 정의에 대한 요구, 자율과 참여에 대한 요구, 권위주의와 획일화의 배격은 서구 시민의식의 근본바탕이다. 또한 서구의 합리주의는 시민의식 형성의 근간을 이루고 있다.

특히 칸트와 헤겔에게서 찾아볼 수 있는 계몽정신, 높은 차원의 윤리의식과 도덕성, 그리고 합리적 사고는 서구 시민사회의 지적 자양분이 되었으며 이는 자본주의 확산과 더불어 유럽으로부터 전 세계로 뻗어 나아갔다.

민주사회의 시민의식은 곧 시민 공동체 의식으로서 근대 시민사회라는 공동체를 그 구성원의 힘으로, 즉 자율적으로 건설하고자 하는 욕구에서 비롯되었다.

민주적 공동체에서의 개인이나 집단의 행복과 번영은 공공선의 실현이라는 전제 하에서 출발한다. 시민의식 즉 공동체의식을 형성하기 위해서는 공공선 즉 인간의 존엄성과 자유, 평등 그리고 정의 등을 추구하고 공동체 질서를 내면화 하는 자세가 필요하다. 왜냐하면 민주시민사회는 공동체의식에 투철한 시민들의 적극적인 관심과 참여 속에서만 유지되고 발전할 수 있기 때문이다.

시민의식은 다른 사람과 더불어 살기 위해 필요한 행동규범이다. 또한 민주시민의식은 민주주의의 발전을 위하여 필수 불가결한 구성요소이며 이는 주로 민주시민교육을 통해서 강화될 수 있다. 사회적 상호관계 속에서 사람들의 삶은 구체적으로 나와 너, 그리고 우리의 형태를 띠게 된다. 시민의식이 제도적으로 민주정치체제의 확립과 자유권, 평등권, 참정권 및 복지권의 보장으로 구현되고 시민 개개인의 의식체계에서는 산업사회에 부응하는 윤리관과 질서의식으로 정착된다. 시민의식이 시민의 실생활 속에서 내면화되고 습관화 될 때에 시민의식의 전통은 계승되고 민주주의의 생활화도 정착된다.

2. 한국의 시민의식, 무엇이 문제인가?

1) 한국의 시민의식의 구성요소들과 문제점

그렇다면 한국의 시민의식은 어떠한 요소들로 구성되어 있을까?

대한민국은 그의 헌법 제 1조에서 "대한민국은 민주공화국이다."라고 명시하고 있다. 이는 대한민국 국민이나 시민은 대한민국이 민주공화국임을 인정할 뿐만 아니라 대한민국을 민주공화국으로 만들어야 하는 의무를 지고 있다고 하겠다. 다시 말해서 만약 대한민국이 민주주의와 시장경제를 유지하고 발전시키기를 원한다면 대부분의 국민이나 시민은 민주적이고 합리적인 시민의식을 갖추어야 함을 의미한다.

그러나 한국인의 시민의식 속에는 민주적이고 합리적인 의식구조만이 있지 않고 다양한 비민주적이고 비합리적인 의식구조들이 공존하고 있다.

비민주적이고 비합리적인 의식구조들을 전통적·권위주의적인 정치문화요소들이라 부르고 합리적이고 민주적인 의식구조들은 합리적·민주주의적인 정치문화요소들이라 부른다.

한국인이 지니고 있는 시민의식의 문제점은 한마디로 말해서 전통적·권위주의적인 정치문화요소들을 아직도 극소화시키지 못하고 동시에 합리적·민주적인 정치문화요소들을 극대화시키지 못한데 있다고 하겠다. 다시 말해서 한국의 바람직한 시민의식은 전통적·권위주의적인 정치문화 요소들을 최대한 배제하고 동시에 합리적·민주주의적인 정치문화적인 요소들을 최대한 수용하여야 함에도 불구하고, 한국의 시민의식의 현 주소는 아직도 전통적·권위주의적인 정치문화요소들이 상당히 잔존하고 있으며 동시에 합리적·민주주의적인 정치문화요소들이 한국인의 의식에 정착되지 못하고 있는 실정이다.[1]

필자는 전두환 집권시기인 1984년부터 노무현 정부말기인 2008년까지 24년간 거의 동일한 설문을 갖고 전두환, 노태우, 김영삼, 김대중, 노무현 정부시기에 4회에 걸쳐 한국인의 정치의식 내지 시민의식에 대한 실태 조사를 한 적이 있다.[2] 이 조사결과를 중심으로 한국의 시민의식의 문제점을 알아보고자 한다.

---

1 한배호, 어수영, 1987, 한국의 정치문화, 서울: 법문사, 12~53쪽 참조.
2 전득주, 2009, 선진한국 어떻게 만들까, 서울: 동아출판사, 127~180쪽 참조.

2) 시민의식에 대한 실태조사결과에 대한 요약정리[3]

한국인은 그들의 시민의식에서 전통적·권위주의적인 사회정치문화요소들을 아직도 완전히 제거하지 못하고 있다. 묵종성향이나 형식주의는 감소되어 가는 추세를 보이고 있지만 혈연, 지연, 학연 등을 포함한 연고주의와 집단이기주의는 한국사회의 도처에 아직도 팽배해 있어 한국사회의 민주화의 저해요인으로 작용하고 있다.

또한 흑백논리적인 사고나 폭력주의가 정치를 비롯한 여러 영역에서 발견되고 있다. 황금만능주의도 한국 사회에 팽배하여 자식이 돈 때문에 부모를 살해하는 반인륜적 작태가 언론에 종종 보고되곤 한다. 님비의식도 문제이다.

동시에 한국인의 시민의식의 구성요소가 되어야 하는 합리적·민주주의적인 정치문화요소들도 한국사회에 아직도 정착되지 못했다. 한국인 응답자의 60%~70%이상이 한국사회를 부정직한 사회로 보고 있고 법과 규정 그리고 질서를 지키는 준법정신도 정착되지 못하고 있다.

개인의 권리의식 중의 하나인 참여의식, 특히 공직자선거의 투표율의 감소현상은 한국의 민주주의의 위기를 초래 할 수 있을 정도로 중요한 문제로 등장했다. 다행히 한국인의 평등의식이나 기타 개인의 권리의식은 일반적으로 상당히 신장되었다. 그러나 참여의식, 관용성이나 신뢰성 그리고 환경보호의식, 비판의식과 애국심은 아직도 부족하여 민주사회를 위협하는 핵심문제로 지적되고 있다.

따라서 대한민국의 선진화, 즉 사회·정치·경제·교육·문화의 선진

---

3 본 요약정리는 다음의 논문에서 요약된 것임. 상세한 결과보고에 대해 전득주, "한국의 시민의식 무엇이 문제인가," 한국지방발전연구원, 2012년, 민주시민길라잡이, 서울: 우공출판사, 5~34쪽 참조.

화와 인구증가 정책의 실현을 위하여 사회정치 지도층을 비롯한 전 국민의 의식개혁이 지속적으로 이루어지는 것은 절대적으로 필요하다.

다시 말해서 이러한 그릇된 시민의식을 탈피하고 올바른 의식을 정착시키기 위하여 사회·정치 지도층을 비롯한 전 국민을 대상으로 하는 초당적 선진민주시민교육의 실시가 절대적으로 필요하다고 본다.

제2절 선진시민교육과 통일교육의 문제점

그렇다면 한국인의 시민의식에 문제가 있다면 이를 해결하기 위해 어떻게 하여야 할 것인가? 이를 위해서는 현재 한국이 초·중·고등학교와 학교 밖에서 실시하고 있는 민주시민교육에 무엇이 문제인가를 먼저 인식해야 할 것이다. 이들 민주시민교육과 통일교육의 문제점들을 간단히 지적하면 다음과 같다.

1) 중·고등학교에서 명문고나 일류대학 입학 시험위주로 교육을 실시하기 때문에 학교교육에서 실시되고 있는 민주시민교육은 등한시 되어 왔으며 그나마 학교 교육도 이론과 실천, 인지적 측면(지식, 기능)과 정의적 측면(가치, 태도) 사이의 불일치와 괴리가 매우 크다. 설상가상으로 학교 내 민주시민교육은 이론이나 주입식 교육에 치우쳐 학습자의 내면화 내지 실천적 생활화에 중점을 두는 교육은 하지 못하고 있는 실정이다.[4]

---

4 허영식, 2003, 세계화·정보화 시대의 민주시민교육 어떻게 할 것인가?, 서울: 원미사.

2) 학교 내 민주시민교육이 초당파적 내지 중립적으로 운영되어야 함에도 불구하고 도덕과 사회과 교육에서 가끔 특정 진보적인 교사 나 극우 보수적 교사들의 이념적인 도구로 이용되는 경향을 보이기도 한다.

3) 민주시민 육성을 위한 학교교육이나 성인교육이 아직도 주입식 교육이 그 주류를 이루고 있다. 쌍방 통행 식 대화와 토론이 거의 없어 피교육자들은 수동적이고 주체적이 못되어 창의력을 상실하고 있다.[5]

4) 기성세대나 정치인들이 민주시민교육을 학교에서 이론과 주입식으로만 받았기 때문에 그들은 사실 민주시민교육의 중요성을 이해하지 못하거나 이에 대해 관심이 거의 없는 실정이다. 오늘의 흑백 논리적 정치현실을 볼 때 그들은 학교에서 대화, 토론 및 타협의 문화나 합의한 것을 따르고 지키는 교육내용을 배워본 적이 없었다.[6]

5) 만약 대한민국의 역대 대통령이 헌법 제 1조와 제 4조에 의거 국민의 세금으로 전 국민에게 민주시민교육을 초당적으로 철두철미하게 시켰더라면 우리나라는 벌써 선진적 민주 정치를 운영할 수 있는 능력을 갖추었을 것이다. 그들은 민주주의교육의 실시를 등한시하였기 때문에 국민 다수를 민주시민으로 육성시키는 데 실패하였다.

6) 학교에서의 민주시민교육이 부실한 가운데 설상가상으로 통일교육에서도 오로지 민족 통일을 위해 북한문제와 통일에 대한 교육

---

5 이인제, 2006, "유·초등학교의 민주시민교육의 현황, 문제점, 발전방향", 바른사회·밝은정치 시민연합의 한국 시민교육연구원 창립기념 세미나(2006, 9,15), 바른사회·밝은정치 시민연합의 한국 시민교육연구원 편, 한국의 민주시민교육의 현황, 문제점, 발전방향, 중앙선거관리위원회 선거연수원 강당에서 개최, 25~44쪽.
6 전득주 외, 2006, 민주시민교육의 이론과 실제, 서울: 앰-에드, 54쪽.

만을 시킨다는 것은 마치 집을 짓는 데 있어 기초를 닦아놓지 않고 그 위에 지붕을 얹는 것과 다를 바가 없다. 이는 헌법 제4조와 교육기본법 제2조의 정신에도 위배된다. 우리나라 헌법 제 4조에는 대한민국은 통일을 지향하며, 자유민주주의적 기본질서에 입각한 평화적 통일정책을 수립하고 이를 준수한다고 규정하고 있다. 그리고 교육기본법 제 2조에서 "교육은 홍익인간의 이념아래 모든 국민으로 하여금 인격을 도야하고, 자주적 생활능력과 민주시민으로서 필요한 자질을 갖추게 하여 인간다운 삶을 영위하게 하고, 민주국가의 발전과 인류공영의 이상을 실현하는 데 이바지하게 함을 목적으로 한다."라고 규정하고 있다.

7) 통일교육은 어디까지나 자유, 인권, 평등, 정직 그리고 신뢰와 관용 등 세계 보편적인 가치들을 내면화시키는 민주시민교육을 전제로 실시되어야 하는데, 사전에 민주시민교육을 받음이 없이 무조건 단일민족이라는 차원에서 민족통일의 당위성만을 강조하는 교육은 논리적으로 말한다면 북한식 통일도 무방하다는 위험한 결론에 도달할 수 있다.[7]

8) 민주주의의 유지와 발전을 위하여 민주시민교육지원법도 제정하지 않은 상태에서 통일교육지원법만을 1999년에 국회에서 통과시켰다는 사실은 김대중 정부가 대한민국 국민의 민주의식은 등한시하고 얼마나 통일 감상주의 사고에 빠졌었는지를 보여주고 있다.

9) 통일교육실시 과정에서 민주사회에 더욱 위험스러운 것은 김대중과 노무현 정부 때 정부의 대북정책을 지지하는 세력은 '통일세력' 그리고 '민주세력'으로, 정부의 정책을 반대하는 세력은 '반

---

7 대한민국 통일부, 2007, 통일교육기본계획 2004~2006, 121~127쪽.

통일세력' 혹은 '반 민주세력'으로 구분하는 흑백 논리적 통일교육이 일부 정부 지지 세력에 의해서 실시해 왔다는 사실이다. 또한 보수정권 때에는 한국을 미국처럼 연방으로 하여 대통령의 권한을 분산하여 보다 민주적인 국가를 만들어 통일을 준비하자거나 연방제 통일을 제안하면 '연공세력' 내지 '친북세력'으로 몰아붙이는 극단적인 보수 세력의 교육 내용도 비일비재하였다. 이러한 방식의 통일교육은 결국 시민들로 하여금 올바른 비판의식과 참여의식을 갖지 못하게 하였을 뿐만 아니라 소의 남남 간의 이념적 갈등을 초래하였다.

제3절 한국의 선진시민교육

1. 선진화를 위한 민주시민교육의 필요성

Thomas Jefferson, James Madison and John Adams recognized that even the most well-designed institutions are not sufficient. Ultimately, a free society must rely on the knowledge, skills and virtue of its citizens and those they elect to public office. Civic education, therefore, is essential to the preservation and improvement of American constitutional democracy.[8]

---

8 Center for Civic Education(edi.), 2002, Comparative Lessons for Democracy, Calabassas, CA.: Center for Civic Education, p. 6 참조.

미국의 건국의 아버지들인 토마스 제퍼슨, 제임스 메디슨, 존 애덤스는 가장 잘 기획된 제도들만으로는 부족하다는 것을 인정하였다. 하나의 자유로운 사회의 유지와 발전은 궁극적으로 시민들과 시민들이 공직으로 뽑은 정치인들의 지식, 참여기술 그리고 민주적 덕목에 달려 있다. 그러므로 시민교육은 미국의 입헌민주주의의 유지와 발전에 필수불가결한 것이다.

〈도표: 15〉 산업화·민주화·선진화의 변증법적 발전

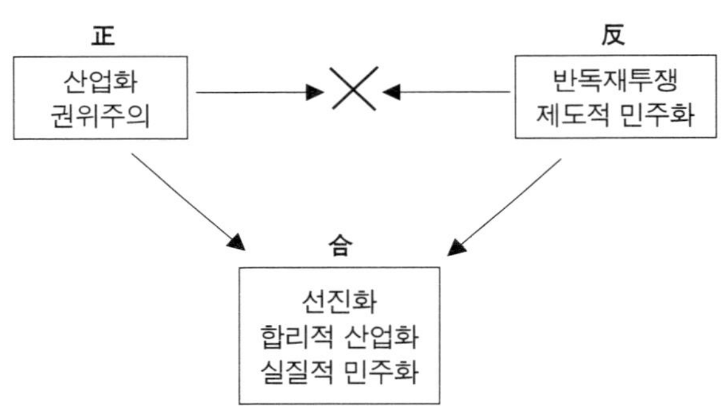

〈도표: 15〉에서 보는 바와 같이 산업화와 민주화는 상호 반목과 긴장관계를 거치면서 한국 사회는 변증법적으로 발전하여 드디어 산업화의 장점과 민주화 운동에서의 장점들이 통합됨으로써 과거의 산업화도 과거의 민주화도 아닌 새로운 합으로서 선진화의 길로 나아가고 있다. 이를 우리는 한국 역사의 변증법적 발전이라고 명명할 수도 있다.

그러므로 한국은 이제 세계화와 정보화에 직면하여 선진국과 경쟁하고 그들을 이길 수 있도록 한국의 산업화 세력과 민주화 세력을 통합하여 선진화 세력으로 규합하고 조국의 선진화를 앞당기기 위하여 최선의 노력을 다해야 할 것이다.

조국의 선진화에 최선을 다한다는 말은 한국의 사회·정치·경제·

문화·교육 등 각 분야의 선진화를 위하여 앞 장에서 설명된 각 분야의 개혁 특히 헌법 개정을 비롯한 법과 제도의 개혁과 동시에 이를 뒷받침하는 의식개혁의 단행을 의미한다.

한 나라를 선진 민주사회로 유지·발전시키기 위해서는 그에 부응하는 법과 제도의 개혁만으로는 충분하지 않다. 왜냐하면 선진 민주사회의 건설의 성패는 궁극적으로 그 사회의 구성원들, 즉 시민과 그가 선출한 정치인들의 사회·정치 현상에 대한 지식과 정치참여의 기술 그리고 사회·정치의식과 태도에 달려있기 때문이다. 그리고 이러한 사회·정치 현상에 대한 지식, 사회·정치 참여기술과 의사결정능력 그리고 사회·정치의식은 길거리의 투쟁이나 구호의 외칠 또는 정치지도자의 일방적인 공약으로 얻어지는 것이 아니라 선진국에서 보듯이 통상 초당적·효율적 정치교육 혹은 시민교육에 의해서 습득되어지고 있다.[9] 그럼에도 불구하고 한국의 지도층은 아직도 시민교육이 대한민국의 자유민주주의적 질서의 유지와 발전에 필수불가결한 것으로 보고 있지 않는데 그 비극적 측면이 있다.

2. 한국의 선진시민교육의 이념, 목표와 내용

1) 이념과 목표

대한민국 교육기본법 제 2조에는 홍익인간의 이념을 대한민국의 교육이념으로 규정하고 있다.

정영대는 〈일지희망연대〉에서 홍익인간의 이념이 대한민국의 교육

---

9 Center for Civic Education, 2002, Comparative Lessons for Democracy, p. 2.

이념인데도 불구하고 그 이념이 국민에게 널리 전파되어 구현되지 못하고 모든 집단이 이기주의에서 벗어나지 못하고 있음을 다음과 같이 지적하고 있다:

"우리에게 내려온 밝고 밝은 마음, 세상을 훤히 비추어 널리 인간을 이롭게 하는 홍익의 양심은 어디로 갔는지, 나만 좋으면 된다, 내 것만 옳다는 이기심은 개인, 단체, 지역, 종교, 기업, 국가의 탈을 쓰고 세상을 이리저리 활보한다. 존중과 사랑이 사라지고, 양심과 수치심도 모르니 얼이 없는 굴이 '얼굴'이 되어 세상을 바꾼다, 선교한다, 경영한다, 정치한다, 얼빠진 목소리를 높이는구나. 한민족은 홍익인간이요, 홍익인간은 얼을 쓰고 다 함께 좋다는 '얼씨구 좋다'이다. 모두가 행복했으면 좋겠다는 것이 우리 민족의 꿈이니 '좋다'는 조화로움이고 '나쁘다'는 나뿐인 것, 나만 아는 사람이다."[10]

우리나라의 헌법정신인 자유민주주의 이념으로부터 도출된 교육이념은 **홍익인간**을 구현하기 위하여 〈도표: 16〉에서 보듯이 21세기에는 한국의 시민교육의 목표를 "**훌륭한 시민**" 또는 애국심과 연계하기를 원한다면 "**훌륭한 한국인**", 즉 선진시민의 육성에 두고자 한다. "훌륭한 시민" 또는 "훌륭한 한국인", 즉 선진시민이란 첫째, **자주적 인간**, 둘째, **민주적 인간**, 셋째 **사회적 인간**을 의미한다.

선진시민교육의 하위목표인 **자주적 인간**은 ① 자긍심 ②진실의 사랑 ③진리탐구 ④창의력 ⑤참여정신 ⑥주인의식(개인의 의사결정능력, 독립성 그리고 자율성)을 갖고 ⑦묵종성향 등을 배격한다.

---

10 정영대, "홍익인간에 대해", 2012년 6월 6일자 인터넷 "희망연대" 참조.

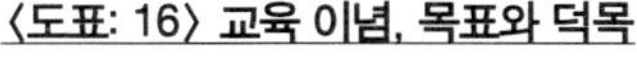

〈도표: 16〉 교육 이념, 목표와 덕목

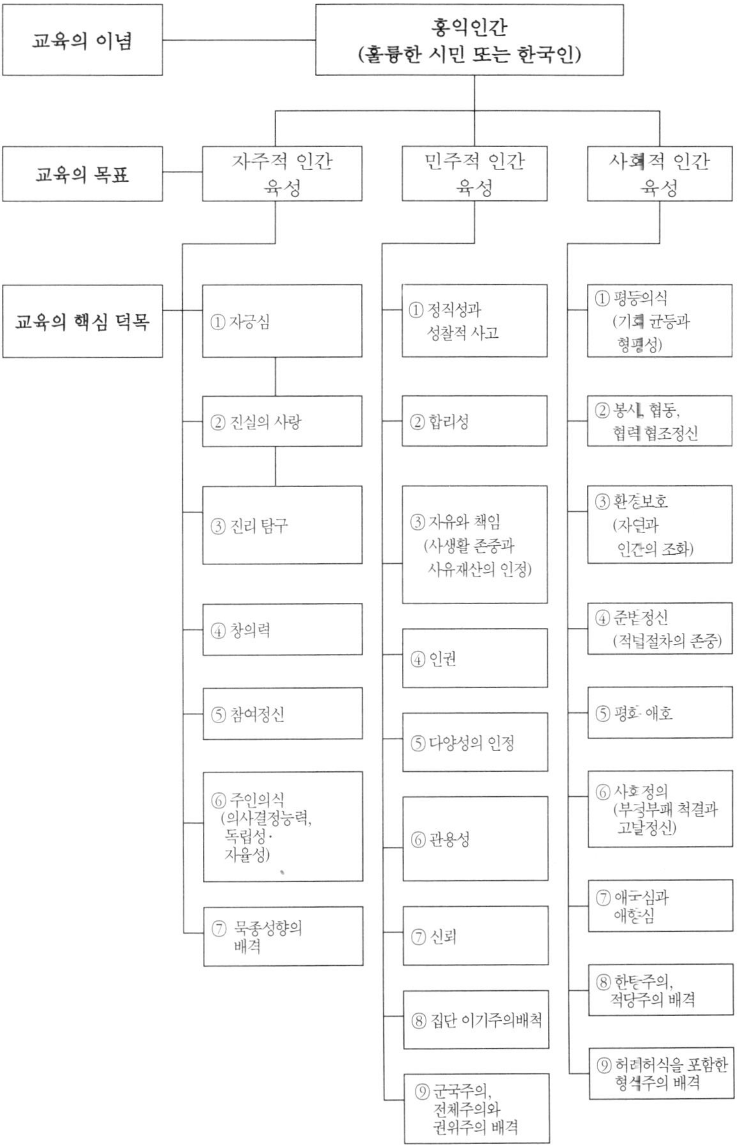

교육의 두 번째 하위목표인 **민주적 인간**이란 ①정직성과 성찰적 사고 ②합리성 ③자유와 책임(개인의 사생활의 존중과 사유재산의 인정) ④인권 ⑤다양성의 인정 ⑥관용성 ⑦신뢰 등을 갖고 ⑧집단이기주의(혈연, 학연, 지연) ⑨군국주의와 국가주의 및 전체주의와 권위주의 등을 배격한다.

교육의 세 번째 하위목표인 **사회적 인간**이란 ①평등의식(기회균등과 형평성) ②봉사·협동·협력·협조정신 ③환경보호의식(자연과 인간의 조화) ④준법정신(적법절차의 존중) ⑤평화애호 ⑥사회정의(부정부패 척결과 고발정신) ⑦애국심과 애향심을 갖고 ⑧한탕주의와 적당주의, 황금만능주의와 폭력주의 ⑨허례허식을 포함한 형식주의를 배격한다.

2) 내용

그러므로 한국의 선진시민교육의 내용은 장기적으로 이러한 덕목들을 내면화시키는데 있다. 그리고 선진시민교육의 구체적인 내용은 대략 다음과 같다.

(1) 정치, 경제와 사회의 변화를 야기 시키는 각 요소들과 그 기능 및 연관성에 대한 지식과 정보를 최대한 객관적으로 전달한다.

(2) 모든 정치적 당파싸움이나 공무원들의 권위주의적 자세, 답습되어져 내려오는 진부한 가치들로 인한 경직성 등을 탈피하고 대신에 다원적 자유 민주주의라는 기본가치를 수용하게 한다.

(3) 부정부패(부정행위, 뇌물수수, 매수, 청탁 등)는 그 액수의 고하를 막론하고 민주질서를 손상시킨다는 사실을 명료화함으로써 국민들로 하여금 부정부패척결과 투명성 확보에 적극적으로 나설 수 있도록 한다.

(4) 행동의 독자성, 합리성, 책임성이 보장되는 체제에 부응하는 정치구조는 다원적 자유민주주의 밖에는 없으며, 이는 개인의 발전을 위한 최대의 기회를 제공한다는 사실을 명확히 인식하게 한다.

(5) 민주적 게임의 법칙을 자각하게 하고 민주적 절차를 체험하게 하며 대화와 토론의 문화를 익히게 하고 갈등조정능력과 합의 도출능력을 개발시켜 준다.

(6) 사회와 정치에 산재한 각종 현안들을 파악하여 분석하고 적극적으로 대안을 도출해 내려는 자세와 능력을 개발시켜 준다.

(7) 개인의 정치적, 사회적 실행능력을 개발하여 이 분야에 있어서 자신의 영향력을 파악하고 행사할 수 있게 한다.

(8) 언어적·비언어적 의사소통이 내포하고 있는 사상적 이면을 통찰하게 한다.(예: 언론의 친여 및 친야적인 성향 등의 통찰)

(9) 자신이나 타인의 의사표현은 개별적 관심과 권리, 사회적 지위들과 관련되어 있음을 파악하게 한다.

(10) 다원적 민주주의라는 규칙의 범위 내에서 자신의 권익을 인지하게 하고 타인의 권익을 고려하게 한다.

(11) 영남이니, 충청이니, 호남이니 하는 지역주의를 극복하고 국민화합을 이룰 수 있는 능력과 마음자세를 갖추게 한다.

(12) 학연, 지연과 혈연 등의 집단이기주의와 개인·가정이기주의 등을 극복하려는 자세와 능력을 심어준다.

(13) 유교적 세계관에서 나온 가치관들 중에서 구태의연한 행동규범들을 골라내어 개인과 가족, 사회에 맞도록 쇄신하고 현 사회에 적용 가능하도록 재구성한다. (예: 상사와 직원 간, 교수와 학생 간 경어 사용과 조경사에 있어 절제된 행동 등)

(14) 솔선수범을 통해 봉사정신 및 책임 있는 정치·사호적 행동을

개발하려는 자세와 능력을 갖추게 한다.
(15) 세계 다문화를 이해하고 타국인과 교류와 협력을 할 수 있으며
세계를 선도하는 능력을 갖추게 한다.

이상의 교육의 내용은 한국인의 선진화를 위한 과제이기 때문에 시행단체들(국가 공무원, 정당, 교원, 기업인, 교회와 사찰, 노조, 협회, 시민사회단체 등)은 자신들의 임무와 과제에 맞는 프로그램을 만들어 이러한 교육내용을 습득시키도록 노력해야 할 것이다. 또 이는 포괄적 정치사회화를 통해서 더 큰 효과를 얻을 수 있는 바, 이를 위하여 한국시민단체협의회, 한국민주시민교육협의회와 바른 사회·밝은 정치 시민연합 등과 같은 시민 사회단체들의 연대와 연합활동이 전제되어야 한다. 이제 상호간의 불신감을 극복하고 나아가 미래를 내다보며 공동의 작업(교육프로그램의 공동개발, 다양한 형태의 공동교육 및 액션프로젝트의 설계와 실행, 사회적 시민모델의 공동개발 등)을 추진하여 어디에 내놓아도 손색이 없는 민주시민교육 프로그램을 설계하고 이를 실현시킬 때이다.

3. 선진시민교육의 대상

1990년대 한국교육개발원의 조사 결과는 민주적 성숙도에 있어서 일반 시민보다 사회 지도층 인사들이 훨씬 떨어지는 것으로 보고하고 있다. 그리고 이러한 결과는 2000년대에도 그리 크게 변화하지 않았다고 본다. 이러한 가정은 한국의 국회의원들의 행태를 보면 타당하다고 본다. 한국의 엘리트라고 자타가 공인하는 국회의원들의 의정활동을 보면 그들이 얼마나 비민주주의적인 행태를 국민에게 보여주고

있는지를 국민은 잘 알고 있다. 국민이 이해하는 국회는 오늘날 늑대들이 먹이 감을 빼앗기 위해 서로 싸우는 '동물원 국회'이거나 그렇지 않으면 입법을 할 수 없는 '식물국회'이다.

공익을 위한 교육과 훈련은 흔히 일반 국민이 받고 사회지도층 인사들은 교육에서 제외되어 왔다. 이 조사 결과에 의하면 민주시민교육의 필요성은 일반 시민에게보다는 오히려 지도층에 있어 더 높다.

사실 대한민국의 법을 일반 국민보다 오히려 정치인, 법조인 그리고 기업인들이 더 큰 범위에서 더 자주 어겨왔다는 것은 한국인이면 누구나 동의할 것이다.

이러한 이유 때문에 교육의 대상자는 그 우선순위에 따라 4개의 단위로 나누고 제 1차 교육 대상자로는 대통령을 포함한 정치·사회지도자들로 삼아야한다. 이를 더 구체적으로 서술한다면 대통령을 포함한 국무총리, 장관차관과 장차관급 공공기관장과 국회의원들, 17개 시·도지사와 교육감 그리고 정당의 핵심간부, 대기업의 사장 급 이상 등이 본 선진시민교육의 제 1차적 대상자가 되어야 한다. 그러나 과연 누가 이들을 가르쳐야 할 것인가? 만약 필자가 이들을 가르친다면 이들은 필자의 사회정치적 배경을 반드시 조사하고 조사 후 일부는 환영하나 일부는 학연, 혈연 그리고 지연적 차원에서 그들과 다르기 때문에 반대할 것이 확실하다. 만약 필자와 다른 지연과 학연을 갖고 있는 자가 본 교육을 맡는다고 해도 마찬가지로 반대자가 많을 것이다. 여·야당 정치인은 물론이고 정부의 고위관리들도 그들과 이념적으로 생각이 같은 강사를 초빙하는 것이 한국에서는 통상적이므로 그들과 반대되는 이념을 갖고 있는 자나 적대자를 강사로 초대하는 것은 극히 드물다. 비판을 받지 못하는 조직은 발전할 기회가 적다는 것은 다 알면서도 실제에는 이러한 비판을 수용할 수 있는 용기가 한국의 사회정치지도자들에게는 부족한 것 같다. 그러므로 이들의 교육과 훈련을 위하여 선진국의 민주시민교육의 전문가를 초빙하여 이들이 한국의 사회정치엘리트를 교육시키는 방안을 연구 검토할 필요가 있다.

제 2차 교육대상의 단위는 정당의 17개 시·도당의 핵심간부, 국가 및 지방공무원, 각종 공기업 종사자와 중소기업의 사장 등이고, 제 3차 교육대상의 단위는 각 사회단체이며, 그리고 제 4차 교육대상의 단위가 가정 및 각 급 학교들이 될 때 교육의 효과는 더 클 것으로 기대된다.

오늘날 한국의 정치가 다른 부문보다 더 큰 후진성을 갖고 있기 때문에 4개의 교육대상 단위체들 중 가장 중요한 대상은 무엇보다도 정치인과 정당인들이다. 그러므로 이들에 대한 교육프로그램의 작성과 시행은 한국 정치의 선진화를 위하여 무엇보다도 중요하다고 본다.

4. 교육 방법의 원칙과 교수법

교육현장에서는 교육자가 피교육자에 다양한 이론들을 제시하고, 장·단점을 가려서 우리의 현실에 적합한 이론들을 선택하는 소위 '다양성 속의 통합'의 원리를 적용한다. 교수법은 가급적 어릴 때부터 사회의 실상을 올바로 이해하고 '아는 것을 실천하거나' '실천함으로써 알게 하는' 교육을 실시함으로써 피교육자의 민주의식 내지 민주적 태도의 내면화가 가능케 해야 한다. 이에 부응하여 민주시민교육의 방법상의 원칙은 다음 세 가지이며 교육 시 교육자는 이를 반드시 지켜야 한다.

1) 가급적 주입식 강의를 피하고 20-30명 단위로 토론식 교육을 하는 것이 권장된다. 특히 사회가 다원화되는 추세 하에서 공통적 가치들에 대한 합의를 도출하기가 힘들기 때문에 기존 주입식

교육 보다는 다양한 대안들을 중립적으로 제시하여 자발적으로 하나의 대안을 선택하도록 유도한다. 즉 일방적으로 위에서 정해진 가치관을 직접적으로 주입하는 것보다는 학생들이 가치관을 형성하는데 선생은 방법상 우회적으로 학생을 도와주는데 초점을 맞춘다.

2) 또한 사회에서 사회·정치적으로 논쟁되고 있는 문제들을 시민교육 강의실에서 그대로 소개한다. 예를 들면 미국과의 자유무역협정의 체결문제를 시민교육 강의실에서 취급할 경우 여당과 야당의 입장들을 피교육자들에게 그대로 전달하되 그 판단은 어디까지나 피교육자들에게 맡기도록 한다.

3) 학생은 현 사회·정치상황의 인식 속에서 학생자신의 관심사나 이익을 실현시킬 수 있는 수단과 방법을 모색하고, 교사나 강사는 이러한 모색에 다만 도움을 주는 기능만을 한다.[11]

또한 실습을 위주로 하되 불가능 시 VTR과 Power Point 등 시청각 자료를 최대한 이용하는 것이 효과적이며 상이한 지침서와 교수법 및 정치적 입장들을 민주적인 경쟁의 틀 속에서 개발하고 제시하는 것이 보다 바람직할 것이다.

---

[11] 이 원칙은 바로 독일의 정치교육의 3대 원칙이며 이를 독일의 조그마한 마을인 보이텔스바하에서 전국 정치교육담당자들이 합의한 교육원칙이라고 하여 '보이텔스바하의 합의'이라고 부른다. Schiele, Siegfried,(Hrsg.), 1996, Reicht der Beutelsbacher Konsens? Schwalbach/Ts참조.

제4절 선진시민교육지원법의 제정

1. 제정 배경

(1) 시민의 선진의식과 민주의식을 강화시킴으로써 시민의 사회의 식을 선진화, 그리고 민주화시키고 대한민국의 민주정치문화를 향상시킨다.

(2) 부정과 비리를 어릴 때부터 죽을 때까지 시민교육을 통하여 없 애는 교육을 시켜 부정직한 사회를 공정한 법치사회로 개편하 는데 체계적이고 조직적인 민주시민교육이 필요하다. 2005년 실시된 설문조사 중 "우리사회는 정직한자, 법을 지키는 자보다 부정직한 자, 법을 무시하는 자가 더 잘 산다."는 설문에서 무려 응답자의 72.1%가 이에 찬성하고 이에 반대하는 응답자는 겨 우 15.2%에 불과하였다. 이는 우리 사회가 얼마나 법을 무시하 고 부정과 비리가 팽배하여 있는지를 간접적으로 나타내 주는 좋은 예라고 볼 수 있다.[12]

(3) 오늘날 우리사회가 당면하고 있는 더 큰 문제는 노동자, 농민집 단, 정치집단, 경제단체, 의사·약사집단 어느 하나 민주주의의 원칙과 법치주의를 지키면서 대화와 타협을 통하여 갈등을 해 소하려는 선진적·민주적인 자세와 태도를 보여주지 않고 있다. 정치인이 국민으로부터 신뢰를 얻기 위해서도, 국민이 올바른 정치인을 선택하기 위해서도 그리고 모든 집단들이 민주주의의 원칙과 법치주의에 의거 행동하기 위해서도 선진·시민교육은 필요하다.

---

[12] 서민규 외 조사팀이 2005년 6~7월 사이 서울 5개 구청 1500여명에게 설문조사한 결과임.

(4) 본 시민교육의 법적제도화의 실시는 시민이나 정치인들이 정치 과정에 합법적 참여를 확대시키고 '민주적 리더십'을 함양하며 정당체제의 정착을 통한 정치안정화라는 선진·민주 정치문화를 정착시키는데 기여할 것이다.

(5) 여·야당 합의에 의한 법적·제도적 장치를 마련하는 초당적 민주시민교육의 실시는 본 교육이 그의 정당성의 확보와 국민통합의 틀을 마련할 뿐만 아니라, 정권교체에도 불구하고 본 교육의 지속성을 유지할 것이다.

(6) 현재 정당이나 시민단체 그리고 학교에서 실시되고 있는 본 교육에 그의 정당성을 부여하고 그들을 위한 재정적 지원근거를 확보할 것이다.

(7) 본 교육을 통하여 세계화, 정보화, 다원화와 지방화의 추세를 숙지함으로써 한국은 한편으로는 국제교류와 협력의 확대를 더욱 촉진시키며 다른 한편으로는 풀뿌리 민주주의의 정착을 위한 주민의 자치참여능력을 고양할 것이다.

(8) 민주적 평화통일의 실현과 미국의 시민교육센터가 동구권 붕괴 시 동구 민주화를 위한 프로그램 개발 및 민주화 교육을 실시했던 것처럼 통일 후 북한주민을 위한 시민교육 프로그램을 준비하는데 기여할 것이다.

(9) 국민이 정치 무관심 내지 정치 혐오감을 갖고 있는 상황에서 정치를 있는 그대로 즉, 정치의 부정적 측면뿐만 아니라 긍정적 측면을 국민에게 전달할 수 있는 방법은 바로 초당적 민주시민교육 밖에 없다. 이러한 교육을 통해 정치에 대한 국민의 관심을 증대시킬 수 있을 것이다.

2. 「한국 시민교육원」의 조직과 운영

1) 조직

　민주시민교육지원법에 의거 민주시민교육원을 어느 정부 기구 내에 소속시켜 운영하느냐에 대한 논쟁은 1997년부터 지금까지 일부 학자들과 시민단체들 간에 지속되어 왔다. 이에 대해 다음과 같은 대안들이 논의되었지만 아직까지 합의는 보지 못하였다.

- A안 : 국회 소속으로 운영 (초당적 운영 가능)
- B안 : 행정자치부 소속으로 운영

  (독일의 경우와 유사하지만 초당적 운영 불가)
- C안 : 중앙선관위 소속으로 운영 (선거관련 업무에 대한 교육에 국한

  되어야 함)
- D안 : 대통령직속으로 운영 (초당적 운영 불가)
- E안 : 국무총리직속으로 운영 (초당적 운영 불가)
- F안 : 초당적이며 비 관료주의적·창조적 운영을 위하여 국회소속으

  로 하되 미국의 시민교육센터(Center for Civic Education)와

  같은 순수 민간전문기관이 담당 운영.

　한국의 시민교육은 독일식 모델과 미국식 모델의 장점을 수용, 여·야당 합의하에 국회에 소속케 하여 정부가 재정문제를 해결하되, 교육의 주체는 미국의 시민 교육원처럼 전문기관인 사단법인「한국 시민교육원」을 새로 설립할 것을 제안한다.

　다시 말해서, 전 국민을 선진민주시민으로 육성하기 위하여 여·야가 존재하는 국회소속으로 「한국 시민교육원」을 설립하고 이를 국회

사무처의 간섭 없이 주로 전문가와 학자로 구성되는 「한국 시민교육원」을 초당적으로 운영한다는 것이다.[13]

그러나 만약 여·야간의 합의가 이루어지지 않을 경우 본 「민주시민교육원」은 'D안'인 대통령 직속으로 「선진민주시민교육위원회」를 설립하고, 그 산하에 「민주시민교육원」을 설치·운영한다.

본원은 〈도표: 17〉에서 보는 바와 같이 그 조직을 다음과 같이 구성한다.

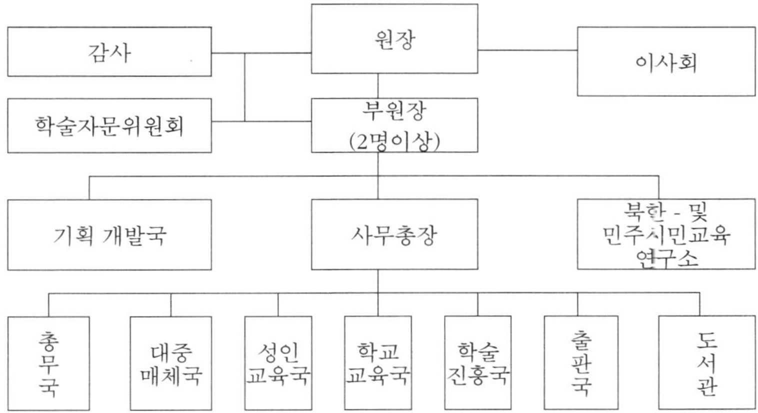

〈도표: 17〉 민주시민교육원의 기구표

(1) 원장과 부원장 및 사무총장을 중심으로 운영(원장은 장관급)

(2) 민주시민교육원의 정치적 중립성을 지키고 효과적인 운영과 감

---

13 필자는 노태우정부이래 김영삼, 김대중 그리고 이명박 정부 시기마다 국회의원을 통하여 '민주시민교육지원법'을 제출하였으나 여당이 주도하여 국회에 내면 야당이 반대하고 야당이 여당이 되어 제출하면 여당이었던 야당이 반대함으로서 4번이나 이 법안의 국회통과에 실패하였다.

독을 위해 5명의 원로전문가와 6명의 사회단체 지도급 인사에 의한 이사회(11명)와 여·야 국회의원에 의한 5명의 감사의 구성

(3) 민주시민교육의 내용구성과 질적 향상을 위해서 7인의 전문가로 구성된 학술자문위원회 운영

(4) 실무를 위해 기획 개발국과 사무총장 산하에 총무국, 대중매체교육국, 성인교육국, 학교교육국, 학술 진흥국, 간행물국, 도서관 그리고 독립된 북한 - 및 민주시민교육연구소를 둠

(5) 민주시민교육의 활성화를 위하여 사회에서 민주시민교육에 종사하는 자들로 구성되는 민주시민교육협의회(민간단체)와 초·중·고등학교민주시민교육 담당 선생들로 구성되는 민주시민교육연구회를 구성할 수 있음.

(6) 민주시민교육원과 상기 양 단체들은 상호 협조체제를 구축하여 본 교육을 통해 최대한의 효과를 내도록 한다.

2) 운영사업

본원의 운영사업은 다음과 같다:

(1) 민주시민교육의 기본정책 수립

(2) 사회·정치단체에 대한 교육 실시와 지원 및 육성

(3) 학교에 대한 교육실시와 지원 및 육성

(4) 민주시민교육을 담당하는 제 분야종사자에 대한 교육훈련

(5) 민주시민교육과 관련된 제반문제에 관한 조사·연구

(6) 민주시민교육과 관련된 대중매체와의 협력·조정

(7) 민주시민교육에 관한 연구결과 출판 및 배포

(8) 민주시민교육에 관한 국제협력사업

   (9) 북한주민에 대한 민주시민교육의 자료수집과 연구
   (10) 기타 민주시민교육과 관련하여 필요한 사업

제5절 소결론

첫째, 선진화를 위한 시민교육의 목표는 무엇보다도 먼저 대한민국 국민을 칸트가 설파한 계몽된 인간, 즉 자주적으로 사고하고 주관적 가치판단이 아닌 객관적으로 상황을 판단하며 책임성 있게 행동하는 선진시민으로 육성하는 데 있다. 민주시민교육의 새로운 방법론은 주로 '행동을 통하여 배운다(Learning by doing).'라는 존 듀이의 실용주의적 교육철학에 그 기초를 두고자 한다.

둘째, 선진시민교육은 한국인의 선진시민의식을 바탕으로 먼저 우리 사회와 국가의 기본을 세우고 도덕성을 회복하며 사회·정치 지도자들을 포함한 전 국민의 반민주적·비민주적 정치문화 요소들을 극소화 시키고 합리적·민주적 정치문화 요소들을 극대화시킴으로써 성숙된 선진민주사회, 즉 자유 민주 법치사회를 건설하는 데 기여해야 할 것이다.

셋째, 통일을 대비하는 선진시민교육은 과거 김대중과 노무현 정부처럼 대한민국 헌법 제4조(자유민주주의의 기본질서의 유지)와 교육기본법 제 2조를 무시하거나 등한시 하지 않고 오히려 법과 교육이념에 입각하여 통일 교육을 실시해야 할 것이다. 이러한 교육이 강대국의 대한반도정책, 북한의 대남정책 그리고 대한민국의 대북정책의 목표들을 감안할 때 대한민국의 국익에 더 보탬이 될 것으로 확신한다.

넷째, 통일을 대비하는 선진시민교육은 이념적으로 소위 남남갈등을 부추기는 것을 방지해야하고 이를 효과적으로 실시하기 위해서 자유민주주의 개념과 민족주의 개념을 연계하는 이론들에 대한 연구를 시급히 실시해야 할 것이다.

다섯째, 한국의 대북정책은 그의 일차적 목표가 북한과의 신뢰구축을 통한 남·북한간의 교류와 협력 및 한반도의 평화정착에 있지, 민족 통일이 아님을 분명히 인식해야 한다. 한국의 민족통일은 한반도 정치(남·북한 간의 정치)의 문제일 뿐만 아니라 국제정치적인 문제이기도 하기 때문에 매우 복합적인 성격을 띄우고 있다. 그러므로 대한민국의 대북정책의 단기적 목표는 현재로서는 정치적 통일보다 한반도의 평화정착을 위한 남북한 간의 신뢰구축을 바탕으로 교류와 협력이 되어야 할 것이다.[14]

여섯째, 대한민국은 북한에 대해 인내심 있고 신중한 접근을 통해서 장기적으로 그들의 의식을 평화, 자유민주주의 그리고 법치주의를 존중할 수 있도록 변화시키는 것도 대한민국의 대북정책의 단·중기적 목표들 중 하나이기 때문에 이를 통일교육의 중요한 주제로 삼아야 할 것이다.

일곱째, 선진시민교육을 뒷받침하는 〈선진시민교육 지원법 안〉이 국회에서 초당적으로 통과되어 한국 시민교육원을 설립하고 이를 초당적으로 운영해야 할 것이다.

---

[14] 전득주, 노무현 정부의 대북정책, 숭실대학교 사회과학연구소, 사회과학논총, 제 6집, 2003년 12월.

제6장
결론 및 전망

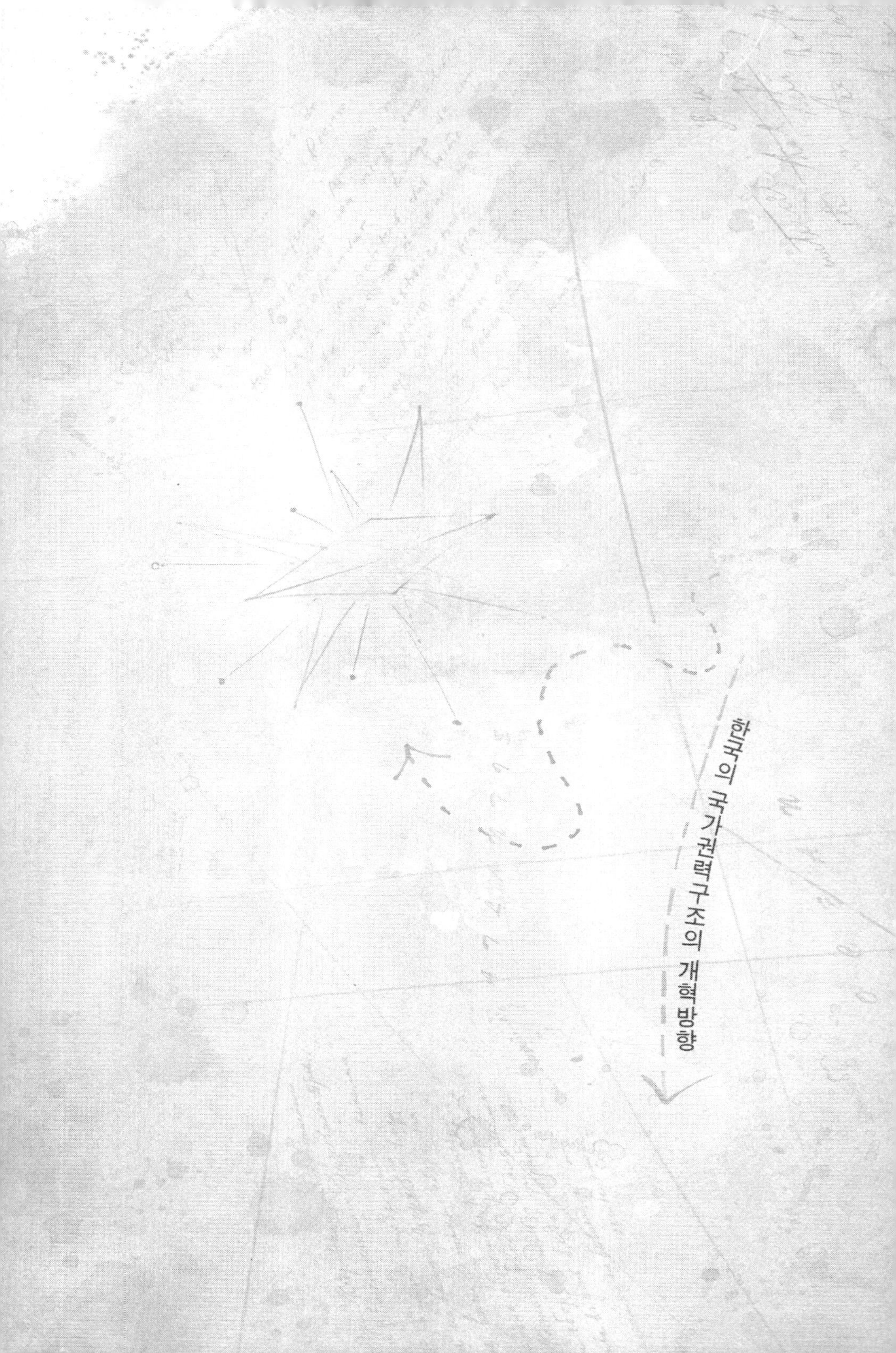

한국의 국가권력구조의 개혁방향

지금까지 국가권력구조의 배분에 대한 제 이론들을 바탕으로 실제 선진국인 미국, 독일 그리고 스위스의 국가권력구조들, 그들의 정치체제와 민주시민교육을 중심으로 비교분석하였다. 그들이 이러한 정치·사회제도를 만든 근간인 헌법의 원리는 나라마다 그 강조점이 약간씩 다르지만 주로 연방주의와 민주주의, 권력의 분립과 법치주의, 정부형태와 견제와 균형 등을 포함하고 있으며 그의 정신으로는 **소통, 화해, 타협, 협력, 나눔, 정의, 평화** 그리고 **통합** 등임을 알게 되었다. 특히 연방제를 채택할 때 그들은 중앙정부와 지방정부의 권한을 균형 있게 배분하려는 **나눔과 자치의 지배**를 통해 나라의 통합을 이룩하려 하였다. 또한 이러한 소통, 화해, 타협, 협력, 나눔, 정의, 평화 그리고 통합의 정신이 사회·정치제도에 잘 반영되어 있는 이들 국가들을 한국의 모델로 삼을 수 있는지 그 가능성과 한계도 알아보았다.

한국이 연방제를 도입하려면 현재 한국의 단일국가제에서 시행되고 있는 17개 시·도를 연방주로 격상시키거나 연방주의 지리, 경제, 문화와 역사성 등을 고려, 대략 1,000만 명 내외로 5개 연방주를 새로 만들어 실시할 것을 제안하였다.

한국은 그의 정치적인 여건과 상황을 감안, 앞으로 3개 연방 국가들 중에서 한 나라를 한국의 모델로 택한다면 한국이 미국의 연방제와 미국형 대통령중심제를 채택할 것을 건의하였다. 이런 일은 매우 희소하게 일어나겠지만 만약 남·북한이 남·북연합제나 연방제를 하나의 통일방안으로 합의할 경우 한국의 연방제는 남·북한이 합의한 통일방안에 부응함으로서 통일의 가능성을 그만큼 더 높일 수 있을 것이다.

수평적·기능적인 권력배분의 형태인 선진국들의 정부형태를 중심으로 한 한국의 권력구조의 배분을 위해 크게 5가지 정부형태들에 대해 논의를 하였다. 그 첫째가 책임총리제의 도입이고 둘째가 프랑스 형 이원집정부제이며 셋째가 미국 형 대통령중심제이며 넷째가 독일 형 수상중심내각책임제이고 다섯째가 스위스 형 협의제정부형태이다.

한국은 하루 빨리 '제왕적인 대통령 중심제'를 폐지하고 사회의 핵심 가치들인 정치권력과 경제적인 부와 사회적 명예를 나누어 공유할 수 있는 보다 민주주의적인 정부형태로 바꾸어야 한다. 이처럼 한국의 권력구조의 개편만이 오늘의 시대정신인 **소통, 화해, 타협, 협력, 나눔, 정의, 평화** 그리고 **통합**을 실현하는데 기여할 것이다.

만약 국가형태를 그대로 놔두고 헌법 개정을 할 경우, 한국의 정치현실과 문화에 가장 맞는 정부형태는 프랑스 형 이원집정부제나 미국 형 대통령중심제임을 알게 되었다. 다른 정부형태들인 독일 형 수상중심내각제나 스위스 형 협의제 정부형태는 한국인에게 아직 많은 시간과 성숙된 민주정치문화를 요구하는 제도인 것 같다.

헌법 개정을 할 경우 기타 포함해야 할 중요사항들은 1) 자유 시장경제체제를 대한민국의 사회·경제적인 기본질서로서 사회적·생태적 시장경제체제로 전환한다는 조항 2) 외국영토편입조항 3) 감사원의 국회 이전 4) 국회의원의 불 체포 특권과 면책특권의 포기조항 등으로서 이들을 새로운 헌법에 삽입할 것을 건의하였다.

기타 정치개혁의 내용에서는 1) 정치전반에 영향을 주는 공직자의 부정부패의 방지법의 개정 2) 정당의 개혁 3) 국회의 개혁 4) 국회선거법의 개혁 5) 정치자금법의 개혁 6) 국회의원의 권리와 의무 등에 대한 개혁 방안을 제시하였다.

또한 사회복지와 교육개혁 그리고 남북문제 해결방향을 제시하였다.

마지막으로 민주주의적 의식개혁에 관해서는 여·야가 합의하에 '**민주시민교육지원법**'을 국회에 통과시키고 이 법에 의거 초당적인 '**민주시민교육원**'을 설립할 것을 제안하였다. 이 교육원은 정치인과 정당을 비롯한 모든 단체와 국민에게 선진시민교육을 실시함으로서 정치인을 비롯한 모든 사회 계층의 선진시민의식을 함양시키고 한국의 민주적·합리적인 정치문화를 향상시키는데 크게 기여할 것으로 확신한다.

대한민국의 국민과 사회정치 지도층이 앞으로 10년 동안 단합하여 사회·정치·경제·교육·문화 등 모든 영역에서 투명성과 민주성 그리고 공정성과 효율성을 제고할 수 있는 헌법 개정을 비롯한 각종 민주적인 법과 제도를 지속적으로 개혁하고 동시에 이를 뒷받침 할 수 있는 초당적 그리고 범국민적인 선진민주시민교육을 평성교육으로 인식하고 이를 실시한다면 2023년까지는 한국은 아마 선진국이 되어 다른 세계 주요 선진국과 더불어 어깨를 나란히 할 수 있고 그들을 넘어설 수 있는 **'작지만 강력한 나라'**(强小國)가 될 것이다.

현재 연간 개인소득 2만 US$ 시대에서 10년 후 3만 US$에 도달하고 사회는 안정되어 문화의 다양성과 창의가 존중되는 나타가 될 것이다.

대통령을 비롯한 행정부, 입법부와 사법부 그리고 정당이 우선 그들 스스로 법을 지키고 국민에게 모범을 보이면서 국가권력기관들을 민주적으로 운영하는데 그들의 임무를 성실히 수행할 때 사회통합의 기반을 다지게 될 것이다. 그 다음으로 대기업과 중소기업의 상생이 제도화와 생활화되고 각 분야의 지도층이 바른 자세로 법과 규칙을 스스로 지키고 자기들의 임무와 역할을 성실히 수행한다면 대부분의 국민도 그들의 권리와 의무를 지키고 더 나아가 사회통합에도 적극 동참하여 진정으로 **대한민국의 통합**은 실현될 수 있을 것이다

이러한 국민통합능력을 바탕으로 대한민국은 대외관계와 통일문제도 잘 관리하여 민족통일도 이룰 수 있는 기반을 확보할 수 있다고 확신한다. 또한 남·북한 관계는 드디어 한반도의 핵전의 위협이 제거되고 평화가 정착되는 바탕 위에서 교류와 협력의 시대를 지나 통일을 위한 신뢰구축이 되면 통일 방안에 대한 논의가 활발하게 진행될 것

이다. 만약 여·야당의 정치지도자들이 대북정책이나 대외정책에 있어 가급적 일치된 입장을 갖는 수준 높은 정치행태를 보여준다면 한국은 더 이상 강대국의 협상의 대상이 아니라 **협상의 주체**가 될 것이며 한반도에 갑자기 독일식 통일이 올지도 모른다.

그러나 선진화를 위한 제반 개혁과 시민교육이 실패한다면 10년 후의 한국은 조선조 말기의 상황처럼 국론 분열과 인구 감소로 인한 국력의 쇠약으로 인하여 북한의 볼모로 전락되거나 강대국들의 협상의 대상이 되거나 미국을 제치고 세계 경제대국이 될 중국의 영향권에 다시 흡수될지도 모른다.

그러므로 대한민국의 국민은 이제 반성하고 또 반성하여 한반도의 시대정신인 불통 대신에 **의사소통**, 불화 대신에 **화해**, 갈등 대신에 타협, 독식 대신에 **나눔**, 불의 대신에 **정의**, 전쟁 대신에 **평화** 그리고 분열 대신에 **통합**을 기치로 상황을 올바로 보고 깨달아 더 이상 분열하지 말고 일치단결하여 다시 대한민국의 중흥을 위해 다 함께 뛰어야 할 때가 왔다고 본다.

참고문헌

1. 기초문헌

독일연방공화국 기본법, 독일연방 의회법, 독일연방 선거법, 독일연방 법원조직법
스위스 연방헌법, 스위스 연방 의회법, 스위스 연방보장법, 스위스 넙원조직법
대한민국 헌법, 대한민국 정치자금법, 대한민국 공직자 선거법,
대한민국 정당법, 대한민국 국회법
미합중국 헌법, 미합중국 입법부 재조직법
교육과학기술부와 (사)바른 사회·밝은 정치시민연합, 2009년 8월 ∃0일, 2009년
  교육과학기술부 정책연구과제: 제7차 사회과 교육과정에 나타난 민주시
  민교육의 실태 분석과 발전 방향(비매품).

2. 국내서적

강원택, 2005, 한국의 정치개혁과 민주주의, 서울: 인간사랑.
계희열 역, 1987, 서독헌법원론, 서울: 삼영사.
권세기 외, 1999, 독일 대의제 민주주의와 정당정치, 서울: 세계문화사.
기든, 앤소니, 한강진과 박찬욱 번역, 1998, 제 3의 길, 서울: 생각의 나무
김영명, 2006, 한국의 정치변동, 서울: 을유문화사.
김영윤, 2000, 사회적 시장경제와 독일통일, 서울: 프리드리히 에베르트재단.
김준호, 2005, 미국의 이해, 서울: 한국문화사.
대한민국 공보처, 1996, 한국인의 의식과 가치관 조사, 서울: 에센시.
대한민국 법무부, 2000, 독일과 미국의 연방제, 과천: 시에스 기획 인쇄.
매일경제, 2007, 다보스회의, 힘의 이동, 서울: 매경
박선규, 2003, 미국, 왜 강한가, 서울: 미다스 북스.
박영숙 외, 2006, UN 미래 보고서, 서울: 교보문고
새로운 사회를 여는 연구원, 2009, 신자유주의 이후의 한국경제, 서울: 시대의 창.
서원우, 안경환 역, 1987, 미국법 입문, 대한교과서주식회사.
신정현 외, 2004, 국가연합사례와 남북한 통일과정, 서울: 한울아카케미.

심지언, 2001, 남북한 통일방안의 전개와 수렴, 서울: 돌배개.
안성호, 2001, 스위스연방민주주의 연구, 서울: 대영문화사.
이경원, 2003, 미국, 우리에게 무엇인가, 서울: 도서출판 합동.
이민호, 1996, 독일사, 서울: 대한교과서주식회사.
이성용, 2005, 한국을 버려라, 서울: 청림출판사.
전득주, 1989, 분단국통일의 재인식, 서울: 대왕사.
전득주 외, 1992, 현대민주시민교육론, 서울: 평민사.
전득주 외, 1994, 민주시민교육의 이해-세계화와 한국의 대응-, 서울: 학문사.
전득주 외, 1995, 독일연방공화국, 서울: 대왕사
전득주 외, 1999, 정치문화와 민주시민교육: 한국, 대만, 독일, 일본, 미국의 비
　　　교분석, 서울: 유풍출판사.
전득주 외, 2000, 남북한통일정책비교, 서울: 숭실대학교 출판부.
전득주, 2004, 세계의 분단사례 비교연구, 서울: 푸른길,
전득주 외, 2006, 민주시민교육의 이론과 실제, 서울: 엠-엔드
전득주, 2009, 선진한국 어떻게 만들까, 동아일보사.
칼레츠기, 아나톨, 2011, 위선주(역), 자본주의 4.0, 서울: 컬쳐 앤 스토리.
조우현, 2006, 대학을 바꾸어야 나라가 산다, 서울: 렌덤하우스중앙,
최　명, 1983, 미국정치론, 서울: 일신사.
최혁순(편저), 2001, 이것이 미국이다, 서울: 합동국제문화 센터.
통일부, 2000, 2001 통일교육기본지침서, 서울: 양동문화사
통일부 통일교육원, 2004, 2005년도 통일교육지침서(일반용),서울: 애드윈 커뮤
　　　니케이션즈
통일부, 2007, 통일교육기본계획 2004~2006, 서울: 현 프린트사.
한국교육개발원 편, 1993, 민주적 학생지도 민주적 학교운영, 서울: 한국교육개
　　　발원
한만봉, 2007, 지방자치발전론, 서울: 한국학술정보
한배호/어수영, 1987, 한국의 정치문화, 서울: 법문사
허영식, 2003, 세계화·정보화 시대의 민주시민교육 어떻게 할 것인가?,
　　　서울: 원미사

3. 학술논문 및 현황

국민권익위원회, 2012.04.06, 가장 행복해야 할 결혼, 예식장 횡포로 예비부부
　　　'울상'.

김선미, "중·고등학교의 민주시민교육의 현황, 문제점, 발전방향", 바른 사회·밝은 정치 시민연합 주최, 중앙 선거관리위원회 선거연수원 강당에서 개최된 한국 시민교육연구원 창립기념 세미나(2006. 09.15) 발표문, 바른 사회·밝은정치 시민연합의 한국 시민교육 연구원 편, 한국의 민주시민교육의 현황, 문제점, 발전방향에 관한 논문집.

김신일, 1994, "한국 민주시민교육의 평가와 전망", 전득주 외, 민즈시민교육의 이해, 서울: 학문사 137~155쪽

김유남, 1991. 12, 미국과 소련의 연방제도, 단국대학교, 미소연구.

김종갑, 2011. 12.28, 정당득표와 의석점유의 모순: 독일 연방선거법 개정논의를 중심으로, 국회 입법 조사처, 정책보고서 Vol. 10

대한민국 고용노동부, 2012.04.18, e나라지표의 산업재해현황.

문우진, 2009 겨울, 정치정보, 정치참여와 민주주의, 한국정치학회보, 43집 4호

사이버경찰청, 2012, e통계자료실 -교통사고 발생 현황.

박재정, "남북한 통합론의 시론적 접근," 충남대 통일문제연구소, 1995년, 통일연구 제3집, 제 2부: 분단국의 통일정책과 한반도 통일, 121~137쪽 참조.

서민규, 2008년 10월 24일, "선진화를 위한 주민자치능력 활성화 방안 연구," 바른사회·밝은정치 시민연합, 지방의 선진화와 주민의 자치참여 능력 고양을 위한 세미나 논문집, 국회헌정회관 강당.

서준원, 1999, "민주시민교육의 체계와 운영, 민주시민교육관련법(안) 비교검토", 한국민주시민교육 협의회 편, 한국민주시민교육의 체제구축방안, 54~64쪽

이연호, 212, '사회경제적 양극화 해소를 위한 시대적 과제', 이현출 편, 대통령 선거와 시대정신, 서울:오름 110~115쪽 참조.

이인제, "유·초등학교의 민주시민교육의 현황, 문제점, 발전방향", 바른사회·밝은정치 시민연합 주최, 중앙선거관리위원회 선거연수원 강당에서 개최된 한국시민교육연구원 창립기념 세미나(2006. 09.15) 발표문, 바른사회·밝은정치 시민연합의 한국시민교육연구원 편, 한국의 민주시민교육의 현황, 문제점, 발전방향에 관한 논문집.

이춘란, 1983, "미국의 연방제도연구, 1789~1837," 이화사학연구 제 13, 14합집.

전득주, 2003, "노무현 정부의 대북평화번영정책과 남·북관계의 전망", 숭실대학교 사회과학논총 제 6집.

전득주, "한국의 시민의식 무엇이 문제인가," 한국지방발전연구원, 2012년, 민주시민길라잡이, 서울: 우공출판사, 5~34쪽.

전병성, "환경분제, 어떻게 대처해야 할 것인가," 한국지방발전연구원, 2012년,

민주시민길라잡이, 서울: 우공출판사, 274~301쪽.
정영대, "홍익인간에 대해," 2012년 6월 6일자 인터넷 "희망연대"
통계청, 2012.04.19, e통계자료, 2011년 혼인 이혼 통계.

4. 외국서적

Abelshauser, Werner, 1991, Wirtschaftsgeschichte der BRD, Frankfurt am Main.

Allemann, Ulrich, 2003, Das Parteiensystem der BRD, Bonn: Bundeszentrale fuer Politische Bildung.

Almond, G. and Powell, B., 1978, Comparative Politics, Boston: Little Brown Company.

Andersen, V. und Woyke, W., 1992, Handwoerterbuch des politischen Systems der BRD, Bonn: Bundeszentrale fuer Politische Bildung.

Baier A. 1996, "Trust and Antitrust", Ethics(Journal), 1996.

Bundeszentrale fuer Politische Bildung, 2007, Jahresbericht 2007, Bonn: BpB.

Burns, James M. and J. W. Peltason, 1972, Government by the People, Prentice-Hall.

Butts, R. Freeman, 1988, The Morality of Democratic Citizenship, Calabasas, CA: Center for Civic Education.

Center for Civic Education(edi.), 1995, Foundations of Democratic Citizenship, Calabasas, CA: Center for Civic Education.

Center for Civic Education(edi.), 2002, Comparative Lessons for Democracy, Calabasas, CA: Center for Civic Education.

Center for Civic Education(edi.), 2002, Civics and Government, Calabasas, CA: Center for Civic Education.

Center for Civic Education(edi.), 2007, Annual Report 2007, Calabasas, CA: Center for Civic Education

Dahl, Robert, 1986, A Preface to Economic Democracy, Quantam Books.

Cronin, Thomas E., 1975, The State of Presidency, Boston: Little, Brown Company.

Duchacek, Ivo. D. 1970, Comparative Federalism, New York: Holt, Rinehart and Winston, INC.

Elazar, Daniel J.. 1987, Exploring Federalism, Tuscaloosa: University of

Alabama Press.

Engle, S. H. & Ochoa, A. S. , 1988, Education for Democratic Citizenship, New York : Teachers College Press, Columbia University.

Fahrni, Dieter, 2002, Schweizer Geschichte, Zuerich: Pro Helvetia.

Franck, Thomas M., 1968, Why Federations Fail, New York: New York Uni. Press.

Greenberg, Edward S., 1983, The American Political System, A Radical Approach, Boston: Little, Brown and Company

Hesse, Konrad, 1991, Grundzuege des Verfassungsrechts der BRD, Heidelberg.

Information Services of the Federal Chancellery, the Departments and Parliamentary Services, 2010, the Swiss Confederation, a Brief Guide 2010, Bern: Jeanmaire & Michel AG.

Kambetta Diego, 1988, Trust: making and breaking cooperative relations, Oxford UK: Basil Blackwell.)

Kaufmann, Bruno, Rolf Buechi, Nadja Braun, 2008, Handbuch zur Direkten Demokratie, Koeniz: Ast & Jakob, Vetsch AG.

King, Preston, 1982, Federalism and Federation, Baltimore: Johns Hopkins University Press.

Koetz, Alfred, 1992, Neuere Schweizerische Verfassungsgeschichte: ihre Grundlinien vom Ende der Alten Eidgesnossenschaft bis 1848, Bern: Staempflicht.

Leibholz, Gerhard, 1961, Strukturprobleme der modernen Demokratie, Stuttgart.

Levy, Rene, 1997, Die schweizerische Sozialstuktur, Zurich: Pro Helvita, Schweizer Kulturstiftung.

Linder, Wolf. 1998, Swiss Democracy: Possible Solutions to Multicultural Societies, London: Macmillan Company

Linder, Wolf, 1999, Schweizerische Demokratie, Bern: Haupt.

Loewenstein, Karl, 1965, Political Power and the Governmental Process, Chicago: Chicago University Press.

McLaughlin, Andrew C., 1995, The Confederation and the Constitution 1783-1789, New York: Harper & Brothers.

Neumann, R. G., 1955, European and Comparative Politics, New York: McGraw Hill.

Patterson, Samuel C., R. H. Davidson, R. B. Repley, 1979, A more perfect Union:

Introduction to American Government, Homewood: The Dorsey Press,

Riker, William H., 1964, Federalism, Origin, Operation, Significance, Boston: Little, Brown and Company.

Schiele, Siegfried,(Hrsg.), 1996, Reicht der Beutelsbacher Konsens? Schwalbach/ Ts.

Schmandt, H.J. and P.G. Steinbicker, 1954, Fundamentals of Government, Milwaukee: The Bruce Publishing Co.

Schmitter, Philippe C. "Organized Interests of Democratic Consolidation in Southern Europe", in: Richard Guenther, etc. ibid.

Sontheimer, Kurt, Wilhelm Bleek, 1999, Grundzuege des politischen Systems der Bundesrepublik Deutschland, Muenchen: Piper Verlag.

Stammen, Theo, 1979, Parteien in Europa, Muenchen: C.B. Beck.

Steinberg, 1996, Why Switzerland?, Cambridge: Cambrige University Press.

Valentin, Veit, 1979, Geschichte der Deutschen, erweiterte Ausgabe, Koeln.

Von Beyme, Klaus, 1993, Das Politische System der Bundesrepublik Deutschlands nach der Vereinigung, Muenchen/Zuerich: Piper Verlag.

Ware, Alan, 1976, Political Parties and Political System, Oxford: Oxford University Press.

5. 외국논문

Guenther, Ruether, 1994, "Bedeutung und Stellenwert der Politischen Bildung in Deutschland vor und nach der Wiedervereinigung, in: 전득주 외, 민주시민교육의 이해, 서울: 학문사

Linz, Juan J. and Alfred Stepan, 1996, "Toward Consolidated Democracies", Journal of Democracy 26: 2 (April).

Neustadt, Richard E. "Presidential Government", International Encyclopedia of Social Science, Vol. 12.

Pridham, Geoffrey, 1996, "The International Context of Democratic Consolidation: Southern Europe in Comparative Perspective." in: Richard Guenther, P. Nikiforos Diamandouros and Hans-Juergen Puhle, eds. The Politics of Democratic Consolidation: Southern Europe in Comparative Perspective, Baltimore and London: The Johns Hopkins University Press.

6. 신문

여성eNEWS, 2011.01.25, 아빠는 "외롭고", 엄마는 "힘들어"도, 역시 내 남편, 내
　　　아내가 최고!.
조선일보, 2011-2013년.
중앙일보, 2010년-2013년.
중앙SUNDAY, 2012년 제 287호와 2013년 제 317호.
한겨레신문, 2007.09.10, 사설: 학력위조로 본 학벌맹신 풍조.
한겨레신문, 2010.11.22, 사설: 한국 청소년들, 국제관계와 다문화 인식 높아.

7. 인터넷 자료

브리태니커
http://home.ewha.ac.kr/~german/Materialien/Grundgesetz.htm
CIA, 2011, The World Factbook 참조
International Monetary Fund 2012 참조.
OECD 통계자료(http://stats.oecd.org) 2011년도 참조.
제 18대 대통령 당선인 박근혜 홈페이지, www.park2013.com
민주통합당 공약집 '사람이 먼저인 대한민국 국민과의 약속 119',
　　　http://minjoo.kr/archives/47233. 참조

저자 | **전득주**

전득주 박사는 1940년 11월 23일 광주광역시에서 출생, 한국외국어대학교에서 독일어를 수학하고 1967년 독일에 유학, 뮨헨 대학교에서 1976년 정치학 박사를 획득한 후 1977년~1980년 동 대학에서 시간강사와 전임연구원으로 근무하였음.

1980년 강영훈 초대 외교안보연구원원장에 의한 발탁으로 외교안보연구원에서 서구담당 연구교수로 재직하고 1883년 숭실대학교 정치외교학과를 설립하여 최초 동과 과장에 취임한 후, 숭실대 사회대 학장과 통일정책대학원장 등을 역임하였다. 학회 활동으로 미래연구학회장, 한국 민주시민교육학회장, 한국독일학회장을 역임하였음.

전 교수는 1960년 4월 혁명에 적극 동참하였고 이로 인해 한국의 민주화에 커다란 관심을 가지고 1989년 〈(재)녹산 학술장학재단〉을 설립하여 한국의 민주화를 위해 23년 동안 초·중·고등학교와 대학생 등에게 민주시민지도자훈련을 시키고 이 중 20-30여명의 우수한 학생에게 장학금을 지급해오고 있음.

그는 1999년 〈(사)바른 사회·밝은 정치 시민연합〉을 결성, 2000년부터 2011년까지 각각 4회 이상 국회의원의 의정활동, 서울과 인천의 구청장들의 구정활동, 중소기업인의 기업 활동 등을 평가하고 〈그레샴의 역 법칙〉에 의거 우수 국회의원, 구청장과 기업인에게 공로패나 감사패를 증정해 왔음. 수상을 받은 국회의원들 중에는 임채정 전 국회의장, 정동영 전 대통령후보, 강재섭 한나라당 전 대표와 박근혜 현 대통령도 있음.

최근 저서로는 〈세계 분단사례 비교연구〉(2004), 〈미국, 전쟁과 항복사이에서〉(2005), 〈민주시민교육의 이론과 실제〉(2006), 〈선진한국 어떻게 만들까〉(2009), 〈4월 민주혁명의 재조명〉(2010), 특히 〈정치문화와 민주시민교육〉(1999)을 비롯한 민주시민교육과 통일문제 관련 저서와 논문이 다수 있음.

현재 숭실대학교 명예교수로서 민주시민교육원 이사장과 녹산학술장학재단 이사장을 맡고 있음.

전득주 교수는 수 십 년 간 민주시민교육의 발전과 대학교수로서 대학교육에 이바지한 공로로 1987년에 〈국민훈장목련장〉과 2006년에 〈옥조근정훈장〉을 대한민국 대통령으로부터 받았으며 한·독 간의 학술과 교육 분야의 교류와 협력증진에 지대한 공로를 인정받아 2009년에 독일연방 공화국 쾰-러 대통령으로부터 〈십자공로훈장〉을 받았음.

한국의 국가권력구조의 개혁방향
—미국·독일·스위스 사례를 중심으로

초판 인쇄 | 2013년 5월 23일
초판 발행 | 2013년 5월 29일

저　　자　전득주

책임편집　윤예미

발 행 처　도서출판 지식과교양
등록번호　제 2010-19호
주　　소　서울시 도봉구 창5동 262-3번지 3층
전　　화　(02) 900-4520 (대표)/ 편집부 (02) 900-4521
팩　　스　(02) 900-1541
전자우편　kncbook@hanmail.net

ISBN　978-89-6764-023-1　93340　　　　　　　정가 29,000원

이 도서의 국립중앙도서관 출판도서목록(CIP)은 e-CIP홈페이지(http://www.nl.go.kr/ecip)에서
이용하실 수 있습니다. (CIP제어번호: CIP2013007721)